聆听花开

行知中学小班实验撷英

张胜龙　谭志刚◎主编

光明日报出版社

图书在版编目（CIP）数据

聆听花开：行知中学小班实验撷英 / 张胜龙，谭志刚主编．--北京：光明日报出版社，2015.9（2021.8 重印）

ISBN 978-7-5112-9263-6

Ⅰ.①聆… Ⅱ.①张…②谭… Ⅲ.①中学教育—教学研究 Ⅳ.①G632.0

中国版本图书馆 CIP 数据核字（2015）第 230922 号

聆听花开：行知中学小班实验撷英

LINGTING HUAKAI：XINGZHI ZHONGXUE XIAOBAN SHIYAN XIEYING

主　　编：张胜龙　谭志刚

责任编辑：曹美娜　朱　然　　　　责任校对：张明明

封面设计：范晓辉　　　　　　　　责任印制：曹　诤

出版发行：光明日报出版社

地　　址：北京市西城区永安路 106 号，100050

电　　话：010-63169890（咨询），010-63131930（邮购）

传　　真：010-63131930

网　　址：http://book.gmw.cn

E - mail：gmcbs@gmw.cn

法律顾问：北京德恒律师事务所龚柳方律师

印　　刷：三河市华东印刷有限公司

装　　订：三河市华东印刷有限公司

本书如有破损、缺页、装订错误，请与本社联系调换

开　　本：710×1000　1/16

字　　数：430 千字　　　　　　印　　张：24

版　　次：2015 年 9 月第 1 版　　印　　次：2021 年 8 月第 2 次印刷

书　　号：ISBN 978-7-5112-9263-6

定　　价：69.00 元

本书编委会

顾　问:张守兵

主　编:张胜龙　谭志刚

副主编:王德顺　张　华

编　委:燕红林　刘　超　许春桂　傅　圆　管丽玲　滕宏莲
雷之顺　李联东　段正虎　赵松静　李全海　尹富磊
(编委以姓氏笔画为序)

最美莫过花开时

“小班化”教学是20世纪70年代以来欧美发达国家普遍推行的一种教学组织形式,我国虽然起步较晚,但《国家中长期教育改革和发展规划纲要》(2010－2020)提出“深化课程和教学方法改革,逐步推行小班教学”,说明小班化教学作为教育发展的主要趋势,基本得到认可。虽然小班化教学在班级规模、价值取向、教学效果等方面仍然存有争议,但以中国有现实看,通过小班化教学,转变教学方法、追求教育公平、提高教育质量已经成这共识,而通过“在做中学”、给学生更多的自由空间,营造更好的环境关注学生个性发展,改变传统的只注重对学生的总结性评价为过程性评价,是今天教育改革的当务之急。

2011年,随着新课程理念的深入贯彻,南京市浦口区行知中学小班化教学迎来了“忽如一夜春风来,千树万树梨花开”的喜人局面。我们惊喜地发现,学校各学科组的老师精诚团结、通力合作,办公室、教室里,随时都可以看到他们聚焦学生、聚焦课堂、聚焦发展的身影。参与改革的老师们深刻认识到当前素质教育关注更多的是教育理念、教育艺术和教学技能。学生们、老师们在一次次学习,一次次讨论,一次次反思中不断提高自身的素养,以达到教育教学效果的最优化。

“一花独放不是春,百花齐放春满园。”在这本“小班化”教学文集中,我们看到的不是老师的个人秀,而是学校每位老师的精彩亮相,每一篇文章身后都映射着一个强大的智囊团,在相互鼓励、相扶相携中共同进步。

我们看到的是,在小班化课堂中,课前热忱地帮助、课中期盼的目光、课后中肯地评价,让我们真切感受到团队成员间的浓浓真情,大家一起分享其中的成功和快乐,在全体教师的共同努力下,教师专业素质得到提升,团队精神得到提振,师资队伍整体水平得到优化。老师们撰写这些心得体会成为提高学校教学效能重要的途径之一,成为教师专业发展强有力的“助推器”。

“学而不思则罔,思而不学则怠。”这话是对学习者来说的,如果把它迁移到学校发展、教师专业成长上,也许是“教而不思则罔,思而不研则怠”。因此,撰写这些心得体会重点倡导老师们时刻反思自己的工作,不断改进和重组自己的教育生活,更好地服务于学生,促进学生综合素养地提升。

呈现给大家的这本“小班化”教学文集，收录的南京市浦口区行知中学的老师们近几年参与小班化教学的真情故事和真情流露。虽然有些文章还有值得甄别的地方，有的文笔不够优美，但可以肯定的是，这些文章中有亲历的体验、真诚的心声，有思想的碰撞、智慧的火花。她记录着教师们专业发展的足迹，是学校教师教学研究生活中五彩纷呈的亮点。字里行间，是真情的演绎、情感的升华，是循着陶行知老校长“千教万教教人求真，千学万学学做真人”足迹的延续，亦是静待学生们“接天莲叶无穷碧，映日荷花别样红”花开的美丽。

泰戈尔说过：“果的事业是尊贵的，花的事业是甜美的，但是，让我做叶的事业，叶是谦逊的，专心地垂着绿荫。”我们是一片片绿叶，为着花开，衬着花艳，忠实地守护这个美丽的家园。让我们用心聆听花开的声音，争做一名幸福的老师。

因为，我们知道：最美莫过花开时……

曹慧英

2015 年 6 月

目　录
CONTENTS

第一部分 01

含苞待放守春风

第一章

共筑行知梦

我们因梦想而伟大,所有的成功者都是大梦想家:在冬夜的火堆旁,在阴天的雨雾中,梦想着未来。有些人让梦想悄然绝灭,有些人则细心培育、维护,直到它安然度过困境,迎来光明和希望,而光明和希望总是降临在那些真心相信梦想一定会成真的人身上。“行知梦”是小班化品牌之路、是教师的专业成长之路、是学生自主课堂,共同合作之路,“行中人”为着“行知梦”而不断探索着、坚持着、努力着,我们相信“梦想”终会实现,奇迹已不遥远。

聆听花开的声音

赏花,人们大多侧重于花开之后的艳丽色彩和四溢的香气。而我们更欣赏花开的过程,聆听根系汲取琼浆的声音,经脉玉液流动的声音,鲜花逐渐饱满寸寸绽放的声音。那是过程,是前行的脚步,生命的赞歌。

行知中学小班实验,我们在意取得的成果,我们更在意一路行来的艰辛,抛洒的汗水,步步镌刻的脚印,颗颗拾取的果实。说白了,我们更珍视前行路上师生的张张笑脸以及笑脸背后生命之花绽放的声音。

一、文化引领,做好顶层设计

管理是学校教育的支持,小班化实验能否取得成功都系统决策和精细管理的结果。学校管理首先应该是教育思想的管理,鉴于此,行知中学在小班化教学实验之初就十分重视打造行知小班的品牌文化:构建行知中学“传承行知思想　绽放生命精彩”的文化构图,营造行知中学“传承行知思想　绽放生命精彩”的育人环境,创设行知中学“传承行知思想　绽放生命精彩”的发展模式。

我们营造陶行知“和衷共济”的管理氛围,打造陶行知“自主自觉”的育德模式,践行陶行知“知行合一”教学思想,以“行”为校训,提出了“做自信自觉自力的行知人”的发展目标。

小班化实验伊始，我们成立了小班化实验领导小组，走出去请进来，我们深入地开展了理论研究。但是崭新的教育理念，异彩纷呈的教学实践却让我们一度迷失自我：哪一种才是最好的？照搬照抄，看似简单，实则遗患甚多：别人在什么背景下采取类似的举措，这些华美的形式的背后又有着怎样的深邃积淀？移植过来的框架，在行知这片土地上是否能够茁壮丰满？画虎不成反类犬，如此贻笑大方的事，行知人不能干。

经过多次小班化工作会议，我们统一了思想：没有最好只有最适合。陶行知说过：“我们要在行动中追求真知。行动遇着困难便不能不思想，思想贯通便取得了真知识。运用真知识以行动，便走上了创造之路。”行知小班实验，应扎根于行知这片土地，立足于行知人的创造。

我校在小班实验之前的教改摸索中，已逐步形成了两种比较成熟的教学模式：以谭志刚老师为代表的“合作学习”和以滕宏莲老师为代表的“自主学习”。据此，我校确定了“知行合一”“365”教学模式。

陶行知说过“教学方法要采用自动的方法，启发的方法，手脑并用的方法，教学做合一的方法，并且要使学生注重全面教育以克服片面教育；注重养成终身好学之学习习惯以克服短命教育。在现状下，尤须进行六大解放，把学习的基本自由还给学生……”

行知中学“知行合一”教学思想核心标志是激活每一个学生学习内驱力，增强每一个学生行动力，提升每一个学生学习力。理念是践行陶行知“教学做合一”的教育思想，创新教学过程的管理，关注每一个学生，突出体现学校校训“行”中“行动第一”的理念，让学生真正成为学习的主人。教学模式含三个模块：

合作式：个体先学——小组讨论——集体探究

自主式：自信尝试——自力探究——自觉达成

六个元素：确立目标、自学预习、反馈调控、点拨启发、体验探究、知传互助。

五个评价导向：兴趣、习惯、协调、人际、自省。

结合研究资料，我们发现这两种教学模式极具生命力，所达到的最好效果是谭志刚老师的课堂教学在初三总复习阶段，依然能让学生倾情参与，班级举手率达到100%，在“国培班”新疆班的公开课上获得了师生的热烈掌声；滕宏莲老师的数学教学在我校一直遥遥领先，在区里也是一改我校以前数学教学的低迷状态。这些都证明我们的设计是有效的，是能经得起实践检验的。

二、策略研究，描绘愿景蓝图

"365"教学策略的研究和其他新生事物和改革措施一样，都经历了一个孕育期、阵痛期、发展期。

孕育期：两位老师的课堂教学与教学实绩已在我校乃至我区有着较高的知名度，得到了大家的认可。学校组织相关领导和专家组深入两位教师的课堂观摩并组织专门会议，研究课堂教学理念，课堂结构，课堂氛围、课堂效果等。在多次论证和反复实践后，两位老师拿出了成型的课堂教学模式。

阵痛期：学校通过前期的宣传发动，逐渐转变教师们的思想，让广大教师认识到教学模式改革的必要性和迫切性。随后两位教师一上研究课，二展示课，三上示范课，展示了原有教学模式和"365"教学模式的异同，以实际效果凸显"365"教学模式的优势，并为广大教师提供了切实可行的样板。但改变的过程是艰难的，正如急速行驶的列车，其刹车与转弯囿于惯性，势必前冲很远。为此，我校开展了常态课堂建设月活动，以赛代练，兼有行政命令，专人辅导，推动了"365"教学模式的践行。

发展期：当大部分教师已经理解了小班，并能践行小班理念的时候，"365"教学模式展现了它旺盛的生命力。我校在此基础上，进一步要求各教研组要重点打造几名领军人物，制定各教研组的课堂教学评价方案，并在组内公开课予以践行。学校领导通过行政调研课，深入每个教师的课堂，及时干预指导帮扶发现。这些举措不断推动着"365"课堂教学模式的细化与优化，集合广大教师的智慧与创造，我们的"365"课堂教学模式正不断抽条茁壮。

在学校精心组织之下，在两位老师的引领之下，在全体老师倾情参与下，我校的策略研究进入了蓬勃发展的时期，先后涌现了张华，"多元评价"教学策略研究；燕红林，"活动化"教学策略研究；邵玲霞，"223"自主德育策略研究，王德亮，"个性化"教学策略研究；管丽玲，"电子书包"研究；傅圆，"交互式活动"研究等。

在这里，我以物理组燕红林老师为核心的活动化课堂教学策略研究为例，做一个简要说明。陶行知认为治学应以兴趣为主，"学生有了兴味，就肯用全副精神去做事体，所以'学'和'乐'是不可分离的。学校里面先生都有笑容，学生也有笑容。有些学校先生板了脸孔，学生都畏惧他，那是难免有逃学的事了。所以设法引起学生的兴味，是很要紧的。"在《重力》这节课中，燕老师通过如下活动让学生逐步进入到相关知识点的学习和能力的提升。

活动一：通过电影短片引导学生认识地球的引力，概括和了解重力的概念；

活动二：通过比较质量不等的物体重力的大小，了解影响重力大小的因素，并

通过自主设计实验方案和实验探究,运用归纳的方法对数据进行分析,总结出重力与质量的定量关系;

活动三:引导学生运用算术法讨论和总结重力的计算方式,了解重力与质量的比值是个常数,并能够应用公式的变形进行质量的计算;

活动四:通过对课本图 8 - 15 的分析讨论和实验探究,知道重力的方向是竖直向下,了解重垂线在生活中的应用。

课后检测反应,这节课不仅有趣而且有效,值得推广。

以上这些课题的研究是基于我校学情,立足于课堂教学实践的研究。它们来自于实践,反作用于实践。我们坚信在不断地研究、调整、升华之后,必将极大地提升我校小班实验的有力开展。

三、实践创新,幸福生命成长

如何将课题组教师的研究成果推广到学校,惠及更多的师生?如何让研究成果实现效益最大化?这是摆在策略研究之后行知人面前的一个更重大的课题。我们为此经过多番论证,遵循由易到难,以点带面的发展思路,开展了一系列的活动研究,以此来体现"全纳性、个别化、活动化"小班教育理念,打造行知的优质教育、精致教育。

1. 课堂教学活动

我们开展了一系列活动:教师解题能力竞赛,引导教师关注课标、关注考点、关注学情,从而明确课堂教学目标,确定教学内容,优化课堂设计,向 45 分钟要效益,切实减轻学生的负担;微型课说课比赛,引导教师关注教学活动的设计、组织、调整,立足于课堂教学细节,如教学问题的全纳性、发展性、分层性、有效性;开展网络教研比赛及信息技术与课堂教学整合的比赛,引导教师加强基于网络的教育教学研究,提升教师服务于教学的现代化教育教学手段的研究,进而拓展学生的学习空间与资源;开展小班实验建设月和推进月活动,引导教师课堂教学关注目标可测、自主学习、知传互助、讲授时间、归纳质疑五个方面的要求,乃至师生共同选择的教学目标,课堂问题设计的层次性、选择性,照顾到不同个体现有学业水平和发展期待,以此促进每一个个体的幸福成长,而且在关注学科素养的基础上更加注重学习兴趣的培养,学习习惯的养成,学习方法、学习策略的指导,直面学生的终身学习能力;开展了班级文化建设和班主任基本功比赛,进一步细化校园文化建设,营造更加优异的育人环境,并提升班主任的德育能力,进一步推进我校"223"自主德育模式的发展。

2. 学生德育活动

我们的德育目标是个性化和社会化统一下的真人和主人。

做“真人”。一是学做真人,勿做假人,做“追求真理的真人”;二是做“人中人”,不做“人上人”;三是做“有道德的人”;四是做一个“立志改革,勇于创造的人”;五是做“一个整个的人”,做“真善美的活人”

做“主人”。“主人”是陶行知的另一个信条。“教人做主人,做自己的主人,做国家的主人,做世界的主人”。陶行知有个口号:要做“一品大百姓”。他所谓的“一品大百姓”就是“人中人”,他们自主而不放纵,自尊而不自大,自决而不专断;他们不卑不亢,己所不欲,勿施于人;他们守身如玉,穷且弥坚,富而愈俭。

我们提出了“智仁勇”并重,“知情意”并重的育人原则,立足于“行——知——行”,我们确定了行知中学小班化德育的三个走向:从“围拢”走向“开放”——走向生活;从“规定”走向“共商”——走向自主;从“告知”走向“感悟”——走向自觉。

以邵老师的八年级(3)班为例,我简单予以说明。班级师生共同确立“自律自强,守土有责”的班规,在集体生活中形成“自主自立,自信飞翔”的班风。在班级管理过程中,增加岗位,完善评价制度。达到“人人有事做,事事有人做”。每个学生都有机会上岗为他人服务,在班级自主管理中锻炼自己,提高自己。大家为班上大小事务制定了相应的评价制度,并在班上长期开展“一周之星”和“一周进步之星”的评比活动,让学生在自我评价、自我优化中进一步提高自己。

设立班级管理委员会,提倡民主和谐。管理班级的制度不再是唯一班长制,也不是老师的独裁制,而是确立了班级管理委员会制度。委员会成员由六个值日班长组成,并且实行班干部轮岗制和班级事务包干负责制,引导学生自主管理,让学生自己的事情自己做,为每个学生提供更多的表现自我,体验成功的机会,锻炼和培养学生自主处理事情的能力。

此外,班级还完善沟通渠道(含和家长沟通制度、建立班级博客、网络 QQ 谈心活动),开展丰富多彩的集体活动,全员参与,召开主题班会共商班级发展。

3. 学生社团活动

为了培育学生多元潜能,促进学生的多元发展,丰富学校文化生活,在学校层面,我们更是开展了一些列的活动:举办两届运动会,在提升学生身体素质的同时,培育积极奋进、团结友爱的拼搏精神、合作精神;开展两次“一二九”演讲比赛,在培育爱国情怀的同时,挖掘学生的写作才能和演讲才能;开展多次阳光运动大比武,激发学生参与体育锻炼的热情和集体荣誉感;开展“知来阅读社”“墨韵书香”书法社,引导学生好读书,能够读好书,习得读书好,引导学生能感受中华文化的博大魅力，能写横平竖直方块字，能做堂堂正正中国人……

4. 社会实践活动

我们还开展了依托基地资源，促进生命成长的一系列活动：

一是学习生活、交流表达。中、新学生手拉手，进班级，共座位，同学习。课堂合作竞争，课间交流表达。中、新学生手拉手，进公园，共车辆，同参观。车上谈吐自如笑颜相对，车下共赏美景无限。中、新学生手拉手，进民居，共餐桌，同饮食。吃出中新饮食的别样文化，说出中新友谊的地久天长。在面对面，手拉手的交流中，既开拓学生的视野，又锻炼学生的表达能力，从而促进学生的全面发展，综合素质的提升，从根本上实现陶行知先生的“社会即教育”的思想。

二是品悟青莲、绽放生命。依托基地，联通艺莲苑，在自然美景中，深化教育。莲文化博大精深，不仅有“出淤泥而不染，濯清涟而不妖”的高洁品质，更有善良洁身自好、方刚正直的象征，故古今咏莲之妙句不可胜数，而且与佛教颇有渊源。带领学生走进艺莲苑，品悟青莲，不仅能学到有关莲的生物学知识，更能引导学生走进生活，对话自然，关注生命。“莲叶何田田”展现的不仅是美景，更是生命力的旺盛；含苞待放展现的不仅是美丽的羞涩内敛，更是无尽的遐想与期望；千瓣莲展现的不仅是生命的精彩，更是科学上永无止境的进取精神。走进艺莲苑，不仅是走进美景，更是陶行知“生活即教育”的思想的真实诠释。

三是文化浸染、天下一家。行知先生说：“我们要活的书，不要死的书；要真的书，不要假的书；要动的书，不要静的书。总起来说我们要以生活为中心的教学做指导，不要以文字为中心的教科书。”行知基地每年接待新加坡、澳大利亚、法国、德国以及我国香港学生近千人，组织了丰富多彩的活动。在这些国际交流中，学生成为中华文化的使者。在不同文化的对话中，让学生锻炼表达交际能力，理解中华文化的魅力，增强民族自豪感，了解世界文化的博大精彩，拥有放眼世界的胸怀。国际文化交流再次展现陶行知先生“教学做合一”的教育思想。

四是手脑并用、行动教育。利用行知基地，带领学生走进别样的学习天地。行知基地开辟的十亩茶园，不仅是“浦桥玉剑”的沃土，更是学生社会实践的绝佳乐园。在这里智力学习和体力劳动得到完美的统一。聆听中华悠久的茶文化，品味沁人心脾的茶香，劳作于蓝天白云之下的绿色茶园，学生不仅学到了文化知识，更在行动中理解劳动精神。离开茶园，走进制陶作坊，在搅拌泥土，制作陶艺中学习横亘几千年的陶文化，不亦宜乎？在行动中感受，在快乐中领悟，在自觉中珍惜，知识的学习不再成为一种任务，一种负担，反而成为一种乐趣，一种幸福。以此实践陶行知先生“行是知之始，知是行之成”的行动教育思想。

类似的活动还有很多，在这里我就不一一赘述了。到目前为止，行知中学的学生“自治”已初具雏形,颇具特色。

四、乐于自省,感叹行路之辛

1. 共享需支持

独乐乐与众乐乐,孰乐?记得去年市局来我校视导小班时,曾提出要我们勇做小班实验的标杆,这句话我们一直记在心里。行知小班实验正在如火如荼地开展着,并取得了一定的成绩。其间苦痛伴着泪水,幸福中蕴着欢笑,我们积累了很多第一手的资料,可行的教育教学策略,有效的教育教学实践,丰富多彩的活动设计及效果,个性张扬成果璀璨的师生风采等等。这些成果与教训,心得与体会,我们是敝帚自珍,还是与众分享?小班实验是单兵作战还是比肩前行,携手以共?我想答案不言自明。所以,我校依托小班实验领导小组,成立“博约”教师发展中心,携手以进。

2. 评价需多元

小班实验是一个循序渐进、缓慢成长的生命幸福之旅,它涉及到孩子的综合素养。遵循教育的最基本规律,基础教育应该储备各方面的基础知识和基本技能,培养兴趣,养成习惯,为将来的各种成长提供无限可能。可目前现行教育教学评价机制还略显单一,倾向于速战速决,希望功效立显。这就导致我们培养的素质有些无法在评价中得到合理的体现,有些无法从数字上得到充分体现。丰富的活动,内在的素养,为人生而做的铺垫,如何评价,成了困扰我们的一个大问题。

3. 队伍需建设

任何一项改革,其根本因素还是人的因素。在前期建设月和目前的推进月活动中,我校绝大部分教师对小班化教育教学理念已经有了充分而深刻的认识,也能倾情投入到小班实验中来。不论是教学还是教育,不论是课堂还是活动,小班的元素体现原来越明显,越来越有实效。但我们也清醒地认识到,正如一列高速行驶的列车,其刹车和转弯必然伴随着一个明显的惯性,人的思想的转变也需要一个过程。部分教师还得继续培训,督促,乃至带有行政强制的整改。

4. 硬件需提升

经过一段时期的自然损耗,我校各班级的多媒体及实物投影或多或少地存在着这样或那样的问题,甚至部分教师还缺少办公电脑。这直接制约了小班教育教学的精致化、优质化发展。基于网的教育更是无法有效开展。由于前期基础薄弱,我校图书馆的藏书,迫切需要更换与补充,我们始终认为没有教师的阅读,我们只能勤勤恳恳地原地踏步;没有学生的阅读,学校教育是苍白的短视行为,无助于民族的发展。

五、勇于奋进，喜迎前程之美

1. 依托“博约”，打造品牌文化

“博约”教师发展中心取自《论语·子罕》“夫子循循善诱人，博我以文，约我以礼，欲罢不能”。意在同道而行，勤读善学、慎思笃行、博文约道、发展自己、服务学生，提升学校。建立“博约”我们不仅是为了打造一批名师，更是想依托“博约”的核心团队从方方面面为学校的发展助力。在后期的工作中，我们将依托“博约”深化文化建设，进一步挖掘、发展、提升我校文化内涵，整合行知思想和小班教育理念，让老树萌新花，进而形成特色，构建体系，打造品牌文化。正如前面我所说的编辑书籍就是其中的第一步，今后我们有可能形成一个系列，学习并超越如东为之骄傲的“一校一品”。

2. 启动展示月，深化策略研究

我校将在前期“建设月”“推进月”的基础上，开展小班实验课堂教学“展示月”的活动。在体现小班教学元素的基础上，展示我校教师的自力前行的研究成果。重点突出谭志刚的小班行动研究和“365”合作课堂模式，滕宏莲“365”自主课堂模式，张华“多元评价”教学策略；燕红林“活动化”教学策略；邵玲霞“223”自主德育策略，王德亮“个性化”教学策略；管丽玲“电子书包”；傅圆“交互式活动”等原有和新涌现出来的策略研究。引导广大教师通过观摩、研讨、模仿、创造，推动我校小班教育教学的发展乃至实现最终的成熟。

3. 利用导学案，转变教学方式

我校的导学案经过了将近一年的实践，虽未成熟，但已经逐渐成型。下面的工作是在原有的基础上，依托“博约”教师发展中心，力邀区内外专家指导，利用暑假进行进一步打磨、优化，在秉持《课标》理念，体现学科特点的基础上，进一步转变教与学的行走方式，凸显小班化教育教学最新理念。通过一定的行政强制手段，进一步转变、深化教师的教育教学思想，关注每一分钟的教学效益，每一个孩子的幸福成长。通过学案引导，在激发兴趣的基础上，帮助孩子养成良好的学习习惯，拥有自主、合作、探究学习的能力，成为一个具有终身学习能力的人。最终学有所长，学有所成，成为一个有益于社会的人。

4. 丰富社团，拓展学习资源

我校虽然开展了丰富多彩的社团活动，但目前看来这丰富多彩也只是相对于周边其他学校而言，离我们心中的目标还是相去甚远。今后，我们将进一步开展细致地调研，依托现有师资力量，遵从学生的发展意愿，创造性地利用身边的生活、社区资源，开展空间更广、种类更多的社团活动，并为之提供足够的硬件支持、后勤保障,足够的展示舞台,从而进一步拓展学习资源,给予学生更多的学习空间、时间,给予学生更广阔的发展可能,实现“学校可以快乐,学习可以享受”的行知教育理念。

(张胜龙)

小班教学,更需要自主合作学习

小班实验一路行来,我们着力于教学方式的转变。问题就在眼前,路已在脚下。践行,已成了不二选择。本文结合自主合作学习模式改革中的系列做法,细说探索途中的心得和经验教训,旨在引起争鸣,以期促成探讨与交流之风,从而推进高效学习模式的构建。

1. 旧有教学模式的弊病

旧有的教学模式,教师具有绝对的支配权,由教师设计课堂的各个环节,推测其重难点,我来教你来学,其外在形式往往体现为声嘶力竭,青筋绽出,吐沫横飞。而班级学生除了那几双渴求知识的眼神外,剩下的往往是昏昏欲睡。

当我们沉醉于知识讲解的时候,突然发现两个学生低着头,在桌下玩弄着那简陋的玩具,甚至是不知何时传来的一张纸条。

当一道简单的问题抛出之后,甚至是请学生重复一句话或是一段文章,我们咆哮谁举手,谁来说,换回的是低垂的脑袋,无言的抗议,我们只能无奈的说,“哦,题目的答案原来是这样的……”或者“那好,学习委员来说。”又是那些熟悉的面孔,我们难道只为教这几个学生?

当我们反复强调作业必须完成,精心布置几道只需十几分钟的作业时,我们检查后发现,收到了空白,收到了驴头不对马嘴,收到了大面积的雷同。

这一切的原因是什么?只因为现在的学习在部分学生的心中,已经异化为家长行为、教师行为,自己只是被逼的。这其中固然有理想教育的缺失,社会氛围的浸染,家庭教育的盲目,但我们旧有的教学模式是否也应担起一部分责任呢?

一节课 45 分钟,我们滔滔不绝,留给学生的还有几分钟?这几分钟,有几个学生能有机会回答?我们要学生思考,人人思考,题题思考,但我们却剥夺了学生表达机会,我们将大多数学生思考的劳动成果,抛到九霄云外,不闻不问,使他们得不到应有的价值肯定。试问我们自己,当我们的劳动成果被人一次次践踏之后,我们还愿意思考吗?

2. 自主合作学习的优势

(1)价值的肯定。传统教育里,达到目标的过程中个体之间的相互作用方式是相互对抗方式。其目标结构类型是竞争性。竞争奖励结构所提供的成功机会很少,只有少数人取胜,而大多数人以失败告终。

在合作学习中,奖励结构发生了巨大变化,不仅包含学业、教师的肯定,还包含了学生的肯定。奖励的次数也明显增多,它贯穿于教学的每个环节,随时随地都有可能产生。因为在小组学习中,那么多的问题,全员争论,无所谓对错的前提下,总有一个问题是属于后进生的,总有他们能够解决的问题。即使没有,有时在讨论中后进生的一个灵感,一个思路,甚至是不经意的一句话,都有可能帮助整个小组在解决学习问题上,拥有质的突破,因而获得同学、教师的称赞。在一次又一次的称赞中,他们的学习兴趣必然能够得以激发。

(2)主流群体的认同。“物以类聚,人以群分。”学生的群体往往因为成绩而产生距离,思想与行为因而产生异化。一些学困生被无形地隔离在主流群体之外,聚集在一起,往往会互相干扰,从而造成 $1+1>2$ 的局面。他们容易与成绩水平高的“教师的宠儿”相互排斥甚至相互敌对,进行责难,影响了班风,进而干扰课堂纪律。

在合作学习中采用异质分组的方式,将不同学习能力、学习兴趣、性别、个性的学生分配在同一组内,他们可以相互启发、补充,不存在谁更行、谁更聪明的问题,大家都是讨论成员之一。评价机制以小组为单位,必将使学生之间的关系会更平等、更民主、更团结。成绩优异的学生与成绩滞后的学生被有意识的糅合在一起。“近朱者赤,近墨者黑。”在周围学生的带动下,学困生的思想与行为必将受到影响,必将向学习偏移。

(3)学会学习。在传统模式中,部分学生学习很认真,但成绩难有提升,除了智商之外,更是学习方法的问题。很多问题发现不了,即使发现却不敢去问,或者懒得去问,从而导致学习成绩越来越差。课堂上,因为答案得不到他人的认同而不敢举手,使课堂陷入沉闷。而课堂一旦陷入沉闷,学生走神、干扰课堂的现象也就时有发生。

合作学习中,团队合作得到了加强,学生相互影响,相互帮扶,使学习方法上的欠缺,学习上的难题在组内能得到及时的解决。由于学习任务是共同解决的,在课堂反馈中每个学生都拥有了集体的智慧,因而能够克服畏惧心理,敢于举手发言。这势必大幅度提高学生的自信心,从而激发他们的学习兴趣。即使遇到学习中的难题,他们也能够统一行动,进入办公室寻求教师的指点,而不会像以前那样束之高阁。

合作学习不仅具有以上的优势,而且还能够培养合作精神、培养交往能力、培养创新精神、培养竞争意识、培养平等意识、培养承受能力、激励主动学习。

3. 初期实践的效果

我校在一个实行合作学习只有两个月,处于初级阶段的初三(3)班做过一次小型问卷调查。该班级总人数39人,学生基础较差。调查前,我反复强调仅作个人研究之用,与班级、教师、学生个人考核无关。调查结果如下:

合作学习前后学生状态对照表

调查分类		合作学习之前		合作学习之后	
上课	不太认真	31人	79.5%	0人	0%
	比较认真	8人	20.5%	38人	97.4%
	认真	0人	0%	1人	2.6%
作业	偶尔抄袭	7人	17.9%	2人	5.2%
	不太认真	24人	61.5%	8人	20.5%
	认真	8人	20.5%	29人	74.4%
晚上的复习预习	不能	29人	74.4%	0人	0%
	一般能	9人	23.1%	1人	2.6%
	能	1人	2.6%	38人	97.4%

该班级认为自己有进步的32人,占82.1%。各项数据均有大幅度提高。同期,该班开了一节语文公开课,在自主预习的基础上,班级举手人数为100%,回答问题也是100%。该班一天中,下课主动到办公室问问题的最高人数纪录是22人,而在初二时几乎为零。一个月后,该班迎来区教育局的随堂听课,举手人数与回答问题的人数依然是100%,获得了区、校两级领导的高度评价。

学生外在的表现,内化为学习动力和学习能力。班级的成绩也有了明显的提高。该班级在初二时总均分与校第一名的差距为38分,遥遥领先倒数第一,但到了初三上学期末已达到学校的第三名。校前10名,该班由1上升为3人。在中考中,该班也取得令人惊喜的进步。

2009-10-2初二期末质量分析表

	语文	数学	英语	物理	政治	历史	总均分
校均分	65.98	58.09	57.38	65.21	47.93	33.16	327.7465

续表

2009－10－2 初二期末质量分析表							
	语文	数学	英语	物理	政治	历史	总均分
校第一名	70.19	67.71	61.63	70.68	50.2	35.68	348.275
三班	62.59	51.05	61.63	58.51	47.46	31.02	312.2683

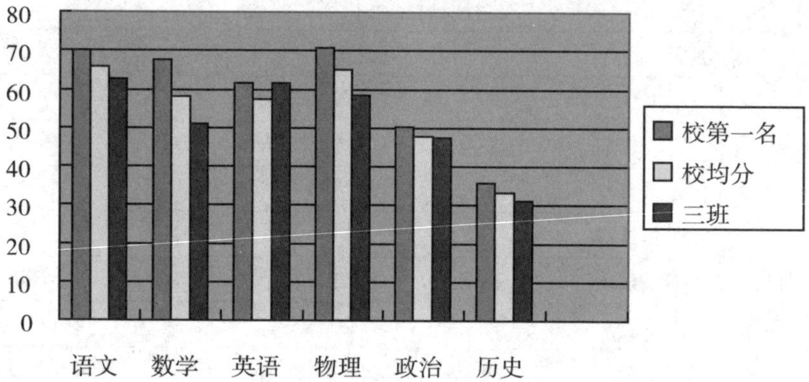

中考实考总分跃居学校第一。下面通过四表的比较，初窥该班教学质量提升的历程。

2011 年中考质量分析表								
	语文	数学	英语	物理	化学	政治	历史	总分
校均分	79.56	56.69	65.77	58.89	45.7	36.82	40.37	383.81
校第一名	81.78	65.65	67.25	63.22	50.68	38.9	42.34	395.8
三班	81.38	56.8	67.25	63.22	48.33	38.9	39.92	395.8

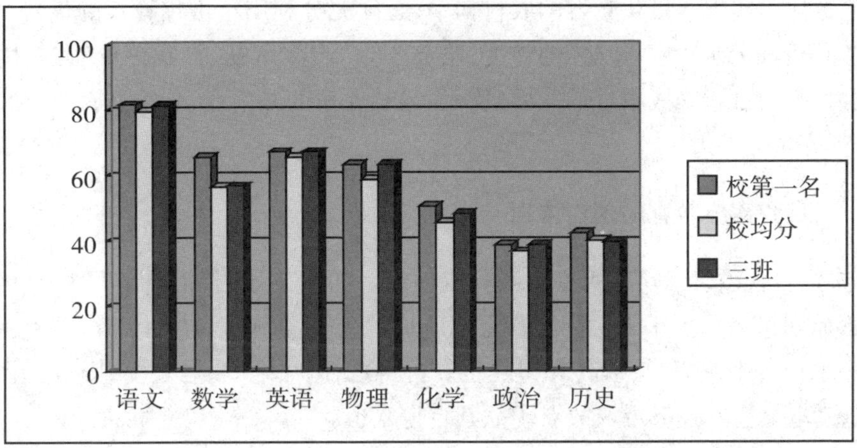

合作学习的效果在实际操作中得到体现。最少它充分调动了学生的积极性，让学生充分动起来。而学生能够动起来，那么学习兴趣必将得到大幅度的提高。学习兴趣是学习的原动力，是基石，其他的知识与技巧不过是上层建筑，失去了学习兴趣，所有的成绩与能力都只能成为海市蜃楼。只要合作学习能够提高学生的学习兴趣，我认为也值得一试。

（王德顺）

从告知走向自觉

——农村初中小班化教育的自我养成

自我养成教育指在教师的引导下，同伴互助中，利用多种主题与形式的活动的开展，通过自我审视、自我评价、自我优化，在潜移默化中形成习惯，学会认识、要求、调控、评价和优化自己，达到自己教育自己目的的教育。

现阶段农村初中教育因其特殊的区域环境，存在着诸多问题。例如因社会环境的影响，造成"开放式社会环境与封闭式德育方式之间的矛盾"，导致学校、家长"说教式"教育收效甚微；因为教育理念的陈旧、教育功利性等，造成学校德育漠视学生内心的真实感受，以管代教，堵而不疏，流于形式，欠缺实效；因为父母"小富即安、缺乏自律、宗派亲族"的小农思想，加上单亲、留守等问题导致家庭教育的迷茫与缺失；因为逆反心理、自主意识等青春期特有心理，导致的思想多元化，行为自控能力差，部分学生更是品德意识模糊，言语粗俗，行为失范等。针对以上问题，笔者认为实现小班化教育的农村初中，必须充分利用小班化教育的优势，实现由教师“告知”到学生“自觉”的转变，培养学生“自我审视、自我评价、自我优化”的能力，推动自我养成教育的发展，从而“培养儿童的知情意，启发其自觉，使其人格获得完备的发展”。

一、自我养成教育的理论依据

中国古代教育家历来重视自我养成教育。如孔丘强调“内自省”，“内自讼”，“择善而固执之”，要求人们能够自觉地改过迁善。孟轲强调德性涵养要依靠“自得”，“君子深造之以道，欲其自得之也。自得之，则居之安；居之安，则资之深；资之深，则取之左右逢其源。故君子欲其自得之也。”

近现代自我养成教育得到了进一步的发展。毛泽东提倡在人民内部让人民“用民主的方法，教育自己和改造自己”，提倡“人民内部的自我教育工作”，并且指出：“批评和自我批评的方法就是自我教育的基本方法。”

陶行知说：“知的教育不是灌输儿童死的知识，而是同时引起儿童的社会兴趣与行动的意志。情育不是培养儿童脆弱的感情，而是调节并启发儿童应有的感情，主要的是追求真理的感情；在感情之调节与启发中使儿童了解其意义与方法，便同时是知的教育；使养成追求真理的感情并能努力与奉行，便同时是意志教育。”“知情意”合一必须建立在民主教育的原则上，“鼓励学生自己管理自己的事”“要启发学生自动”“要在自动上培养自动力”“专制生活中可以培养奴才和奴隶，但不能培养人民做主人”“人民只可以在民主的自觉纪律中学习做主人翁。”

国外的教育家们也对自我养成教育做了精辟的阐述。苏霍姆林斯基认为“少年期和青年早期为困难年龄期……教师面前也会出现许多困难。惟有在教育和自我教育融会在一起的情况下，才能克服这些困难。”“能激发出自我教育的教育，才是真正的教育。比起组织星期日的消遣来，教会少年自我教育要困难得多。比起直到少年走出校门沉醉于无拘无束的自由空气之前抓住他的手不放来，教会少年自我教育也要艰巨和复杂得多。惟有能激发出自我教育的教育，才能解决这些困难。”

雷夫·艾斯奎斯抛弃了“铁腕管理”与“小红花”奖励，他提倡“没有害怕的教育”和彼此信任；反复强调“道德培养的六阶段”理论：“我不想惹麻烦——我想要奖赏——我想取悦某人——我要遵守规则——我能体贴别人——我有自己的行为准则并奉行不悖”。他致力于孩子内驱力的培养，深信：“着力孩子的品格培养，激发孩子自身的高要求才是成就孩子一生的根本。”

二、自我养成教育的现实基础

小班化教育强调“全纳性、个别化、活动化”，为自我养成教育提供了充分的现实基础。在以往的大班教育中，因为“普适性”教育理念、评价机制的单一、班级规模的庞大等因素，导致很多学校、教师在教育中更多地采取的是“一刀切”的“智慧工厂”模式。以告知代替引导，以规定代替活动，以“他控”代替自控，这看似化繁为简的“高效率”之举，却在某种程度上制约了学生的自主发展，造成大部分学生的唯唯诺诺和少部分学生的逆反。

因为小班化教育，自我养成教育的长期性有了现实基础。“全纳性”完成了师生关系由畏惧、距离到亲切、和谐的转变。教师能够做到多个100%：100%亲密接触，100%真诚引导，100%特色活动……了解每个学生，关注每个学生，悦纳每个学生，为学生个性的展现、行为的规范提供了足够的时空要素，同时优化了教师的心理期待，使教师行为不至于因不切实际的的期望值而失于单调、粗暴。

因为小班化教育，自我养成教育的精致性有了现实基础。“个别化”完成了由“普适”到“适性”的转变。大班教育更关注教育的平均值，因时空的限制无法达到精致化。学生的教育因处于面的笼罩下，而丧失了针对性，导致教育措施的重复低效，循环往复。据此可以了解每个学生的成长背景与“最近发展区”，分析每个学生成长过程中出现优劣以及反复的原因，针对每个学生提供足够多的倾听与辅导，为每个学生提供审视、评价与优化自己的舞台。

因为小班化教育，自我养成教育的活动性有了现实基础。“活动化”完成了从“高控制”到“高互动”的转变。自我养成教育需要大量的活动的支撑，它抛却了规定与告知，需要学生能够在教师的引导下自我审视、自我评价、自我优化。这些自我教育的功能对于农村初中学生来说是有难度的，需要教师提供足够的时空和充分的活动才能在教师引导与同伴互助中完成。初期的尝试是无序而低效的，但只要能够坚持，学会自我教育将是我们教师赠予孩子一生受用不尽的财富。

三、自我养成教育的有效策略

1. 自我审视是自信的前提

陶行知认为，实行“启发式”教学法，其教育的全局应该包括“（一）要知道一件事是这样；（二）要知道它为什么会变成这样；（三）要知道它怎样会变成这样……”而“这一切都要靠着有组织有计划有理论引导的行动来完成。”

“没有自我教育的教育不是真正的教育”，教育目的必须通过受教育者的内化才能真正实现。所谓“内化”，实际就是自我教育的过程。培养孩子的自我教育能力，而要想培养孩子的自我教育能力，就必须先通过活动引导孩子学会自我审视，在自我的成长过程中，根据已有的变化不断地重新认识自己，正确地认识自己，对自己的素质提出新的要求。只有正确的自我认识才能知道什么能为，什么不能为，才能明白自己哪个方面有潜力可以挖掘，哪个方面存在不足需要避免。也只有这样，才能真正做到自信。

为了让学生学会自我审视，我开展了多项活动。例如开展“咦，镜子里是谁？”的活动，让每个学生将镜子里的自己的形象描述出来。要求是用第三人称，客观地，不带感情地描述，越细致越好。由于是第三人称，很好地克服了孩子们羞怯心理，孩子们很愉快地完成了任务，教室里洋溢着轻松愉快地笑声。我借此引导学生完成了第一步的自我审视，并让学生认识到仪容举止的重要性，改变了农村部分学生的随意、邋遢；坚持开展了“午思五分钟”的活动，要求学生在规定时间集体反思自己24小时的得失，记入自己成长档案中。由于这份成长档案是属于学生自己的秘密，所以学生能够真诚地实录自己的成长足迹；坚持开展了“今日大事记”的活动，让每个学生在“作业记录本”中写下今天印象深刻的事，引导学生学会“五日三省吾身”。由于“作业记录本”是班主任批阅，这能很好地引导学生将自我审视进行下去，并能有效地了解学生的心灵波动，并给予及时的跟进与指导……

2. 自我评价是自立的保障

自我审视是为了认识自己，只能达到“知其然”。它只是自我养成教育的第一步，要想更进一步，还必须培养学生自我评价的能力。只有学会自我评价，学生才能“知其所以然”，为后面的自我优化打下坚实的基础。只有能够客观公正地评价自己，才能用正确的价值追求，形成自己的强大的精神动力，达到真正的自尊、自立。

为此，我特意开展了一系列的活动。例如开展语文课堂的“修补答案”，要求学生在回答问题时不能另起炉灶，必须在评价前面同学答案的基础上，修补完善答案，借此一方面提升学生的思维品质，一方面让学生的评价能力得以提升；开展班会课的“一周点评”，要求每个学生走上讲台，针对班级里的人和事，任选一个角度，模仿新闻评论的方式开展点评活动；开展班级“琐事沙龙”，成立不同话题的兴趣小组，在活动中阐述自己的观点，探究原因并预测发展轨迹；在前期活动充分培养了学生思维、点评的胆量与能力的基础上，引导学生拥有了客观公正的评价态度，我坚持开展了“自我表扬与自我批评”的自我评价活动，要求学生将成长档案中的大事记改为“成功与失败”的记录，并要注明原因，即为什么成功、为什么失败，在班级的舞台上大声地念出来，借以直面生活，警醒自己。

3. 自我优化是自觉的必然

陶行知认为“对于一个问题,不是要先生拿现成的解决方法来传授学生,乃是要把这个解决方法如何找来的手续程序,安排停当,指导他,使他以最短的时间,经过相类的经验,发生相类的理想,自己将这个方法找出来,并且能够利用这种经验理想来找别的方法,解决别的问题。得了这种经验理想,然后学生才能探知识的本源,求知识的归宿,对于世界上一切真理,不难取之无尽,用之无穷了。”因此自我养成教育最终还是要通过学生的自我优化才能落实。

自我优化是指在自我审视、自我评价的基础上,能够及时根据自己的判断,选择合适的方向,合适的方式修正自己的行为,以达到更高的发展。只有学会不断地调整,不断地修正,才能真正将教育所得内化为自己的自觉行为,实现自我养成教育的成功。

要想实现自觉,必须持之以恒地开展扎实有效的系列活动。例如开展“课堂独幕剧”系列活动,我借助十几年对学生生活的观察与总结,创设了几十种不同的剧本主题,“假如作业不会”,“假如发生冲突”“假如考试失败”“假如考了 100 分”……要求学生设计剧本情节,参与表演,借以解决生活中、学习中可能遇到的难题,提高学生自我优化的能力,以便于他们在现实中,如果遇到类似问题,能够及时合理解决;开展“颁奖典礼”,定期模仿奥斯卡颁奖典礼的形式,在班级铺上“红地毯”,为成功学生喝彩,陪他们一起笑着回忆幸福的拼搏历程,一起畅谈未来打算;开展“假如可以重来”的系列活动,在活动中,我们一起为曾经的错误唏嘘,分析错误的原因,承担错误的危害,寻找解决的办法,开展拯救的行动……

“近世所倡的自动主义有三部分:一、智育注重自注;二、体育注重瞬息万变强;三、德育注重自治。”陶行知先生追问我们“学生应否有自治的机会?如果应该自治,我们又要问学生自治究竟应有几多大的范围?又有何标准?施行学生自治,又应用何种方法?”自我养成教育只是众多“学生自治”教育的一次践行,但苏霍姆林斯基的理论,雷夫·艾斯奎斯的“第 56 号教室的奇迹”告诉我们,这条路必须坚定地走下去。

(谭志刚)

班级管理八大法

“班主任在工作时对自身工作进行一个哲学意义上的定位是很有必要的。一位班主任,不要把自己当成一个仆人般的管理者,而是要做一位引领者。成为学生一生中的一个方向、一个目标、一个旗帜。”

班主任工作是培养人的精神劳动，而这种劳动过程不同于物质生产劳动过程，在班主任“劳动”中，教育主题和教育工具是一体化的。

因此，在班主任管理工作中，合理地将教育主题和教育工具一体化，有助于发挥教育管理的功能。

一、设计班名、班徽、班歌

精神上的教育力量是无限的，心中有信念，脚下有行动，因此，让学生自己讨论谋划班名，树立班级的集体形象；广泛征求意见，设计符合班情的班徽，增强班级的凝聚力和号召力；唱响自己青春的歌，自己谱写属于自己的班歌，活力四射，催人奋进。

二、铭记“规则条”

在广泛征集集体的意见后，制定本班的班规与班训，用来约束自己的行为，鞭策自己时时上进。每当学生违反班规与班训的要求时，自己用“规则条”将自己违反的相关内容抄下来放在自己的课桌台板下，用来提醒自己不要再犯同样地错误，一段时间后，当自己“改邪归正”后，自行将“规则条”拿出来。

三、建立“班级坐标”

以班级前门的第一位同学为坐标的原点，以横行为横坐标，以纵列为纵坐标，每一位同学都有一个属于自己的“班级坐标”。

建立了“班级坐标”后，“早读管理”和“作业督查”等班级日常管理工作就有了“监控设备”，使“浑水摸鱼”者无空可钻，一段时间下来，班级秩序井然，稳步上升。

四、组建“合作小组”

充分挖掘班级内部资源，调动学生学习的积极性，在班级里组建自己的学术研究机构——“合作小组”，四五位同学为一组，各门学科进行“合作学习”，互相帮助，互相弥补，对于本组无法完成的问题可以通过“组组沟通”“组组竞争”向老师请教等方法得以解决，轻松愉悦，快乐学习，你追我赶，共同进步。

五、走上“星光大道”

根据每周各方面的情况，每一个“合作小组”推选出自己的“班级每周之星”，对他们的学习方法、行为表现、进步成绩进行褒奖，走上“星光大道”，向全班同学介绍自己的一些体会和收获，让全班同学都分享这些优秀的“金点子”，达到“百花争艳满园春”的效果。

六、建立“班级社会主义”

将每一位同学的学习资料、辅导手册、课外书籍等资源整合在一起，设立班级社会主义的图书馆，创建一个资源共享的平台。

实行“轮流馆长制”“馆长”负责记录图书的借阅、归还情况，鼓励早借早还，有借必看，有看必获，一段时间后，学生在各方面的视角、思维都有了大幅地提升，取得了斐然的进步，长此以往，效果更佳。

七、善待“我的地盘”

一段时间，教室的黑板被学生涂鸦得不像样，于是我提出一个设计：“请大家一起设计如何合理应用好黑板，让黑板成为一道风景线。”出乎意料的是，几天之后，黑板的每一寸“边角料”都被学生布置得井井有条：左边第一栏是“作业栏”，每天的作业一目了然，第二栏是“课程表”，每节课清清楚楚，右边第一栏是“一周纪要”，提醒同学一周的时间安排，第二栏是“心情指数”，三星表示开心，二星表示一般，一星表示郁闷。学生的设计将自己的学习和快乐相联系，黑板慢慢的成为了一块催人上进的“魔板”。

八、构建“人生帝国”

让每一位学生都构建一个属于自己的“人生帝国”：有理想，有追求，有方向，明晰自己的优缺点，定位自己的着力点，找准自己的作用点，为自己美好的“人生帝国”而扬帆起航。

书写帝国传记，展示帝国风采，成就帝国梦想，形成帝国特色，给力帝国发展，谱写帝国蓝图。

当然，在班级管理中，也会遇到一些问题，“孩子表现出来的并不完善，但他有他的美，美就美在他的幼拙。”我们在班级管理中，应该关注全体学生的发展，促进学生的和谐进步。

班主任管理是方法，更是技术；是技术，更是学问；是学问，更是科学；是科学，更是艺术；是艺术，更是事业。是方法，就要优中选优；是技术，就要精益求精；是学问，就要“不耻下问”；是科学，就要“学而不倦”；是艺术，就要“博采众术”；是事业，就要为之奋斗！

（张华）

小班语文教学“六要”

作为我国基础教育改革的热门课题之一的小班化教育，经过多年卓有成效的推广，已在各地蓬勃发展起来。每年都有大量的实验学校，为数众多的语文教师走进小班化教学改革的研究队伍之中。

为了帮助这部分教师尽快地度过小班化教学改革初级阶段的阵痛期，本文将结合多年的一线实践，论述小班语文教学的“六要”：形式要“真”，学生分组与座位安排应该突破形式关注内容；能力要“练”，学生自主、合作的能力要有序、有效地训练；主体要“明”，全过程多角度凸显学生的主体地位；教学要“慢”，师生携手以高效的“慢”共同应对教学改革的阵痛；作业要“新”，以新颖的个体作业、有效的小组作业、丰富的活动作业构建幸福成长作业；评价要“实”，小班化教学中要高度关注形成性评价。

笔者希望自己的一些有益尝试，能给新进的语文教师带来些许启迪和借鉴。

一、形式要“真”

分组教学未必是必须的教学组织形式，但目前看来确也是小班教学的重要教学组织形式。分组一般有两种，同质分组和异质分组。这两种分组形式各有利弊，我们要慎重选择。

同质分组的益处在于：学生领取的学习任务是个别化的，切合他们的最近发展区，跳一跳能够得着，有利于真正保护学生的学习兴趣；组内同学水平差不多，讨论能做到有的放矢，提高了完成学习任务的速度；课堂教学效益提高，促进“每一个”的适宜成长，避免有人吃不饱，有人撑不下的局面。

同质分组也存在着弊病：组与组之间交流困难，难以形成良性的竞争合作机制；组与组之间由于长期学习任务的不一致，有可能造成班级学生差距逐渐拉大；如果教师不能做好适当的心理疏导，有可能造成学生群体分化，部分学生的自尊心和上进心将受到打击。

异质分组的益处是：有利于组际形成良性的竞争合作机制，满足学生的求胜心理，激发学习兴趣；实践了“学习金字塔”理论，发挥了“师友”的作用；有利于组际合作探究。

异质分组的弊病在于：部分学生学习吃力；部分学生产生依赖；组内讨论流于形式。

实践中,我选择第二种。我将班级按照异质标准分成了6个组,每组4个人。如果小组过多或组内人数过多,有可能在有限的教学时间内导致交流不深入,合作流于形式。实践中发现,班级6组,4人一组效益最高。既能在组内形成1对1,组长与副组长各带一个组员,组内也有了比拼赶超的竞赛活动,而且使帮扶与督促落到实处,学与教融为一体。一段时间后,那些学习能力欠缺的学生课前能预习、课堂能记录、张嘴能回答。即使有组员一时答不出来,组长也会第一时间在下面予以指导,直到他说出为止。这种举动我都假装看不到,因为我觉得是好事。尤其是看到那些组员坐下之后长吁一口气之后的略显得意以及组长略带不满的一瞪眼,我更觉得是课堂上最可爱的表情之一。

分组之后的座位要合理安排。我曾在小班实验的初期采用"马蹄形"座位形式,由于教、学方式均未有效转变,加上前期宣传、训练不到位,导致班级出现学生讲话、传纸条、不看黑板等情况。这当然有班级本就活跃,学生青春期心理的原因,但操之过急确也是一个不可回避的问题。

后来,我稳扎稳打,按部就班,座位安排分为三个阶段:第一阶段,"秧田式"是适应期;第二阶段,"组合式"是过渡期;第三阶段,"马蹄形"是成熟期。

小班实验初级阶段,在教与学方式还没有完全转变的情况下,教与学的能力都有待提高的条件下,座位问题还就真是一个问题。小班化实验的成功经验要不要学习?当然要。站在巨人肩膀上,我们才能看得更远,但是学习别人不能只学其形式。就算学其形式,这形式也要体现一个"真"字。

二、能力要"练"

分好组,安排好座位,下面该干什么?学习能力的培养。先请大家看个案例——七年级下册《口技》。

文意疏通环节,运用的教学方法是小班化常常采用的小组合作的形式。教师一声令下,教室静悄悄。学生在干嘛呢?都在翻书!过了一分钟左右,在教师的鼓励下,开始出现零碎的声音,不是讨论,因为我没有观察到交流,基本是组长的嘴唇在动。又过了2分钟左右,班级开始处于嗡嗡声中,讨论似乎不能算热烈。我没有发现组与组之间的交流,也没有发现师生的交流。

讨论结束是在教师的一声令下之后,所有学生都回到了原来的坐姿。其实我挺奇怪的,教师以什么标准判断任务完成?这个结束是教学任务的结束还是教师需要它的结束?学生汇报讨论结果,举手的总是那几个人。课后我随机翻阅了几个我认为学习一般的学生的书籍,个别学生的书籍没有太多的笔录。

这样的合作暴露了学生没有适应小班教学的学习力。第一,合作之前他们没有自主学习,使合作失去了前提;第二,组长变权威,合作变抄袭;第三,不会存疑问难,寻求帮助;第四,合作形式不完整,有合作无展示,有组内合作,无组际合作……

以上问题的产生归根结底还是在实验的初期,我们没有很好地对学生进行小班化教学的学习力的培养。

我们应该怎么做呢?

在新授之前,我都会布置具体的分层预习题。以《竹影》为例,例如积累方面,积累字词,会读会写,并找到最有趣的记忆方法;积累语句,挑选并背诵二句话;思路方面,以"竹影"为关键词概括文章;内容方面,简单介绍西洋画和国画不同之处;品味方面,我要求学生找到表现"童年丰子恺"和"画家丰子恺"特点的语句;拓展方面,我要求学生上网搜索最能表现国画和西洋画特征的两幅作品,并准备拍卖会推荐理由。

我布置的预习题不仅仅是培养学生的自主学习能力,其实也是为课堂的合作学习打下基础。这样做的优点在于学生上课胸有成竹,他们带着自己的答案走进课堂,参与讨论,互相征引,取长补短,大大提高了教学任务完成的效率;这样做的弊病在于学生上课可能没有新奇感,因为他们知道第二天要上什么内容。

以上谈的是自主学习的能力,下面和大家分享一下我是如何培养孩子合作学习能力的。

我班的小组 4 位同学,1 号是组长,2 号副组长,3 号、4 号是组员。1、4 配对,2、3 配对,采用 1 +1 互助小小组。

以《从百草园到三味书屋》为例,合作探讨"乐园"的"乐"字在文中有哪些体现时,发言的次序依次是 3、4、2、1。让组员先说,是为了防止他们一味依赖组长,从而产生学习的惰性。为什么 3 号先说,是怕题目难度对四号同学来说有点大。合作过程笔录关键词,然后各自将之形成文字。这一点虽然有点浪费时间,但也是必须的。既防止了回答时以词代句,又培养了思维的严谨性,文字表达能力。

小组讨论时,如何倾听,如何质疑,如何争辩,如何寻求帮助,如何存疑,以及存疑之后如何解决等等,都是我们训练点。

合作之后的展示,我班采取随机制,人人有答案为何不能回答?喊谁都应该能答出,如果回答不出来,说明小组合作学习存在问题,我们要着手解决。随机发言,配上一定的激励机制,班级做到 100% 举手,100% 发言十分普遍。

真正的小班教学是能点燃激情的,但要取得高效益,而不流于形式,每个教师都要积极投身其中,切实培养学生的学习力。只有保证方向正确,马力十足,我们的小班教学才能疾驰在康庄大道上。

三、主体要“明”

“学生是学习的主体”，但扪心自问一下，我们的学生真的是学习主体吗？

为什么很多知识点上过了，学生还是记不住？为什么考完后，有些学生连阅读文章都没读懂？为什么作文写了那么多篇还是写不好600字的作文？

课堂上我们大量提问，我们暂且不论这些提问是否都有价值，我们只需回头思考一下我们是期待正确答案，还是期待错误答案？如果是期待正确答案，那就是说我们认为学生能回答出来，既然学生能回答出来，那为什么还要问呢？有时一个问题我们找了好几个学生，我们目的是什么，是不是为了急于找到正确答案？如果是，那我们为什么不能直接告诉他们，然后让他们背下来呢？我们并没有这样去做，因为我们即使不知道原因是什么，我们也知道这样做不对。因为学习的主体是学生，我们告诉他们的知识，他们不一定真的懂了，即使懂了，知识到能力，那也是有着很大差距的。

不能说我们没有“学生是学习主体”的正确认识，关键是我们并没有践行到位，可能是主观的认识不够，也可能是客观的条件不允许。结果是我们关注的其实只是“教”了多少而不是“学”了多少。

我们应该怎么做呢？

预习之中，我们有自主质疑。问题由组长收集交给我，然后分门别类，哪些是共性的，哪些是个性的，哪些是可以作为学习目标体现出来，哪些本来就属于教学内容的……我的原则是凡是问题都要解决，不论价值高低。每当某个学生的问题出现会得到解决时，我都会不厌其烦地指出是谁提出的问题，并询问他是否明白。因为我要让他们知道有问必有答，以此激发兴趣，养成习惯。

教学中，我坚守一个原则就是我不报答案。所有答案都来自学生个体或群体的探究过程。这个原则坚守起来真的很难，第一教师要能等，即使进度缓慢；第二教师要会引导，要能抽丝剥茧，巧设台阶；第三教师要满足于不完整的答案。坚守让学生失去依赖心理，让他们习惯于七嘴八舌凑答案。我相信这种艰难的思索过程，拨开浓雾见青天的喜悦才是学习的最好奖赏，是学习兴趣的最佳激发。

引导时，我努力让学生学会倾听，并结合自己的理解加以阐发。在过去的教学模式中，我发现别看课堂上发言的人那么多，你一言我一语，学生往往只关注老师讲解，其他的则听而不闻。“三人行必有我师”，课堂本该有很多“老师”，实际上却只有一个。这极可能导致探讨过程失去意义，而探讨过程又恰恰是思维的训练，知识的运用，能力的培养，是课堂教学中的璀璨星河。基于这种认识，我要求学生在探讨问题时，必须对前面学生的观点加以评点，然后提出自己的观点。

问题解决后,学习任务并没有完成,我还会安排学生进行小结。“这个环节或这节课,我学到了什么?”我利用这样的固定任务引导学生自我反思,因为我相信这既是语文素养的提升也是学习能力的培养。不仅是语文学习能力,更是终身学习的能力。

关注学的过程,关注学了多少,体现学生主体性的措施还有很多,我只是简单介绍了自己一些做法。只要我们心中装着学生,我们就一定能找到更多提升教学效益的办法。

四、教学要“慢”

小班化教学实验开始一段时间后,常常会陷入一种彷徨甚至是自我怀疑的状态。这种情况一旦处理不好,很容易导致前功尽弃,让教学改革停滞不前,甚至后退到原始局面。究竟是什么问题呢?我先说两个真实例子。

某小班实验学校开展了小班化教学文化建设,轰轰烈烈。但是,如果深入课堂,你就会发现,教学模式变化不大。师问生答,一个不行两个,两个不行三个,直到问出正确答案为止,真问不出来也没有关系,教师亲自上场。有时你甚至能听到这样的教师语言“这道问题的答案是什么呢?”“哦,这道问题的答案原来是这样的……”学生没笑,因为他们习惯了。我笑了,是苦笑,这算什么问题?

《社戏》写景课堂解析,“请大家以小组合作的形式研讨一下,作者在描摹江南水乡月夜行航图时运用了哪些方法?时间是 2 分钟。”两分钟,您没有听错,真的是两分钟。两分钟内,组内 4 个学生要先读,再思考,然后讨论,然后形成答案,展示交流,能做到吗?

小班教学实验的初期有一个过渡期,也就是师生的适应阶段。它的一个显著特征就是慢,而我们偏偏慢不下来。

小班教学的“慢”不是必须的,但是目前来看,却是必然。以前是我们教学生学,我们问学生答,学生如果真不会,我们就自问自答,尤其是讲练习的时候。可是小班教学就不行了。问题出来之后,他们得思索,得讨论,得引导,这些都需要时间,得知传互助,还有自我反思,自主质疑,活动化教学……

据此看来,小班教学初期实验阶段,教学节奏的缓慢是一个不争的事实。在某种程度上,甚至会影响到教学进度,所以部分教师为赶进度,常挤占学习时间。学生思考的时间没了,问题出来立即回答。合作时间压缩,走走形式甚至取消。别瞎问了,有什么问题下课来问我,结果下课也没人来……于是又回到原来那种重视知识教学轻视能力教学的状态。

我是怎么做的呢?

目标简化。一篇文章不可面面俱到，定主次有取舍。有的关注信息提取，有的关注内容理解，有的关注语言……例如《丑小鸭》我依据“苦难中不忘梦想、幸福时永葆谦卑”，关注概括和信息提取，其他的一笔带过。其实一篇好文章，必有无数美点，也就有无数教点。如果每篇文章我们逢点必教，势必陷入繁琐，失去了语文的新奇；如果每个点都是浅尝辄止，那又必将成为乏味的不过如此。“备课要由简入繁，上课要由繁入简”，说的也是这个意思。

环节减少。一节课的教学环节，我不会让它超过 3 个，能自主的绝不合作。因为实践中我发现，一旦超过 3 个，我就无法保证小班教学的效益了，时间严重不够，要么挤压学生的思考时间，要么使合作流于形式，要么剥夺学生自已反思的权力。比如《社戏》，我选择“事趣、景美、人善”三个点上了三课时。“景美”有三环，第一环节是品读意境美，第二环节比读百草园，第三个环节学练写景法。

示范到位。我要求学生完成任务时，都会提供模式，由填空走向造句再到创造。以此降低难度，节约时间，同时也在扎实的训练中帮助学生掌握正确的思维方式，组织语言的能力以及措辞的严谨。例如在上《真正的英雄》时，为了帮助学生理解演讲稿中那份真挚的情感，我设计的范例是“文中第一句，我选择了沉痛哀悼、共同分担、相互安慰，我感受到了悲痛的力量和无限的追念之情。”

小班教学的慢只是小班实验初期的一个必然的适应期，师生的能力得以提升之后，这个阶段自然也就过去了。而且这种慢体现的只是单个问题解决的时间而已，如果要真正计算单位时间的学习效益，小班教学根本就不能用“慢”这个词。因为这相同时间的收益是传统教学模式所不能比拟的，这是真掌握，是知识的运用而不是简单的储存。

五、作业要“新”

为了更好地发挥小班化教学的优势，激发学生学习的兴趣，切实提升学生的语文素养，我认为小班化作业应该有创新之举。

作为知识转化为能力的桥梁的训练过程，在传统教学模式下显得十分单一，而且效益低下。训练材料始终是那些冰冷的文字，训练形式总是答题，训练目的总是十分单一。屈指算来，上课时在答题，课后练习在答题，考试更是在答题。不仅是在答题，而且所答的题除了材料有所区别之外，我们甚至发现很多题型都保持着惊人的相似，从初一到初三。

面对着以上的这些情况，我曾不止一次追问自已，不同的学生面对这同样的作业有用吗？不同年龄的学生，面对这同样的作业有趣吗？小班教学讲究“个性化”，我们的作业是否也该创创新，体现为“个性化”的作业？

小班实验一年来，我努力尝试着改变作业的形式与内容。

在积累方面，我带着学生玩过趣记字词，速记字词，蒙眼猜词，散字成诗。趣记字词是利用某课或某单元的字词，比拼哪一组说的趣记字词的点子多；速记字词是在单位的时间内看哪一组记的字词多。蒙眼猜词是一个组员蒙上眼睛，其他组员说出自己看到的词语的意思让他猜；散字成诗是将一首诗里的字词完全打散，看谁在最短的时间内能将它重新组合完毕。我们还玩过成语接龙，美句荟萃，遣词造句，古人复活，每日名句等等。我还组织班级联合起来开展语文知识积累大赛，以小组为单位颁发奖状。我认为相对于个人赛的惨烈，小组赛更多地体现了趣味。

活动化作业也是作业。其目的在于帮助学生在活动中愉快积累，只不过和传统的作业形式不太一样。它不是我布置你抄写，我来报你来默的形式，它的效用不仅体现在赛事的组织者即那轮换的负责小组收集整理竞赛题目的积累过程中，还体现在参加竞赛的各小组备赛的自主合作学习的积累过程中。虽然一个是动笔一个是动心，形式确实有区别，但内容是一致的。

说到内容一致，我还有内容不一致的。这一年来，我们开展多次课外阅读活动。这个系列的活动取得了一定成果，使班级的课外阅读得到了实实在在的开展。其间我们还参加南京市《好读书　读好书》的课外阅读活动。回来后我问她们感觉怎么样，个个都很兴奋，既看到差距又不失自信，问她们下次有机会还去不去，都说还要去。

您说这样的作业学生爱不爱做，有没有用呢？训练的仅仅是内容理解，语句赏析吗？自己搜集、整理资料，设计活动，制定规则，参与表演，当主持，当嘉宾，学交流，练朗诵，编歌词等等，这不是语文吗？

作业其实可以快乐的，不同的学生完成不同的作业，不同的目的完成不同的作业，关注于单位时间的效益，关注知识到能力的迁移，关注语文综合能力的培养，关注语文知识的学以致用的个性化、活动化的作业，这才是小班化作业的魅力所在。

六、评价要“实”

小班化教学的评价机制是一个大问题，它的切实与否将对小班教和学产生不可估量的影响。这里我想重点谈谈小班教学的形成性评价。

传统的教学模式下，我们的评价机制侧重于定量而不是定性，侧重于终结性结论而不是形成性结论，侧重于等级或分数缺乏事实客观描述，侧重于单一主体缺乏多元和互动等等。例如课堂中，评价的话语权是教师，对或者错，偶尔加上简单评点。为什么是偶尔简单评点，甚至没有点评，是因为有的老师倾向于教学进度的推进，忽视了个体学习的努力与进步，忽视了学生内在的学习心理。

在点评的过程中，有的教师面对正确或面无表情或略一颔首以示赞许，对于错误则不经意间表现出一种匪夷所思的神情，忽视了学生敏锐的观察力和脆弱的心灵，经常在造成不良影响之后却一无所知。而另一部分教师则一味采用“说得好”和“你真棒”等程式化语言进行点评，这看似激励性语言的背后其实是一种敷衍，甚至是一种谎言。

小班教学要求每个学生都要发言，每个学生的发言都要给予真诚的尊重和切实的评价，有优点说优点，有缺点说缺点，我认为这才是真正的尊重与表扬，才能真引领学习思维走向正确的轨道，才能在抽丝剥茧中知足知不足。

在实践中，我的课堂评价并不是完全由我来承担的，它主要是由学生来完成的。我培养的结果是要让学生在发言时能说出“我赞成或反对某某的观点，因为什么，但我要补充或修改成什么”。我相信这样的评价方式不论是被评价者还是评价者都是一种提高。课堂也许会因此多了一程思维交锋的欢歌，少了一份拉驴转磨的无奈。

至于课堂中的自我反思，学习小结，自主质疑，那也是评价机制的一部分，是引导学生适时地对学习进行自我评价，在评价中感受进步，体会学有所得的乐趣；在评价中知足知不足，寻求帮助，明确努力的方向。

总而言之，现在的小班语文教学还属于摸着石头过河的阶段，还存在着小班语文教学与大班语文教学的本质区别是什么，小班语文教学如何真正做到“全纳性、个别化、活动化”，小班语文教学还有哪些有效教学策略等等问题。小班语文教学在度过初期的适应阶段还有很长的路要走，需要更多的有志之士深入研究和实践。

（谭志刚）

第二部分 02

| 成长从课堂开始 |

第二章

生本意识

陶行知先生说过:“培养教育人和种花木一样,首先要认识花木的特点,区别不同情况给以施肥、浇水和培养教育,这叫‘因材施教’。”行中的小班化之路充满着机遇和挑战,行中人本着以生为本的思想,用饱满的激情,生活化教育,在智慧的课堂教育中谱写着一篇篇收获的乐章。关注学生个体,关注课堂生成,关注情感培养,关注生活教育,关注课后反思。在课堂这片“主阵地”上,行中的教师们用坚韧、汗水和智慧为小班化之路奉献着,学生们则以快乐、自信和进步回报着。

浅谈教学后记的运用

讲完一节课,能坐下来回想一下,写下一孔一得之见,记上疏漏失误之处,点点滴滴,不拘一格,不断有所发现、有所提高,就是教学后记。而在我们日常的教学中,往往会把这一点给忽视了。

事实上,教学后记这一环节十分重要,特别是对年轻教师的成长。因为它是教学活动结束之后对第一手教学经验和教训的总结,是我们教学活动过程中最宝贵的资料。对我们摸清教学规律,改进教学方法,提高教育教学能力,都是有帮助的。

那么,怎样才能使我们的教学后记记之有方,用之有效呢?

首先,从教学后记的内容来看,要弄清楚它到底该记些什么?我认为可以从以下几方面着手。

(1)记教学中的不足之处。作为教师都知道,上一堂完美的课是很难的。这其中有教师备课的不充分,也有学生的不配合等等原因。我们就可以通过教学后记把它记下来,从备课上下工夫或者找学生了解了解。为以后的教学提供好的教训,从而改进我们的工作,提高工作的效率。

(2)记教学中的亮点。对于教师精心准备的一堂课,在实际的教学过程中往往会出现一些亮点如:引人入胜的导入新课、科学合理的提问、承上启下的巧妙过渡、画龙点睛的素材运用等等。这些都可以写在教学后记中,在今后的教学中加以运用和完善。更深更广地挖掘教材的内容,提高自己的教学创新意识和能力。

(3)记教学中学生的感受。课堂教学最终是为学生服务的。教学活动的结束,是否得到学生的认可,这对于能否取得较好的教学效果是至关重要的。这一点可从学生在课堂教学中的配合程度,或者对课堂教学内容的兴趣以及精神状态可以看出。同时还可以采取座谈会、问卷调查等多种形式来了解。这其中必有好的和不好的方面。把这些内容记下来加以研究,改进自己的教学。我想这对提高我们驾驭课堂的能力是大有帮助的。

(4)记再教的思路。当我们能及时、准确、有效地把我们在教学中的第一感受记录下来。我们应认真地对这些宝贵的材料进行整理、小结,设计下一次课堂教学的思路。诸如:教学计划的修改、教学方法的改进、学生创新意识和参与课堂教学能力的挖掘等等。使我们能很快地在教学内容和教学效果之间找到一条捷径。

其次,可以从教学后记的写作方式上来研究。下面提供几种方式仅供参考。

(1)评点批注式。一节课结束后,要对备课的执行情况进行回顾。对教学的各个环节进行对照检查,根据检查情况在教案相对应的地方,认真地加以评点批注。

(2)实例分析式。所谓的实例分析式,即抓住典型教学片断实例分析得失,一般写在教案的最后部分。它要求抓住教学过程中存在的有关教改教研中的主要问题,进行实事求是的检查总结,运用教育学、心理学的理论去认识问题、分析问题和解决问题。如对一节课中如何突出重点、突破难点等问题,从教育学、心理学的高度去分析自己的做法,找出成功的经验或失败的教训。

(3)心得体会式。写心得体会必须注意两个问题:一是"感"的生发。即通过教学,鲜明准确地发现问题、提出问题;二是"感"的阐述,不仅要求说理清楚,还要注意观点和材料的有机结合。

最后,要注意教学后记写作的几点原则。

(1)及时性原则。备课的充分与否,只有在教学实践活动结束之后我们才能发现。我们的教材处理是否恰当、学生积极性是否调动起来,是否启而得法等。这些宝贵的东西在大脑中停留的时间并不长,如不及时记下来,就会白白付之东流。因此,要及时进行教学后记的写作。

(2)持久性原则。"不积跬步无以至千里"。教学经验的积累,不是靠一两节课所能完成的。而是日积月累的过程,需要教师在长期的教学过程中不断记录、归纳、总结和提高。为此,写好教学后记必须有恒心、有毅力,持之以恒必有收获。

(3)教研性原则。教学后记仅仅停留在“记”上是不行的,这并不能帮助教师教研水平的真正提高,应该向更高层次拓展。通过长期的教学后记的记录,我们能从中进行上升、提高写出自己的教学见解。这样我们的教研水平能力才有可能会不断提高、进步。

总之,教学后记对我们教师积累教学经验,改进教学方法,提高驾驭课堂能力是大有帮助的。让我们在自己的教学实践中行动起来吧!

(张胜龙)

浅谈语文教学中的“唐僧式”精神

众所周知,吴承恩笔下西天取经的团队如此构成:桀骜的孙悟空,上藐天,下踏地,野性难驯;懒惰的猪悟能,左牵挂,右彷徨,贼心不死;憨厚的沙悟净,前仗兄,后依神,主见难觅。这样的团队,却能完成西天取经,拯救黎明苍生的重任?“唐僧”的应对方式的确值得我们这些耕耘于三尺讲台,面对各色学生的教师深思借鉴。

作为语文教师,我们面对学生如花的年龄,纯真的心灵,五彩的憧憬,我们到底要教他们什么?面对学生多变的性格,逆反的心理,反复的表现,我们应该怎么教?笔者认为可以从以下方面学习“唐僧式”精神,旨于大家共同进步:

一、学习“唐僧式”理想与执着

唐僧对于自己的理想是执着的,无畏艰难险阻,无惧刀山火海,始终坚持自己的信念,完成自己的目标。孙悟空山魂牵梦萦花果山,猪悟能恋恋不舍高老庄,沙悟净依依惜别流沙河,唐僧总是谆谆教诲,循循善诱,帮徒弟们构建更远大的理想,并带领他们向着理想勇往直前,这份执着值得我们教育者学习和借签。

有的初中学生将学习等同于谋生的手段,把学习的终极目标定位考高分,进名校,拿文凭,找工作,从而使学习变得过于功利,因而对学习产生了厌倦,丧失了学习的兴趣。有的初中学生将享受生活作为终极目标,比吃比穿比玩乐,学习上得过且过,使学习成为了生活的点缀……我们不能说他们没有理想,但他们的理想和唐僧四位徒弟一样,过于浅薄,过于世俗,因而丧失了向上的动力,失去了生命的张力!

语文教学中,我们应该利用语文课堂,像唐僧一样帮助我们的学生树立远大的理想,帮他们谱写人生华章。我们可以利用教学范仲淹的《岳阳楼记》,借“居庙堂之高则优其民，处江湖之远则忧其君''以及“先天下之忧而忧，后天下之乐而乐”的政治主张，帮助学生构建以天下为己任，忧国忧民的理想抱负和社会责任感。我们可以利用教学《大道之行也》，借“故人不独亲其亲，不独子其子，使老有所终，壮有所用，幼有所长，矜、寡、孤、独、废疾者皆有所养，男有分，女有归”，帮助学生拥有兼爱天下的博大胸怀。

利用教学孟子的《生于忧患，死于安乐》，借“天将降大任于斯人也，必将苦其心志，劳其筋骨，饿其体肤，空乏其身，行拂乱其所为，所以动心忍性，增益其所不能”，告诉学生苦难于天才是一块垫脚石，对于强者则是一笔财富。利用教学冰心的《谈生命》，“生命中不是永远快乐，也不是永远痛苦，在快乐中我们要感谢生命，在痛苦中我们也要感谢生命”，让学生学会面对困难，在逆境中前行，化阻碍为动力，不断地挑战自我，让生命更精彩。

“培养人就是培养他对前途的希望。”作为教师，我们要像唐僧一样，以取经重塑万民的精神为己任，并利用语文课堂，把这一毕生追求的理想，以耳濡目染的方式传递给我们的学生。我们要尽可能多地展现生活的美好，人性的真、善、美，分析假、丑、恶的形成原因和危害，让学生知其然，还要知其所以然，从而拒绝黑暗，拥抱光明，树立远大理想，成为社会主义优秀的接班人。

教学过程中，教师要拥有执着的精神，并把这一精神传递给学生，成为他们精神世界的一部分。“世上没有两片完全相同的树叶，人不可能同时踏进同一条河流。”作为个体的学生体现了生命的多样性，这其间必有差异，在教育过程中，我们难免遇到各种各样的困难，需要我们一一克服，执着成了我们生命旅程中不可或缺的部分。将它打造成一把钥匙，交给学生，为他们打开人生之门，纵然不能出类拔萃，亦可让他们无怨无悔，这难道不是民族精神的传承发扬吗？

二、学习“唐僧式”淡定与等待

面对上天入地、独来独往、桀骜难驯的孙悟空，唐僧是淡定的，也是等待的。面对犹豫不决、懒惰异常的猪悟能，碌碌无为、唯唯诺诺的沙悟净，唐僧也是淡定的，也是等待的。因为他知道人的发展是渐进的，期望与现实是有距离的，付出与回报是难以相等的，所以，淡定与等待就成了唐僧精神的一部分。

我们的学生中也存在以上三类：有的学生很有想法，悟性极高，但他们完全凭借聪明学习，所有的学习时间仅局限于课堂，阅读量小，阅读面窄，平时稍有领悟就志得意满，造成语文素养不高；有的学生比较懒散，学习常打折扣，背书需要提示，回答以词代句，答题三点答一点，作文凑字数，造成语文学习似懂非懂；有的学生是教师说什么记什么，老师怎么讲怎么答，叫他干什么他就干什么，如果不说就不知如何下手。这样的学生往往是书上的知识学得很好,但一旦更改语境,需要灵活运用,就呆若木鸡了。面对这样的学生,我们可以恨铁不成钢,但不能操之过急,因为当我们失去耐心时,我们的急躁会使我们的言行举止过于粗暴,从而挫伤学生的积极性,最终使他们丧失学习兴趣。

例如语文教学中,学生背诵是个难题,较长的文言文背诵总是需要很长时间,而且随着时间的推移,学生的遗忘速度与幅度令人震惊。面对这一现象时,部分教师除了反复提醒不断要求之外往往恼怒,但总是不能于事无补。这时我们需要的是淡定,我们应该认识到这是记忆的必然规律,这符合初中学生的学习特点。我们所要做的是在等待中教会学生相应的方法,利用诵读法、化整为零法、归纳法、关键词提示法、联想记忆背诵、理解记忆法等帮助学生记忆,并且通过不断的复习,不同的检查手段帮助学生巩固。在语基,阅读,作文等教学中,我们也应持有这样的态度,采取类似的方法。

"教育才能的基础,是深信有可能成功地教育每个儿童。"作为语文教师,我们要了解学生,了解人性,"人之初,性本善",纯洁如皓月的学生怎么可能被黑夜吞没?偶尔犯错亦是正常,如果一味强求其纯洁无暇如璧玉一般,这与要求星空不可有浮云,大海不可有浪涛,森林不可有呼啸有何区别?关键是我们要心态平和,详加引导,允许他们展现螺旋形上升轨迹,要像浮云背后的太阳一样,用我的光辉照亮他们的心,为他们指明方向,然后等待浮云散去的那一刻。给予光辉似乎比强行擦去浮云要简单得多。

三、学习"唐僧式"唠叨与倔强

戏说《西游记》的周星驰版,亦向我们展示了唐僧的另一面。唠叨与倔强令妖魔自杀,令调皮的徒弟难耐。夸张的情节,却给予我们新的启迪。

教学中,面对学生的多变性格、反复行为、螺旋形上升轨迹,我们用什么方式引导?我们能指望三言两语就能改变学生学习语文的错误观念吗?我们能指望一两次的促膝长谈就可以培养良好习惯、找到正确的学习方法吗?不能!

语文教学中,预习是一个重要环节,但学生往往应付了事。究其原因,不外是没有认识到预习的重要性,不懂得预习的方法,没有良好的语文学习习惯等。作为教师,我们也负有不可推卸的责任。我们重视的够吗?我们的要求到位吗?我们训练到位吗?一次、两次之后,我们有没有坚持,我们坚持了多长时间?我认为首先,让学生明确预习的意义。其次,认识预习,授人以渔,指导学生完成课前预习、阶段预习、学期预习。方法指导到位后,就该唐僧登场了,反复唠叨,不断检查,经常指导。只要教师的倔强能跟上,学生语文预习习惯和预习方法是能够掌握的。

“教学必须符合人的天性和发展的规律,这是任何教学首要的最高的规律。”郭秉文认为“教育贵于薰习,风气赖于浸染。”所以作为教师,我们要有足够的耐心,要进行反复的劝说与引导,眼神、表情、语言都将成为我们教学的一部分。狄更斯说:“顽强的意志可以征服世界上任何一座山。”在长期的教学过程中,用爱心感化,用唠叨引导,用倔强延续!言语是苍白的,在一两次之间。言语是浩瀚的,在无数滴汇聚之后。似水柔情,绵绵无绝期,必将让学生明白“勿以善小而不为,勿以恶小而为之”,最终抛弃懒散和随意!

四、学习“唐僧式”相守与相知

唐僧与徒弟们是相守在一起的,日夜不分,守在一起的不仅仅是躯体,更是心灵。因为相守所以相知。虽然其中也经历了隔膜、猜疑甚至是绝情,但经历这些过程之后,他们懂得了包容与理解,师傅信任徒弟,徒弟相信师傅。因为相知所以师徒同心。结局自然是功德圆满。作为教育者,我们是否也应借鉴一二?

学校、课堂,师生守在一起,但我们是否真的走在了一起?要想了解学生,首先要勇于展现自己,展现自己的喜怒哀乐,敞开自己的心扉,让学生进入我们的心灵世界。只有伸出我们的橄榄枝,我们才能换回整片森林。其次尝试进入他们的世界,去了解他们在看什么、谈什么,他们的观点是什么。

《初中语文新课程标准》中要求“学会制订自己的阅读计划,广泛阅读各种类型的读物,课外阅读总量不少于 260 万字,每学年阅读两三部名著。”但是现在的学生阅读量偏少,甚至部分初三学生在中考之前,连课标规定的几本名著都没有读完。一味责怪学生不是我们教师所应该做的,我们所要做的是深入他们的内心。他们在想什么?他们为什么不愿意读书?他们想读什么书?

我们可以从学生提供的书籍目录中选择恰当的书籍,陪他们一起读书,然后师生召开座谈会,畅谈读书心得,没有正确,只有各抒己见,读书由任务转化为乐趣,那么这一难题也就迎刃而解了。我们也可以设置疑问,开展辩论赛,引导学生读书。比如我在引导学生阅读《三国演义》,设置这样的辩论题“刘备聪明,还是曹操聪明”,辩论会上学生旁征博引,各抒己见。辩论中的观点有正确的也有不正确的,但书中的任务与故事已经进入了学生的脑海,学生读过后没有丝毫的厌倦,甚至意犹未尽。当我们与学生真正做到相守与相知后,教学中的难题也就不成为难题了。

林格伦认为“儿童需要管教,这是真的,但如果他们无时不刻和处处事事都在管教和指导之下,是不大可能学会自制和自我指导的”。所以作为教师不要总摆出高高的姿态,不要不懂装懂,不要将自己的意志强加给他们,不要总给予所谓高屋建瓴的建议,因为他们需要的是引导而不是指导。注意观察他们的言行、神态、动作,了解他们的情绪,谈话时才能融洽,相知才能水到渠成,教学才能拜托枯燥,转化为生活的乐趣。

有了相知,教学没有冷漠,只有温情。

五、学习"唐僧式"放手与欣赏

斩妖除魔,寻求支援,团队合作,自主创新,唐僧在领导过程中充分展现了他的大智大勇。他只负责一样目标,目标明确,手段多样,充分发挥了徒弟们的能动性,这个团队不仅充满活力,而且是高效率的。在这一过程中,唐僧对徒弟是欣赏的、感激的。虽然我们似乎只记住了徒弟们的神勇,而忘了师傅的能耐,并因此轻视唐僧,但我们是否要问问自己,教育的目的是什么?

"师者,传道授业解惑也。"教学的主体是学生,是教会学生终身学习。教学的目的不是培养名师,而是高徒,是为了青出于蓝而胜于蓝!所以我们不仅不能轻视唐僧,反而要敬佩他,他是一个纯粹的师傅,一个懂得躲在学生背后欣赏学生的师傅!

《初中语文新课程标准》中指出"阅读是学生个性化的行为,不应以教师的分析来代替学生的阅读实践",要求学生"能够理解主要内容,体味和推敲重要词句在语言环境中的意义和作用",尤其要指出的是,阅读目标特别强调阅读者的个性体验,比如,带有"自己"一词的表述就多达九处:"拓展自己的视野""有自己的心得""提出自己的看法和疑问""作出自己的评价""说出自己的体验""通过自己的思考""提高自己的欣赏品位和审美情趣""收集自己需要的信息和资料""制定自己的阅读计划"等。所以,作为教师,我们更应该学会放手与欣赏。

例如教学《故乡》,杨二嫂到底是可笑可怜可恨可气时,教学《孔乙己》,孔乙己是该讨厌、同情还是痛恨时,教学《愚公移山》,愚公是愚蠢还是聪明时,教学《谈生命》,学生究竟欣赏成功还是欣赏挫折时,我们都应该允许学生大胆的阐发自己的观点,我们可以表述自己的观点但不能强加给学生,学生有自己选择的权利。这样培养出来的学生才具有独立思考的能力和创新的意识,也只有这样我们培养的学生才能在未来的世界里探索,而不会仅仅在已知的世界里遨游!

如果把激情澎湃的学生比作水的,那么初期阶段放手就不是一放到底,因为那将成为泛滥的洪水,一发不可收拾。作为教师,我们要先导之以渠,次之导之以溪,再次导之以河,最后彻底放手,让他们东流入海。"海阔凭鱼跃,天高任鸟飞",每一滴映射阳光的水是五彩的晶莹的,汇聚在一起是浩荡的,充满活力的,中国的发展也必将充满活力!

作为一个有思想的教师,在勤奋工作的时候,偶尔抬抬头看看天,看看前方的路,那么,每一步我们都将走得坚实。生活中,我们要学会感悟,“好的先生不是教书,不是教学生,乃是教学生学。”教会学生终身学习,我们首先要成为一个终身学习的人。有了感悟,我们就会发现教育无处不在。学习“唐僧式”精神,教育之花会开得更艳!

(谭志刚)

让学生的学习充满生活化的色彩

这学期我新接手担任八年级和九年级两个年级的物理教学,一段时间下来,发现刚进入八年级的学生在初学物理时,只知道按照书本上的知识点进行机械记忆,完全忽略了从生活入手,从实验入手来学习物理;而进入九年级的学生在经过一年的物理学习后,当问及物理问题时,只知道纸上谈兵,“口头表述”实验,具体的实验过程、生活中的应用却是捉襟见肘、不知所云,与生活实际严重脱节,是什么原因导致这种情况?我经过调查分析原因:我校地处农村,学生们的生活面狭窄,体验不丰富,积累不充分;不留心观察生活,缺乏必需的生活积累,缺少从生活中学习应用物理的能力;因此,物理学习只能应付了事。缺乏生活、缺乏体验,这是我班学生物理学习应用的水平低下的根本原因。

自身的实践和社会发展的需要使我充分认识到物理应用的重要性,为更好的体现中学物理课程标准提出的“在用中学,在学中用”、“从生活走向物理,从物理走向生活”等理念,我一直寻求着一种最佳的教学方法——生活化教学,让物理教学与生活融为一体,用生活理念构建物理教学大课堂,真正发挥物理的应用价值。

“回归生活”——新课程的生长点。我国大教育家陶行知先生提倡“生活化教育”。著名教育学家杜威也说过,“教育即生活、即生长,即经验改造。”对于物理学习者来说,学习物理,是为了应用和拓展。物理,是人们在生活中进行实际应用的一种活的工具。它来自于生活,并为生活所用。然而,提起中国人学物理,我们常常会想到“口头物理”。由于当前物理的教学内容偏重于应试,忽视了在生活中的实际运用、观察、实验,以致许多想学习物理的人在某些场合不会学习物理,形成应试的高手、实验的低手。从某种程度上极大地扼杀了学生学习物理的兴趣。《新物理课程标准》要求教师“创造性地设计贴近学生实际的教学活动,吸引和组织他们积极参与”,“要能够使学生获取处理和使用信息,用物理解决实际问题的能力”,“要重视从学生的日常生活出发,培养学生实际运用物理的能力”。因此,在日常的物理教学工作中,我们教师必须努力创设生活化的教学氛围,让学生沉浸其中,潜移默化地受到感染,这不但有助于学生用真实的方式来应用所学的知识,同时也有助于学生认识他们所学知识的作用和意义。那么,怎样使中学物理生活化呢?

一、“学习材料”生活化,让物理贴近生活

苏科版中学物理教材的内容本身就非常贴近学生的生活和学习实际,一幅幅插图生动形象,富有情趣;一个个小实验浅显易操作,容易上手;一篇篇课后阅读有趣可读,渗透物理方法;一章章“知识梳理”条理清晰,便于总结提升。教材中涉及的物理知识点也大多是我们日常生活中所遇到和要应用的知识。如同学们骑车上坡过程中的“能量转化”,吴明霞跳水过程中踏板过程、季节变化带来的“物态变化”,家庭用电带来的“电路故障”……仅仅依靠书中的知识还远远不能为学生所感知、理解、记忆和运用提供最佳的物理情景。因而,在日常教学中我有意识地去收集生活中的物理,把他们带进课堂,为教学服务,利用这样的“学习材料”进行物理生活化的教育,收效也并不逊色。由于篇幅所限,在此仅举一例。

质量的物理属性

“质量的物理属性”课堂中,展现一支点燃的蜡烛,让学生进行观察。

师:蜡烛有一定的质量,在蜡烛燃烧的过程中,它的质量是如何变化的?

生1:蜡烛在燃烧时变短了,所以它的质量变小了。

师:有没有其它意见?

生2:蜡烛在燃烧时体积变小了,所以它的质量变小了。

学生的回答未能一语中的,教师引导。

师:长度变短,体积变小,都说明物体含有物质的多少发生了怎样的变化?

生:变少。

师:这就提醒我们,在分析质量如何变化时,应从质量的定义进行分析。

教师熄灭蜡烛,用手捏变软的蜡烛,然后松手,学生观察实验现象。(有细小的蜡烛粉末掉落下来,迅速用手接住。)

师:大家观察,蜡烛发生了怎样的变化?

生:形状变了(齐答)。

师:变成了畸形蜡烛。(合理“比喻”,学生笑了。)

师:因此,形状的变化,是否使蜡烛的质量也发生了变化?

教师展现一颗QQ糖。(学生笑,对之好奇。)

师:如果这颗QQ糖是从印度空运来的,印度QQ糖。(合理"比喻",学生大笑,兴趣盎然。)

师:这颗印度QQ糖我舍不得吃,乘坐神州八号飞船到太空与天宫一号对接在一起,什么发生了变化?(学生面带微笑,兴趣大增,积极思考)

生:地点变了。

师:也就是地理位置变了,而质量呢?

生3:质量变小。

师:你是怎样思考的?

生3:我就是认为质量变小了。(学生大笑)

师:是你的小宇宙爆发第六感告诉你的?(学生笑,好奇心大增。)

师:生3同学的回答对不对?应从哪个角度来思考问题?谁来说说?

生4:不变。因为印度QQ糖从印度到中国,再乘坐神州八号船到太空与天宫一号对接在一起,地理位置变了,但含有物质的多少没有改变,所以,质量不变。(同学们信服地点头)

师:你理解了吗?(生3同学点头示意)

师:大家发挥想象,如果我们班生5会"72变",上课时突然变"没有"了,一会儿又回来了!大家羡慕吧!(投来羡慕的眼光)

师:生5在变化前处于什么状态,变化后处于什么状态?

生6:固态,气态。

师:这是什么发生了改变?

生:状态。

师:那生5的质量如何变化呢?

生6:因为含有物质的多少没有改变,所以质量不变。

师:他说得对不对?

生:对!(异口同声)

师:现在,请同学们回顾一下我们刚才共同讨论的问题,物体的质量与哪些因素无关?

学生回答,相互补充。

师:所以质量不随物体的形状、地理位置、状态的变化而变化,它是物体的一种物理属性。

……

"学然后知不足,教然后知困","课堂是一种生活,怎样在这段时间里积极、主动地展示生命活力,是我们的研究重点",这样的教学过程,"从生活走向物理,从物理走向社会”,“关注科技发展,树立科学的世界观”,将质量这一物体的物理属性与神州八号、天宫一号相联系,将物理、生活、社会紧密联系为一个整体,有助于学生的全面发展。此外,针对教学材料进行合理生活化的‘比喻’,看到的是学生智慧的闪光,“畸形蜡烛”“QQ 糖”“印度 QQ 糖”“印度 QQ 糖”“神州八号”“天宫一号”“小宇宙爆发”“第六感”“72 变”,这些生活的材料和语言,活跃了课堂气氛,笑声充满了课堂,学生投入学习,参与思考的积极性高,时隔 3 个月的调查问卷中,学生对质量与地理位置关系的印象非常深刻,对课堂的一些生活化“比喻”仍然记忆犹新。

“学习材料”的生活化,唤起了学生头脑中已有的生活经验,产生亲切感,并驱使学生从丰富多彩的生活中去挖掘更多的生活物理。

二、“学堂”过程生活化,让物理走进生活

针对我校是小班化实验学校,在“关注每一个,成长每一个,幸福每一个”的理念引导下,尝试将物理教学过程中的“教堂”向学生的“学堂”转变,以往教师牵着学生走,逐字逐句讲授、口述实验的做法,势必造成学生会背不会用的后果。因此,在教学过程中,教师尽量创设学物理,用物理的情境,让学生大胆动手实验,并根据教材内容,配以生活中的游戏竞赛,物理口诀,表演等多种形式,让学生在丰富多彩的活动中掌握物理,运用物理,在“小学堂”里学到“大物理”,让物理真正走进学生的“学堂”生活。

1. “学堂”中的“休闲生活”——开启兴趣之门

兴趣是获得学习效益的强大动力,要让学生在物理学习中始终保持稳定而持久的兴趣,就必须坚持愉悦式的教学。中学生对音乐及游戏有着天生的喜好。因而,把生活中的音乐、儿歌、游戏、竞赛带进物理课堂,让学生在美妙的音乐中,轻松的游戏中,兴趣盎然地学物理,学习乐趣不言而喻。

如在教“物质的比热容”一课时,我先让学生看阿牛的“浪花一朵朵”的 MTV,让学生听音乐,学生情不自禁地跟着唱了起来,再来探究水和沙子的“性格特点”,学生学习情绪高涨,自然而然地学会了物质的比热容的物理意义。

2. “学堂”中的“身临其境”——铺设教学之路

在这个“浮躁”的时代里,让学生静下心来,真真切切地去感受、去学习,而对于物理学习而言,要想在“学堂”中的“身临其境”,创设生活化的物理学习情境是十分重要的,让学生置身于情境之中,在“身临其境”的状态中去看、去听、去做、去感受,去总结提升,达到掌握和运用物理的目的。

例如:在教学电磁波的发射和接收这节课时,学生自学后有人提出疑问:电视

信号中图像信号和伴音信号在空中传播的速度一样吗？我慢慢引导(运用"身临其境"法)：图像信号和伴音信号都是低频信号，它们能直接发射吗？它们必须要加载到高频电磁波上(调制)，再由高频电磁波(载波信号)驮着它们翻山越岭走天下，就好像你不会飞要想遨游天空就要登上飞机是不是？在飞机上不管是你还是货物在空中的速度不一样吗？

这种生动形象的"身临其境"，有效激发了学生的欲望，在轻松愉快的"生活"中潜移默化地获得了知识，受到了教育。

3. "学堂"中的"知识分享"——累积知识之库

物理来源于生活，又运用于生活。中学物理教材有适合学生活动表演的材料，让学生亲自进行各种生活化的活动表演，不仅可以把知识巩固不留痕迹地融入到活动实践中，让学生兴致盎然地学习，而且还能让学生感受到现实生活与书本上的知识密切相关，培养了学生仔细观察生活，留心身边事物的习惯。

如在凸透镜成像规律实验中，让学生扮演焦点、一倍焦距、两倍焦距、物体和像，学生相互配合，相互协调，将凸透镜成像的几个规律特点表演的淋漓尽致……我感觉自己像导演了。学生学习后用口诀的形式将知识进行分享："凸透镜，本领大，照相、幻灯和放大；二倍焦外倒实小，二倍焦内倒实大；若是物放焦点内，像物同侧虚像大；一条规律记在心，物近像远像变大。"在累积知识的同时，"智慧"得以发展。

三、"悟理作业"生活化，让物理融入生活

最近看了《曾国藩》一书，书中曾国藩提出"自省、自觉、自悟"一说，联系物理教学，尝试让学生"自我反省、自主悟理"，经过一段时间的实践与积累，小结如下：

1. "悟理作业"之"模仿"——铺设成功之石

让有条件的学生每天坚持把自己模拟小制作最得意之处录制、拍摄下来，和同学一起欣赏或进行评比，选出"物理小博士"。并鼓励、培养学生阅读物理课外书，看物理 VCD，欣赏物理节目。

2. "悟理作业"之"操作"——动手实践之路

让学生自己做卡片、说明书，然后拿到班级里用介绍推销等等。通过这一作业，学生会为自己能发现并学到这么多的课外物理而高兴。

"弹簧测力计"使用说明书

(1)测量前指针对准零刻线，若有偏差，必须校正，这一步骤叫校零；

(2)要明确弹簧测力计的量程和分度值。侧量时，被测力的大小应在量程之内；(3)测量力时，要使弹簧测力计内的弹簧伸长方向跟所测力的方向在一条

直线。

3.“悟理作业”之“拓展”——学以致用之策

让学生自由组合合作小组或教师帮助学生配对，让学生创造性地将物理知识游戏化，俗话说：“三个臭皮匠顶一个诸葛亮”，只要教师有心点拨，同学们互相合作，学生会表演出一个比一个更好的游戏。另外，还经常让学生编辑一些物理小报，孩子们在制作过程中，精心策划、各显神通，培养了创新思维的独立思考能力。

4.“悟理作业”之“开放”——学以致用之道

课外，把所学的内容表演给家长看，有时可以让家长一起表演，并请家长提出宝贵的意见。另外，每节课前，我让学生轮流表演他们精心准备的节目。

“悟理作业”生活化，给孩子创造了更多的学习和分享的机会，又给孩子带来了无穷的乐趣和吸引力，也使物理与生活真正的融为了一体。

四、“悟理地盘”生活化，让物理围绕生活

现在的教学已不仅局限于课堂，而是开放型的。因此，我们要利用一切机会，帮助学生拓宽物理应用的环境，让学生真正走进社会，走向生活，用物理解决生活实际问题。

物理离不开环境，离不开实践，一旦离开了环境，就成了无源之水。因此，给我们的孩子创设一个良好的“自我地盘”起着极为重要的作用。

1. 多姿多彩的校园环境，创设物理氛围——“我的地盘我做主”

布置富有物理气息的校园环境。如在教室里设立物理角，举办物理学习园地，在校园内创设物理墙报等等。

2. 生动活泼的物理活动，促进物理交流——“我的节日我策划”

(1)利用节日、生日，开展物理主题活动。节水节、无烟日等都是可利用的资源，在这种多元文化的氛围下，学生用物理来开展活动，更好的体现了物理的应用价值。

(2)经常性地举办一些小型的物理比赛、物理创意小报展等富有竞争气息的活动，让学生在活动中运用物理，获得成就感。等等。

中学物理教学生活化是《物理课程标准》强调“在做中学、在学中用”、“从生活走向物理，从物理走向生活”等理念的最好体现，生活化教学使教学活动置于真实的生活背景之中，激发学生的强烈愿望，以学生为中心，充分发挥学生的主动性和创造性，让学生在课堂教学这块生活舞台上，通过一系列生活化的活动，引导学生说物理，讲物理，用物理，最终，在绚丽多彩的生活中用物理，使物理具有生活化色彩，使每一个学生真正爱上物理。

“解放孩子的头脑、双手、脚、空间、时间，使他们充分得到自由的生活，从自由的生活中得到真正的教育。”这，才是物理教学的真谛所在！

（张华）

时代呼唤“狂人”

——《杨修之死》另类解读

《杨修之死》选自《三国演义》第七十二回，被选入人教版（九年级上册）第五单元。

《三国演义》中杨修共出场三次。第一次是在第六十回，杨修现身之时，作者有几句介绍：“此人博学能言，智识过人。松知修是个舌辩之士，有心难之。修亦自恃其才，小觑天下之士。”第二次出场是在七十一回，取材于南朝刘宋宗室临川王刘义庆（403－444年）组织编写，梁代刘峻作注的《世说新语》。曹操兵进汉中途中在潼关访蔡琰，与杨修一起解“黄绢幼妇”之谜，“众皆叹羡杨修才识之敏”。第三次出场则是第七十二回的“鸡肋”事件，由此引出杨修生平中一系列犯曹操之忌的事情。

关于杨修之死的原因分析，自古争论不休。西晋史学家陈寿《三国志》有云：“太祖既虑终始之变，以杨修颇有才策，而又袁氏之甥也，于是以罪诛修。”明代李贽点评《三国演义》时写道：“凡有聪明而好露者，皆足以杀其身也。”清初文学批评家毛宗岗评点是说：“周郎瞒不得孔明，曹操瞒不得杨修，便一样欲杀之。操即不杀修，修后必为丕所杀。”易中天《品人录》写道：“祢衡之死，是因为他太不了解人；杨修之死，则因为他太了解人。而且，他们都不了解自己，也不了解人与人之间究竟该如何相处。”

人民教育出版社的《教师教学用书》给出的解释为：“一是由于杨修能够摸透曹操的心思，曹操既嫉妒他的才能……二是杨修恃才放旷……他的被杀是咎由自取。三是由于杨修已深深卷入曹丕和曹植争夺接班的斗争之中……”

《语文新课程标准》课程目标中总目标第一点明确指出“在语文学习过程中，培养……社会主义道德品质，逐步形成积极的人生态度和正确的价值观……”。基于此，大部分教师在教学本文时，都或多或少地引导学生多元探讨杨修之死的原因。并告诫学生为人处世不可锋芒毕露，务必谦逊谨慎！张狂之事不可为，“中庸之道”不可忘！

查阅《杨修之死》教学设计五十余篇，大多如此！心中颇为疑惑：杨修恃才放旷,太“狂”,然其“狂”在何处?我们希望其收敛,又让他如何收敛?

十年寒窗,才高八斗,学富五车,坐拥经天纬地之才,然后何所为?子曰:“沽之哉!沽之哉!”周游列国,虽惶惶如丧家之犬,孔子未敢辞。孟子学成,游历于齐、宋、滕、魏、鲁等诸国,推行自己的政治主张,前后历时二十多年。“学成文武艺,货与帝王家”,以期个体生命价值的自我实现,是那个时代文人的不二选择。只不过有人期待伯乐的赏识,在等待中蹉跎岁月,悲叹“时不利于兮骓不逝”;有人请处囊中,希望“颖脱而出”。

出身世代簪缨之家,博学能言,智识过人的杨修选择了后者。在15篇作品里,在军国大事、生活细节中,他一逞学识。他希望实现人生价值,希望能堂堂正正的得到社会认可,希望可以活得更有意义,何错之有?缺少机会,他自己创造。缺少平台,他自己搭建。他不甘心“骈死于槽枥之间”,不论是为了封妻荫子,还是为了治国安邦,何罪之有?为人处世,虽有小过,但不足以言之狂。纵览古今之争论,陈寿立足于政治视角,罗贯中、李贽和毛宗岗立足于人物性格,易中天立足于为人处世,“横看成岭侧成峰”,观点不一,但有一点未见其变,即杨修不该杀。他不是恶人,未犯军国大纪,更不曾给国家带来些许的损害,其死足以令人扼腕长叹。如果说,杨修之死只在于他个人太好显露才华,不见纳于当时,那么,倘若这样的人也不见纳于今世,青少年必须从其身上得到人世险恶、为人低调,舍才以自保,岂不是时代发展的悲哀?

若跨越时代,以当今的观点再看杨修,也许我们该有别样的反问:园门之阔,事不关己高高挂起,摇首不语,即为明智之举?“鸡肋”不解,笑而不答,即为练达之士?梦中杀人,无动于衷,视生命如草芥,冷漠如斯,目无公德,置人性于何地?曹丕之事,装聋作哑,弃法律于不顾,徇一己之私,目无国法,其心何在?如不言不语,不闻不问,空有满腹经纶何人可知?纵然一生太平,官运亨通,但于事无补,于国无益。试问如此一来,杨修自身价值体现在何处?其人生意义又有几何?倘若这就是“狂”,今天的社会正需要这样的“狂”!拥有“狂”的学识,勇于创造机会,搭建实现自我价值的平台,敢于挑战假丑恶!

李白有云:“安能摧眉折腰事权贵,使我不得开心颜!”陶潜亦曰:“不为五斗米折腰。”若一味执着于功名,痴迷于揣度领导心思,沉醉于察言观色、阿谀奉承,纵然身居万人之上,难道即可称之为“达人”,成为读书人的万世之表?“书中自有黄金屋,书中自有颜如玉。”读书读成这样,岂不是民族之悲哀,生灵之不幸?不读也罢!

杨修死了,祢衡死了,孔融死了,据说都是因为“狂”。而当今的“狂”人如李敖、王朔等,却风光无限地驰骋于文坛,指点江山,激扬文字,彰显着书生意气。同样是“狂”,为何结局却有天壤之别?可见杨修之死,“狂”只是个表面原因,真正的原因是那个时代!

鲁迅先生曾谈到中国的修史,认为中国的历史可以分为“一,想做奴隶而不得的时代;二,暂时做稳了奴隶的时代。”阿Q精神,异化的中庸之道,颇能安抚部分中国人的心灵。说话不过,做事不闹,让人半步先,谦逊有礼,于己博得好人缘,步步升迁,名利双收,但于事、于国作用几何,则未必深思了。

拥有五千年灿烂文明与辉煌成就的中国,经历了百年沧桑,如今行进在改革的大道上。变革的时代,奋进的民族,转瞬即逝的发展契机,我们需要人才,需要创新人才,更需要敢于直言、勇于坚守的创新人才!然而现实的情况却令人担忧:面对旧有的模式不敢突破,只知循规蹈矩,按部就班,最多只是做一些改良式的尝试,略有阻力,立马回头是岸,唯恐“木秀林中,风必摧之”;面对所谓权威理论缺乏思想主见,缺乏独立思考,缺乏质疑与批判,只知应声附和、赞美歌颂,最多背后切切察察嘟囔几句而已;面对领导早请示、晚汇报,不求有功,但求无过,只知执行,成为事务的奴隶,建议都不敢提,更遑论质疑与批评了!

季羡林在《作真实的自己》中写道:“在某一阶段上,自己的思想感情有了偏颇,甚至错误,决不应加以掩饰,而应该堂堂正正地承认。”作为“社会的良心”知识分子,应秉心自持,培养“独立之精神,自由之思想”,并以此点亮前行的明灯,建树仗义执言的大纛,成为“为民请命的脊梁”。不过,就现实的情况看,这或许只是理想的彼岸,许多人还在横舟欲济的途中,或者只是原地眺望着。

综上所述,在中华民族崛起、祖国腾飞之时,作为培育祖国未来的灵魂工程师,我们是否该担当起自己的历史使命?如果我们在教学《杨修之死》时,一味地强调谦逊谨慎,懂得察言观色,学会“为人处世”,我们想教会学生什么?练达世故?隐忍退缩?阿谀奉承?我们是培养人才,还是培养“奴隶”?

在当今的时代,我们从杨修身上看到的还应该有一种文人的单纯与傲气,率真而敢于直言,个性张扬而不计个人得失!“狂”得有点过,但“狂”得理所应当,“狂”得豪气干云,“狂”出了文人情操的自我坚守!无论是政治改革、经济发展还是学术进步,我们不仅需要杨修这样的聪明人,更需要杨修这样的“狂”人!

这样的观点,未必不是此文教学的价值之一!

（谭志刚）

浅谈八年级英语学习分化现象及对策

本人连续几年担任初二的英语教学工作，一直对分化现象比较关注，也一直在想方设法去带领学生打好学习英语的基础，致力于和名校缩短差距。容易出现分化的学生以男生居多，这也和英语学习的特点有关，英语学习强调听说领先读写跟上，读写的实施就必须贯彻到每一个学生，一旦学生开口较难的话，记忆词汇也会变得更难，阅读文章去做相应的练习就更不要谈了，一连串的问题随之而来，最终导致失去兴趣和自信心。学生在英语考试中 100 分的试卷一般考 60 - 70 分左右，能考 80 分以上的学生就是很好了，还有一部分学生就只有猜选择题得 20 - 30 分，甚至我们学校还有个别学生会在 10 分以下。学生的分化现象，直接影响着学生在整个中学阶段的英语成绩，也阻碍了英语教学质量的提高。

一、学生自身的内部因素

1. 学习方法不当

词汇量加大，重视语言交际运用能力是新教材的显著特征之一。原本浓厚的学习兴趣在随着学习知识的难度加大，词汇量的增加而逐渐减少，部分学生一直用汉语来学英语，用读音相近的汉字注释英语，不按音标规则记单词，他们忘了学英语的目的是为了和别人交流。对于单词的记忆只是机械的去完成，只知其一不知其二不会运用所学的词和句，时间一长自然忘记了。不用说八年级了，我所任教过的毕业班的某些学生都不能完整的朗读一篇文章，集体读书的声音很低甚至个别学生的全篇文章都是用中文标注，无法去参加毕业前的英语人机对话考试。

2. 不敢大声朗读

英语学科的特点是和别人说话，让人理解你的意思，而我们的学生却把英语当作学问认为很高深，觉得会说很了不起，所以简单的文章可以大声的朗读，一旦遇到生词，生句，就低声甚至不敢读，一直说着要给学生减负，提倡素质教育，英语课在中学只有一周 5 个课时，英语学习的特定环境在学校也无法形成，丢的时间越长那么学生对它的兴趣越少，说错会让人笑的思想更使得很多学生不开口读书了。再加上有些教师未能摆正“学生为主体，教师为主导”的地位，代替了许多本该由学生来做的事情。长此以往，使得许多学生丧失了自主学习的能力，看似很用功的学生，成绩却不理想，看似成绩不错的学生，读书的语音语调却很困难，严重制约了他们对英语学习的积极性。

3. 缺乏兴趣和自信心

做任何一件事兴趣和自信是很重要的英语学习也是如此,如一个单元我们学校要花两周的时间去完成新授和复习,学生也跟着老师做了大量的笔记和复习,可是检测结果还有近一半学生不及格。而正是这部分学生在学习中遇到困难时往往缺乏克服困难、解决问题、继续学习英语的信念和决心。干脆后来就不学了,上英语课做其他事情。甚至还会去干扰其他学生,造成非常不好的影响,容易和老师产生抵触情绪。以至于成绩越来越差形成恶性循环了。

二、家长和老师的外在因素

1. 家长的重视度不够

《英语新课程标准》指出:八年级学生课外阅读量应累计达到 10 万词以上,但在一无语境二无条件的农村,光靠学校教育,学习书本知识是远远不够的。而我们是农村中学大部分的家长对英语学习的重视度远远不够,还停留在英语学习只是说说单词,读读书而已,都不知道英语学习不仅读说很重要,落实到写上面也也关键,单词的拼写,词型的变化,词性的不同,还有一些习惯用语的约定俗成。家长没有真真去关心孩子的英语学习的终身性和持续性,过早的用分数来要求自己的孩子,使我们的学生英语学习的兴趣已经变味,于是在八年级过早的出现分化,一部分的学生过早的放弃了英语学习,只是每天完成老师和家长所布置的作业和任务,甚至有些学生都不能按时按量的完成作业,自己给自己贴上了“差生”的标签。长此以往后果不堪设想。

2. 老师的自身素质

农村中学由于条件的限制,我们很难学习到先进的教学技术和理念,如我们县城的学校英语老师都可以有出国学习的机会,或者其他途径不断学习,终身学习,而我们不仅要狠抓生源不如名校的学生英语成绩,还要忙于学校的各项材料的检查,很难静下心来去研究一下我们的学生英语学习遇到的困难和解决方法。试想我要教给学生一碗水,我觉得我们老师有一桶水都不够,应该要一缸水或者一湖水甚至一江水。提高教师自身素质,才是预防英语学习过早产生分化的关键。

三、有效提高英语教学质量的策略

1. 合作交流,师生互动

新教材核心理念之一就是参与与合作“情景教学”“活动课教学”以及“任务型教学”离不开学生的主动参与与合作,通过合作性学习,使学生互相学习,互相帮助,体验集体荣誉感和成就感。

2. 讲究教法,因材施教

外语教学和其他学科一样,有严谨的系统性和连贯性。学生在七年级获得的语言技能,能否在八年级得到继续发展,是防止分化的又一个问题。这就给教师提出了更高的要求,力求把教学搞到实处。讲究实效,对每课时的教学计划逐项落实。课堂上,精讲多练,以学生为主;对每个单元进行考查、总结,分析存在问题,及时补遗,帮助学生过关。平时作业或测验得到好成绩或有进步的,一定在班上进行表扬,给予肯定;对作业错漏较多的当面批改,及时订正。外语课侧重训练,采用展示性的直观教学方法,使学生一上课就置身于一个讲英语的环境中,在既紧张而又活泼的气氛中学习英语。尽量让教学寓于情景,如说"What am I doing? I' m writing /drinking tea/ singing/ cleaning the blackboard. "等等,让学生模仿动作。当学生在读课文时,问这位学生:"What are you doing?"帮助他回答:"I am reading the book. "再叫学生表演,让学生问其他同学:"What' s he/ she/ Li Wei/ Zhao hua doing?"并回答,从而引出新内容。另外精心设计学生比较感兴趣的任务,我们可以借助于多媒体,让学生在轻松、愉快的心情下掌握知识,唤起学生的求知欲和好奇心,让他们带着浓厚的兴趣进入本节课的教学中。

3. 培养兴趣,激发动机

根据唯物辩证法观点:"外因是变化的条件,内因是变化的根据,外因通过内因起作用。"因此怎样激发学生的学习内在动力,使学生积极主动地学习,也是防止分化的一个重要方面。分化的学生要是能听懂老师和同学说的英语,自己能用英语表达简单的思想,能读懂简易读物,他们就会感到有收获,这时就不要吝啬表扬,让他们产生英语学习的兴趣。要不断发现学生的闪光点,并不失时机地鼓励他们,这样许多原来学习成绩差的学生也会在英语课上积极参与教学活动,我想兴趣就会产生,他们的英语成绩在原有的基础上应该有所提高。每堂课都注意让学生有练的内容,有练的时间,每次练习 10 分钟左右,费时不多收获不小。加强课外阅读,这会大大激发学生的学习热情,增强学习知识和兴趣。同时良好的师生关系对培养学生的兴趣大有帮助,教师应当帮助学生制定适当的学习目标,并确认达到目标的最佳途径;指导学生形成良好的学习习惯,掌握学习策略;创设丰富的教学环境,激发学生的学习动机,培养学生的学习兴趣;为学生提供各种便利,为学生的学习服务;建立一个接纳性的、支持性的、宽容性的课堂气氛。我们教师还要注意控制自己的情绪,普遍关心学生,尤其差生,同他们交朋友,不歧视他们,不训斥他们,常鼓励他们的学习自信心和学习热情。这样学生对学习产生了安全感,认识了自己的能力和价值,他们就会增强学习的信心。

农村初中学校怎样提高英语教学水平,防止两极分化,需要我们广大农村教师在教学过程中不断探索和积累,不断总结好的教学经验,我想如果做到了这些,就可以有效地防止学生学习英语时的分化,就会激发学生学习兴趣,养成良好的学习习惯,提高学习质量和效率,为向九年级以后的英语学习打下坚实的基础。在新课改的精神指导下,只要我们大胆改革,用于创新,与时俱进,注重素质教育,以学生为中心开展各种教学活动,寓教于乐,在未来的英语教学中,我们定能取得可喜的成绩。

(赵勇)

教是为了不教——培养学生的自我教育能力浅析

自我教育是一个人在思想品德修养中自觉能动性的表现,培养学生自我教育能力是初中思想品德课教学的最终目的之一。我国著名教育家叶圣陶说过"教是为了不教"。为了有效地促进学生形成良好的思想道德品质,思想政治课教师更应该把培养学生的自我教育能力作为教育的出发点和归宿。在实施教育教学过程中,应遵循初中生道德品质发展的规律,利用可行的方法有目的地进行。

一、根据学生道德品质的发展是以自我意志的发展为基础的规律,培养学生的自我意识能力

自我意识是个体对自身存在的心理特点、品质、自我价值和自己应该成为(或可能成为)怎样的人的认识。道德品质的发展依赖于自我意识的发展,自我意识是道德品质发展的基础,如果个体没有清楚的自我意识就不可能有明确的道德意识和自觉的道德需要,当然也就不可能有自觉的道德行为和稳定的道德品质。

根据这个规律,可以用以下两种方法培养学生的自我意识能力:第一,引导学生在自己的行为及其后果中认识自我,只有认识了自己才能教育自己。自我认识是自我教育的基础,学生能正确认识自己、评价自己才能确定合理的行为方向,用精神力量进行自我约束,使自己变得更高尚。我在讲授自我形象的教学时,针对班级有几位同学穿着打扮比较另类。我没有对这种行为直接批评,而是设计了几个题目让同学们讨论:1. 人们为什么喜欢打扮? 2. 人们应不应该打扮? 3. 作为学生应如何打扮? 由于这些问题是学生感兴趣的,因而学生们讨论得热烈,讨论后学生们得出的结论是学生应该打扮,但不应该花费过多的精力,应该打扮得简洁、自然、大方,既要注重外在美,更应注重内在美。这样经过讨论,很好地完成了本节课的教学任务并在潜移默化中让学生自我意识到什么样的打扮符合自我的年龄和身份。

从上例我们可以看到，由于阅历浅、经验少、判断是非的能力弱，学生在做有些事时并不清楚自己做的对错，有的甚至不知道自己为什么会这样做。教师应引导学生在自己行为与行为后果中认识自我，才能增强自我意识。

第二种方法是让学生在同他人的比较和他人对自己的评价中认识自我。学生不喜欢灌输式的教育方法，而是愿意主动去探究，寻找问题的答案。这样才有说服力，印象才深刻。在讲授认识自我相关内容时，为使学生全面客观地了解自己，课前让学生完成这样一个调查题目，

我要这样发扬自己的优点：____________________

我要这样克服自己的缺点：____________________

"当局者迷，旁观者清"，一位同学在调查完后感叹道："以前我没有发现自己有这么多缺点。通过这次活动我觉得我还有许多需要改进的地方。"

二、根据道德品质形成的规律，培养学生的自我激励能力

自我激励是个体以某种刺激作为诱因，调动自己的主动性、积极性、激发自己的行为动机。发展心理学研究结果表明，儿童从出生时的无道德状态发展到有道德状态，形成稳定的道德品质的过程，实际上也就是稳定的行为倾向形成的过程，是稳固的需要－动机－行为方式结构系统的构造过程。在这一过程中，自我需要是促成自我激励的重要条件，自我激励又是促成自我教育的动力。培养学生的自我激励能力是培养学生自我教育的核心。根据这一规律可以从培养道德需要入手，培养学生的自我激励能力。

道德需要是个体道德品质形成和发展的真正动力，是道德品质形成的决定性因素。它直接决定着一个人在各种道德情境中会产生什么样的动机。儿童的道德需要是在与社会的交往中产生的，他们在家庭和学校中都会努力地在生活中寻求自己的地位，在周围人们的心目中确立自己的形象，以求得人们的好评。对这种正确的需要应做出肯定的评价，并使之明确什么是正确的行为规范，使他们产生更高层次的需要，形成新的自我激励。反之，如果对学生的正当需要不理不睬，甚至粗暴否定，就会降低学生的动机水平，不但达不到通过需要来培养学生自我激励能力的目的，而且还会对学生产生极为不利的影响。我班上有一位同学由于学习基础较差，老师上课提问时从不举手，偶尔鼓足勇气举手时，有的老师视而不见。当他那渴望的眼神被我捕捉到后，我就有意识地提一些相对简单的问题让他回答，他回答得很好。于是，我顺势表扬了他，他的脸上流露出快乐的神色。更可喜的是在以后的时间里，老师们都说他变了，变得爱回答问题了，学习积极性大有

提高,成绩稳步上升,顺利地考上了综合高中。这是尊重学生的自尊心、自信心,引导学生自我激励的结果。

三、根据外在的道德规范内化为内在的道德品质是一个社会学习的过程这一规律,培养学生的自我控制能力

自我控制是个体为达到预定目的对自己的行为和心理状态进行自觉控制和调节。道德品质作为个体社会化的结果,是个体通过社会学习获得的。这个规律告诉我们,由于当今社会在急剧变化和发展,每一天都有许许多多良莠不齐的信息进入学生的大脑,对他们思想品德的形成也产生着越来越大的影响。中小学生是否学会进行自我控制极为重要,而培养他们的自我控制能力是使他们进行自我教育的保障。培养学生的自我控制能力可以从两方面入手:

第一,树立榜样,引起学生的学习意向。"榜样的力量是无穷的",榜样是社会规范和抽象的道德概念的具体化、形象化和人格化。树立榜样不仅可以使学生在丰富的具有形象性、感染性和现实性的范例中受到一次次深刻的心灵触动,而且使他们体会到先进榜样并非高不可攀,而是普遍存在的,从而受到启发,向榜样看齐,乐于效仿榜样,并以榜样调控自己的道德行为,逐步形成自我控制能力。

第二,主动剖析消极信息,训练学生的控制能力。虽然我们要以正面教育为主,但也不能回避反面、消极信息。这种"反证法"往往会收到更明显的效果。如果适时选择具有典型性的反面社会信息引进课堂,进行深入剖析,启发学生积极思考,多角度地分析,充分地讨论,发挥消极信息的积极作用,使学生在不知不觉中从消极接受信息的客体变为积极评价和支配信息的主体。这样能起到意想不到的效果,有效地培养学生的控制能力。例如在讲授青少年交往相关内容时,我针对网络日益普及、大批学生喜欢通过网上交友的现实,不回避网络交友问题,让学生讨论"是否应约见网友"问题。经过一番热烈地分析,学生统一认识,得出结论:网络是虚拟世界,与现实世界有着很大的区别,网友中不乏心存歹念之徒,还是不见为好。这时,我又讲述了一些未成年人轻易约见网友被骗的事例。这些事例深深地触动了学生的心灵,从而选择良好的行为方式训练和培养自我控制能力。

遵循道德品质发展规律,相应地从培养学生自我意识能力、自我激励能力和自我控制能力入手,能有效地培养学生的自我教育能力,并达到"教是为了不教"的境界。

(沈玉明)

没有课外阅读的“三无”教育

在各国高度重视母语教学中的“课外阅读”时,中国的阅读现状却令众多有识之士忧心忡忡。在一些发达国家,课外阅读已成为阅读教学目标中不可缺少的一个部分,如美国的阅读卓越法案,意大利的“促进学生阅读计划”,法国在假日中心建立课外阅读计划,乃至中国台湾地区也在实施儿童阅读计划。在根据中国新闻出版研究院全国国民阅读调查课题组的研究,即第九次全国人民阅读调查,2011年我国18周岁至70周岁公民人均阅读图书、报纸和期刊分别为4.35本、100.70期(份)、6.67期(份)。每年人均不到4本半的书,相对于排名第一的犹太人的64本实在不能算上一个骄傲的数字。

究其原因,笔者认为与现在某些错误的教育观念有关。“文”与“道”相关联的神圣性被掠夺,而被当作一种简单的记录和沟通“工具”,“读书”也主要被视为儿童进入社会获得职业之前的知识和技能培训过程。很多家长和教师认为学习就是做作业。所以我们经常听到老师叮嘱学生的一句话:回去把作业做好。而家长督促学生的一句话就是:作业做好了吗?从没有人问:今天看了什么书?而当学生进入职业,读书也就功成身退了。

因此,要想改变中国人的读书态度,成为一个有智慧的民族,必先转变固有的读书观念,从小培养孩子的阅读意识、习惯、方法、能力。

一、没有课外阅读就没有语文

1. 课外阅读得到语文教育界的高度重视

叶圣陶先生指出“阅读课外读物实际上有双重的效果,除了得到各种新的收获外,还可以养成自己学习的习惯”。“单读教科书和讲义还不够,必须借与各种科目有关的课外读物来看”。他勉励学生“在校的时候,为了需要和兴趣,须在课本与选文以外阅读别的书籍文章,他日出校之后,为了需要与兴趣,一辈子须阅读各种书籍文章”。

吕叔湘认为自己学习语文,三分得益于课内,七分得益于课外。朱永新认为一个多读书的人,其视野必然开阔,其志向必然高远,其追求必然执着。温儒敏说:“阅读量非常重要,有一定的阅读量,语文素养才能上得去。”

2. 课外阅读是《新课标》的明确要求

《语文新课程标准》(2011)明确指出要让学生“认识中华文化的丰厚博大,汲取民族文化智慧。关心当代文化生活,尊重多样文化,吸收人类优秀文化的营养,提高文化品位”,“具有独立阅读的能力,学会运用多种阅读方法。有较为丰富的积累和良好的语感……能阅读日常的书报杂志,能初步鉴赏文学作品,丰富自己的精神世界……九年课外阅读总量应在400万字以上”。

“要重视培养学生广泛的阅读兴趣,扩大阅读面,增加阅读量,提高阅读品位。提倡少做题,多读书,好读书,读好书,读整本的书。关注学生通过多种媒介的阅读,鼓励学生自主选择优秀的阅读材料。加强对课外阅读的指导,开展各种课外阅读活动,创造展示与交流的机会,营造人人爱读书的良好氛围”。

3. 课外阅读是课程意识的有效体现

1978年3月,叶圣陶先生在一次语文教学研讨会上指出:“语文教材无非是个例子,凭这个例子要使学生能够举一而反三,练成阅读和作文的熟练技能。”它犹如“可以开发无限库藏”的“锁钥”;它的“性质同于样品,熟悉了样品,也就可以理解同类的货色”。

《语文新课程标准》(2011)指出“语文课程是实践性课程,应着重培养学生的语文实践能力……语文课程是学生学习运用祖国语言文字的课程,学习资源和实践机会无处不在,无时不有。因而,应该让学生多读多写,日积月累,在大量的语文实践中体会、把握运用语文的规律。”

陶行知提出了“行——知——行”的教育理论。语文教学应在课堂中利用教材,通过自主合作探究的学习方式,帮助学生拥有语文学习的方法、能力,掌握语文学习的规律,提升语文素养,并在获得语文知识的基础上,引导学生进入阅读的海洋,拥有更广阔的学习空间和实践机会。只有在接触大量学习素材、拥有充足的知识储备、进行足够的实践训练,学生才能告别单调、枯燥的解题训练和简单应试能力的提高,才能在鲜活的文字和多样的学习方式中获得学习的乐趣、语言文字的正确运用以及语文素养的切实提高。

二、没有课外阅读就没有教育

1. 教育成了空洞的说教

自古以来,人们就认识到读书可以怡情益德的教育作用,轻鄙读书就会走上无知和愚昧,精神的家园永远也不会走出荒芜的沙漠。

但在现在的一线教学中,这一理念却常遭到不同程度的抛却,取而代之的只有空洞的说教了。于是我们常能听到家长与教师的抱怨。家长抱怨孩子“天天像背大书一样,他(她)就是不听”或“听是听了,就是后来还是那样,哎,没办法”。教师抱怨学生“用好话说尽,大道理说了一堆,没用呀”。于是部分人在感叹教育手段苍白无力的同时,甚而有些怀恋曾经的“棍棒教育”“惩戒教育”,追求那种威吓之下的屈服,而不是深层次心灵的感动。

究其原因在于过于迷信教育技术,迷信教育的目标是通过一系列的手段可以实现的。绝大多数家长和老师都在孩子面前赤裸裸地实施教育行为,他们并没有意识到,当孩子意识到自己正在受教育时,当孩子从早到晚,不是“上课上课上课”,就是“作业作业作业”;不是被“说教说教说教”,就是被“考试考试考试”的时候,教育其实已经失效了。在这样疲惫的身心背景下,木讷、厌烦,甚至叛逆,也就有了合理的解释。

2. 教育丢失了心灵的感应

教育的最根本的出发点与落脚点在于学生心灵的感应,指心灵之间的高度默契。甲骨文中的“教”,右边的“文”中有一个“心”字,现在的汉字经过几次重要的演化后,那个“心”看不见了。从本质上说,教育就是“以心灵感应心灵”的过程。这种由内而外的自身修养的提高,才是教育的真正归宿。“书能影响一个人的心灵。读书可以改变一个人的气质,也可以培养一个完人。”它可以告诉孩子什么是对,什么是错。作为一个现代人所应该具备的良好品质是什么,该怎样培养、修行。

如果只有空泛的理论和硬性的规定而无一丝的感动与顿悟,犹如滑过冰面而留下的些许痕迹,最终无法激荡其内心。阅读能于沉静中收获一份心灵的感动,于感动中“知足知不足”,也许胜过千言万语喋喋不休的唠叨。阅读可以教人宽厚,心地善良,萌生纯真热情的气质;阅读可以教人谦虚谨慎,持重内敛,衍生成熟悉稳重的品格;阅读可以教人自强不息,不畏艰难锤炼刚毅坚定的精神;阅读可以教人勤于思考,勇于创新,增添睿智深沉的个性……“凡有所学皆成性格”相反,读书愈多,也就愈会接近文明,愈会走向成功。

3. 教育丢失了榜样的力量

子曰:“三人行,必有我师焉。”杜甫有云:“转益多师是汝师”。法国作家卢梭说过:“榜样!榜样!没有榜样,你永远不能成功地教给儿童以任何东西。”

教育要求我们遵循孩子的学习规律。他们的学习行为由无意识的效仿逐渐走向有意识的效仿,最终学会评价、选择,达到自主建构。这种学习的源泉应该是更广阔、更多样,绝不应局限于教师以及身边仅有的人群。走进书本,从那些或来自于现实生活或存在于艺术创造之中的人物身上,获得启迪,感受到精神能量,并内化为自己的品格,应该是极好的教育途径。

当学生拥有了学习的榜样,也就拥有爆炸式的倍增动力。如学习勾践“卧薪尝胆”的坚忍,学习项羽“破釜沉舟”的豪放,学习李白“铁杵磨针”的锲而不舍,学习杜甫“语不惊人死不休”的敬业，学习苏轼“但愿人长久，千里共婵娟”的豁达，学习海伦“三天光明”背后的美丽……

三、没有课外阅读就没有未来

1. 没有课外阅读没有终身学习的能力

《国家中长期教育改革和发展规划纲要》(2010－2020年)把“构建体系完备的终身教育”当做了战略目标。终身教育除了完备的教育体系外，还需要每个受教育的人拥有终身学习能力。

教育是一个终身过程，并非正规学校结束时宣告完结，学校教育阶段只是人生在其一生中接受教育的一个很小的组成部分。这就要求学校教育的任务不只是传授一些现存的知识，而是要教会学生学习，使其在走出校门以后，也能自己去获取知识，不断充实自己，满足社会的需要。终身教育要培养和完善的人不仅仅具有丰富的知识、谋生的技能、敏锐的洞察力、较强的判断力和创造的能力，而且更重要的还应该有健全和完善的人格、丰富充实的精神世界。

要想使学生成为一个能够终身学习的人，我们必须让学生拥有读的意识与能力，读文学的书、科学的书、哲学的书、社会的书……“立身以立学为先，立学以读书为本”“吾生也有涯，而知也无涯”等古训可谓无人不知。书本是文化、经验和知识的载体。不断的阅读，不断地充实、提高，能够明辨是非善恶，懂得取舍，拥有哲理的思辨和建设社会的责任感、使命感，能够促进自己专业知识的储备、专业能力的提高……

2. 没有课外阅读没有美好的心灵

没有阅读的天空是灰暗的天空。没有阅读的心灵是干涸的心灵。

我们要引导学生对阅读有一个正确的认识：读书本身是一种修为，此事不关名利。不能将书籍误认为求学、晋身的阶梯，而应当作望远的城楼。它不是使人生富贵的金砖，而是让心灵宁静的钟磬。“书犹药也，善读之可以医愚。”书籍可以告诉人们许多相关的知识，让人在阅读中受到感动、教育和启迪。人的情感是在美学思想的熏陶中得到净化和升华的，多读好的文章可以净化人的心灵、纯洁的品性。

引导学生拥有阅读的习惯，也就帮他们建立了自我疗伤、自我修养的有效机制。有阅读的过程中达到心灵的和谐，拥有一份明朗的心情，一份坦荡的胸怀。在迷路的时候，有一份必胜的信念；在遭遇黑暗的时候，便有一缕明媚的阳光照射。让他们的生命适时呼吸来自森林气息，获得甘泉的滋润，在润物无声的供给中，平添一份坦然和自信的神韵。让他们拥有了读书的习惯，能够帮助他扎根古今中外精神的沃野，不断汲取精神的力量，从而走出自我的狭小，不断触摸时代的脉搏，关照广阔的生活。让他们在流连每一条真理、每一个美好思想、每一幅富有震撼力的场景时，能够将“小我”提升到更高层次的理想与信念之，那他们所获得的不仅是知识的增长，更是境界的高远、胸襟的广阔，人性的高尚。

3. 没有课外阅读没有幸福的人生

没有阅读的人生将是苍白的人生，很难有幸福感可言。

在喧嚣与繁杂的都市生活中，人们的心灵难免会丢失自己的精神家园，丧失固有的宁静与和谐。在患得患失、迷茫困倦中陷于焦躁易怒之中。让我们的孩子学会阅读，能够在现在乃至未来的成长中，借以关照自我、他人、乃至整个社会，获得有益启示和正确判断，从而获得人生的幸福感，也应该成为我们每个教育者应尽的责任和最好的褒奖。

清代李渔在《闲情偶寄》中说道：“予生无他癖，惟有好读书，忧借以消，怒借以释，牢骚不平之气借以除。”让我们的孩子养成阅读的习惯，用书籍滤去他们内心的沾染的飞尘，涤去已有的浮躁，获得致远的宁静；用书籍赋予日常生活的规劝和慰藉，进行最美丽、最优雅的思想交流，不断地修正认识的偏差，校正前路的风景，引领成长的轨迹；用书籍剥除障碍，栽培心灵的优雅；用书籍加深对人生的理解，坚定已有的信念；用书籍明辨是非，胸有主见，不断地自我完善；用书籍丰富经历，获得更多的情感体验，在修身养性的同时，跌宕多姿的人生，提升人生的内涵意蕴，最终获得人生的幸福感。

综上所述，当教师不再只把教育当成一份职业的时候，当学生不在把学习当成谋生手段的前期准备的时候，我们所面临的不仅仅是知识与技能的教学，而应该高度重视孩子一生成长与生命质量的人文关怀。此时课外阅读已不再只是语文一门学科的事，而应该关乎到教育的方方面面，乃至中华民族的整体素质与后期发展。如果依然只是关注课堂，关注考试，关注现在，那么教育真的有可能成为“三无”教育！

（谭志刚）

第三章

自主学习策略

用自己的头脑来想，用自己的眼睛看，用自己的手来做，自己学习，自己研究。从自己开始，全方位的“武装”自己，无论是思品课堂教学，还是语文考场作文，亦或是物理协奏曲，我们看到的都是围绕学生而行的小班适性的教学。

我们没有华丽的五彩灯，没有浓厚的红地毯，有的是：以学生为中心展开的各学科踏实远志的务实教学，以小班为核心的“系统内化人”的培养。

因为，我们的方向是：千学万学学做真人……

立足课堂教学　提升思品学科能力

南京市思想品德学科中考采取开卷形式已经有十几年的时间了。从历年的试卷分析来看，凸显思想品德学科的德育功能，既考查了学生对基本知识的识记，也考查了学生的理论联系实际的能力。突出以能力立意为主，着重对学生运用能力的考查，以培养学生的创新精神和实践能力。从开放性试题的参考答案我们可以看出，学生的答题既可以运用课本上学过的知识进行解答，也可以不拘泥于课本，根据题意用相关的知识进行解答，即采意和采点结合，还可以联系社会现实和热点，结合自身的实际谈体会。总之，答题可以多元化、多角度、多层次，鼓励考生创新思维。只要言之有理、言之有物，均可酌情给分。面对思想品德学科开卷考试形式，我们可以看出这不是降低了要求而是提出了更高的要求，尤其是广大一线教师更要注重学生学科能力的培养和提高。在日常的教学工作中必须基于课堂采取行之有效的策略，才会收到良好的效果。下面就教师教学中对学生的学科能力的培养谈几点体会：

一、立足“双基”，强化对知识的理解性记忆

开卷考试的形式更加注重对学生能力的考查。将学生从过去简单、枯燥的机

械性背诵中解放出来，减少知识的识记和再认，于是有些学生、家长甚至其他学科的教师产生了一种误解，片面认为思想品德学科考试时最容易得分，只要在考试时翻一翻书就可找到现成的答案，忽视了平时的学习，对书本的基础知识往往不求甚解。其实，面对开卷考试，熟练掌握基本概念和基本原理是非常重要的。有的同学在平时的学习中对“双基”的把握只靠死记硬背，而不注重知识的融会贯通和理解运用，忽视了对知识的系统归纳和梳理，忽视了有关知识之间的联系，遇到材料新颖、设问灵活的题型，就一筹莫展。况且开卷考试的试题材料新、题量也不小，在有限的时间内如果我们连最根本的知识都不熟悉，仅通过翻书，回答起来是很困难的，这就更凸显理解能力的重要性。尽管开放性试题给予的开放性空间很大，但答案最终更多是通过教材的相关原理或专业术语体现出来的。因此必须重视对“双基”的梳理、理解。

况且在知识和能力的关系上，两者是统一的。基础知识是能力的基础，能力的发挥是基于对基础知识的运用。基础知识是分析问题、解决问题的前提，忽视对基础知识的掌握，能力又从何而来呢？

二、“四题”学习法，提升学生归纳能力

何为“四题学习法”？即思想品德教材设置结构的课题、框题、标题以及标题下需要学生归纳和老师重点讲解的问题。每节课，我都会安排学生按照这“四题”的要求进行学习，这样做有效地避免了学生学习的盲目性，提升了针对性、实效性。从而帮助学生将知识以“总—分”的形式将书本的概念、原理、观点、基础知识等进行梳理，形成知识网络。将知识形成点－线－面的体系。尤其是在复习的过程中要立足教材，把各课、各节的知识点进行梳理，使之系统化、网络化。同时还要打破课与课、框与框的知识点的界限，进行横向比较、纵向联系。既要把整体知识分解为一条条易于学生接受的知识条目，又要注意各部分知识之间的联系；既要引导学生搞清一单元一课一框的内在结构，又要挖掘不同的单元、课、框等之间的有机联系，使知识系统化形成网络结构。具体操作可以对知识进行横向联系、纵向联系、图表梳理等方式，将所学的知识加以概括、归纳、编制成知识网络，使之由点到线，由线到面，最后形成所学知识的网络结构化。这样，学生掌握的知识不再是一盘散沙，而是一个相互间逻辑关系清楚的多层次的知识整体，能有效提升学生的归纳能力。

三、抓住时政热点、社会焦点，培养理论联系实际的能力

抓住时政热点与社会焦点，搞好与书本知识的有机结合，这是思想品德课教

学的内在要求,也是学好思想品德课的一个重要能力。从《课程标准》对时事政治的要求来看主要表现在两个方面即:一为当前党和国家工作的重点,一为体现教材知识的重点,两个重点的交叉点就应是我们日常教学工作关注的重点。因此,必须抓住教材的知识重点、热点和焦点的结合点。在分析时,应切实把握时政热点、焦点问题的来龙去脉。具体可从以下几点进行操作:

第一,重大热点或社会焦点的具体内容是什么;

第二,重大热点或社会焦点与教材中的哪些知识可以挂钩;如纪念改革开放基本国策30周年当前党和国家宣传的重点,它可以与教材结合的有:改革、发展、稳定三者关系;可持续性发展道路;科教兴国战略;艰苦创业精神;当代青少年责任感、使命感等。若能将热点问题与教材原理巧妙地对接和有机运用,就能有效地提升学生运用知识、原理分析实际生活的能力,才能做到有条有理地从多角度、多侧面认识问题、分析问题,从而表现出较强的综合分析能力,适应新课程改革的要求。这样学生才能在考试中取得较好成绩。

四、加强针对性训练,培养学生答题能力

综合训练是学生将知识转化为能力的一个有效途径,也是训练学生答题应变能力、拓展扩散思维、培养创新能力的重要手段。思想品德学科中有大量的开放性试题,特别是答案多元化的开放题,这就更要有针对性地对学生进行训练,培养学生的答题能力。具体要求有:

第一,训练要回归到教材上。就是要以问题为中心向教材知识点求索,寻"根"问源,找到解决问题的"知识点"并组织作答。

第二,训练要链结到知识体系中。进行纵向或横向的分析。

第三,训练要找准结合点。时政热点、焦点与知识点结合称为结合点,这是近年开卷试题中最主要的形式,可以适合于各种题型。在做这类题时,要找准结合点是关键,只要找准了结合点,问题就会迎刃而解。

第四,训练要多做一题多理的题。一题多理的试题是指考生对该题可以从多个角度用多个理论,分别揭示材料内容,从而不断提高综合能力。通过对一题多理的训练,才能有效提升学生多角度、多层次分析问题的能力。

五、关注实际,注重体验,提升学生行为的践行能力

联系学生自身实际来考查学生的能力与觉悟,这是思想品德学科的又一大特色,强调了学生的知识目标、能力目标、情感态度价值观目标的有机统一,这也是我们思想品德学科教育的落脚点。如:中考试卷中以"你认为""谈谈你的感想和认识""你是如何认识""你哪一条做得最好""谈谈你是怎样做的""你应该怎样""请你评价""你将会怎样",都是强调联系学生自身实际。这些考查,把学生自我摆进去,让学生置身其中,使学生明确学习知识的目的不仅只是在于掌握,而且还在于运用,还要提高思想觉悟,体现了思想品德学科育智更育德的功能,也提升了学生的行为践行能力。

总之,在教学过程中,我们首先对学生要加强学科知识的培养,为提高学生能力打下基础,同时,我们还注重选择具有代表性试题,归纳整理出各自适用的方法,展示解决问题的过程,让学生掌握运用这些程序的技巧,培养学生概括能力,良好思维及创造思维的能力。只有这样,才能提高学生分析问题和解决问题的能力,从而提高教学质量,使思想品德学科教学工作走进一片崭新的里程。

(张胜龙)

谈"每天一个励志故事"在初中语文教学中的有效性

励志,《现代汉语词典》中的解释为奋发志气,把精力集中在某方面。班固《白虎通·谏诤》有云:"励志忘生,为君不避丧生。"陈春生《戊申熊成基安庆起义记》亦曰:"〔成基〕遂渡江至安庆,入年徽武备练军学堂,励志学习,屏绝嗜好。"

"每天一个励志故事"则是指在每节语文课堂教学的前几分钟时间内,利用富有理性思维、哲理思辨的文学故事,通过自主互助教学模式中的研讨,以期唤醒学生的内在创造力的教学情境。我们希望据此:改变为了导入而导入,省却导入等错误倾向,提升导入的有效性;激发学生阅读兴趣,拓展学生的阅读面;在概括、提炼、理解、研讨中,提升学生的思维品质、语文素养与自主学习的能力;在语文课中深化对生活与生命的认识,提升人生境界,促进生态语文的开展。

下面我结合课堂实践谈谈"每天一个励志故事"在初中语文教学中的有效性。

一、有利于导入的有效性

课堂导入是一门艺术,其目的在于激发学生的兴趣,唤醒学生思维,鼓励学生的情绪,集中学生的注意力,使他们自主积极地参与学习,从而提高课堂教学效益,"造就现代化社会所需的一代新人"。其方式多样,有事例导入、问题导入、审题导入、妙语导入等。

在实际的教学中,部分教师为了达到所谓高效课堂的目的,节省导入,甚至直接跳过导入。通过几句似曾相识的套话,教师将学生引入教学内容,但语文的精髓与神韵也荡然无存了。没有有效的导入,没有精心的导入设计,没有教者感情的投入,学生被引向一块块冷冰冰的知识拼盘中,乏味、沉闷、刻板,其学习动力是可想而知了。所谓的“高效课堂”却将最具人文内涵和情趣的语文变成枯燥乏味的医学解剖,甚至至沦为应试教育的机械训练。

部分教师能够认识到导入的重要性,但他们的导入的目的只是为了激发学生的学习兴趣,引出教学内容。导入的内涵变得极其狭隘。导入是语文教学的一部分,它也应“遵循语文教育的规律”,“致力于学生语文素养的形成与发展”,“在培养学生思想道德素质、科学文化素质等方面发挥应有的作用”。因此,实际教学中,我们不能为了导入而导入。

将“每天一个励志故事”作为语文课堂导入的一种形式,完全可以提升导入的有效性。教师可以利用同一作者、同一文体、类似题材的精炼励志小故事,作为课堂导入的文字材料。在读、悟中,或通过了解写作的时代背景、作者的生平与思想背景,降低文章的理解难度;或感受人物的人性光辉,由无所知到景仰,在崇拜心理中激发兴趣;或运用同种文体,让学生在阅读中渐渐领悟该种文体的内在规律与独特魅力。

例如我在教学《沁园春·雪》时,选用了《立志勤学谦虚的光辉典范——毛泽东读书的故事(一)》(有删减)作为导入材料。在阅读感悟后,学生不仅读读书有了更深的认识,而且对毛主席的胸怀,才华有了更深的了解,对学习毛主席的诗词产生了浓厚兴趣。最后我说:“曹孟德登山望海,书就《观沧海》,豪情万丈,雄心可吞日月! 一代伟人,睥睨古今,才华横溢的毛主席,登山望雪,又会发出怎样的感慨呢? 今天我们就学习毛主席的《沁园春·雪》!”班级里群情激昂,跃跃欲试!

教师甚至可以在不改变故事本身情节与主题的基础上,对所选材料进行独创性地再加工,形成带有鲜明个性、更贴近本班学生的文学作品。面对贴近生活、贴近实际需要、贴近自身的作品,学生对教师是崇拜的。“亲其师,信其道。”在这样的学习心理的指引下,语文课堂将呈现一种和谐的美。而且在教师的不断示范和影响下,学生的创作欲望也必将得到极大地提升,作文的兴趣教学在潜移默化中完成了,这样的课堂才是真正的高效课堂。

例如我在教学《蝈蝈与蛐蛐》的时,选用了《用途》,将骆驼母子的对话,改成了一首现代诗。虽然改写之后难有大家风范,但却有了幽默的因素。在轻松愉快的探讨后,学生学会从人性的角度感受动物的情感与智慧,因而对蝈蝈与蛐蛐的歌声充满了期待。课堂练习,我要求学生合作动物诗歌,学生亦是兴趣盎然!

二、有利于增加学生的阅读量

《语文新课程标准》"初中段(七—九年级)要求:'学会制定自己的阅读计划,广泛阅读各种类型的读物,课外阅读总量不少于260万字'";同时还指出:"培养学生广泛的阅读兴趣,扩大阅读面,增加阅读量,提倡少做题,多读书,好读书,读好书,读整本的书"。以此强调课外阅读在中学语文教学中的不可忽视的地位。

国内外都很重视儿童课外阅读的研究。在一些发达国家,课外阅读已成为阅读教学目标中不可缺少的一个部分,如美国的阅读卓越法案,意大利的"促进学生阅读计划",法国在假日中心建立课外阅读计划,台湾实施儿童阅读计划。国内温儒敏教授等也突出强调"阅读量非常重要,有一定的阅读量,语文素养才能上得去"。

但是农村初中生的课外阅读往往因为认知的误区、经济条件的限制和教育资源的匮乏,导致缺乏兴趣,阅读量小,阅读面狭窄。

新课标提出:"应该让学生更多地直接接触语文材料,在大量的语文实践中掌握运用语文的规律。""语文教师应高度重视课程资源的开发与利用,创造性地开展各类活动","积极开发课程资源","努力改进课堂教学","逐步培养学生探究性阅读和创造性阅读的能力,提倡多角度的、有创意的阅读,利用阅读期待、阅读反思和批判等环节,拓展思维空间,提高阅读质量。"

"每天一个励志故事",平均起来,每个文学故事的阅读量在500字左右。新课标要求初中生"养成默读习惯,有一定的速度,阅读一般的现代文每分钟不少于500字"。加上思考、探讨、交流的时间,5分钟是足够的。每个学期利用90节课,一学年有一定指导的课外阅读量,大致为9万字左右。三年就是27万字左右!

一定的指导,作者与读者、师生、生生之间的思想碰撞,不同的情感体验,这些必将为缺乏阅读的农村初中学生带来巨大的收益。它不仅可以在增加阅读量的基础上,使学生开阔视野,增长知识,培养良好的自学能力和阅读能力,还可以进一步巩固学生在课内学到的各种知识,对于提高学生的认读水平和作文能力乃至于整个学科学习都起着极大的推动作用。

三、有利于阅读能力的提高

《语文新课程标准》指出:"语文是实践性很强的课程,应着重培养学生的语文实践能力,而培养这种能力的主要途径也应是语文实践,不宜刻意追求语文知识的系统和完整"。"阅读是搜集处理信息、认识世界、发展思维、获得审美体验的重要途径。""应该重视语文的熏陶感染作用","加强对阅读方法的指导,让学生逐步学会精读、略读和浏览”。“阅读是学生的个性化行为，不应以教师的分析来代替学生的阅读实践”，“重点是培养学生具有感受、理解、欣赏和评价的能力”，“逐步培养学生探究性阅读和创造性阅读的能力，提倡多角度的、有创意的阅读，利用阅读期待、阅读反思和批判等环节，拓展思维空间，提高阅读质量”。

在实际的教学中，许多农村教师在认知上存在三大误区：一是在课堂上重分析，轻阅读，使语文课失去了审美情趣；二是在课堂外，认为课外阅读费时长见效慢，情愿在题海中跌打滚爬；三是误以为课外阅读是学生的个体行为，忽视了相应的引领与指导。这就造成三个问题：部分学生想读，但感到无从下手，最终因为畏难而放弃课外阅读；部分学生因为阅读方法的欠缺，抓不住重点，往往导致阅读效益低下，最终放弃；部分学生感受不到阅读的乐趣，纯粹为了应试而读，在煎熬中走向放弃。

“每天一个励志故事”，利用课堂五分钟，通过默读提升速度，通过学生的探讨产生思想的碰撞，在交流中加深对文章理解的深度，在教师的引导下提高阅读的能力。借此可以彻底改变初中语文教学中课外阅读的难题，最终达到甚至超越初中260万字的阅读量，在概括、提炼、理解、研讨中，提升学生的思维品质、语文素养与自主学习的能力。

例如我在教学《敬业与乐业》时，选用了《打雷以后必定会下大雨》。在探讨中，有的学生概括为妻子唠叨、泼水，有的概括为苏格拉底骑烈马，有的概括为苏格拉底被泼水，有的概括为苏格拉底面对唠叨、暴躁的妻子能幽默以对等等，答案千奇百怪。主题上更是五彩纷呈：有的认为做人不能太唠叨；有的认为做人不能太暴躁；有的认为苏格拉底太软弱；有的认为宽容，幽默尽显大师风范，如阳光雨露化解心中芥蒂；有的认为在无穷无尽的干扰中，保持心灵的宁静，方可有所作为等等。学生的概括在探讨中由看不出主人公，抓不住重点走向凝练。学生的提炼一枝一叶走向人生启迪。这样的探究，对学生的阅读能力和语文素养的提升作用是显而易见的。

四、有利于深化对生活与生命的认识，提升人生境界

《语文新课程标准》指出：“九年义务教育语文课程的改革，应以马克思主义和科学的教育理论为指导”，“在培养学生思想道德素质、科学文化素质等方面发挥应有的作用”。“语文课程还应重视提高学生的品德修养和审美情趣，使他们逐步形成良好的个性和健全的人格，促进德、智、体、美的和谐发展。”“在语文学习过程中，培养爱国主义感情、社会主义道德品质，逐步形成积极的人生态度和正确的价值观，提高文化品位和审美情趣。”“培养学生高尚的道德情操和健康的审美情趣，形成正确的价值观和积极的人生态度，是语文教学的重要内容，不应把它们当外在的、附加任务，应该注重熏陶感染，潜移默化，把这些内容贯穿于日常的教学过程之中。”

中央电视台科教频道公益广告中，张腾岳曾说：“读书未必能改变一个人的命运，但读书能实实在在改变一个人的思想。”我们的语文教学首先培养的是一个人，其次才是一个语文人。

“每天一个励志故事”，一个与语文教学密切相关的教学情境，不仅能承载语文阅读教学的部分任务，还能引导学生走进生活，走进心灵，从而深化对生活与生命的认识，培养学生积极乐观向上的人生观、价值观，提升人生境界，促进生态语文的开展。没有语文教学，学生可以在生活实践中学语文。没有正确的人生观、价值观，即使语文能力出类拔萃，也未必能“造就现代化社会所需的一代新人！”

例如我选用《用人之道》，有学生就读出了“在用人大师的眼里，没有废人，正如武功高手，不需名贵宝剑，摘花飞叶即可伤人，关键看如何运用”。选用《生命不能太负重》，有学生就读出了“舍得，有舍才有得，懂得抛弃才有机会拾取。荣誉与屈辱都属于过去，放眼将来，才有阳光灿烂。”选用《机会》，有学生就读出了“愚者错失机会，智者善抓机会，成功者创造机会。机会只给准备好的人。”选用《博士》，有学生就读出了“学历代表过去，只有学习力才能代表将来。尊重经验的人，才能少走弯路。”

“每天一个励志故事”，一个教学情境，它是语文课堂一个华丽的点缀，不能喧宾夺主，更不能成为全部！

“每天一个励志故事”，它应该成为语文课堂上的一颗圆润的珍珠，值得玩味，值得一试。它也应该成为镶嵌学生语文学习道路上的一颗颗熠熠生辉的星星，值得回忆。它更应该成为学生成长道路上的不可或缺的路标，值得汲取，值得警醒！

（谭志刚）

如何让考场作文开头亮起来

提起中考语文的作文，不少学生都会发出这样的感慨：“考场作文，我拿什么去爱你。”的确，考场作文时间短，要写好实在不易。若要为自己的文章增添亮色，就要有一个闪亮的开头。文章开头有亮点，就能成功抓住阅卷老师的心，正如李渔《闲情偶寄》中所说：“以奇句夺目，使之见而惊，不敢弃去。”那么，如何让考场作文开头亮起来呢？笔者觉得可以从以下五方面来准备。

一、开门见山，直接入题

所谓的开门见山是一种比喻的说法，指的是写文章直截了当入题的一种写法。

如七上课本《散步》的开头：

我们在田野散步：我、我的母亲、我的妻子和我的儿子。

又如中考满分作文《也是一堂语文课》的开头：

生活中不缺少语文，缺少的是发现、品读语文的眼睛和头脑，只要我们细细品读、静静感受，就能体会到语文世界的无限风光。

这样的开头直接切入话题、干脆利落、简洁有力。

二、设置悬念，引人入胜

或倒叙开头，或故设疑问，引导读者在猜想中产生阅读兴趣。如中考满分作文《也是一堂语文课》如此开头：

50元，我眼睁睁地看着我的钱，被老爸一脸得意地放进了自己的钱包。他还用手指捋捋，志得意满地抖抖，发出“哗哗”声，那神情，就像老葛朗台吹金币。最后悠哉游哉地说了一句：“挣钱原来这么简单，只要教人识字就可以了。”我气得哭不能，笑也不能。唉，早知如此，悔不该当初轻狂。

这样的开头，让读者有些摸不着头脑，也正是这些疑惑吸引着读者去寻找答案，往下阅读。

三、写景状物，渲染气氛

“一切景语皆情语”，描写景物渲染了气氛，烘托了人物心情，同时也为下文情节发展做了铺垫。如学生习作《当我面对“溶溶月色”的时候》的开头：

独立小院，月光如水，静静地流泻在我的身边，我感到了心沉水底的清凉，引起了对你的不尽的思念！曾记得也是这样一个月色溶溶的夜晚，我把你送上了开往异乡的列车……

这样的开头，让读者沉浸在优美的景色里，跟作者一同进入美好的回忆中。

四、巧用修辞，展示文采

鲁迅说过：“作文的人，因为不能修辞，于是就不能达意。”修辞犹如语言百花园中的艳朵奇葩，考场作文若能适当的插几支，那就会为文章增添几分亮丽的色彩，就能化腐朽为神奇，就能使语言鲜活灵动、魅力四射。

1. 巧设比喻,以求生动形象

比喻能化平淡为生动,化深奥为浅显,化抽象为具体,善用比喻能让文章满文生辉。如《人生如写字》的开头:

时间是一张纸,奋斗目标是一支笔,成功则是一个个的词组。当我们把无数次的成功累加起来的时候,人生则成了一篇光彩夺目的文章。时间是匆匆易逝的。因此,我们必须赶快拿起目标的大笔,来练习写字。人生好比练书法。

这里运用精彩的比喻修辞手法,生动形象地写出了人生要抓紧时间努力奋斗方能成功的道理,颇有文采,令人信服。

2. 善用排比,以示气势磅礴

排比节奏分明,便于叙事,长于抒情,强化气势,使文章大为增色。

如中考满分作文《浓浓的亲情在我心》一文的开头:

亲情是什么?亲情是隐隐的挂念,是不尽的期盼,是遇到挫折时坚实的依恋,是节日里融融的欢笑,是风雨中深情地依靠……

这里运用排比的句式,气势磅礴,抒发了作者对亲情的独特感悟,文采斐然,很有感染力。

3. 巧用对偶,以显灵气飞扬

对偶能鲜明地揭示事物内在联系,反映事物对立统一的辩证关系;形式整齐、结构匀称;看起来醒目,读起来顺口,听起来悦耳,一直深受读者的喜爱。中考满分作文《响起,彼岸的风铃》的开头:

鸟在飞,云在走,天地自悠悠;风在吹,人在走,彼岸响风铃。有一种美丽,叫目不胜收;有一种感觉,叫妙不可言;有一种幸福,叫有你相伴,共击长空,尽显风采。

文章开头两句运用了对偶,读起来给人感觉非常有诗意,为文章的中心奠定了欢快闲适的感情基调,深深地激发了读者往下阅读的兴趣。思维可以天马行空,心情可以在天地间遨游。

4. 合用修辞,以达美不胜收

运用修辞来打造作文的风头,单一一种修辞可以独领风骚,而合用多种修辞能美不胜收。

中考满分作文《转折命运》的开头:

命运是什么?命运就是西楚霸王英雄末路、自刎乌江时的那一声仰天长叹。命运就是屈原一心报国、屡遭排挤而留在汨罗江畔的那一串串沉痛的叩问。命运就是贝多芬在双耳失聪指尖所击出的那一曲曲慷慨悲壮的交响。

运用设问、比喻、排比手法,造成文章磅礴气势,深刻而全面的诠释了命运的丰富内涵，让人一读就留下不同凡响的鲜明印象。

中考满分作文《曾经拥有》的开头：

晚风吹过河面上最后一波涟漪，夕阳收起它最后一抹余晖，秋霜目送去最后一只归雁。我们默默的站着，目光游离在那若张若翕的记忆中。当许许多多都已逝去，当许许多多都已凋零，当许许多多都已被埋葬的时候——难道我们会真的遗忘曾经拥有的吗？

小作者在这段话的最后，运用拟人、排比、反问，使文章摇曳生姿，波澜起伏，有力的表达了决不遗忘曾经拥有过的一切思想感情，大大增强表现力和感染力。

五、活用古诗文、歌词，突出中心

引用诗词、谚语、名言、歌词开头，达到言简意赅、增强底蕴的作用。

1. 引用古诗词文

如同学习作《陶醉》的开头：

“月朦胧，鸟朦胧，帘卷海棠红。”每当我吟诵这句诗，心中便有说不出的陶醉。心也朦胧，眼也朦胧，眼前真个展现了同一幅画来。

这里引用古诗词，既增强了文化底蕴又将读者带入了情境之中。

2. 化用古诗词文

思念是什么？思念是岸边杨柳一树的绿色，是早晨迎面吹来的一缕清新的风，是西天斜挂的一钩残月。

这里化用柳永《雨铃霖》中的“今宵酒醒何处，杨柳岸晓风残月”，从而使开头新巧、灵透、有个性。

3. 借用流行歌词

一个学生因为学习负担太重而离家出走，后又回到家里。他在写到自己的家时，想到父母的离婚，心里十分痛苦，借用了歌词《我想有个家》作文章开头，奠定了全文的基调：

“握在手心的票根，是我唯一的方向，回家的感觉就在不远的前方。”家的温馨，亲人的呼唤，尽在不言之中。（中考满分作文《我想有个家》）借用流行歌词，为作文开头增添亮点，许多优美的流行歌词已经成为开头语言的“珠宝”。

以上列举的是考场作文最常见的几种方法，但是，考场作文怎样开头，这由考题规定的内容所决定。因此，同学们拿到考题后，因文而异，三思而后行，从而打造出一个亮丽的“凤头”来。

（许春桂）

物理自主课堂协奏曲

一节好课如同一部好的电影,教学内容即是剧本,学生既是演员又是观众,教师则是导演,收视率如何,关键还是看导演如何去导,如果使演员的演技发挥得淋漓尽致,既突出了"剧本"的中心思想,又吸引了"观众"的眼球。

《义务教育物理课程标准》(2011 年版)中就指出了中学物理课程的基本理念之一是"在教学中,根据教学目标、教学内容及教学对象灵活采用教学方式,提倡教学方式多样化。"

基于以上,笔者在设计物理课堂教学时,为了激活课堂,培养学生的学习兴趣,做了一些有益的尝试。现从物理课堂教学的不同时间段选取几个教学片段与各位商榷、分享。

一、片头曲(导入篇)

片段 1:耍耍小魔术,放大你眼球

在学习"大气压强"之前,教师拿着一只稍小的试管,然后把稍小的试管套放在盛水的大试管中,问学生:"当我把相互套放着的两支试管同时倒转过来,使其管口朝下,小试管会从大试管中掉下来吗?"学生异口同声的齐答:"一定会掉下来。"于是教师将那两支试管倒转过来之后,小试管不但没有从大试管中掉下来,反而沿大试管壁端上升了,即使竖直朝下抖动,小试管仍不会从大试管中掉下来。这一现象引起了学生的强烈的反应,究竟是怎么回事呢?学生积极想探究得出答案。

【反思】学生在一片惊呼声中进入了新课的学习,激情可想而知。这节课既轻松,效果也好,这就是学生好奇心的作用,这就是新课程理念中的情景创设!

片段 2:请君看"黑箱",就知其中因

在"滑轮组"一节的教学前,把滑轮组放在一"黑箱"中,演示时上端提线,下端线进入箱中,结果出线比进线长得多。此时,一般学生会感到好奇,因此产生强烈兴趣,当盒子打开后,学生又会惊讶,心想这是杠杆吗?同时渴望得到明确的答复,在这样的渴求中进入"滑轮组"的学习。

【反思】在学生的渴求中教师稍加分析就会收到明显效果,起到化冗长的讲授为积极的探究的作用,老师讲得轻松,学生学得愉快。

片段 3:请你试身手,我来细剖析

在“光的折射”这一节的教学时，上课之前，先来请同学来“小试身手”：把鱼放在水槽中，请同学们来叉鱼。（有成功，也有不成功。）问：“是不是没有对准？”答：“不是。”问：“你们知道是什么现象吗？”今天我们来学习“光的折射”，探究光在折射时要遵循的规律，学完大家就知道原因了。

【反思】学生在生活情景的重现中发现物理知识的应用，等学完本节知识再来一展身手，效果就较明显了，在潜移默化中学生既掌握了光的折射规律，又解决了实际问题。

片段4：点上一柱香，看看光直线

在“光的直线传播”这一节的教学时，让学生猜想“光在气体中是怎样传播的？”，这时点上一柱香，用激光笔发出的光从中通过，学生从幽默、搞笑中进入“光的直线传播”的学习。

【反思】为了演示光在气体中沿直线传播这一不易观察的实验现象，通过这样一个“特殊”的场景激发学生的学习兴趣，学生的学习激情和学习效果自然就要好一些了。

二、插曲（课中篇）

片段5：请你猜一猜，看看我是谁

在“物体的质量”这一节的教学过程中，以猜谜语来开头，在讲正文前，先设下一个谜面，使学生带着疑惑去认真听，然后在讲课中不失时机地送出谜底：先设下一个谜面“十个哥哥”，“要猜出这一谜语，请大家认真学习本节课，谜底就在这节课中。”到了课堂中央，一些学生有了倦意，恰好讲到了质量的单位，趁此时机抖开包袱，说出谜底—质量的单位“克”，学生的情绪再一次高涨起来。

【反思】在课堂中间奏响这样的插曲，学生顿时感觉精神一振，在掌握物理知识的同时随之进行后续的学习，课堂的有效性更强。

片段6：踩它一大脚，惊醒“梦”中人

在“物体间力的作用是相互的”的教学中，播放赵本山、范伟的小品《卖车》，在“你踩也麻”的解释中知道赵本山“忽悠”范伟所应用的物理知识，学生在惊叹中明白物理道理，如梦初醒。

【反思】看似这一活动有些作秀的嫌疑，但通过这节课的课堂效果来看，实则不然，物体间力的作用是相互的，应用相声和学生亲自实验有效地避免了空洞的说教，从而引导学生去思考和表演，使学生掌握了物理知识，同时也体现了“物理即生活，生活即物理”的理念，可谓是踩它一大脚，惊醒“梦”中人。

片段7：千万别走开，广告也精彩

在“走进分子世界”的教学中，在课堂的中间环节，有些学生有点倦意，教师趁机说：“下面进入广告时间。”学生一听感觉不对劲，接着播放大宝 Sod 蜜的广告语：“大宝明天见，大宝天天见”，让学生解释广告词中得物理知识，在无形中学生已经理解了“分子在永不停息地做无规则运动”。

【反思】因广告使物理课堂更加活跃了，学生的思维一下就激活了，把看电视时讨厌的广告变得不再讨厌，原来广告真的也精彩，其中的物理道理还真不少。

片段 8：古诗词新解，耳目更一新

在讲述“声音的特性”在一节时，通过让学生朗读诗人张继的《枫桥夜泊》中的“姑苏城外寒山寺，夜半钟声到客船”，向学生提问到：“为什么我们能辨别出钟声?”，从而引入了“音色”的概念，对古诗词重新进行解读。

【反思】有很多古诗词中就蕴含着物理知识，也许当初这些诗词的创作就是受物理的相关的知识的启示，只不过还没有物理这一学科而已，现在我们从物理的角度来看，让这些古诗词回归其本质内涵，使学生耳目更加一新，既受到文学艺术的熏陶，又让物理与艺术有机的结合在一起，可谓学科整合，两全其美。

三、片尾曲（小结篇）

片段 9：聆听“红星”曲，理清“参照物”

在“世界是运动的”的教学中，播放《闪闪的红星》的歌曲，当学生听到“小小竹排江中游，巍巍青山两岸走”“小小竹排江中游，滔滔江水向东流”这样的歌词时，对本节“参照物”的知识更加强化了。

【反思】在这样的红歌熏陶下，学生不仅本节课的知识得到了消化和巩固，思想上也得到了升华，片段的课堂教学使物理与生活有机地联系起来，形成了完整的知识结构。

片段 10：合作小游戏，“和谐”你我他

在“探究凸透镜的成像规律”的教学中，最后让全班同学一起合作表演一个小游戏：请同学扮演“凸透镜”“一倍焦距”“两倍焦距”“蜡烛”“光屏”，在全班同学的共同参与下回顾本节课的物理规律。

【反思】在合作交流中成长，在“和谐”的气氛中你我共同进步，可谓寓教于乐、其乐无穷。

片段 11：创编顺口溜，看谁最顺口

在初三总复习阶段，学生对初中阶段所学到的物理学家不能够很好的记忆，发动学生自己整理创编顺口溜，效果俱佳：中学物理课本中涉及的物理学家有伏特、托里拆利、伽利略、安培、库仑、帕斯卡、阿基米德、奥斯特、欧姆、牛顿、法拉第、

焦耳和瓦特等12位,他们分布于意大利、法国、希腊、丹麦、德国、英国。学生创编的顺口溜如下:

意有伏托又有伽,法有安库还有帕,

希腊米德丹麦奥,德欧英牛第焦瓦。

【反思】朗朗上口的物理顺口溜,既发挥了学生的创作能力,又让大家在共同分享中掌握物理知识、建立知识树,在交流与评估中复习整合。

片段12:阅读小短文,余音仍绕梁

在“物态变化”的教学结尾时,展现一篇物理趣味小短文,让学生体会其中所蕴含的物理知识:(找出文中相应的句子所包含的具体的物态变化过程)

我叫小水滴,住在大海里,喜欢到处旅行。

这天我和伙伴们正在海边嬉戏,不知不觉中我的身体变轻了,终于和其他伙伴一起慢悠悠地进入了高空。哇!新的旅行又开始了!

我们越升越高,高空的温度却越来越低,低温使我们挤成一团,液化成很小很小的水珠。渐渐的我和许多来自世界各地的小水珠联成了一朵朵千姿百态的云。风推着我们在空中飘行,气温更低了,我感到身体变重了许多,当风伯伯再也托不住我时,我和伙伴们一个个急速地下降。

不一会儿我们就降落到了地面,给花草树木作了“甘霖”。而我则落到了小溪里,我快乐地顺着小溪到达河流,经过几天几夜的旅程,我又回到了大海的怀抱里,等待着新一次旅行的开始!

【反思】小小的一篇趣味短文,把物态变化的过程演绎得淋漓尽致,使学生在欢声笑语中回顾本节重点、结束新课,别开生面,可谓意犹未尽,余音绕梁。

(张华)

也是一堂语文课

——一道中考作文题引发的思考

2011年南京中考作文题目:也是一堂语文课。此题没有解说与提示,意在为考生的自由写作创设更加开放的入题情境。除引导学生关注“自我”,还将视线投射于家庭与社会,其所触发的情感源流极为丰富。

“也是一堂语文课”旨在引导学生以开放的心灵、多元的视角对待语文学习,体现了“生活处处有语文”的思想。既是对学生语文素养的考量,也是对教师语文教学观的审视。小到语言文字、诗词曲赋的运用理解,大到花鸟虫鱼、自然风情的人文关怀，千年华夏文明的冲刷激荡，均可入文。题材之多样，内容之丰富，情感之澎湃难以限制。

然而，纵观考场作文，其素材五花八门，缺乏教益和语文韵味，其文章七零八落，缺乏整体构思，其中心牵强附会，缺乏严密逻辑，其语言苍白啰唆，缺乏文学气息，直至翻版作文、万能作文、文化散文等漫天飞舞！九年的语文教学，学生不知何为语文。六年的作文教学，学生写不出作文。我们不能不从教、学两个方面进行反思。

一、“教”的反思

1. 探寻本质，高擎课改大旗

“也是一堂语文课”，此题一出，一片哗然。但哗然过后，我们陷入了沉思。何为语文？学生作文中的见解千奇百怪，而且极为肤浅。有的立足于字词的修改书写、诗词的引用、典故的翻新；有的立足于“最后一课”平等的情感交流、人生展望；有的立足于生活事件的简单感悟等。我们认为，这些不过是工具而已，至于部分观点更是混淆了思想教育课与语文课的内涵。语文的本质在于让学生知道、了解、传承一脉相承的文化；在于拥有阅读的意识与能力，并在阅读中获得特有的审美体验，从而拓展生命的深度；在于拥有人际交往的能力，能够运用语言文字抒发其内心的真实感受。

但我们的学生在九年的语文学习中并不知道什么叫语文，为什么学语文，怎么学语文。他们唯一学会的只是能够判断这是什么题型，应该怎样答题，出题老师的意图是什么。对此我们不能不感到悲哀。做题，再做题，上课是做题，作业是做题，考试是做题。教学中，我们肢解一篇篇优美的文章，使之成为医学解剖，成为冷冰冰的技术分析，使语文课丧失了美感，也难怪学生在作文中不断流露出厌倦甚至是憎恨的情绪。一切的根源在于我们过多地“尊重”了考试，为了考试而考试，急于求成，从而忽视了教学的基本规律。我们忘记了真正拥有语文素养的学生也能写好文，考好试！

因此，课改势在必行，否则骂名必背，前程黯淡。

2. 回归本源，力戒浮躁取巧之风

曾几何时，作文教学在略显浮躁的世风浸染之下，丧失了其固有的纯净本质。部分教师在分数的高压之下，背离了素质教育和终身学习的理念，导致学生作文中翻版作文、文化散文、万能作文等的盛行。无论何题，一篇以套之，追求一种不劳而获的惬意。长此以往，不仅难以培养语文之才，甚至培养不出合格之人。到那时，语文教师的存在将失去价值，甚至沦为千古罪人。

本次作文题为"也是一堂语文课",利用"也""语文""一堂课",提升了切题的难度,从一定程度上对套作、贴标签、背作文之风进行了遏制,收到了良好的效果。这势必将转变广大语文教师的教学思路,从而使误入歧途的作文教学回归本源。

作文的教学应回归本源,从起点夯实。由仿写开始,在仿写中深化对生活的认识,提升驾驭语言的能力,拥有行文的基本技巧。在片段练习中寻找灵感,积累素材,深化思想,增加自信。在整篇锤炼中练习选材立意,谋篇布局,妙笔生花,自主创造。

作文亦做人,诚信是本。诚信为人,自在作文,只有在真正拥有行文能力的学生身上,才能得到完美体现。

3. 道器相生,拥有行文能力

纵观考卷1688份,学生的作文大多呈现如下问题:"为赋新词强说愁";以小见大,为大而大,过度拔高;废话连片,终篇不知所云等。内容畅达、情感真挚、语言鲜活之文,难觅踪迹。

究其本质,在于我们的作文教学混淆了道器。我们以为作文教学的道在于阅读,阅读书籍,阅读生活,阅读自我。而器则是指作文的技法。回首以往的作文教学,我们过多地强化作文技法的指导,而忽视了阅读的管理与指导。这直接导致学生素材匮乏,思维深度不够,语言苍白稚嫩。即使是我们千锤百炼的作文技法也未达到"浓妆淡抹总相宜",往往呈现的是"浅浅一笑,脂粉无数"的尴尬。

其实千年书海、百年生活、无尽的心灵,蕴藏着取之不尽的写作素材。作为语文教师,我们要引导学生做一个有心人,善于接受"阅读"的馈赠。既要敏锐地捕捉视听所及的事物,也要敏锐地捕捉自己大脑的直觉触发,还要善于提炼生活素材,悉心体味,从生活中读出真味来。正如此次佳作中,一篇品读江南,品出了自身的游历之外烟雨江南的独特韵味;另一篇研读昆曲,也写出了对昆曲的独到见解。这些佳作均来自于"阅读"这一浩瀚的题材库,是真正语文素养的爆发,而不是涂脂抹粉的简单堆砌。

所以今后的作文教学中,我们应利用多种形式、多种方法,多种作业,多种反馈,引导并教会学生阅读书籍、生活、自我,从而真正拥有行文能力。

二、"学"的反思

1. 引进来,走出去,学会"阅读"

作文来源于生活。这里的生活有两个方面,一是个体,二是他人。就个体而言,学生的生命长度与深度均十分有限,难以理解生活的丰富多彩。就他人而言,阅读的匮乏,使学生不能通过阅读扩大视野、获得情感的激发与宣泄、思想的提炼与升华,因而失去了以史为鉴,以人为镜的可能性。

作为学生,首先要拥有阅读的意识与能力。书是人类生活的浓缩,生命体验的积淀,情感宣泄的堆砌。在阅读中追寻他人的足迹,感受人类发展长河中多样人生,站在巨人的肩膀上,眺望蓝天,其生命的宽度与深度必将有所突破。为此,通过参与阅读欣赏课,课堂五分钟阅读体验交流,班级读书角,网络阅读博客群等,突出阅读的愉悦性,必能激发阅读兴趣,增加生命体验,提高文学素养。

其次要走出去。人生是一本书,生活就是语文课堂。留意身边人、事、物、景。一叶一花看其春夏秋冬;一物一景赏其风雨朝暮;一人一事,品其外在表现与内在精神。谈体验,论感悟,写文章,让思想提炼于生活,让素材积累于生活,让情感扎根于生活。

引进来,走出去,知道看什么,想什么,写什么,有话可说,才能写出作文。

2. 多仿多写,多琢多磨,提升能力

作文是一个循序渐进的过程,不应过于苛求,拔苗助长。整篇作文必须建立在不断积累的基础之上。犹如建筑宫殿,没有砖砾、细沙等原材料,没有蓝图的勾勒与设计,混乱堆砌的人造物,不仅不能称之为艺术,甚至称为建筑亦十分勉强。

作为学生要想写好作文,首先要学会仿。阅读一篇文章,不可求全求美。学习一篇文章不可面面俱到,有一得即为大收获。例如,一段景,一件事,一个精辟的见解,一湾情感涓流,一个小小的写作技巧,多加揣摩,仿写到位,在仿写中学会创造。

其次,要学会写。从片段开始,一个点,一个片段,随意而发,随情而至,信手拈来。它们犹如颗颗珍珠,没有过多的苛求,没有条条框框的束缚,思想的灵光,真挚的情感,浑然天成的技巧等的产生才有了可能。

当一切储备足够之后,整篇文章的谋篇布局也就水到渠成,甚至在狭小的空间内,也能造就一段华美的舞蹈。

最后,要学会琢磨。作文需要灵感,但仅有灵感未必能成就好文章。一篇真正的文章需要千锤百炼。“推敲”之功,二十多次的修改造就的“绿”字无不体现出“语不惊人死不休”的为文真谛。满足于看看分数和评语,只会原地踏步。修改,批阅,打磨,直至定型成篇,如此“悟”“练”结合,方可有所收获。一个学期敷衍了事的 8 篇文章不如一篇历经打磨的作文,更有利于作文能力的提高。

所以,要拥有打磨的意识,拥有打磨的能力,在打磨中达到“人”和“文”的统一。

知道怎么仿、怎么写、怎么锤炼,才能写好作文。

（谭志刚）

对“探究动能的大小与哪些因素有关的实验”的课后反思

《动能 势能 机械能》是苏科版九年级物理第十二章第一节,教材从日常生活中的物理现象入手进行动能的教学,如:运动着的子弹射穿鸡蛋、水流冲击水轮机转动、风吹动风车转动等,在列举大量实例的基础上引导学生总结出运动的物体能够做功具有能量,称之为动能。通过实例引入动能的概念,学生印象深刻,易于接受。教材用学生活动“探究动能的大小与哪些因素有关”来探究动能的大小跟速度和质量的关系,通过探究培养学生观察、分析和推理能力,同时对学生进行科学研究方法的教育,符合物理课程标准的理念,在探究动能的大小与哪些因素有关的教学后,我从科学探究中的三个层面对探究过程进行了课后反思。

一、对猜想与假设过程的反思

猜想与假设是进行科学探究的基本要素之一,也是科学探究过程中的一个重要阶段。在这一阶段教师要引导学生了解背景知识,在此基础上针对准备研究的问题,引导学生提出两方面的猜想,一方面是猜想问题的成因,另一方面是猜想研究结果可能是什么。猜想不可能一下就找到问题的症结,有的正确,有的可能不正确,要鼓励学生大胆猜想,猜想不是胡猜乱想,猜想是科学思维的一种形式,是运用现有的经验和知识对问题中的事实寻求可能的解释过程。因此猜想需要有一定的依据:一是学生已有的经验和知识,二是科学事实,即探究中的“问题”。猜想过程中教师要适当点拨,尽可能让学生进行思维的发散,然后引导学生进行科学合理的分析、推理、比较,形成假设。

交通标志牌

在猜想动能的大小与哪些因素有关时,为了避免学生胡猜乱想,我做了如下设计:教师问:操场上飞来的足球可以用脚踢,而飞来的铅球却唯恐避之不及,猜想一下动能与什么因素有关?学生:动能与质量有关。教师问:汽车在高速行驶时造成的车祸比慢速行驶时造成的车祸要严重得多,猜想一下动能与什么因素有关?学生:动能与速度有关。教师再用视屏展示古时士兵用粗大的木柱快速撞击城门,再投影出高速公路限速牌(如图一所示),问:动能的大小与哪些因素有关?学生:动能与质量和速度两个因素有关。

二、对设计实验过程的反思

设计实验是进行科学探究的重要组成部分。它是在进行探究实验之前，根据一定的目的，要求预先制定方法、方案、图形等。在科学探究中结合所学知识，给出一些适当具体探究课题，让学生设计出解决问题的方法、方案、图形。设计实验不是创造的最终阶段，设计实验可以寓以丰富的想象，最大限度调动学生的自主能动性。

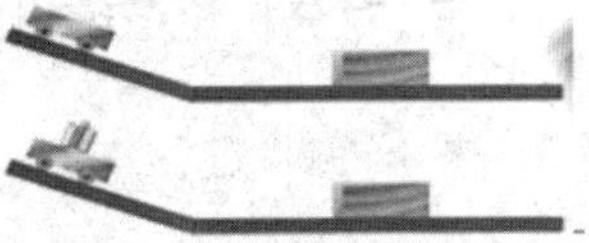

图二

在探究动能的大小与哪些因素有关的实验中，学生有了合理的猜想动能与质量和速度两个因素有关，如何设计实验？如何探究动能与质量的关系，动能与速度的关系，实验中的研究对象是小车，而观察对象是木块被撞击后移动的距离，引导学生认识到木块移动的距离越大，小车撞击前的动能越大。在实验设计中我用控制什么，改变什么，观察什么来指导学生操作。探究动能与质量的关系，要控制速度一定，改变质量（小车放一钩码），观察木块移动的距离（如图二所示）；

探究动能与速度的关系，要控制质量一定，改变速度（小车在不同高度），观察木块移动的距离（如图三所示）。

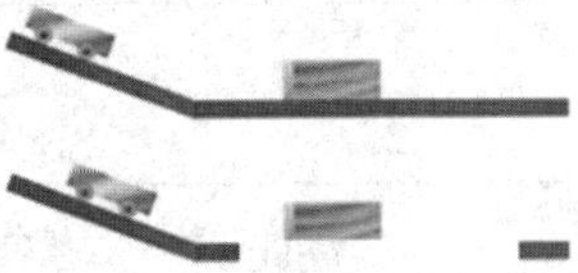

图三

在实验过程中斜面的作用，相当于速度控制器，同一小车从不同高度滑下到水平面的速度不同，高度越高到水平面的速度越大，质量不同的小车从同一高度滑下到水平面的速度相等，在教学中可增加一个演示实验：让两个质量不同的小车从同一高度滑下，发现两个小车的运动快慢是一样的。

在实验过程中物理研究方法的渗透。①控制变量法，在初中一些物理量中，往往存在着多种变化的因素，为了研究它们之间的关系可以先控制一些量不变，依次研究某一个因素的影响。在探究动能的大小与哪些因素有关的实验中，动能与质量和速度两个因素有关，如何探究动能与质量的关系，动能与速度的关系，这就要用到“控制变量法”，在实验设计中可以用控制什么，改变什么来操作，探究动能与质量的关系，要控制速度一定，探究动能与速度的关系，要控制质量一定，在初中物理中还有一些这样的研究方法，如：影响蒸发快慢的因素、压力作用效果与哪些因素有关、研究滑动摩擦力的大小跟哪些因素有关、影响电阻大小的因素、研究电流与电压、电阻的关系、电磁铁磁性强弱与哪些因素有关等等；②转换法，某些物理量不容易直接测量，或某些现象直接显示有困难，可以采取把所要观测的变量转换成其它变量(力、热、声、光、电等物理量的相互转换)进行间接观察和测量,这就是转换法。在探究动能的大小与哪些因素有关的实验中,实验中的研究对象是小车,而观察对象是木块被撞击后移动的距离,引导学生认识到木块移动的距离越大,小车撞击前的动能越大,这就是转换法,在初中物理中还有一些这样的研究方法,如:根据电流的热效应来认识电流大小、根据磁场对磁体有力的作用来认识磁场、用压紧铅柱的方法来显示分子面的引力作用、利用扩散现象来研究分子运动等等。

三、对分析论证得出结论过程的反思

根据实验过程中取得的原始数据启发学生讨论,引导学生思考得出结论,:数据之间有什么关系?测量结果说明了什么?能得出什么结论?要和学生一起总结实验的结论,鼓励学生间交流敢于提出不同的见解,勇于改正自己错误。

在探究动能的大小与哪些因素有关的实验中,设计了如下的表格让学生根据实验过程来填写:

动能与质量的关系

序号	小车的质量(大/小/相同)	小车释放的高度(高/低/相同)	小车的速度(大/小/相同)	木块滑行的距离(长/短)
1				
2				

结论:物体的________相同时,____________越大,动能越大。

动能与速度的关系

序号	小车的质量(大/小/相同)	小车释放的高度(高/低/相同)	小车的速度(大/小/相同)	木块滑行的距离(长/短)
1				
2				

结论:物体的________相同时,____________越大,动能越大。

让学生根据实验目的和表格来归纳实验结论避免出现不该出现的错误。

通过探究动能的大小与哪些因素有关的教学,鼓励学生积极参与科学探究,让学生通过科学探究活动体验到学习科学的乐趣,了解科学研究的方法,培养学生的科学探究能力、实事求是的科学态度和敢于创新的探索精神,使学生更好地掌握物理基础知识和基本技能。

(黄向阳)

巧选英文名　激励学词汇

语言学家 D. A. Wilkins 说过:"没有语法,能表达的内容很少;没有词汇,则什么都表达不了。"这充分说明词汇的重要性。单词是英语的血液,是学习英语的基础,是语言的建筑材料。所以,英语词汇教学应当受到充分重视。然而在英语学习的过程中,相当多学生刚接触英语时,都有一种好奇心和兴趣,但随着所学语言知识的增多,相当一部分学生感到力不从心。学生总会遇到同一个难题——英语词汇很难学,记过就忘,记得快,忘得快。为什么会如此呢?又如何有效地应对呢?

在学校里,一个学生每天多次听见自己的名字被叫。尤其是小班化,每个班 20 几人,学生姓名被叫的概率更高。我想要把这种每天不断被重复的词汇用于促进英语词汇教学。

一、师生合作取一个英文名

我刚接手一个班后,尽快熟悉了学生及其他们的个性。就想着给班里每个学生取英文名字。我们在学习英语中常见的 Mary,Linda,Tom 等人名,如果让学生在这些常用的名字中选,有时好几个同学用同样的名字,在课堂上不易操作;同学们和老师对英文名字记忆起来有困难,经常记不住 Tom 是哪位同学,这样学生的英语名字的不但没起到应有的作用,而是给英语教学带来了麻烦。我希望老师除了点名以外,学生下课还会相互称呼英语名字,通过英文名对教学产生积极的影响。

首先让学生根据自己的兴趣爱好从初中英语词汇表中选择一个单词作为英文名。具体做法是先建议学生所选的英文名尽量和自己有联系,或对自己有一定意义,或自己特喜欢的东西,或和自己中文名相关,或自己平时容易记错的单词…然后让学生把课本打开到生词表,为自己找一个英文名字。如一个叫 x 彩虹的学生选了 rainbow,名叫 xx 雨的学生选了 rain,名叫 x 幸运的学生选了 lucky,一个热爱绿色的女孩选了 green,一个喜欢跑步的男孩选了 run 作为他的英文名。当每个学生都有了英文名后,让他们把英文名字集中交到老师处进行进一步建议和归类。

二、把英文名按照词性分组

把班上 25 名学生分成名词组,动词组,形容词组,副词组,介词组共五组。让学生根据所确定的英文名选择自己所在的组。如 rainbow,health 在名词组,run,fly 等在动词组,sunny,lucky 等在形容词组。Easily,happily 等在副词组…分好组后确定组长和各人的编号．教会他们各种词性的英文缩写。然后让他们在练习笔记本或板书时签上新起的英文名。这样做的好处至少每个学生会对自己的英文名字非常熟悉，在各种情况中都不会记错，而且在其他同学犯错时可以予以纠正。另外，正如中文名字一样几乎每一个名字都有自己的来历，因此每一个学生都要对自己的英文名非常清楚。例如：叫 lucky 的学生，就要在第二天向全体同学解释这个词的词性，用法，搭配，并且要能够把这个词的“兄弟姐妹”，如：luck，lucky，luckily，unlucky，unluckily…等列举出来，这样，他/她掌握的就不是一个而是一批知识点。

而且，我在叫学生上黑板做其他题目时也可以让他们在答案的旁边写下自己的英文名字，以便能让全体同学对于有的单词进行再一次的复习、强化。另外，我们还把英文名字打印出来，贴到讲台上，以便同学们在下课的时候可以到前面查验，让有兴趣的其他学科的老师也配合使用。有的学生为自己从未拥有过英文名而现在能有一个贴切自己，更是自己喜欢的英文名而很是自豪。有的家长在家里有时用英文名称呼孩子，感觉挺好的。这些都不失为巩固记忆词汇的有效方法之一。

三、运用英文名理解词汇运用

在学习形容词和副词及其基本用法形容词时，由于目前语文学习中一个词的

词性教学不做要求，学生们一片茫然。他们对形容词常用来修饰名词，一般放在名词的前面；在许多情况下，副词大都放在所修饰的动词后面或句末很难弄清楚。如：

The girl is a careful student. 这个女孩是一个细心的学生。

He does his work very carefully. 他做工作非常仔细。针对这样情况，我尝试用英文名来帮助教学。如在教形容词基本用法时，从形容词组中找到 1 号 successful，从名词组中找到 1 号 scientist，让学生将他们组成 a successful scientist（一位成功的科学家）。在教副词及其基本用法时，让学生在动词组中找到 2 号 run，在副词组找到 2 号 quickly，组合成 run quickly（跑得快），如此反复练习，让他们各组之间进行组合，不断体验，学生们在充满情趣中渐渐熟悉了形容词一般放在名词的前面，副词大都放在所修饰的动词后面或句末，并在形象的轻松活跃的排列组合中加深了记忆。有的学生在课后还可以继续通过组合来复习这些词汇的用法。

四、英文名的深入和拓宽

学生的英文名可根据班级和自身情况定期更换。由易换难，且尽量保持延续

性,便于记忆和运用。如 luck 变成 lucky 再变成 luckily;success 变 succeed 变成 successful 再变成 successfully;动词由 run 变 ran 再变 running 等。每次换名他们都要陈述新名的含义和用法以及和原英文名的联系。这对学生来说换一次英文名就是一次词汇增加和运用提高的过程。利用英语词汇的构词规律,内在结构记忆单词是一种理性地使自己词汇量膨胀起来的方法。大纲要求“能熟练地运用所学的拼读规则拼写单词。能根据所学的构词法判断和记忆派生词和合成词的词义词类”。因此,词汇教学应贯彻这一要求,帮助学生提高自学能力,训练他们的科学记忆和联想能力。词汇,语法和语篇是构成英语语言的三要素。大量记忆并熟练掌握单词是检验和衡量学习英语效果的重要标志之一。英文名的使用和拓宽成为是增加学生词汇量及运用的有效方法之一三年初中下来,学生们各自把自己的英文名组合起来就会形成一个 word family. 这是多么值得他们回忆的一连串英文名啊!

五、围绕英文名开展竞赛活动

孔子有名言:知之者不如好之者,好之者不如乐之者。为了在平时教学中提高学生学习英语的兴趣,我组织学生以自己的英文名为主题开展英语演讲比赛。学生们为使自己的演讲精彩,他们就会通过询问同学和老师,查阅词典,上网搜索等方法来充分准备演讲稿。这让他们在有着强烈目标和兴趣中丰富了词汇学习。他们在演讲中充满激情和自信。锻炼了语言表达能力我还组织学生以自己的英文名为主题进行写作比赛。出乎意料的是,有的学生英语作文能写到 300 多字,因为我们平时要求英语作文一般 80 字左右,有的学生都觉得很难写。我把优秀英文作文放在橱窗展出,吸引了很多惊叹和羡慕的目光,作者们更有成就感。我还组织他们开展利用英文名进行词汇运用的“牵手成功”活动,无形中提高了他们词汇辨析能力更在活动中提高了学英语的兴趣。

以上是我在小班化教学过程中对英语词汇教学的一点尝试,并已经取得了一些功效。当然,由于农村中学学生英语水平起点较低,平时缺少英语氛围,英文名经常还会受到中文名的干扰,加之家长配合程度不高等,这些都是我想利用学生的英文名来促进英语词汇教学的制约因素。一个成功的英语者需要大量的词汇,仅仅靠用英文名来增加词汇量毕竟有限。在英语词汇教学我们需要把各种有效的方法有机结合,才能取得更佳效果。

（薛家翠）

第四章

合作学习策略

你有一个苹果，我有一个苹果，互相交换，各自得到一个苹果；你有一种思想，我有一种思想，互相交换，各自得到两种思想。

牛顿的第1个“苹果”引发了万有引力的发现，乔布斯的第2个“苹果”促发的信息的巨大变革，我们的第3个“苹果”是想让学生在相互合作、共同学习中得以素养的提升。

我们是这么想的，也是力争这么做的：认识先行，故事互动，合理评价，家校齐力……

如此种种，皆可表明：想不同，必不同凡响！

故事物理，互动课程

1. 我们的“条件”

我学校地处城郊结合部，受到地理位置和物理器材短缺的制约，学生对物理的学习缺乏兴趣，而物理学科又是以观察和实验为基础的科学，旨在培养学生的科学素养。为了提升物理学科课程品质，学校推进课堂教学改革，物理学科的重任自然落到了我们物理教师的肩上，面对责任我们深感压力，因为我校的物理课程教学现状很不理想，物理器材的“短板”是我们一直逃脱不了的瓶颈。

教研组经过讨论形成共识：学校现有的物理器材能做的实验必须让学生动手实践，受条件限制不能完成的物理实验通过“其他形式”加以解决。

“其他形式”在哪里？这是我们一段时间内一直在找寻的东西……

2. “百家讲坛”对我们的启发

一段时间，我迷上了“百家讲坛”“易中天品三国”“鲍鹏山新说水浒”等一系列改变“学习方式”的“讲授”，使我陷入了思考：我们的物理教学能不能汲取其中的精华和学习这种“教学方式”，改变我们现有的物理教学手段，避免物理器材缺失的遗憾，提升我们的课程品质。

《物理课程标准》的基本理念之一就是“提倡教学方式多样化，关注学生发展”，我们可以将物理学习过程中一些抽象的、艰涩难懂的物理概念，无法通过实验来学习的，或者受到实验器材的制约而无法开展的活动，通过“讲坛”的形式展现出来，激发学习的学习兴趣，促进学生的共同成长，提升教学的品质。

在物理教学中随即而来的一个物理概念就是“功”，在无法通过实验进行学习时，我们尝试模仿“讲坛”的形式进行了“首演”：

物理故事：《时空穿越的你该如何判断》：如果有一天你穿越到某一寺庙中，正好赶上寺庙整修，甲和尚将一块重400牛的石头提到2米高的庙墙上，乙和尚把重100牛的瓦片提到6米高的房檐上。请你帮助老和尚比较甲、乙两个和尚的贡献大小，并说出你的判断依据。

通过大家对故事情节的回顾，大家一致认为不能单独考虑“力”或“距离”单一因素，而要综合衡量两个方面，即通过比较“力与距离的乘积”来比较甲、乙两个和尚的贡献大小，这样来理解“功”的概念也就浅显易懂了。

通过实践我们发现，学生乐于接受这样的物理故事，也愿意积极参与物理故事的讨论中，这样的课堂气氛活跃，学生主体，物理课程的品质在一定范围内得到了提升。

一段时间下来，教研组讨论发现：这样的“物理讲坛”太狭隘了，仅限于教师的“引导”，只能将教师个人的智慧发挥出来，学生的智慧无法施展。我们的目标是：要让学生也参与到“物理讲坛”中来。

3. 学生的“物理讲坛”

“莫道桑榆晚，为霞尚满天”，找到了不足，就要找寻解决的办法：教研组个人分工，将学校实验室能做的物理实验罗列出来，条件限制无法实验，又可以通过物理故事联系起来的物理知识，大家分章节准备“故事”，然后再集中研讨改进，发挥教研组的集体智慧。精心准备故事的素材，让学生参与进来，于是，我们学生的“物理讲坛”就拉开了帷幕。

在物理中考“力学”复习时，由于时间和实验器材的影响，我们准备了一个系列的漫画，配以简单的物理问题以便学生理清“物理故事”的“大方向”，让我们的学生登上了“讲坛”：

物理故事:《会移动的鞋》:小明晚上九点半休息,第二天早晨起床时发现自己的鞋的位置发生了变化,你想知道夜晚发生的故事吗?下面请我们的几位同学闪亮登场。

物理问题:1.1“床前明月光,地上鞋一双。”静止在地上的鞋受到哪几个力的作用?

1.2“大老鼠,不偷油;专偷鞋,真叫行!”老鼠用力拉鞋,鞋会运动,不拉鞋,鞋就静止。这个现象说明了什么?

1.3“拉走一只鞋,还剩一只鞋。”天亮了,没被老鼠拉走的鞋为什么还能在原来的位置保持不动?

苏霍姆林斯基曾说:“人的心灵深处,都有一种根深蒂固的需要,这就是希望感到自己是一个发现者、研究者、探索者。”

学生的智慧远远超乎教师的想象,学生们将物理知识用故事的形式相互分享,使中考物理的复习课堂不再枯燥乏味、重复机械,取而代之的是课程的参与度提高了,复习模式新鲜了,学校效率提高了,课程品质提升了。

为了让每一个学生得到幸福的成长,我们把教师准备好的物理素材事先分发给每一位学生,给他们一定的准备时间,到相应的复习时机让相应学生登上“物理讲坛”,与大家共享自己的智慧,学习的效率得到了飞跃。

4.“物理讲坛”引发的思考

“物理讲坛”的开展,极大地提升了我们物理课程的品质,我们通过分类梳理,将漫画、魔术等素材融入到物理故事中,初步形成了我校特色的物理课堂教学范式。我校的物理课形成了新的局面;学生学习物理的兴趣大增,物理教师在学生中的知名度、影响力及受欢迎度都大大的提升;课堂教学的效果明显,物理教学质量有了大幅度的提高。

不过,在整个“物理讲坛”的实施过程中,我们也出现了一系列的困惑,首先,我们的课堂教学变的有些“花哨”,感觉是为了“讲坛”而“讲坛”;其次,在某些课程中,找不到相应的素材;再次,“物理讲坛”在实际应用中忽略了“讲坛”下“观众”的“反馈”和“观众”的“生成”,所以我们的“物理讲坛”还缺少“互动”的“气场”。

5. 我们的“互动讲坛”

基于对“物理讲坛”的困惑的思考,我们觉得“物理讲坛”中的一项是比较通用和有实际效用的形式,那就是课程教育中最主要的一个要素:让学生参与进来。

之后,我们教研组在相互帮助与配合下进一步展开了“讲坛”的操作和研讨,进一步研究具有我校特色的“互动讲坛”物理课程教学模式。

在本学期，我的一节《从粒子到宇宙》的“物理讲坛”的开展，真正有了“互动”的“味儿”。

在复习物理中微观粒子时，一位学生正在开讲“粒子的家谱”，当他讲完时，我说了一句“掌声在哪里？”，目的是激发大家的“互动”，制造一个“气场”。

出乎意料，一个学生举手示意他有话要说，我示意：“你有什么疑问？”

他站起来，脸上带着腼腆的微笑，但是却散发出自信的目光，慢慢说到：“老师，我想给大家介绍我刚刚想到的物理故事，故事的名字叫《“疯子”吃“圆子”》”

“好，我们就请你跟大家分享一下你的物理故事，大家掌声鼓励。”我不失时机托起“互动”的“气场”。

……

故事的名字是《“疯子”吃“圆子”》：有一天，疯子在到处走动，不知不觉中感觉饿了，正好遇到了圆子，这时疯子对圆子说：“我饿了，我马上把你吃了！”

圆子见状连忙对疯子说：“想吃我可没那么容易，你得找到我的盒子和垫子，这样才行！”

疯子经过努力找到了圆子的盒子和垫子，这时盒子却对疯子说：“找到我还不行，你还得继续寻找我的侄子，问他旁边有没有常带的种子，如果有就让我的侄子把种子一起带回来，这样我才是完整的盒子。”

疯子历经千辛万苦，饿着肚皮终于找到了盒子的侄子，正好侄子常伴的种子也在身边，一番辛苦一份收获，当圆子的两样都找齐以后，圆子无可奈何地对疯子说：“现在你可以吃我了，我将变成你的一部分。”……

接下来，是同学们经久不息的掌声和佩服的目光，我的物理课程也因为有了这样的“互动”而显得丰富了很多……

这就是我校物理课程从“物理讲坛”到“互动讲坛”的转变过程，是一个课程品质不断提升的过程，在这个螺旋前进的转变过程中，学校、教研组、学生的力量和智慧是不容忽视的。我们也成为了这次转变过程中的受益者，学校物理实验器材的“短板”得到了有效地回避，我们的物理课程得到了极大地丰富。“故事物理”是激发这一切转变的重要“催化剂”，也可以这么说，故事物理，互动课程！

（张华）

自主合作学习之理念转变

——改革必有阵痛 创新务须坚持

合作学习是指学生为了完成共同的任务,有明确的责任分工的互助性学习。素质教育大背景下,基础教育的特定阶段,我们需要调整班级布局,划分小组,实践合作学习吗?实践合作学习的起始阶段,我们需要注意一些什么呢?下面,我就谈谈自己的粗浅认识。

一、理论上我们需要合作学习

农村中学中,面对学生在德智体各方面交出的成绩单,我们唯有尴尬。面对学生的表现,我们只能无语。课前,姗姗而来,空空荡荡的书包,只有寥寥可数的几个书本装点门面;课堂上,教师慷慨激昂,激扬文字,换来的只有木讷的表情和漠然的眼神,甚至小丑般的言行举止;课后,我们收不齐作业,有时批阅中我们发现太多的雷同……明知学生基础薄弱,欠缺太多,但我们盼不到门外的身影,无人问,主动学习成为天方夜谭,难于上青天。面对这样的情形,我们需要思考,是什么原因导致的呢?

原因有很多,理想教育的缺失,家庭教育的淡漠,社会教育的迷茫,学校教育的滞后,初中生青春期特有躁动等等。在众多的原因中,我认为我们所能改变的就是学校教育,我们需要合作学习。因为传统的学校教育留住了学生的人,却没有留住学生的心,学生失去应有的学习兴趣。

1. 在学校,部分学生得不到价值肯定

传统教育里,达到目标的过程中个体之间的相互作用方式是相互对抗方式。其目标结构类型是竞争性。竞争奖励结构所提供的成功机会很少,只有少数人取胜,而大多数人以失败告终。只有那些成绩十分优秀的学生才能取得成功,获得奖励的机会。而对于成绩中等和低等的学生来说,成功几乎是不可能的。因而使他们对学习失去了信心,不再有学习的积极性。

在合作学习中,奖励结构发生了巨大变化,不仅包含学业、教师的肯定,还包含了学生的肯定。奖励的次数也明显增多,它贯穿于教学的每个环节,随时随地都有可能产生。因为在小组学习中,那么多的问题,全员争论,无所谓对错的前提下,总有一个问题是属于学困生的,总有他们能够解决的问题。即使没有,有时在讨论中学困生的一个灵感,一个思路,甚至是不经意的一句话,都有可能帮助整个小组在解决学习问题上，拥有质的突破，因而获得同学、教师的称赞。在一次又一次的称赞中，他们的学习兴趣必然能够得以激发。

2. 在学校，部分学生得不到主流群体的认同

"物以类聚，人以群分。"学生群体往往因为成绩而产生距离，思想与行为因而产生异化。一些学困生被无形地隔离在主流群体之外，聚集在一起，往往会互相干扰，从而造成 1 + 1 > 2 的局面。他们容易与成绩水平高的"教师的宠儿"相互排斥甚至相互敌对，进行责难，影响了班风，进而干扰课堂纪律。

在合作学习中采用异质分组的方式，将不同学习能力、学习兴趣、性别、个性的学生分配在同一组内，他们可以相互启发、补充，不存在谁更行、谁更聪明的问题，大家都是讨论成员之一。评价机制以小组为单位，必将使学生之间的关系会更平等，更民主，更团结。成绩优异的学生与成绩滞后的学生被有意识的糅合在一起。"近朱者赤，近墨者黑。"在周围学生的带动下，学困生的思想与行为必将受到影响，必将向学习偏移。

3. 在学校，部分学生不懂得如何学习

在传统模式中，部分学生学习很认真，但成绩难有提升，除了智商之外，更是学习方法的问题。很多问题不敢去问，懒得去问，从而导致学习成绩越来越差。课堂上，因为答案得不到他人的认同而不敢举手，使课堂陷入沉闷。而课堂一旦陷入沉闷，学生走神、干扰课堂的现象也就时有发生。

合作学习中，团队合作得到了加强，学生相互影响，相互帮扶，使学习方法上的欠缺，学习上的难题在组内能得到及时的解决。由于学习任务是共同解决的，在课堂反馈中每个学生都拥有了集体的智慧，因而能够克服畏惧心理，敢于举手发言。这势必大幅度提高学生的自信心，从而激发他们的学习兴趣。即使遇到学习中的难题，他们也能够统一行动，进入办公室寻求教师的指点，而不会像以前那样束之高阁。

合作学习不仅具有以上的优势，而且还能够培养合作精神、培养交往能力、培养创新精神、培养竞争意识、培养平等意识、培养承受能力、激励主动学习。

二、实践上我们相信合作学习

我在一个实行合作学习只有两个月，处于初级阶段的初三（3）班做过一次小型问卷调查。该班级总人数 39 人，学生基础较差。调查前，我反复强调仅作个人研究之用，与班级、教师、学生个人考核无关。调查结果如下：

合作学习前后学生状态对照表

调查分类		合作学习之前		合作学习之后	
上课	不太认真	31 人	79.5%	0 人	0%
	比较认真	8 人	20.5%	38 人	97.4%
	认真	0 人	0%	1 人	2.6%
作业	偶尔抄袭	7 人	17.9%	2 人	5.2%
	不太认真	24 人	61.5%	8 人	20.5%
	认真	8 人	20.5%	29 人	74.4%
晚上的复习预习	不能	29 人	74.4%	0 人	0%
	一般能	9 人	23.1%	1 人	2.6%
	能	1 人	2.6%	38 人	97.4%

该班级认为自己有进步的 32 人，占 82.1%。各项数据均有大幅度提高。同期，该班开了一节语文公开课，在充分预习的基础上，班级举手人数为 100%，回答问题也是 100%。该班一天中，下课主动到办公室问问题的最高人数纪录是 22 人，而在初二时几乎为零。一个月后，该班迎来区教育局的随堂听课，举手人数与回答问题的人数依然是 100%。

学生外在的表现，内化为学习动力和学习能力。班级的成绩也有了明显的提高。该班级在初二时总均分与校第一名的差距为 38 分，遥遥领先倒数第一，但到了初三上学期末已达到学校的第三名。校前 10 名，该班由 1 上升为 3 人。在中考中，该班也取得令人惊喜的进步。

中考实考总分跃居学校第一。下面通过四表的比较，初窥该班教学质量提升的历程。

09－10－2 初二期末质量分析表

	语文	数学	英语	物理	政治	历史	总均分
校均分	65.98	58.09	57.38	65.21	47.93	33.16	327.7465
校第一名	70.19	67.71	61.63	70.68	50.2	35.68	348.275
三班	62.59	51.05	61.63	58.51	47.46	31.02	312.2683

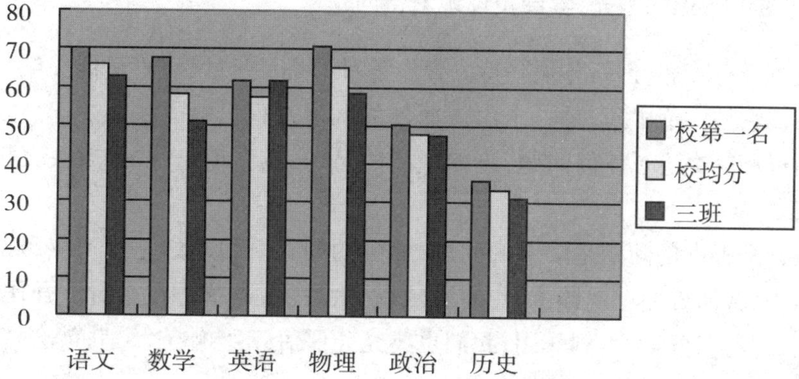

2011 年中考质量分析表

	语文	数学	英语	物理	化学	政治	历史	总分
校均分	79.56	56.69	65.77	58.89	45.7	36.82	40.37	383.81
校第一名	81.78	65.65	67.25	63.22	50.68	38.9	42.34	395.8
三班	81.38	56.8	67.25	63.22	48.33	38.9	39.92	395.8

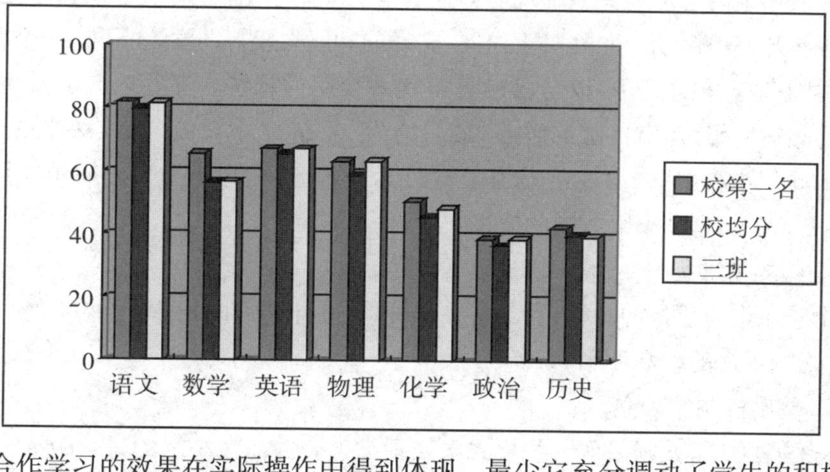

合作学习的效果在实际操作中得到体现。最少它充分调动了学生的积极性，让学生充分动起来。而学生能够动起来，那么学习兴趣必将得到大幅度的提高。学习兴趣是学习的原动力，是基石，其他的知识与技巧不过是上层建筑，失去了学习兴趣，所有的成绩与能力都只能成为海市蜃楼。只要合作学习能够提高学生的学习兴趣，我认为也值得一试。

三、要有长远的眼光，学会辩证地看待问题

改革必有阵痛，创新务须坚持。合作学习不是灵丹妙药，不可能立竿见影，包治百病。它是一剂中药，是一个由内而外的调理过程。中国人偏好于急功近利，但急功近利解决不了任何问题，正如中国的足球，浅尝辄止，改来改去，最终迷失了自我。

教育最根本的问题是学生的问题，学生的问题最根本的是学习兴趣的问题，想有所小成，加班加点就够了，想有大成就，大发展，改革势在必行。合作学习既然是药，是药三分毒，其副作用，我们也要充分评估，不然略有不适，就会持有怀疑态度。

1. 学习进度不统一

学生学习同一材料的速度是不一致的。在小组合作学习中，一些能力差的学生要么跟不上小组的速度，要么生吞活剥学习内容，勉强赶上。如果小组因害怕差生掉队，而放慢甚至暂停小组学习，辅导差生。这对于大部分学生来说是不公平的。

2. 依赖小权威

异质小组内不可避免地出现能力强的学生控制小组的局面，这阻碍了全组成员平等参与小组活动。尤其对于内向、文静的和能力较差的学生不利。“小权威”往往独断专行，包办任务，以自己的见解代替全组的想法。那些内向的学生不敢或不愿表达思想，作出自己的解答，最后沦为“复制”“小权威”思维成果的听众。不仅如此，“小权威”的出现还会为懒惰的学生营造“避风港”。懒惰的学生在小组内不出力，却享受小组共同的成果。

3. 组内易冲突

由于小组内成员的个性、背景等各不相同，小组内容易出现争吵、不愿合作的情况，影响正常的教学秩序。

4. 奖励机制难确立

合作学习中，教师采取一些模式来鼓励学生。例如在小组的每一个人完成了一个工作单元或一次好的测验时，将其总分进行汇总，按小组的成绩（即分数）决定是否给予奖励；另一种模式是按小组的得分进行平均，把平均分数作为小组成员的个人成绩，以平均分作为是否给予奖励的依据；第三种是一个小组完成一项集体任务得一分，在一段时间内所得到的分数作为这个小组每个成员的得分。这三种模式对小组中某些成员是不公平的。

5. 表现反复

合作学习能调动学生,但学生的发展是有起伏性的。初期的新鲜会在短时间内消褪,小组活动将流于形式走向沉闷。学生的成绩受原有基础的影响,难以在短期内得到大幅度的提高,使师生丧失信心。

问题不仅仅如此,在实际操作中会不断的涌现,兵来将挡,水来土掩。问题一个个产生,我们就一个个解决。在经验教训中曲折前行,这才是改革创新。关键是我们前期要构思,要研究,要预测,要探讨,这样才不至于事到临头,自乱阵脚,一撤了之,好事办不好也就罢了,但不能办砸了。

(谭志刚)

自主合作学习之正确认识

开展合作学习之前,我们首先来正确认识一下合作学习。我认为合作学习是一项教育教学模式的改革。它并非如我们部分教师所想的那么简单。课前根据成绩、性别、操评等级调整一下座位,重新建构一下教室布局,形成一个个小组;课堂上抛几个问题,学生分组讨论;课后教师批改一下组长作业,然后由组长批阅组员的作业。这种学习模式并非真正的合作学习,如果非要和合作学习扯上关系,那只是形式上的合作学习,仅仅是皮毛而已。

真正的合作学习不仅涉及到教学,还涉及到教育,甚至是学校管理的方方面面。

一、教学模式的转变

教学上,这是教师地位的改变,是让教师由课堂的主体转变为课堂的主导。这也是学生地位的改变,是让学生由课堂的从属(对于个别"后进生"来说可以理解为附属)转变。

旧有的教学模式,由教师设计课堂的各个环节,推测其重难点,我来教你来学,其外在形式往往体现为声嘶力竭,青筋绽出,吐沫横飞。而班级学生除了那几双渴求知识的眼神外,剩下的往往是昏昏欲睡。

当我们沉醉于知识讲解的时候,突然发现两个学生低着头,在桌下玩弄着那简陋的玩具,甚至是不知何时传来的一张纸条。

当我们在黑板上奋笔疾书时,遒劲有力的大字令我们欣喜不已,可身后突然传来切切察察的声音,我们突然回头,用严厉的目光扫视全班,全班一片既然,质问谁说话时，无人应答，再回首声音依旧。

当一道简单的问题抛出之后，甚至是请学生重复一句话或是一段文章，我们咆哮谁举手，谁来说，换回的是低垂的脑袋，无言的抗议，我们只能无奈的说，“哦，题目的答案原来是这样的……”或者“那好，学习委员来说。”又是那些熟悉的面孔，我们难道只为教这几个学生？

当我们反复强调作业必须完成，精心布置几道只需十几分钟的作业时，我们检查后发现，收到了空白，收到了驴头不对马嘴，收到了大面积的雷同。

这一切的原因是什么？只因为现在的学习在部分学生的心中，已经异化为家长行为、教师行为，自己只是被逼的。这其中固然有理想教育的缺失，社会氛围的浸染，家庭教育的盲目，但我们旧有的教学模式是否也应担起一部分责任呢？

一节课45分钟，成人想保持百分之百的注意力集中尚且困难，何况是学生呢？始终要求学生保持同一个姿势，听着同样的声调，不准随意乱动，不准嗫嚅一下嘴唇，我们还要求学生时时注意，题题认真，我们是否过于苛刻？我们是教人还是在制造机器？

一节课45分钟，我们滔滔不绝，留给学生的还有几分钟？这几分钟，有几个学生能有机会回答？我们要学生思考，人人思考，题题思考，但我们却剥夺了学生表达机会，我们将大多数学生思考的劳动成果，抛到九霄云外，不闻不问，使他们得不到应有的价值肯定。试问我们自己，当我们的劳动成果被人一次次践踏之后，我们还愿意思考吗？

一节45分钟沉闷的课，学生偶尔走几次神，少思考几道题，一次作业有几题不会写，一天被训几次，这样的学生会成什么样？当他们失去一楼、二楼的基础之后，我们奢求他们在三楼时还能拼命苦干，他们能拿什么干？独立完成，独立完成的结果也许只能是空白！

真正的合作学习需要将课堂还给学生，这个还是有个度的。打个不恰当的比喻，这个度把握不好就相当于直接由圈养改为放养，学生是绝对无法适应的。我们应该设立保护区，在一定的范围内，让他们自由驰骋。这就是在教师指导下的自主学习。

第一步，课前预习

1. 根据预习题，充分地自主学习
2. 教师有意识的引导组长
3. 组长带领大家讨论预习
4. 组长反馈预习问题
5. 提出本组拓展学习要求。

第二步，课堂教学

1. 预习反馈。（由学生解决正确率高的题目，给学生表现的机会）

2. 教师引导学生讨论解决预习中的问题。（学生为主，教师注意引导）

3. 提炼各小组中有价值的拓展学习要求，提供班级大组讨论解决。

第三步，反馈练习

1. 学生自主作业

2. 教师解决组长难题错题

3. 组长解决组员作业

4. 组长反馈作业问题

5. 教师引导班级讨论解决作业问题

在这样的合作学习中，可以使学生充分动起来，可以使学生感受到思想交锋的乐趣，可以使学生感受到集体的力量，学习不孤单。而且在这样的合作学习中，一个知识点组长学习 7 次，组员学习 5 次，同时能够培养学生的自主创新能力，成为一个终身学习的人。

二、班级管理模式的转变

旧有的班级管理模式完全以班主任为主，教师的管理比较淡化，教师内部对班级的管理缺乏沟通，指导思想不统一，对问题处理方式不一致，对问题学生的纠正力有高低之分，一定程度上使学生对学科的重视程度有所区别，从而导致班级学科发展不均衡，最终导致部分学科出现厌学弃学的现象。

班主任在处理班级事务中，往往担任救火队员的作用，出现问题，处理问题，再出现，再处理，如此循环，而且处理问题往往因时间、地点、人物、心情等，使处理方式有所改变，甚至有时因过于激动导致问题处理失当，甚至激化。

班干部的培养往往流于形式，既不利于学生能力的提高，也不利于班级管理。学生过小，缺乏处理问题的意识和能力，往往沦为棋子，拨一下动一下，造成教师不在的时间，班级处于监管的空白。

在班级管理中，往往过多的关注学校教育，对家庭教育的缺乏感到痛心疾首而无能为力。星期一大量爆发问题：纪律、作业、学习状态等。星期一、星期二整顿，星期三、星期四好转，星期五退步，星期六、星期天失控。如此回环往复，教师处于疲于奔命，做着重复劳动。

1. 建立学生成长档案

合作学习模式中，班级因以小组为单位，建立学生成长档案，组长负责学习，副组长负责纪律，小组中有监督员、记录员、侦查员，小组中人人有事干。有利于培养每个学生的能力,也有利于提高小组凝聚力,形成人人管理的局面,促使班级形成良好的舆论氛围和优良班风。

2. 建立班级量化考评制度

建立班级量化考评制度,将学生所有应有行为和不应有行为纳入其中,给予相应的加减分,张贴于班级,交给每个教师,发给每个小组。严格按照制度执行,对学生做出公正、公平、客观的评价,约束学生的行为,让他们达到“勿以善小而不为,勿以恶小而为之”。

3. 建立教师会商制度

建立教师会商制度。班级教师要定时、定点碰头协商,交流近期自己在班级中的所见所闻所感,谈优点说缺点,从而确立下阶段的工作重点、思路与方法。“三个臭皮匠赛过诸葛亮”,如此必能提升教师的敬业精神,增强教师凝聚力,从而使整个班级步入良性轨道。

4. 建立学生个性发展通报制度

建立学生个性发展通报制度。将学生每天的考评结果如实统计,给予合理评价,突出优点,略带不足,并对学生进行阶段性小结,通过校信通的方式及时通知家长;将班级状况,近期的工作重点、思路及时通知家长;定期分阶段对家长进行培训,让家长掌握基本的教育方法,从而使家庭教育不再缺失。

5. 建立班委干部培养制度

建立班委干部培养制度。首先明确班委的职责,改变班长处理杂事,学委无所事事,课代表只管收发作业的状况。其次定期召开班委会,设想各种可能发生的事情,在讨论中引导他们提高处事能力。最后在班级出现问题是,找到相关班委,在教师的引导下,放手让他们进行处理。

三、学校管理模式的转变

补充

1. 通过教研组讨论,形成适合的合作学习课堂模式。

2. 通过教研组讨论,确立教学案,提请相关专家审阅。

3. 通过班主任会议,确立班级管理模式。

4. 通过定期的研讨会,探讨进程中难题,寻求解决方案。

5. 制定合作学习发展计划表,分为初级、中级、高级三个阶段,分别建立相应的考评机制。

6. 早中晚开放时间,在教师组织引导下,放手学生合作学习,让预习与反馈得到真正落实,切实提高45分钟效益。

7. 成立各种社团，丰富学生生活，增强学校生活吸引力，提升学生的学习兴趣。

（谭志刚）

自主合作学习之合理评价

《国务院关于基础教育改革与发展的决定》中专门提及合作学习，指出："鼓励合作学习，促进学生之间的相互交流、共同发展，促进师生教学相长。"国家高度重视合作学习的价值，但合作学习能不能得到有效地发展，其前提之一就是要解决其评价机制的问题。

合作学习时对固有教学模式的一种改革，是一项系统的、浩大的、曲折的变革过程。它涉及到师生教学理念的变革，教学模式、班级管理模式、学校管理模式的创新。它就像一台大型的医疗手术，涉及到内科、外科、精神科等等，所以，合作学习推行过程中，如不能进行合理的评价，势必牵一发动全身，造成误解，甚至抵触，使其胎死于腹中，夭折于幼年。

合作学习的评价往往容易出现三个误区，即有色眼镜背后的惰性与守旧，盲目乐观之后的浅尝辄止，违背自然规律的急于求成。

一、有色眼镜背后的惰性与守旧

不恰当地说，人类社会的发展史其实是一个"惰性"的发展史。因为"惰性"，人们追求高效率，寻求着创新，期望以最小的付出得到最大的收获，因而推动了人类的发展。这是良性的"惰性"。合作学习就是基于这一点走上了历史的舞台，其宗旨之一就是强调教学模式的转变，在45分钟内创造最大的效益，并将这一效益向课外延伸，使学生拥有学习能力和创新能力，从而摆脱书山题海下的负重前行。

但也是因为人类自身难以摆脱的"惰性"，部分人贪图于享受，不思进取，喜欢墨守陈规。因为重复劳动相对于改革创新中大量的思考与探索是极其轻松惬意的，所以，少部分教师乐于根据以往的经验略加修改，并据此应付复杂多变的教学环境。在某种程度上，他们把学校教育等同于工厂的生产了。但是这样真能应付吗？不能！

于是，在农村中学出现叹气声、抱怨声、牢骚话满天飞的现象。"学生真是一届不如一届，上课不听，作业不写，我讲了十遍，他们还是不懂。""学生不想学我能怎么样，大道理说尽了也是白说。今天说了，明天还是那样。""算了，尽人事听天命,谋事在人,成事在天喽。”

基于这种心态,少部分教师一方面不满足于现在教学模式下学生的表现,另一方面也对合作学习有着抵触情绪。因为合作学习需要重新建构教学理念与教学模式,要更新教学手段。所有的一切都需要摸索,部分时间断的摸索甚至是无用功,需要推到重来。巨大的脑力与体力付出令他们望而生畏。

目光短视,只注重眼前利益而无长远眼光,只知埋首干活不知抬头看天,没有献身教育事业的信念的人,将成为合作学习的质疑者,挑刺者,甚至是绊脚石。他们会无限夸大合作学习中的问题,造成不合理的评价。

二、盲目乐观之后的浅尝辄止

合作学习是20世纪70年代初兴起于美国,并在70年代中期至80年代中期取得实质性进展的一种富有创意和实效的教学理论与策略。自20世纪80年代末至90年代初开始,我国也出现了合作学习的研究与实验,并取得了较好的效果。《国务院关于基础教育改革与发展的决定》中专门提及合作学习,指出:“鼓励合作学习,促进学生之间的相互交流、共同发展,促进师生教学相长。”

不论是从实际效能还是舆论宣传,其必将伴有极多的谀美之词。从舆论宣传的角度出发,掩其瑕,扬其瑜,是必须的。这是任何一项改革的需要,也只有这样,才能让更多的人接受并践行。因为改革必然有很多问题,过多的暴露,必然会使部分没有辩证思维缺乏合理判断能力的人望而生畏,将好事办砸,将创新扼杀。

但合作学习的这种宣传也会造成部分教师盲目乐观,认为这是一剂灵丹妙药,包治百病,药到病除。在没有充分调研、踏实学习、认真思考的情况下匆匆上马,照搬照抄。心态的盲目与躁动,其不稳定性本身就是一种致命的缺陷,这直接导致理论与实践碰撞后产生问题时的束手无策与垂头丧气。

例如其在周围教师的质疑声中的畏首畏尾,说不出所以然,从而怀疑自己。实施时,由于理论储备不够,导致合作学习流于形式,无法深入推行感到焦虑,从而质疑自己。在学生曲折发展过程中,暴露课堂管理难度加大、学习方法欠缺、成绩未能突飞猛进时,感到惶恐,最终否定自己……

其结局不言自明,改革的急先锋在熊熊烈火燃尽之后,选择了退却,甚至站在了改革的对立面,成为坚定的反对者。对合作学习的不合理评价从改革内部散播,其杀伤力更为巨大。

三、违背自然规律的急于求成

部分教师是坚定的改革派。他们极力拥护教学模式的创新,他们对现在教学大环境下学生的无所事事感到痛心疾首,对教学质量的停滞不前甚至局部滑坡心急如焚。教学质量是学校发展的生命线,当生命受到威胁时,教师坐不住了,改革势在必行。而合作学习带着一缕春风,清新而来,令人神清气爽。驾长风破万里浪,激情被点燃之后爆发的能量令人敬佩。

部分教师坚信合作学习必将创造奇迹,他们自豪地宣布:"三个月后,我给你们一个奇迹。"合作学习是教学模式的改革。教学是教师的教和学生的学所组成的一种人类特有的人才培养活动。通过这种活动,教师有目的、有计划、有组织地引导学生积极自觉地学习和加速掌握文化科学基础知识和基本技能,促进学生多方面素质全面提高,使他们成为社会所需要的人。教学的对象是人。

若干年的教学模式说改就改,谈何容易。犹如一辆疾驰的列车,让它急速转向,这可能吗?它需要刹车缓行,变道拐弯,惯性使它在原有的轨道上必将拥有一个前冲的过程,不论对教师还是学生,甚至是管理者。

古语有云"江山易改,本性难移。"这话有些绝对,但对我们也是有着一定的借鉴意义的。学生学习态度与意识的转变、学习兴趣的培养不可能一朝一夕得到根本性的改观,这需要一个潜移默化的过程。学生的成绩是一个循序渐进的过程,在失去一楼、二楼的基础之后,追求三楼的富丽堂皇,也许只是海市蜃楼。很难想象一个连 $1+1=2$ 都不会的学生能够在短时间内突然理解 $X+10=20$。

合做学习能不能创造奇迹?能!这个奇迹在于学生学习态度与意识的转变,学习激情的大爆发,学习能力大幅度的提高,创新能力得到极大地培养,甚至影响孩子的一生。这一切取决于矢志不移地推行,尤其是各个教学阶段的起始年级。它不可能在短期内,在中间的学习阶段或最后的学习阶段,让学校最后一名一跃成为学校的第一名,这样的奇迹是无法创造的。如果非要这样评价,那么合作学习在推行的过程中又将多了一层障碍。

个人认为合作学习可以初步分为三个阶段:初级阶段的学生调动,中级阶段的兴趣盎然高级阶段的高歌猛进。只有明确了这点,才能对合作学习进行合理的评价。

一、初级阶段的学生调动(重)

在原有的教学模式中,课堂上往往表现为教师说得太多,太权威,学生参与面太少,思维深度不够。学生往往成为录音机,负责将教师与书本的观点加以存储。这其中缺少一个消化吸收的过程,对大部分学生来说课堂上没有表现的机会,刚开始也许他们乐于思考,自娱自乐。随后开始出于责任和"被逼",他们依然在艰难的思考着,但深度降低,次数减少。最终页只有少数意志坚定的学生还能自娱自乐，而大多数学生则懒得思考，因为思考与不思考没有什么区别，别人也不会知道，没有肯定，没有交流，思维的放松甚至放纵也就有了滋生的土壤。于是课堂陷入沉闷，最后分化直至课堂成为几个主角的课堂，而其他人成为可有可无的群众演员。

合作学习的初级阶段面对的就是这样的教学情境，因此如果合作学习能够在课堂上形成争论，做到题题讨论，人人讨论，做到题题有答案，人人有答案，做到题题有举手，人人都举手，做到题题有回答，人人能回答，那么这就是成功。至于问题的深浅，答案的正确与否，思维的深入应随着时间的推移而有意识地进行引导。这样的课堂是学生的课堂，这样的学生才能称得上学生。动起来、说起来、举起手来，达到这样的效果，合作学习就是成功的合作学习。

二、中级阶段的兴趣盎然

拥有了初级阶段成功之后，合作学习应迅速攀登上新的阶段，其评价则更高一层。

学习不再局限于教师抛出问题，学生在自主学习的基础上进行讨论，然后回答这一低层面的热闹。因为热闹的背后依然是授之以鱼，是亦步亦趋，不利于学习能力的提高，局限于知识的传承，不利于思维品质的培养，局限于合作，缺乏创新。

课前，教师制定学习目标，学习重难点，确立大的学习方向和学习流程，抛出核心问题，而细节问题则由学生自己提出解决。并且在预习时学生应有自主学习的问题；课堂上学生小组讨论大组交流，有核心问题，有细节问题，有自主学习的问题，学生能够阐述自己的问题与观点和思路，能评价他人的观点，能解决他人的问题，能够味某一问题产生争论，甚至在思想领域内做到寸土必争，敢于挑战他人甚至是权威，有坚持的勇气和创新的想法；课后，学生能依然为课堂的学习问题争论不休并与同学形成争论，甚至走进办公室寻求教师的指点。学生能将课堂上未解决的问题移至课外进行深入的研究，能够自加压力，提升自我，上升到研究课本之外的学习问题。

争起来、问起来、钻起来，这样的学习才是学生的学习，是终身学习的开始。学生不是被逼而是兴趣盎然，拦也拦不住。这样的合作学习就是成功的合作学习。

三、高级阶段的高歌猛进

学习能力与学习成绩是衡量合作学习成功与否的关键。这一项改革的成功与否不在于课堂上是否热闹，课后是否疯狂，而在于能否将这些外在的激情转化为学生内在的知识储备、能力提高、思维品质的提升。

当合作学习让学生拥有了正确的态度与意识，拥有了澎湃的学习激情，拥有了终身学习的能力，拥有了创新的思维品质与能力后，那么我们就完成了基础教育的重托、素质教育的使命。

当学生拥有了上面的意识、激情、能力后，学生的知识储备、能力提高、思维创新也就如期而至，那成绩的提高就业就毋庸置疑了，真正的奇迹此刻就会诞生，我们也就顺带着完成了应试教育的尴尬使命。

学生笑起来，教师自豪起来，社会满意起来，这样的教育才是真正的教育，这样的合作学习就是成功的合作学习。

做一件事简单，做好一件事难。重复一件事简单，创新一件事难。国家在改革，教育在改革，我们不能无动于衷，袖手旁观。

（谭志刚）

自主合作学习之学习模式的转变

《基础教育课程改革纲要（试行）》指出：要让学生具有初步的创新精神、实践能力、科学和人文素养以及环境意识；具有适应终身学习的基础知识、基本技能和方法。要改变课程过于注重知识传授的倾向，强调形成积极主动的学习态度，使获得基础知识与基本技能的过程同时成为学会学习和形成正确价值观的过程。反对过于强调接受学习、死记硬背、机械训练的旧有教学模式，倡导学生主动参与、乐于探究、勤于动手，培养学生搜集和处理信息的能力、获取新知识的能力、分析和解决问题的能力以及交流与合作的能力。因此自主合作学习不但符合教育教学改革的需要，而且对促进学生全面发展具有深远意义。

自主学习是与传统的接受学习相对应的一种现代化学习方式。以学生作为学习的主体，通过学生独立的分析、探索、实践、质疑、创造等方法来实现学习目标。合作学习是指学生为了完成共同的任务，有明确的责任分工的互助性学习。先自主后合作的学习模式，与传统的“满堂灌”的教学模式有着本质的区别，对教师与学生的要求更高。它的确立需要一个长期有效的训练过程。下面就此谈谈自主合作学习的成因和应对措施。

一、原有学习模式的弊端

1. 目标不明，态度不正

义务教育阶段是普及教育，在于让学生拥有学习的意识与能力，并掌握各门学科的基础知识，从而为终身学习奠定基础。其目的让学生在学习中促进自身的发展，拓展生命的宽度与深度，其最高境界是让学生成为一个有益于社会与人类发展的人。

但是，在旧有的学习模式中，学生将学习等同于谋生手段，使学习目的局限于考高分，进重点，上大学，找工作。对成功的曲解，直接导致农村学生的迷茫，动力不足。因为不是每个学生都能进重点，上名牌大学，在一次次考试中，在分数的重压之下，在旧有评价机制的摧残之下，学生迷茫了。现实与理想的巨大落差，成绩与目的之间的巨大鸿沟，让学生开始质疑学习的意义，付出的必要性。堂吉诃德式的拼搏精神；明知山有虎，偏向虎山行的霸气；即使头破血流依然愤然前进的傻劲；这三种精神不是每个人都具备的。因此在经历初一的朝气蓬勃，初二的迷惘分化后我们很不幸的看到了部分初三学生的随波逐流，随遇而安。没有放弃，但也没有拼搏进取，有的只是对学习的应付，对娱乐享受的过度追求。

2. 方法不当，能力欠缺

如果前面谈得是为什么学的问题，那么，这里谈得就是怎么学的问题。在旧有的学习模式中，学校是工厂，教育是产业，学生是产品，而教师就是车间工人。模式化的生产方式使学生完全丧失了自主性与能动性。上什么和怎么上完全由教师支配。学生就如同一个容器只负责储存。由于缺少自主探究，合作交流的过程，这些知识往往过于零散，不成体系，难以转化为学生学习能力。而且只重知识传授结果，忽视知识建构过程的学习模式，导致学生无法觅得学习乐趣，因而丧失了学习兴趣。更为严重的是，拥有了大量知识的学生，不关心知识从和而来，不知道如何学习，没有发现问题的意识，没有解决问题的能力。他们唯一能做的就是等待，等待教师的讲解。一旦失去了老师的指导，他们就茫然所措，不知如何下手，这就使课堂教学往往呈现为重复低效的原因所在。我们认为学生能解决的问题，他们没想解决，因为解决与否无关紧要，老师上课都会讲。他们也不能解决，因为以前从未尝试过，他们不知道如何解决。

这也是中国学生为什么高分低能，钱学森世纪之问的答案所在。终身学习的理念成为一纸空谈。这不是我们教育的目的，这是我们教育的悲哀。

3. 自控薄弱，督促缺失

原有的学习模式中，学生的学习是孤独的。师生之间，生生之间相对独立。

其间有交集的产生，但出现的频率与深度极为有限。常体现为上课时的你问我答，课间的偶尔探讨。学习方法的欠缺，学习问题的产生与解决，往往依赖学生生个人的学习动力与能力。缺少自控能力的学生往往会将问题束之高阁，最终导致学习问题堆积如山，直至压垮学习之路。人性中的惰性，在初中生身上体现的甚为明显，尤其在被动的、极少乐趣的学习模式中。这往往表现为学生想学，也为之制订了翔实周密的计划，但在计划的推动力之上却打了折扣。这就导致定计划，执行放松，抛却，再定计划，在执行，再放松，再抛却的回环反复。教师与家长的督促只能在一定程度上缓解，但不能从根本上解决问题。因为这一督促是被动的，没有转换为学生的内在动力。

二、自主合作学习模式的建立与培养

自主合作学习模式的建立与培养要解决三个方面的问题：一是思想层面，二是学习方法，三是后期跟进。

1. 目的分层次，思想闪光辉

自主合作学习模式的建立与培养，首先要解决思想层面的问题，即为什么而学。

我推行自主合作学习的第一课，是一节主题班会课，主题就是我们为什么而学。

我首先提出要求，课堂流程分为三个环节，第一环节是自主研究，准备纸笔做好记录，其间不得讨论。第二环节是小组讨论人人发言，形成小组统一观点。第三环节大组交流，形成班级口号。

鸦雀无声的第一环节，嘻嘻哈哈的第二环节，面红耳赤的第三环节，讨论过后，班级形成了统一的口号：不抛弃，不放弃，学做人，拼能力。不抛弃指老师、家长、同学之间不抛弃任何一位学生；不放弃是指作为学生个体，绝不放弃自己；学做人指拥有堂堂正正的人所应具备的美好品质；拼能力则是指学习上不为成绩论，而以素质定高低。

学生的见解是肤浅的，但是真实的。学生的层次有高低，能力有大小，每个人的具体目标不一样。在现实情况下，分数很重要，但不能唯分数论，否则在无数次的竞争中，必然造成大部分学生的挫败，最终丧失学习的兴趣。初中学习的目标应定格于形成正确的人生观、价值观，从而推动自身的发展。具备应有的知识与能力，掌握学习的方法，小到家庭，大到社会，人类的发展，凡能有所贡献即为成功，而不应局限于贡献的大小。学习的具体目标，应为明日基于今日的进步，凡有所进步即为成功，而非成为优秀，出类拔萃，高人一等，进重点、上名牌大学才是成

功。为此,应确定适合自己发展的小目标,体验小成功的喜悦,并将堆砌小成功成为大成功。

2. 自主研学问,合作释疑难

自主合作学习必须是先自主,后合作,在自主学习的基础上,才有合作的空间,才是高效的合作,才能有助于学习的提高。首先利用自主学习解决基本的素材积累,掌握相关知识点,形成本课的知识框架,勾画提出疑难,寻找感兴趣,值得研究的学习问题。然后利用合作学习,梳理知识框架,形成知识体系,解决疑难,加深理解,知其所以然,共同探讨研究性学习问题,从而提升学习能力。如果仓促开展合作学习,必然导致讨论的无序性和无效性,知识零散,思维混乱,陷入无效的争论或等待之中,甚至导致部分小权威的产生,增加依赖性,从而剥夺部分学生学习的能力,适得其反。

自主合作学习模式的确立,还要建立在一个循序渐进的过程之上。旧有学习模式和自主合作学习模式就如分叉铁轨,学生学习模式的转变就如火车在奔驰中改变原有方向,因其惯性,必有一个减速缓冲的过程。教师既需要等待,也需要引导。

以语文学科为例,自主学习引导需要三个步骤。第一步,教师提出一系列的预习问题,涉及基础知识,文本阅读,内容探究,主题思考,语言赏析,技巧揣摩等,并附加一道“你不懂的”或“你认为重要的”的自主学习题,以此提供自主学习的框架和大致思路。第二步,教师要引导学生从基础知识,文章写了什么,为什么写,怎么写的角度,对自己的启发等角度进行自我研究。第三步,当学生具备自主学习能力后,方可放手。此时的学生才算真正具备语文学习的能力。自主合作学习模式才算建立。

合作学习的引导,需要注意两点。第一点,在小组探讨中,教师要适时参与其中。在参与中,引导学生学会发言,区分议题的价值高低,指点学习的方法,点拨解题的思路,了解学生学习的实际情况,便于大组交流中,进行恰当的引导与点拨。第二点,在大组交流中,教师要牢牢抓住手中的风筝线,要根据风向,控制好风筝,适时的提拉、点拽。因为初中生的思维是跳跃的,能力是有限的,往往由一点发散开来,导致迁移的过广,过细,不利于教学任务的完成,学习能力的培养。例如,有位教师上《中国的石拱桥》这篇文章,让学生自由讨论,最终却变成了美学、建筑学的探讨,从而脱离了语文的范畴。虽然有利于学生学习兴趣的激发,知识的迁移,视野的开拓,但最终却抛弃了语文课的宗旨,抢了别人的饭碗。个人觉得弊大于利。

学习模式的建立,主要依赖于教师的引导。教师要深入了解其应有的发展规律,才能采取相应的对策。

3. 自我寻喜乐,小组共进退

自主合作学习模式建立之后,还需要后期跟进的措施。模式的转变,带有一定的新奇性。在其初始阶段,符合初中生的猎奇心理,全身心的投入是可想而知的。但随着时间的推移,当新奇过后,学生是否还会如此,我们需要予以关注。

首先,我们要引导学生深入挖掘这一学习模式的乐趣所在。不能只做一个看热闹的外行,而应成为一个能够品其门道的内行。要善于发现自己的闪光点。引导学生学会反思,学会寻找。在反思中看到自己的进步,在寻找中发现学习的乐趣。例如,我今天解决了哪些问题,谁帮我解决了问题,这一阶段我取得了哪些进步,获得了哪些表扬。讨论中我的哪些观点、哪些话获得了大家的一致认可。如此必能使学生获得极大的自我满足,从而得到自我价值的肯定,感受到和谐人际关系的美,最终爱上小组,爱上学习。

其次,要小组共进退。教师要建立合理的评价机制。要以"某小组怎么样""某同学在某小组的帮助下怎么样""某同学因没有得到某小组的帮助才怎么样"等语言,培养小组的集体荣誉感,从而提升小组的合理评价。教师合理评价,班级合理评价,小组合理评价,一定能在班级内形成正确的评价之风。而同学之间的评价威力,有时能超过教师与专家的评价。从此学生能感受到集体的温情,并能在小组内形成互相帮助,互相督促之风,最终摆脱孤独学习的落寞与沮丧,避免学习状态的起伏。

自主合作学习模式的确立不是一朝一夕就可形成,定是一个长期曲折的过程,需要师生的共同努力,在不断调整中建构高效课堂,切实提高教学质量。

（谭志刚）

自主合作学习之家长培养

自主合作学习不仅涉及到学校教育还涉及到家庭教育。因为自主学习更多的要在家庭环境中完成。合作不仅涉及到生生之间的合作,还涉及到师生、家长与孩子之间的合作。

我曾经对初三一个班的学生进行过问卷调查,在38份有效问卷中,有68.4%的学生认为自己的学习习惯不好,严重制约了自己学习成绩的提高。而学习习惯的养成除了学校教育的指导督促之外,还涉及到家庭教育的提醒与督促,但部分家长却很难担起这样的责任,存在着这样或那样的认识误区。因此要想使自主合作学习真正推行下去并卓有成效，我们必须要拥有大教育的理念，要分析家庭教育的问题，并有针对的采取相应的措施。

一、家庭教育存在的不足

1. 功利型家长

部分家长受到略显世俗浮躁的社会风气影响，过于急功近利，背离教育的本质，片面追求成绩。他们基于良好心愿，望子成龙，望女成凤，希望孩子出人头第，高人一等。这直接导致了他们目标制订上忽视了孩子的实际情况，随意拔高，将自己的理想强加于孩子。一方面，剥夺了孩子自主选择的权利，让孩子在被动中增强了逆反心理；另一方面，为孩子制订了明显超出能力之外的目标，让孩子在拼搏之后拥抱一次又一次的失败，在不断的失败中打击孩子的自信心，最终剥夺了他们的学习兴趣。其次，他们总是希望孩子说到做到，忽视了初中生心理的曲折与多变，自控能力差的特点，强迫他们在短时间内有所转变，并在学习上能够突飞猛进，这必然造成家庭关系的隔膜与紧张。

2. 包办型家长

部分家长认为孩子很小，因而事必躬亲，事事包办，在无形中将孩子当成了一个可以随意处置的私有产品，从而忽视了孩子的感受，对孩子造成了事与愿违的伤害。

他们为孩子制订目标，不论孩子是否愿意，能否达到。他们为孩子制订计划：白天上课，晚上学习加辅导，节假日也是学习加辅导，日程安排的满满当当，除了学习还是学习。因为在他们心目中，娱乐与学习完全对立，不可能相辅相成。休闲成了毒草，属于浪费时间。很难想象，整天包围在这种学习中的孩子如何能够感受到学习的乐趣！而如此的学习，对孩子的成长又有怎样的帮助呢？

3. 溺爱型家长

现在的孩子大都是独生子女，三口之家、七口之家比比皆是。这部分家长虽然也会时时过问孩子，但也仅仅局限于饭桌上的闲谈，考试之后的一两句交流。如果孩子听从了他们的建议，皆大欢喜，如果孩子不听，那也无所谓，摇头叹气之后，嘟囔一句，“这孩子真不听话。”也就结束了。

现在不是大谈减轻课业负担吗？那么多作业能作完就不错了，还需要自主学习什么呢？他们找出千百种理由，为溺爱找借口，认为孩子尽力就行。但由于这个“尽力”阐述不明，解释不到位，造成了孩子的误解。他们误以为父母并不关心自己的学习，不在意自己的成绩。他们感受到冷落，觉得无论自己用功与否，父母也不会看到，因而随波逐流，得过且过，爱在这里反而成伤害。

4. 放任型家长

部分家长受到社会上读书无用论思潮的影响,漠视学习。因为每年报纸、电视中都会铺天盖地报道大学生难就业的问题,对他们造成了不小的冲击,他们原本只是指望通过读书上大学,而现在读了大学也没有好工作,甚至都找不到工作。他们开始质疑上大学的意义,甚至怀疑学习的意义。这一思想在潜移默化中影响了孩子,这一思想在行为上决定了他们根本不在意孩子的学习,因而导致部分学生漠视学习。

还有部分家长原本十分关注孩子,但孩子因为学习方法,学习习惯,学习能力等因素造成学习成绩滞后,背离了他们的希望。他们因而感到心灰意冷,最终放弃了对孩子学习的关注。他们的失望,严重影响到孩子的自信心。孩子将自己定格为失败的人,学习自此成了一件努力讨骂的苦差事。

5. 无从下手型家长

初中生处于青春期,有一定的叛逆心理。面对这一年龄段的孩子,家长突然发现交流变得格外地困难。以前孩子不问也说,说得家长心烦。而现在,再问也不说,偶尔的顶撞更让家长恼火。不了解孩子的学习情况,思想动态,家长想管却无从管起。因为水平有限,而无从管起。

小时候,孩子在与人争论时,总会自豪地说;"这是我爸爸说的。"此时的父母在他们心目中俨然是个权威。但到了初中,有些家长限于自己的水平,再也不能成为孩子所谓的权威。孩子学习的问题,自己辅导不了。孩子学习方法上的问题,自己发现不了,有时即使发现也解决不了。此时的家长只能反复强调,"认真点,再认真点。好好学习,要向某某学习,他怎样怎样"等。这些重复唠叨的话,不仅不利于问题的解决,甚至在不经意间触痛孩子敏感的心灵,导致适得其反。因而部分家长感叹,"我想管,但我不会管啊!"

二、家长培训是一个长期的系统过程

1. 作为班级建设的一部分,要适时开办家长学校

利用节假日或中午时间,定期开办家长学校。在家长学校中,要着力解决以下几个问题;

(1)各门学科的自主学习方法的指导。邀请班级各门学科的教师,在家长学校中,结合本学科的特点、本班的学情,有针对性的提供宏观的学习策略和具体的学习方法。当家长明白之后,才能在家庭教育中,不时发现孩子的不足之处,并有的放矢地进行解决。如此方能使家长有法可依,有话可讲,学生才能信服,才能有所启迪,有所长进。

(2)为每个孩子量身打造学习目标。在家长学校中,班主任要向家长阐明教育的宗旨以及学习的真正意义,纠正家长对学习的片面理解,并在翔实的数据基础上,结合孩子的发展轨迹,帮助家长为孩子量身打造学习目标。将学习目标分为终极目标和具体目标。具体目标要细化到一学期,一个月,甚至一天。终极目标跨度过大,一时难以实现,很难让学生感受到成功的喜悦。我们要让学生在实现一个个具体目标中,感受到征服人生山峰的快感。积小成功为大成功,积小快乐为大快乐,让学生不断感受到学习的乐趣,从而永葆学习的激情。

(3)为每个孩子制订切实可行的学习计划。拥有学习目标只是解决了思想层面的问题。作为教师,我们还要利用家长学校帮助孩子制订切实可行的学习计划。计划要细,从而在时间上,行为上予以约束,孩子的行为同时计划,要兼顾孩子的个性发展和特定年龄段的心理特点。凭此计划,家长能有效的监控孩子的所作所为。在不断督促中,纠正孩子的不良倾向,不正确的学习习惯,在持之以恒中,真正帮助孩子走进学习的殿堂。

(4)帮助家长掌握正确的思想教育方法。部分家长在与孩子的交流中缺少应对的技巧。有的过于粗暴,有的过于纵容,有的会不断刺激伤害孩子。如有的家长会只看缺点不看优点,认为优点是应该的,缺点是难以容忍的。有的家长总会拿自己的孩子与别人优秀的一面进行比较,从而伤害孩子的自尊。因此我们要利用家长学校,用鲜活的案例告诉家长,应该怎么做。例如,面对错误时,用“你认为怎么样?”替代“你应该怎么样?”而面对成功,用“厉害,牛”“我们为你感到骄傲”等替代一笑了之或“别骄傲,要努力。”“有什么了不起”等。

2. 班级要与家长保证信息共享

自主合作学习中,我们要引导学生学会自我评价与小组评价。评价一天的得失,并做好记录,提供给家长,让家长能获得第一手资料,从而使家庭教育能有的放矢,避免流于形式,过于草率或重复。

例如,在自主合作学习的班级中,我首先利用小组统计出每个学生的每天表现,并在一定规则下将之细分为A(优秀),B(良好),C(合格),D(不合格),通过校信通的方式发给家长,让他们了解孩子今天的学习与守纪情况。对于比较重大的事件,根据其情节群发至所有家长,提出表扬或批评,凭借舆论,增强教育的威力。

其次,利用作业记录本的形式,要求学生如实填写今日的作业情况,今天表现的优秀与不足之处,由小组长签字确认,提供给家长。并恳请家长填上各项作业完成的起始时间,在家学习的总体情况以及对孩子的评价,对教师的期望等。在交流中增进了解,使学校教育与家庭教育能紧密结合。

再次,我不时用电话或家访的形式联系家长,谈谈孩子最近的表现,提出自己的期望,并着重强调对家长精心教育的感激之情。人与人之间的交流是真诚的,唯有真诚才能挽回真诚。教师用心与否,家长能够看出,教师一旦用心,家长也必然用心,因为学生是他们的亲生骨肉。而且感激之词也是对家长付出的肯定,他们获得价值的认同之后,必然也能享受到教育的乐趣。从而抛却惰性全身心投入。另外他们也不好意思无功受禄,如果孩子转变中他们付出不多,必定会有惭愧之意,即使对孩子的学习有千般想法,也会配合教师,加强对孩子的教育。从而督促指导好孩子在家的自主学习。

家庭教育是教育的重要组成部分。自主合作学习要想取得理想的效果,家长的积极参与、正确干预是必不可少的。所以作为教育工作者,我们要改变以往教育教学中单打独斗的错误倾向,要加强对家长的培训,这样的教育才是相对完整的教育,这样的自主合作学习才拥有强有力的支撑!

（谭志刚）

浅谈物理研究方法与师生互动

面向新课标,物理教育应该全面地落实到实处,注重发展学生的创造性思维与创新意识。为了实现这一目标,大家都在进行有益的探索,力求使学生有全面的发展。

物理题海茫茫,题型千变万化,研究方法多种,但各题之间并不是彼此无关的,只要在平时的教学中时时留心,就会发现很多题之间有着密不可分的内在联系,它们的研究方法是类似的。如果我们重视习题研究,并注意引导学生去发现和构造“题链”,积极思考与创新。这样做,在教学中会起到事半功倍的作用,使学生感到“柳暗花明又一村”,学习效果大大提高。

一、题型变换,举一反三

所谓题型变换,就是把选择题、填空题、实验题、计算题、简答题等题型进行互相变化。这种变化,可以避免学生孤立、静止地思考某个问题所带来的局限性和片面性,既能活跃课堂气氛,提高课堂效率,也能促进学生思维的运动和迁移,全面的掌握物理研究方法。

例一:物体的速度大小与＿＿＿＿＿＿＿＿和＿＿＿＿因素有关。

具体关系是:a. 当时间相同时,＿＿＿＿＿＿越长,速度越大。

b. 当路程相同时,＿＿＿＿＿＿越短,速度越大。

此题本身很平常，教师可先让学生回答，通过回答弄清影响速度大小的因素有哪些，应用了什么物理研究方法，我们在学习时应注意怎样控制变量进行研究，在他们心中有数时进一步启发：若把此题改成填空题、选择题、实验题，应该怎么问？请同学们自己把它改成填空题或选择题、实验题。这时课堂气氛非常活跃，纷纷提出自己的改造方案，师生共同订正这些方案，得出以下新题。

变1：寓言《龟兔赛跑》中说：乌龟和兔子同时从起点跑出，兔子在远远超过乌龟后，便骄傲地起了大觉，等它一觉醒来，发现乌龟已悄悄地爬到了终点，兔子后悔不已．对整个赛跑过程而，下列说法正确的是(　　).

A. 兔子始终比乌龟跑得快　　B. 乌龟始终比兔子跑得快

C. 兔子的平均速度大　　D. 乌龟的平均速度大

变2：田径运动员的百米赛跑和职业运动员的12min跑的体能测试，都是比较物体运动的快慢，前者是在____一定的情况下比较________的长短；后者是在________一定的情况下比较________的长短。物理学中常用第二种方法比较物体运动的快慢，物体在____________叫速度。

变3：某小组同学通过实验探究物体的运动快慢与那些因素有关。他们用九辆不同的玩具小车分别进行实验，使它们都作匀速直线运动，并用刻度尺和秒表分别测得小车作匀速直线运动时通过的路程和所用的时间。该小组的同学仔细观察小车的运动快慢程度，把九辆小车分成三组，每组的运动快慢程度相同，且第一组运动得最快，第二组其次，第三组最慢。实验中记录的有关数据分别如表一、表二、表三所示。

表一(第一组)

实验序号	路程(米)	时间(秒)
1	4	2
2	8	4
3	16	8

表二(第二组)

实验序号	路程(米)	时间(秒)
4	4	4
5	8	8
6	16	16

表三(第三组)

实验序号	路程(米)	时间(秒)
7	2	4
8	4	8
9	8	16

(1)分析比较实验序号1与4、2与5、3与6的数据及观察到的现象,可得到的初步结论是:______________________________。

(2)分析比较实验序号______________________________的数据及观察到的现象,可得出的初步结论是:________________________。

变4:长江大桥铁路桥的全长是6800m,一列长为250m的火车以15m/s的速度匀速通过大桥,求这列火车全部过桥所用的时间是多少?这列火车全部在桥上的时间是多少?火车司机过桥的时间是多少?

在师生互动的基础上,学生既学会了"速度的影响因素",又深刻的掌握了"控制变量"这一物理研究方法,取得了很好的效果。

二、注重基础,化难为易

在遇到一些较难的题目时,学生往往不知如何着手。其实,解答这些题离不开基础知识和基本物理研究方法。因此我们采取把一道较难题拆成几个基础题的办法,引导学生一步一步应用基本物理研究方法把基础题改造成较难题,让他们在改造题目的过程中逐步体会知识点、物理研究方法之间的联系,加深对基础知识、基本物理研究方法的理解,从而掌握所学物理知识。

例二:为探究滑动摩擦力大小与什么因素有关,小明设计了如图甲所示的实验。

(1)如果要想利用此实验来探究滑动摩擦力的大小与压力的关系,应设计怎样的实验步骤?

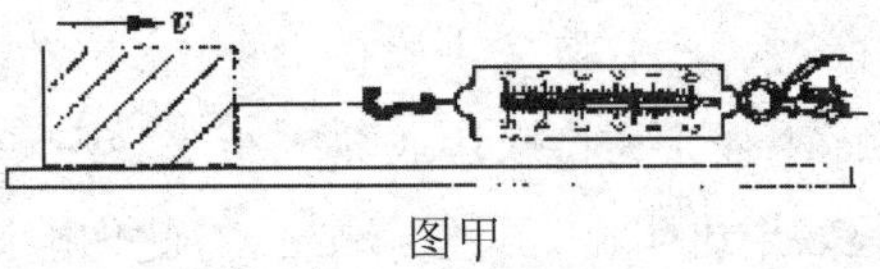

图甲

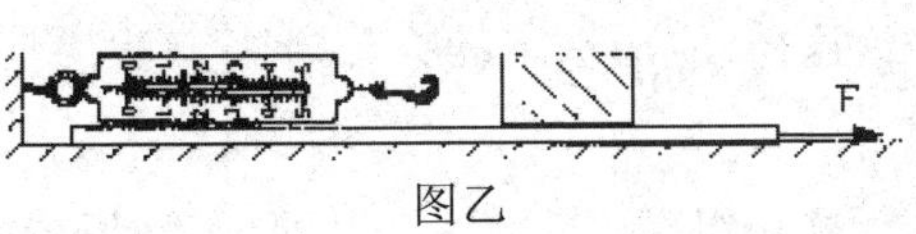

图乙

(2)在探究滑动摩擦力的大小是否与物体间的接触面积有关时,小明先后用大、小木块按照图甲所示的方法进行对比实验。小明的做法是否正确?为什么?

(3)在研究此问题时,小红设计的实验如图乙所示,弹簧测力计一端固定,另一端钩住长方形木块,木块下面是一长木板,实验时拖支长木板,然后读出弹簧力计的示数,即可测出木块和木板之间的摩擦力。小明看了小红的实验后,认为小红设计的实验优于自己设计的实验。对此你能说出其中的原因吗?

此题有一定的难度,学生初看有无从下手之感。因此,在做此题之前,先启发学生:如果研究滑动摩擦力大小与什么因素有关,怎样把它编成一道题?于是,有了下面的题:

变1:物体间滑动摩擦力的大小与______和______等因素有关,

当接触面的粗糙程度相同时,______越大,滑动摩擦力越大:当压力大小相同时,越大,滑动摩擦力越大。

变2:观察表格,写出结论。

实验次数	接触面情况	压力 F/N	摩擦力 f/N
1	木块与木板	4	1.2
2	木块与木板	6	1.8
3	木块与毛巾	6	3.0

(1)比较实验1和2可得结论:______

(2)比较实验2和3可得结论:______

在此基础上,给予启发:若用控制变量法和转换法研究滑动摩擦力大小与什么因素有关,该如何设计实验?在得到学生肯定回答后,让学生编一道如何让滑动摩擦力大小的显示更具有效果的题。在师生共同努力下,上题又变成了下面一道题:

变3:在研究滑动摩擦力大小与什么因素有关的实验过程中,小明认为按照课本介绍的方法:将木块放在木板上,拉动弹簧测力计匀速运动测量滑动摩擦力大小,而小强认为将木块放在木板上,用弹簧测力计勾住木块,然后匀速拉动木板,实验效果更明显,更便与测量,对此你能说出你的看法吗?

这样,应用基本的物理研究方法层层递进,步步深入,再加以综合,就基本得到了例二。

这一组"题链",反复巩固了滑动摩擦力大小与什么因素有关的灵活应用,将一道难题是怎样从基础题应用基本物理研究方法演变而来的过程展现在学生眼前,减弱了学生对难题的恐惧感,既落实了基础训练,掌握了基本物理知识和物理研究方法,又沟通了难题中基础知识、基本物理研究方法之间的联系,对提高学生的发散思维能力起到了促进作用。

三、联想变通,以点串线

学生在平时解题时,往往满足于把题目解出来便万事大吉。作为教师,我们应该引导学生更向深层次探求题目的内在规律。即使是一个很简单的题,也可以以它为生长点,对原题的题设、结论应用进行多角度的演变延伸,把题目进行变化,如加强或削弱题目的条件、将题目的条件和结论互换、保留原命题的某些物理模型,由此生长出新的知识点,使知识沿横向和纵向发展,从而以点串线,形成一条"题链"。这不仅可以得到一系列新题,沟通知识间的相互联系,更重要的是还可以培养学生应用好物理研究方法,在解决原有问题的同时提出新问题的良好品质,培养创造性思维的能力。

例三:牛顿第一定律的内容是________,在研究时我们应用了________的物理研究方法。

学生都能根据定律的内容和基本物理研究方法进行较完整的解答,解题也过

程相当清楚,但如果就此结束解题,则该题的训练价值难以体现。于是,我们引导学生进行了以下讨论:(1)能否将此题应用到"伽利略斜面小车"实验中?(2)生活和实际中有没有这类方法的应用?(3)能否将研究成果应用到现代科技与发展上?(4)能否将方法拓展到物理其他知识的研究上?在讨论的基础上,让学生对题目进行改造,得到以下变形题:

变1:在"伽利略斜面小车"实验中,让小车从同一斜面、同一高度由静止滑下,这是为了使小车到达三种水平表面运动时的____________相同;从同一斜面、同一高度静止滑下的小车,在棉布表面上比在毛巾表面上前进的距离________些,比在木板表面上前进的距离________些,这是由于小车在不同的表面上受到的________不同而形成的. 由此可得:当表面越________时,小车前进得就会越____;如果表面绝对光滑,小车就会以________的速度永远运动下去. 牛顿第一定律就是在这基础上研究总结出来的,其内容是________________

变2:在物理研究中。我们经常用到"理想化法",理想化法是指根据所研究问题的需要和具体情况,确定研究对象的主要因素和次要因素,保留主要因素,忽略次要因素,排除无关干扰,从而简明扼要地揭示事物的本质的方法。在"研究声音的传播"实验中,在一个玻璃罩内,用抽气机抽气,现有的抽气设备总是很难将玻璃罩内抽成真空状态,在这种情况下,你是通过怎样的实验现象推理得出"声音不能在真空中传播"这一结论的?

变3:如图所示,是伽利略著名的斜面理想实验,实验设想的步骤有:(1)减小第二个斜面的倾角,小球在该斜面上仍然要达到原来的高度。(2)两个对接的斜面,让静止的小球沿一个斜面滚下,小球将滚上另一个斜面。(3)继续减小第二个斜面的倾角,最后使它成水平面,小球将沿水平面作持续的匀速运动。(4)如果没有摩擦,小球将上升到原来释放时的高度。请将上述步骤按照正确的顺序排列________。(只要填写序号)在上述设想步骤中,有的属于可靠事实,有的则是理想化的推论。下面关于这些事实和推论的分类正确的是(　　)A. ①是事实,②③④是推论 B. ②是事实,①③④是推论 C. ③是事实,①②④是推论 D. ④是事实,①②③是推论。

变4:牛顿曾研究过这样一个问题:他发现人掷出去的石头总会偏离掷出方向落回地面,于是牛顿提出了一个“大炮”的设想,上图是他画的“大炮”草图——在地球的一座高山上架起一只水平大炮,以不同的速度将炮弹平射出去,射出速度越大,炮弹落地点就离山脚越远。他推想:当射出速度足够大时,炮弹将会如何运动呢?牛顿通过科学的推理得出了一个重要的结论。这就是著名的“牛顿大炮”的故事,故事中牛顿实际也用到了理想实验的研究方法。(1)研究中牛顿基于的可靠事实是________________。(2)根据以上资料和牛顿的“大炮”草图,推测牛顿当年的重要结论是________________。如今,牛顿当年的推测已变成了现实,人们应用他的推论,利用现代科技制成了________________。(3)想想看,初中物理学习中,你在研究什么问题时用到过理想实验的方法?请举一例并说明你的研究过程。

通过以上变换,可以对学生在思维过程中反映出的对物理概念、物理规律、的模糊认识加以纠正;对在分析物理过程中出现的疏忽、遗漏加以强调;对题中的隐含或多余的条件加以挖掘或否定;对所得结果进行再探索。这样,应用物理研究方法不但可以提高解题的正确性,且能促进学生的思维不断深入,养成勇于探求的科学态度。

物理教学应该是物理思维过程的教学,而不应是结论式的教学。实践表明,师生互动,应用物理研究方法让学生参与题目的改造是完全可行且十分必要的,但必须在教师的指导下进行。通过让学生参与改造题目,使学生养成这样的习惯:解答完一个题目后,还要看看在现有知识范围内,应用基本物理研究方法能否将题目进行改造。这样,立足于把学生的思维活动展开,引导他们注意解题思路的探索和概括,在这些过程中有利于发展学生的能力,使"教育之花"开得更盛!

(张华)

第五章

个性化教学策略

单丝不成线,独木不成林。

要想拥有一颗木,一个人即可;若想拥有一片林,齐心协力而为之。课内课外的阅读,审题做题的关注,国内国际的交流,这些看似平常的教学行为,体现的却是在合作中成长,在合作中进步的课程理念。

我们的启示是:由"木"到"林",确实有帮助,因为有些事实一个人永远也想不出来,但通过合作学习和观点的交流,就可以达到更多的理解。

相信您也想一睹"林"的风采,那就由此开始您的行程吧……

从"形、质、用"谈初中语文课外阅读的有效开展

无论是宏观的语文课程资源的开发与利用,还是微观课外阅读量与面的规定、建议,这些都体现了《语文课程标准》(2011)对课外阅读的重视。在这样的背景下,课外阅读在各地、各类学校语文教学中的地位得到凸显,相应活动的开展亦是如火如荼,但静心细思之后,我们遗憾地发现其中确也存在着"少、慢、差、费"的问题。解决这一问题是一个系统工程,很难一步到位。本文结合长期的实践与思考,从基于阅读主体的"形"、基于阅读内容的"质"和基于阅读效能的"用"三个方面谈初中语文课外阅读的有效开展,希冀其能对一线教师的课外阅读指导有所启发。

一、基于阅读主体的"形"

《语文课程标准》(2011)指出"学生是学习的主体。语文课程必须根据学生身心发展和语文学习的特点,爱护学生的好奇心、求知欲……"在初中语文课外阅读中,阅读的主体是初中学生。这就要求作为伴学者、助学者、指导者的教师在课外阅读任务布置、活动设计、阅读指导中,必须深谙初中学生的学习心理,尊重认

识论。课外阅读的“形”应该是尊重学习规律，符合初中生学习心理的阶段性要求和多样化活动，其间必伴随着广泛而深刻的调研、师生平等的商讨等。唯有如此，才能避免犯经验主义错误，使活动切合学生实际，符合学生的最近发展区，从而推动课外阅读活动长期有效开展。

然而，在充分调研各地各校开展的课外阅读活动后，我们遗憾地发现，部分初中课外阅读活动设计的出发点往往基于教师一厢情愿的美好憧憬，其形式往往单调乏味，其能力点的培养往往是单一的阅读技巧。在这里，笔者就其形式、弊病和应对策略略加分析。

很多教师在开展课外阅读活动初期往往侧重于读书笔记及基于此的演讲交流活动，这本无可厚非。读书笔记在课外阅读中的重要作用毋庸置疑，它有利于知识的积累储存，有利于阅读材料美点探寻，有利于思维的深化发展，有利于写作能力的提高……问题是在课外阅读活动的初期阶段，读书笔记的量该是多少，文本是何种呈现，质又该做何种要求？完成之后，是局限于教师的批阅，还是班级交流？如果是班级交流，是一人读众人听的固有形式，还是活泼生动的多样展示？

在实际调研中，笔者发现读书笔记的形式虽然多变，但文本的呈现却往往单一：文学常识、写作背景、词句摘录、文本概括、自我感悟等。我们都知道阅读习惯的养成是建立在长期有序的阅读活动的基础之上，为了帮助学生养成良好的阅读习惯，变“要你读”为“我要读”，让阅读成为学生生命成长的内在需要，教师的督促在初中阶段是必不可少的。这就带来一个问题，如此读书笔记每天完成需要多长时间，而且这是建立在学生阅读时间之外的。我们是否无形之中加重了学生的学习负担？如果不定期的完成，我们在课外阅读活动的初期阶段，又该如何帮助孩子养成良好的阅读习惯呢？

再看看基于读书笔记的活动形式。读书笔记完成之后的活动形式往往局限于以下几种：教师批阅的师生交流活动，定期的读书演讲活动，阶段性的展示活动等。这些交流活动虽在一定程度上有利于推动课外阅读的有效开展，但也存在着难以避免的局限性。师生交流活动因时空、对象所限，其交流往往流于浅表，缺乏深度。读书演讲活动要么照稿宣读，要么搞名著推荐会配合 PPT，往往是说者殚精竭虑，听者应和甚少。我不止一次在观摩类似活动是发现，作为听众的学生往往存在无所事事，企盼结束的神态举止。原因在于对象不同，类似活动本就不适合面全体学生的，它属于较高层次的课外阅读活动形式，更适合阅读社团活动，聚集真正感兴趣有初步研究的成员，在一起进行比较深度的探讨，才能产生应有的共鸣。阶段性展示活动，往往是适逢学校的读书节活动时才有。班级利用学校提供的展板，在其上展示班级学生优秀的读书笔记。有些学校条件可能更好一点，学生可以在定期的学校专刊上发表自己的读书笔记。不论是哪种形式的展示，都有时间与数量的限制，并不是每个学生都能展示自己的阅读进步与阅读成果，这必然导致读书展示活动无法有效全面开展。

这也就能解释为什么部分课外阅读活动的实践像运动一样，来时轰轰烈烈却无法持久，或者耗时长收效低，关键是学生没有动起来。而学生没有动起来的原因之一在于课外阅读的“形”不妥。笔者认为初中阶段的课外阅读活动的形式应该体现有效的多样性。例如基于全体学生的立体式展示活动，班级墙报的全面展示，QQ 日志班级博客的多样展示，班级读书笔记汇编，每天教师带队的团队研究，每周课外阅读欣赏课的组内展示推荐展示等；基于个体学生的特色展示活动，不同级别的读书征文以及竞赛，定期的专题展示活动，读书笔记荟萃成书等；基于初中生学习心理的多种形式的展示，美文诵读、诗歌编唱、舞台表演、知识竞赛、故事新编、演讲辩论等；基于学生学习规律体现不同能级的层递性任务，词句摘录、选点介绍、美点探究、说仿改创以及最终的研究性读书报告……

因此，只有基于不同学情、面对全体学生、符合初中生学习心理、尊重学习规律、体现能力提升轨迹的多样化阅读要求与活动形式的课外阅读，才能真正推动初中语文课外阅读活动的有效开展。

二、基于阅读内容的“质”

形，物之表；质，物之里。有形无质，必然流于肤浅，其势不能持久；有质无形，必然限于单调枯燥，其势也不能长久。只有形质相辅相成，互为作用，才能真正达到内外兼修，获得理想化的效果。所以要想真正激发学生的阅读兴趣，推动课外阅读的有效开展，我们不仅要关注多样的活动要求与形式，还要关注阅读的内容。相比而言，这个应该是更为重要的。因为真正有趣、丰美、有意蕴的文章才能使课外阅读活动焕发生机，拥有难以遏制的生命力。它的价值不仅是课外阅读活动初级阶段激趣的需要，也是课外阅读活动发展阶段的必须。

关于课外阅读文章的选择的问题，在部分教师看来并非难题。原因在于《语文课程标准》有比较明确的界定，中考也有明确的导向。在有限的教学时间内，为了达到“效益”的最大化，课外阅读材料的选择其实已经限定，篇篇指向名著。名著经典不经典？经典！但是否课外阅读的起始阶段就应该大量尝试这些大部头，内涵丰富的名著？这就值得商榷了。这些作品有着悠远的时代背景，深邃的思想，丰厚的文化底蕴，非得有了一定的阅历和文化积淀，方能悟得一二。有些名著就算是成人也是常读常新，反复揣摩方能品其三味。课外阅读的起始阶段浅尝是可以的，重点阅读其中一两部较为贴近的也是可行的，若局限于此，其厚重之感估计学生必然难以承受。

笔者曾开展《文学的人生　人生的文学》专题交流活动，活动创意是基于选点阅读策略，降低阅读难度，指导阅读方法，引导学生从文学作品中发现人生，感悟人生，借以丰富人生经历，获得有益启示。原来期望学生能够将不同阅读材料放在一起比读、联读，从而在异彩纷呈的文学作品中发现酸甜苦辣的人生，从而培育审美情感，丰富生命体验。但是可能是平时教师推荐阅读材料的导向作用，很多学生局限于课标中的名著，发现的往往是生活的艰难与主人公的不屈。他们发现的生活不能说不多，得到的启迪也不能说没有教育意义，但是整场活动我们感受到的却是无以复加的凝重。究其原因，可能有读书演讲形式的单一，但更多的问题则在于课外阅读活动的质，也就是阅读内容。

这就提醒我们，初中课外阅读材料的选择标准不能仅仅立足于教师的角度，以成人的眼光，专门挑选那些挑选富有营养、具有极高文学价值和学习价值的书籍，而应回归到学习的主体——学生，尊重他们的阅读心理、阅读能力与阅读期待。

从现代认知心理学角度来看待阅读过程，阅读过程就是一个主客体之间相互作用的过程。只有当作为客体的阅读材料与作为主体的学生达到某种程度的共鸣，课外阅读活动才能和谐发展。这启示我们书籍的推荐务必在价值和学生需要之间取得一个平衡，例如根据初中三个年级的不同学段学生阅读心理的差异，我们可以粗略确定不同学段的阅读书籍的推荐：我们在推荐书籍时可以分别侧重于其内容的“趣”“感”“理”，也就是初一侧重于“趣”，故事的趣，人物的趣，语言的趣等，初二侧重于“感”，有感觉、有感情、有感触等，初三侧重于“理”，有理趣、有哲思、有启迪等；初中阶段是学生变化最大的阶段，不仅是生理、心理的变化，还有学习能力的突飞猛进。不仅是不同年级，就是同一年级的不同个体，其阅读能力也有着巨大差异。这就要求教师在阅读任务的布置和阅读内容的确定上应深入思考，既要尊重学生的个体阅读的需要，又要关注学生阅读的整体性，也只有这样，才能让课外阅读活动的开展避免各说各话或千篇一律。例如根据不同年级学生不同的阅读能力，推荐书籍时初一侧重于“知”、初二侧重于“情”、初三侧重于“意”。也就是说初一侧重于故事的情节，初二侧重于情感体验，初三侧重于思考体悟；不同的学生，甚至是同一学生在不同的时空、心境下，其阅读期待是不同的，其中包含休闲性阅读、审美性阅读、学习性阅读等。不同的阅读期待必然要求不同的阅读材料。如果教师不能关注学生的阅读期待，在不恰当的时间安排不恰当的书籍，或者所推荐的书籍局限于某一个角度，那么势必将影响阅读兴趣与阅读效果。根据学生的不同阅读期待，我们可以将书籍粗略划分小吃、佳肴与主食。

小吃侧重于速读,了解流行文化,把握时代脉搏;佳肴侧重于品读,品读文章的美点,美物、美景、美事、美情等;主食侧重于精读,咀嚼其情思、理趣、表达等。

课外阅读内容的确定还应遵循选读与必读的原则。这里的选读与必读是矛盾统一的:选读侧重于量,必读侧重于质;选读侧重于兴趣,必读侧重于指导;选读侧重于自主式阅读,必读侧重于合作探究式阅读。

综上所述,课外阅读的"质"基于一个准则,即学生喜欢的书籍、需要的书籍才是真正的阅读内容。教师推荐的书籍应根据阅读对象的不同、阅读心理的不同、阅读能力的不同,阅读期待的不同而有所区别。阅读应有必读与选读、个读与共读之分,既有量又有质,既有浅层阅读,又有深度探究。阅读效果应该既有低于原有水平的兴趣激发,等同水平的交流辩论,略高水平的促进提高。

三、基于阅读效能的"用"

学习为了什么?古代教育家孔子两千多年前就提出:学习新得要见诸行动。他周游列国时曾说:要把知识运用于生活和政治的实践中。我国近代教育家陶行知教育思想的核心之一就是"教学做合一"。现当代语文教育家叶圣陶、吕叔湘、张志公"三老"的语文教育思想也主张"学用结合""学以致用"。基于此,笔者提出了课外阅读务必要关注基于阅读效能的"用",因为只有学以致用,才能真正激发学生课外阅读的兴趣,才能推动课外阅读的有效开展。

当目标明确之后,摆在我们面前的问题就是如何让学生在课外阅读中读有所获,读有所用。笔者认为基于学生的阅读期待,我们可以帮助学生在课外阅读中获得相应的学习经验、审美体验验、人生经验,并指导他们运用于实际的学习生活中。只要能够做到这一点,课外阅读也就不存在什么激趣、督促等纠结了,学生的阅读必然由外在的强迫、引导转化为内在生命成长的必须。

对于如何帮助学生获得学习经验,我们可以借鉴余映潮老师的做法。他在不同类型的课堂教学中多次运用"资料助读、穿插式教学、比读联读"等教学方法,将课外阅读引入了课堂,既提高了课内语文知识的积累,又加强了语文能力点的训练,而且让学生获取了更多的学习资源和实践机会,从而拥有更多的学习经验。这是一例。我们也可以在课外阅读的活动中,有意识地开展专题活动,抛却笼统粗犷的阅读形式,走向精细化,可以就一部作品的一个点或几部作品共同的点进行专项研讨,例如文化知识的竞赛,优美词句的联诵与仿写,结构的巧妙安排,故事的跌宕有致,人物的典型塑造,景物的精心描摹,艺术手法的揣摩与创新……配以贴近学生形式多样丰富多彩的活动,学生获得的不仅是记忆的简单储存,而是"听说读写"能力的综合提高。这些学习经验反作用于课内,必然带来学生,语文素养的提升,外化为学习成绩的上升;这些经验延伸于课外,必然带来学生阅读能力的提高,乃至学习能力的提高,最终让学生获得终身学习的能力。这样的课外阅读,学生如何能等闲视之?

帮助学生获得审美体验,就是要引导学生在文学作品的阅读中发现美、品味美,获得审美的乐趣。不同的文学作品有不同的美点。童话有故事美,寓言有哲理美,诗歌有意象、意境、意蕴之美,散文有情感美,人物传记有人生美,名著有文化美……细品一部作品亦有不同的美,例如鲁迅的《朝花夕拾》里的童趣、理趣、谐趣相统一的充满情趣美的艺术世界:那百草园诗情画意的描述,充满童趣;那精练而冷峻的文字,或带批判,或含思索,充满理趣;那蕴含于客观叙述的幽默,充满情趣……

引导学生徜徉在美的文字中,即使不做任何技术性的分析,就是那么悠悠的一读,学生也必沉浸其中,久久不能释卷。不同的学生藉此获得不同的审美体验,或浅或深,当学生获得了这份独特的审美体验之后,必然能感受到阅读的乐趣,从而长久的读下去,因为文学本身的魅力已经征服了一切。这份阅读酝酿于内心,必然是丰富的情感,深邃的思想,外显于生活,必是出色的审美意识和审美能力。

我们总是笑言“少年不识愁滋味”,其实结合初中生心理特点的研究,我们就会发现初中生的烦恼其实很多。例如理想与现实、成功与失败、付出与回报、改变与惰性、理解与猜忌、倾听与诉求等等。这些问题如果处理不当,其产生的负面作用可能不仅仅体现在学习方面,更会影响孩子一生的成长。如果有一段文字,有一本书能在他们纠结时,让他们得到相应的纾解与指导,那么课外阅读还会是无效的吗?课外阅读的价值不仅在于阅读本身,更重要的是对人的素质的全面影响。如果让学生在阅读过程中,既能获得有用的信息和知识,培养运用祖国语言文字的能力,又能从中汲取精神养料,接受优秀文化和人文精神的熏陶,拥有冲淡平和的心态,获得心灵的宁静愉悦,以及解决实际问题的能力,从而提高人的整体素质和生命质量,那么课外阅读的魅力何须再言?叶圣陶在一封谈语文教学的信中说过:“老师能引导学生禅善于读书,则其功至伟。”让孩子学会读书,受益读书是每个语文老师的职责与本分。

综上所述,面对初中语文课外阅读确实存在耗时长、收效低、兴趣不浓等诸多问题,我们唯有立足于学生,以学生的眼光看待问题,从学生的角度解决问题,努力处理好课外阅读中基于阅读主体的“形”、基于阅读内容的“质”和基于阅读效能的“用”三个方面的问题,才能推动初中语文课外阅读的长期有效开展。

(谭志刚)

刍议在中学物理解题中如何审题

面对生活,面对学习,人们有时需要调整思维,使不可能变成可能。

有这样一则小故事,值得回味:傍晚,退休的李教授随时翻阅 9 岁孙女的自习本,发现写着几条等式如下:1 + 1 = 1;2 + 1 = 1;3 + 4 = 1;4 + 9 = 1;5 + 7 = 1;6 + 18 = 1。教授好生奇怪,琢磨半天不明白是怎么回事,把孙女叫来询问。

孙女说:“爷爷您这也不懂? 1 里加 1 里等于 1 公里,2 个月加 1 个月等于 1 个季度,3 天加 4 天等于 1 周,4 点加 9 点等于下午 1 点,5 个月加 7 个月等于 1 年,6 小时加 18 小时等于 1 天。”

是这样吗? 可见,面对生活,面对学习,一些看似不可思议的东西,人们有必要调整一下思维,换一个角度思考,就会得到异乎寻常的答案,使不可能变成可能。

中学物理的学习中,应该调整思维,换一个角度思考,学生也会获得异乎寻常的答案,使不可能变成可能。起于以上出发点,联系实际,以下笔者谈一谈自己在教学中引导学生调整思维,让学生在物理解题前先把题目审清,把题审好,然后再解答。抓住关键,注意题目中的关键词语,进行回归分析,这样,学习效果就会更好一些。在审题时应注意以下几点:

1. 理解关键词语

(1)注意“光滑”“绝对光滑”等词语都表示不计阻力,即 f = 0N。

例:一个物体在一对平衡力的作用下,沿光滑水平面做匀速直线运动,当这对平衡力突然消失,则物体将(　　)

A. 立即停止运动　　B. 运动速度越来越快

C. 速度减慢,最后停止　　D. 仍做匀速直线运动

解析:本题抓住“光滑”二字进行分析,物体做匀速直线运动没有受到其它外力的作用,当平衡力突然消失时根据牛顿第一定律可知物体将仍做匀速直线运动。

(2)力学中注意分析的两种状态:“静止、匀速直线运动”一般表示物体在平衡力的作用下。

例:2008 年 5 月 12 日 14 时 28 分四川汶川发生里氏 8.0 级大地震,在各处形成了大大小小的堰塞湖,党中央国务院集中力量排除各地的险情。直升机用钢丝绳吊着 1.2 × 105N 的挖土机,当挖土机静止吊在空中时钢丝绳对挖土机的拉力__

______1.2×105N，当直升机吊着挖土机以 lm/s 的速度匀速上升时，钢丝绳对挖土机的拉力________1.2×105N。（选填“大于”、“小于”或“等于”）

解析：本题的关键字词是“静止、匀速上升”，出现这些字词表示物体在平衡力的作用下，此时钢丝绳对挖土机的拉力与挖土机的重力是一对平衡力。

（3）热量的计算时注意温度的变化的一些词语：“升高到”和“升高了”的区别，“降低到”和“降低了”的区别。

例：一台太阳能热水器装满水后，水的质量是30kg，使这些水的温度从20℃升高到70℃需要吸收________J 的热量。若这些热量用来加热 120kg 冰块，则冰块的温度上升了________。（C 水 = 4.2 × 103J/（kg · ℃），C 冰 = 2.1 × 103J/（kg · ℃））

解析：本题关键是从语文角度理解“升高到”和“升高了”、“降低到”和“降低了”这些字词的意思，从物理角度弄清温度的变化具体是多少，然后再应用热量公式进行计算。

（4）功、功率计算时要注意分清是有用功率还是总功率，是功率还是效率。

例：用如图所示的滑轮组匀速提升重为 480N 的物体 G，所用拉力 F 为 200N，将重物提升 3m 所用的时间为 10s. 求：

（1）拉力所做的有用功；

（2）拉力的功率；

（3）滑轮组的机械效率。

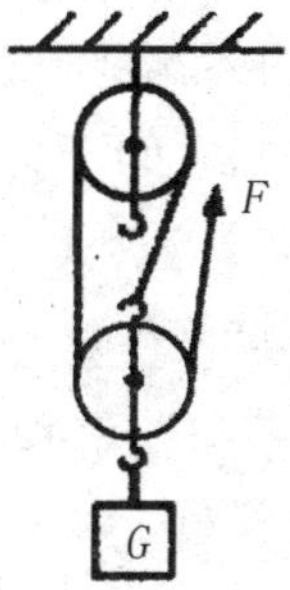

解析：本题的注意点是分清功率和机械效率的区别，功率是物体在单位时间做的功，机械效率是有用功与总功的比值，把握住这一关键，按照基本定义和公式进行解题也就水到渠成了。

2. 挖掘隐含条件

（1）家庭电路的电压一般都是 220V，在家庭电路中用电器一般都是并联，开关和电灯时串联。

例:家庭电路中的电冰箱、电视机、电灯等用电器的连接方式是________联,开关和被控制的用电器是________联,将一个阻值是 110Ω 的电阻接在家庭电路中,则通过它的电流是________A。

解析:本题的隐含条件家庭电路中的电压是 220V,找到这一条件,应用欧姆定律计算电流也就容易了。

(2)气压一般是指 1 标准大气压,数值是 105Pa,在这一气压下水的沸点是 100℃。

例:一个标有“220V1000W”的快速电热水壶,要在标准大气压下将 1kg 温度为 20℃的水烧开,水需要吸收的热量是________J。【水的比热容为 4.2 × 103J/(kg · ℃)】

解析:本题的隐含条件在标准大气压下把水烧开水的末温是 100℃,弄清水的温度上升了 80℃,再计算也就不难了。

(3)在做热学题目时,题目中的不计能量损失,转化和转移的效率都是 100%。

例:已知天然气的热值是 7.5 × 107J/m^3,若某家庭一个月用 8m^3 的天然气,则这些天然气完全燃烧时放出的热量是________J,若这些热量全部由热值是 3.0 × 107J/m^3 的焦炭来提供,应完全燃烧____kg的焦炭。

解析:本题中“全部”二字就隐含了不计能量损失,天然气完全燃烧时放出的热量与焦炭完全燃烧时放出的热量相等,知道这一等量关系,就容易计算。

(4)电学题目中的用电器正常工作、灯泡正常发光时的电压就是额定电压,用电器正常工作、灯泡正常发光时的功率就是额定功率。

例:家庭电路中,照明灯泡与控制它的开关之间的连接方式是___________.一只标有“PZ220 — 100”字样的白炽灯泡,其额定电压是________V,额定功率是________W,正常工作 5h 消耗的电能为________kW · h。

解析:本题中灯泡“正常工作”的功率就是灯泡的额定功率,挖掘出这一隐含条件再计算电能只需按照公式计算就行了。

3. 排除干扰因素

(1)在力学中,当物体水平运动时,物体是不会克服重力做功的,此时物体的重力做功就是干扰因素。

例:如图所示,重为 25N 的木块在大小为 10N 的水平拉力 F 的作用下,在 10s 内沿水平地面匀速前进 5m,则拉力做的功为________J,重力做功为________J。

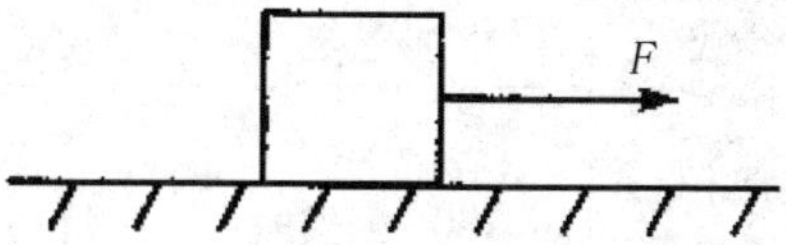

解析:本题中木块在“水平拉力”作用下运动,物体只在水平拉力的作用下运动,在重力的方向上并没有移动一段距离,所以重力做功的大小为0。

(2)在力学中,物体以不同的速度匀速上升或匀速下降时,表示物体受平衡力的作用,此时的“上升”、“下降”或“不同速度”均为干扰因素。

例:人站在升降机里,升降机以1m/s的速度匀速上升时,升降机对人的支持力为500N. 下列说法正确的是(　　)

A. 升降机静止在十楼时对人的支持力小于500N

B. 升降机以1.5m/s速度匀速上升时对人的支持力大于500N

C. 升降机以2m/s速度匀速下降时对人的支持力等于500N

D. 升降机以1m/s速度匀速下降时对人的支持力小于500N

解析:本题的关键字词是“静止、匀速上升、匀速下降”,表示人在升降机里处于平衡状态,我们应排除“1m/s、1.5m/s、2m/s”这些不同速度的干扰。

(3)在电学中,两灯串联时,甲灯比乙灯亮,这里的“甲灯比乙灯亮”就是判断电流相等的干扰因素。

例:甲、乙两灯组成串联电路,如果甲灯比乙灯亮,则通过甲灯的电流I甲与通过乙灯的电流I乙大小关系是(　　)

A. $I_{甲} > I_{乙}$　　B. $I_{甲} < I_{乙}$　　C. $I_{甲} = I_{乙}$　　D. 无法确定

解析:本题的关键是弄清两个灯泡是串联关系,串联电路中的电流处处相等,而题中的“甲灯比乙灯亮”就是干扰因素,应予排除。

(4)在物理实验题中,有许多表格型实验,表格中有很多数据,要快速的搜寻有用的数据,便于自己解题,及时排除一些干扰因素。

例:今年5月娄底全面开通了3G手机通信业务. 你知道到底什么是3G通信吗? 所谓3G,其实它的全称是3rdGeneration,中文含义就是指第三代数字通信. 第三代与前两代的主要区别在于:传输声音和数据的速度上的提升,它能够处理图像、音乐、视频流等多种媒体形式. 以下为某3G手机LGKT878的主要参数:

手机类型	主屏参数	电池规格	摄像头像素	通话时电流
3G 手机 智能手机 拍照手机	3.0 英寸 480×800 像素	3.7 伏 1300 毫安 时锂电池	500 万像素	400mA

该手机通话 5min,消耗的电能是________J.

解析:本题中表格的参数很多,很多因素应予排除,及时找到该手机的电压是 3.7 伏,通话时电流是 400mA,再进行相关计算就可以了。

4. 对应相关原理

(1)速度的两个单位 m/s 和 Km/h 之间的"3.6 倍关系"。

例:长 200 米的火车,以 72Km/h 的速度全部通过一座桥,共用时 1min,这座桥的长度是多少米?

解析:本题中的速度 72Km/h 应对应相关的原理,对应速度的两个单位 m/s 和 Km/h 之间的"3.6 倍关系",将 72Km/h 换算成 20m/s,再进行相关计算。

(2)杠杆平衡时,当重物的重力与重物到支点的距离一定时,要画出最小力,力臂就要最长,一般力与杠杆垂直。

例:图中,为使杠杆 OA 保持静止,画出在 A 点所加最小力 F_1 的示意图。

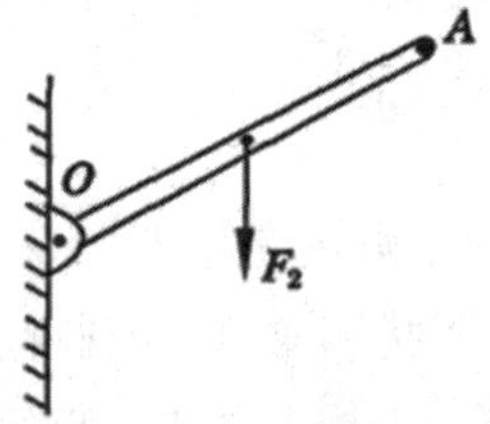

解析:本题中的阻力 F_2 与阻力臂一定,题目要求画出最小力 F_1 的示意图,应把握"力最小,力臂就要最长,一般力与杠杆垂直"这一原理,在 A 点正确作图就行了。

(3)电流表、电压表大小量程之间的"5 倍规律"。

例:一只电压表有"0 - 3V"和"0 - 15V"两个量程,某次实验中用的是"0 - 3V"的量程,但这个量程刻度盘已模糊不清,无法读数了,从"0 - 15V"的量程上的刻度盘发现指针指的电压恰好是 8.5V,则实际测得的电压为( )

A:1.7V B:1.5V C:8.5V D:0.85V

解析:本题中的原理是电压表大小量程之间的"5 倍规律",现在在电压表大量程中的示数是8.5V,利用“5倍规律”,可知实际电压是1.7V。

(4)额定电压、额定功率一定的小灯泡,当实际电压是额定功率的一半时,实际功率一般是额定功率的四分之一。

例:把“12V6W”的灯泡接入6V的电路中,灯泡消耗的实际功率是( )

A. 12W B. 6W C. 3W D. 1.5W

解析:本题中的原理是“当实际电压是额定功率的一半时,实际功率一般是额定功率的四分之一”,现在灯泡的电压由12V变为6V,根据原理,灯泡的实际功率应为额定功率的四分之一,即1.5W。

这样,在审题中注意理解关键词语、挖掘隐含条件、排除干扰因素、对应相关原理以上要点,应用好物理中的审题分析,从不同角度去看,就会看到不同的风景,会有不同的感受,只要我们做事情的时候,用积极的心态去对待,多做一些换位思考,多一些分析,就算再无法逾越的鸿沟,也不能阻挡我们前进的步伐,再棘手的难题,只要换个角度去看待,审好题目,也许就会有截然不同的效果,就会看到乌云背后的蓝天,就会使自己的物理学习这颗大树更加根深叶茂!

(张华)

跨文化交际与中学英语教学

1. 英语歧义现象

任何语言都有歧义现象,英语也不例外。Kess 和 Hoppe 在其专著《Ambiguity in Psycholinguistics》一书中甚至提出“语言无处不歧义”的理论。他说,“Upon careful consideration, one cannot but be amazed at the ubiquity of ambiguity in language.”(仔细思考一下,我们不能不惊奇的发现普遍存在的语言歧义现象。)

我们虽然不必极端的理解歧义的普遍性,但其在语言中的客观存在是不容忽视的。Kempson 指出:“词和句子都可能含有一个以上的意义。”而英国 Leech 则将歧义定义为“…一个语言项目具有一个以上的认知意义。”因此大部分语言工作者都普遍相信,当结构上遵循语法规则、语义上符合逻辑常理的语句,其深层可包含两种或两种以上的释义,则会出现歧义(ambiguity)。不过,以上对于歧义的理解多把它局限于以词语、句子为单位的语言素材中,其实,在语言运用中,我们也会发现在大于句子的语段和语篇中存在歧义现象。因此,笔者认为,我们不妨把歧义理解为“一个语言项目(包括词、句等)或一个语篇(一首诗,一段叙事,一则广告)具有两个或多于两个含义的语言现象”。

很多语言工作者已经注意到了这一独特的语言现象,并对其加以研究分析。但大多研究仅局限于对歧义类型的总结、歧义现象的描述,而未将其置于实际的交际使用和实际教学中加以探讨。另外,很多语言学家在研究这一语言现象时,往往是从固有歧义出发,尽可能脱离上下文对歧义的语义制约,来进行研究。这固然是因为歧义现象本身是具有不同释义特征的孤立语句,但是从交际语言观的角度来看,将语句的表层结构和深层结构割裂、孤立的对待,是不符合语言使用的本质特性的。

鉴于以往研究的局限性,本文将主要从交际效应的角度出发,把交际过程中出现的歧义现象分为蓄意歧义(intentional ambiguity)和无意歧义(unintentional ambiguity),并分别结合教学实践加以分析举例。其中前者是说话人对于语言结构矛盾的积极利用,或一语双关,或声东击西,以达到特定的交际目的。而后者是语言结构矛盾的自然显露,语言交际中出现的语病和误解有时就是无意歧义的具体体现。这样的分类,能显示语言创造性的积极的一面和因节约性而引发的消极的一面,在教学中区别对待,无疑会得到事半功倍的效果。

2. 无意歧义与交际教学

按照语言交际教学的观点,语言是用来交流思想的,而无意歧义则是由于语言使用者本身或语言结构自身的缺陷,而导致交流受损的语言现象。

那么,如何避免无意歧义有可能造成的对语言交流的损害呢?从教师的角度来看,如果教师首先帮助学生系统地建立"歧义"这一概念,让学生了解到语音结构中,有限的音素交叉组合,同音词或词组的存在有可能导致歧义误读;在词汇中,有限的字母组合拼写,会导致一词多义、一义多词的现象;句法结构中,有限的句型进行组合时也有可能导致歧义出现。从而帮学生树立语言歧义现象有其存在的普遍性和客观性的观点。在帮助学生树立了这一观念后,教师可以系统的从纷繁芜杂的歧义现象中总结出一些避免歧义、消解歧义、排除歧义的方法,帮助学生扫除语言交际中的障碍。在此,笔者就自己在学习和教学中所遇到的案例,试作一探讨。

2.1 语音结构引起的无意歧义

口头交际中,连续语篇的听觉单位是呼吸组而非单词,因此有不同单词组成的两个语音相同的呼吸组可出现同音异形的现象。如:

Where're those stools? Where're those tools?

What're these sticks? What're these ticks?

不同的单词组成的两个相同的呼吸组形成同音异形异义,导致了无意歧义的发生。这是如果在词与词之间少做停顿,互不粘连,便可以避免歧义产生。或者,

有意识的指导学生在中心词周围加上一定的限定修饰成分,也可起到避免无意歧义的作用。如:

Where're those stools for me to stand on?

Where're those left - handed tools?

2.2 句法结构引起的无意歧义

美国语言学家 Roberts 曾指出:"这种因句法规则使用不当而引起的句法歧义是由于人们忽视使用表明句子结构的句法代号而引起的。"(引自陈汉生《基础英语中的几种歧义现象》)下面是几种常见的句法结构引起的歧义现象,以及笔者建议的消解对策。

a 名 b. 词(动词) + 动词(名 c. 词)

这是由于某词在句子中的词类解读不同而造成的无意歧义。例如:

Our club demands change.

很明显,"demands"和"change"都可以被解读成不同的词类,即既可以是名词,又可以是动词。那么在实际交际中,就有可能被理解成:

①our club demands to have some change.

②the demands of our club are not the same as before.

为了避免这种类似的误读现象发生,我们可以指导学生使用某些句法代号来表明这些易混词的词类。如在 demand 前使用情态动词 will,demand 词尾加一般过去时的后缀;change 前加 a 或 some。也可 demand 前加限定词 the,或在 change 前使用情态动词,这样使之分别呈现出名词或动词的特征。

d. 修饰语 + 名 e. 词

English teacher 是在交际教学中时常引起歧义的一种现象。它即可能是 1)一位教英语的老师,也可能是 2)一位来自英国的老师。要限定 English teacher 是表达 1 或 2 的意思,关键在于明确它是复合名词还是有修饰语家名词组成的名词短语。在交际教学中,教师可以指导学生依靠重音模式来区分上述不同结构。如果重音模式为主重音 - 第三重音(primary - tertiary stress),则表示 1 的意思,即 English teacher 是复合名词;如果重音模式是次重音 - 主重音(secondary - primary stress),English teacher 就成为了名词短语,表示 2 的意思(Roberts)。因此,教师可以通过帮助学生理解怎样在交际中使用不同的重音来强调、区别自己想要表达的重点。另外,也可以通过常识和交际语境来进行推理。

f. 动词词组 + 名 g. 词宾语

下面也是引起语言歧义现象比较典型的句子:

The doctor looked over my head. 句中的 over 是副词还是介词? 如果是副词,

则和动词组成复合动词,意为 examine quickly;如果是介词,则和后面的名词组成介宾短语,意为 look above。因此这种句子在交际中会有两种解读方式:1 医生检查了我的头。2 医生从我头顶看去。

避免和消解这种歧义现象,可以通过提示学生 over 一词在句中如果用次重音并且在 over 前不用持续连音,那么,听者就会 over 理解为副词,而词组为复合动词词组;反之,over 一词在句中使用第三重音,并且 over 之前使用持续连音,听者就会把它理解为介词,与其后的名词组成介词短语。

另外,小品词用作副词,在句中的位置可变换,可置于名词宾语的前面或后面,但只能放在代词宾语的后面。小品词如用作介词,起在句中的位置是固定的,只能置于介词宾语之前。这也可以作为判断句意的一种方法。

h. 名 i. 词 + 修饰语 + 修饰语

如果名词后面紧跟两个修饰语,其中第二个修饰语既有可能修饰名词,也有可能修饰第一个修饰语。如:I visited the woman with the kid who was sick. 其中 who was sick 是修饰 the woman 还是 the kid?

另一种容易造成歧义的结构是修饰语 + 名词 + 名词,这时往往使人造成迷惑的是修饰语到底修饰的是哪一个名词。如:young women and men,就有两种理解方式:年轻女人和所有男人;所有年轻的男女。在交际活动中,为避免这种歧义,可以指导学生使用正确的停顿和连续连音,以及调整词序等方式,控制歧义现象的出现。

2.3 词汇引起的无意歧义

词汇引起的无意歧义有两种形式:具有多个义项的一个词和拼写相同的多个词。虽然孤立状态的多义词会有多个词义,但在交际教学中,学生接触的语料都有语境相随,起到制约的作用,因而大多数情况下,只有一个词义适合上下文,但如果语境对多义词制约不够严格,就会出现无意歧义。如:

She can't bear children so she never talks about them.

可释义为 1)她不能生小孩,所以也从不谈论孩子。2)她不能忍受孩子,所以也从不谈论这个话题。

词汇歧义形形色色,这里只略举数例:

Look out! There comes the train! (当心! 火车来了! /看外面! 火车来了!)

They passed the notice in the dark. (他们在暗中传递着通知。/他们在黑暗中传递着通知。)

He turned out a wounded soldier. (他赶走了一个受伤的士兵。/他原来是个伤兵。)

这几个例子都是同形同音异义词(组)。

有时,词(组)有本意和转义之别而造成歧解:

We saw the light. (我们看见了灯。/我们明白了。)

He is well – known for his long face. (他因脸长而著名。/他因常闷闷不乐而著称。)

We were standing by the moment he lay low. (他伏下身那会儿我们就站在旁边。/他下葬那会儿我们就在旁边。)

甚至有些词(组)的肯定与否定形式反而各有一解,如:

a dress that is much worn. (一种很流行的服装式样/一件穿旧了的衣服)?但是:

I want a cloth that will wear.

I want a cloth that won't wear.

两句的意思是一样的,意思是:我要一种耐穿的衣料。之所以 wear 的意思

变化无端,是因为它既有“磨损、穿破”的意思,又有“耐磨、耐穿”的意思。同样身兼相反两义的还有 overlook(监视,查看;忽视,不看)等词。

而有时一词会兼褒贬两义于一身,如 pride, proud; envy, envious; ambition, ambitious 等。仅以 ambition 为例:

①Her ambition was to be a famous singer.

她的理想是成为著名的歌唱家。

②Hitler' ambition was to conquer the whole Europe.

希特勒的野心是要控制全欧洲。

在日常交际中,字面词义和意向义往往相差很大。因此在交际教学中,教师应将语言结构和词汇学习和语境相结合,使学生根据不同的语境产生不同的联想;不同的语气声调也会承载不同的信息,教师可以有侧重点的对学生进行专题练习,如将此类词汇作一列表,辅之以不同情景,让学生体会使用这些词汇进行信息传递时,产生的不同理解和反映。

3. 蓄意歧义和交际教学

虽然无意歧义会给语言交际活动带来障碍甚至损害,是语言结构矛盾的显现。当语言教学中出现由无意歧义导致的语病和误解时,教师应提醒学生注意避免和排除。但“Every coin has two sides(万事有利有弊)”,如果对语言结构矛盾加以积极利用,又会产生一语双关、声东击西的效果,可帮助达到特殊的交际目的。这就是我们要讨论的蓄意歧义。

在交际活动中,最令学习者感到难以琢磨的应该算是语言幽默了,而它的根

本特征就是利用语言上的歧义。它常常是说话者的故意安排,通过多种语言手段在语音、词汇、句法等层次上反映出来,利用语言细微的差别达到耐人寻味、或出其不意的戏剧效果。下面就从语音、词汇、句法三个方面讨论蓄意歧义造成的这种效果,以及对交际教学的启示。

3.1 语音引起的蓄意歧义

在利用语音制造蓄意歧义交际效果时,同音(形)异义词(组)(homonym)经常被用来进行有意识的巧妙安排。如 flour(面粉)和 flower(花朵),need(需要)和 knead(揉面)等,他们发音相同,但意义各异,常常会使人产生误解。如一家健身房的广告是:

We have courses to make grown men young and young men groan.

这里就采用了蓄意歧义来制造幽默效果,因为 grown(成年的)和 groan(呻吟)是一对同音异义词,被巧妙的用在了同一个句子中,幽默油然而生。又如:

"When does the baker follow his trade?"

"Whenever he kneads the dough. /needs the dough."

这里利用的是 need 和 knead 这一对同音异义词,并配上 dough 一词的多义(面团;钱),造成了两种解读方式:1)当他揉面时;2)当他需要钱时。这里蓄意歧义形成了双关来达到幽默效果。

另外的一个例子:A hopeless widower said, "Nothing can mend a broken heart." A widow answered, "Except repairing." "修理"(/rip'ε/)和"重新配对"(/'rip'ε/)发音基本相似,只是重音有些微的差别,但正是这一点差别让听者有了联想的余地,而语言幽默效果也表现出来了。

3.2 词汇引起的蓄意歧义

词汇引起的蓄意歧义不仅产生于发音相同而意义相异的两个词,也产生于同一个词的两种不同意义,即一词多义。因此一个词的确切意义必须由其语境来判断。语境不同,或语境不明,或故意弄的模模糊糊,多会产生双关或暗指这样的特殊交际效果。比如:

"Fourth floor, please." said the passenger to the elevator.

"Here you are, son."

"How dare you call me son?"

"I brought you up, didn't I?"(我带你上来的,不是吗?/我把你养大的,不是吗?)

因为英语中许多习语不能按其字面组成词的意思来解释,而是具有作为习语的特定含义,因此这也成了蓄意歧义的一种来源。又如:

The American Dream does not come to those who fall asleep.

这里的 American Dream(美国幻梦)已成了一个特定词组,专指“人人都能追求富裕、自由,机会均等”,已经具有特定的文化内涵。而这句话又将 dream 和 fall asleep 对应起来,使其不仅具有幽默感,还带有警句色彩,耐人寻味。

3.3 句法结构引起的蓄意歧义

句法关系的不同也可以制造出蓄意歧义的效果,即在同一句子的内部因存在着不同的内在句法关系而可以做出不同的解释。而形成蓄意歧义。比如:

For more than a year, a man had eaten in a small restaurant where the sign read: " Mary's Home Cooking". However, he had never had never seem Mary. When he finally curiously asked the waiter why Mary was never around, the answer was "Mary was just where the sign says she is, home cooking."

招牌上的这句话,其中的's 结构,从句法结构上看可以是所有格形式,这是意思为“玛丽的家常拿手菜”;也可以是 to be 的缩写,这就成了“玛丽在家里做饭了”。

总之,在英语交际教学中,教师可以首先引导学生学会欣赏蓄意歧义达到的交际效果,意识到幽默是智慧的体现。蓄意歧义体现了智力的优越,而能够理解和欣赏这种独特的语言现象也需要智慧。在学生的基本综合能力达到一定水平时,让他们尝试在交际中自己使用一些结构,体验其效果,可以从另一个角度提高他们对语言学习的积极性。

4. 结语

对交际教学而言,由于歧义现象是结构形式和意义之间的矛盾而生,跟踪歧义的触发、显露、消除和利用的全过程,会帮助学生理解语言是一个多层面、多因素相互协调有相互制约的对立统一体,语言的语音和文字形式之间有着微妙而复杂的联系,这种理解有利于学生树立全面、辨证的语言观,建立从整体上去把握语言的理念。

其次,对歧义现象的关注为教学提供了大量具有明显歧义或暗含歧义的语言材料,可以帮助学生从不同于主流教学的另外一个角度认识语言结构及其运用规律,了解语言各层面之间的微妙关系,掌握科学的学习方法。

另外,在英语实践方面,由于歧义是由语言结构和语言意义之间的矛盾而生,因而在组织学生按照交际情景学习语言时,不应忽略语言结构形式的掌握;而同样在教授语言结构形式时,也不应放弃其交际功能的学习。在讲解词汇和结构形式时,不应单纯着眼于其语音、语义和语法特征,更要揭示其在不同交际环境中的内部变化和外部联系。

总之,歧义是一种独特的语言现象,对其加以研究,有广泛而切实的意义。无意歧义会造成交际活动的障碍,应被避免和消解、排除;而蓄意歧义的巧妙使用,又可以达到特殊的交际效果。而交际教学强调在语言使用中进行语言学习,交际活动中产生的大量语料又为歧义研究提供了活的研究素材。因此,将英语歧义研究与交际教学相联系,无疑具有教学和语言学两方面的意义。

歧义研究是个大课题,其对于语言教学的意义非寥寥数言所能尽述,作为语言工作者和学习引导者的教师,更不应该忽视这一独特而不乏重要性的语言现象,在教学和科研中积极的对其加以研究和利用。

(傅圆)

初中数学作业分层设计的实践与反思

近几年,随着城市化的快速发展,农村学校生源数逐渐减少,我校也步入到小班化学校的行列。南京市小班化的教育理念提出:“关注每一个、成长每一个、幸福每一个。”这对初中数学教学提出了更高的要求。有效的作业能促进学生学习力的提高,对于学生的课堂学习、综合实践以及考试评价等方面的成效有着积极的影响。居于此,本人对初中数学分层作业的设计进行了一些有益的尝试,下面就初中数学分层作业的实践模式的设计与操作等方面谈谈个人的一些做法和几点浅显的看法。

一、分层作业实施的意义

宋代朱熹在《论语》的注解中指出:“孔子教人,各因其材。”这就是我们常说的因材施教。然而传统的作业形式单一,内容单调,作业多为“命令式”“大锅饭”等,严重挫伤了学生学习的积极性,导致学生厌烦或反感,于是学生作业常出现抄袭、马虎应付,不能按时完成等等现象。实践证明,对各类学生布置相同的内容、等量的作业,显然是不合实际的,其有效性也是有限的。分层作业是指在根据因材施教原则,依照学生学习的个体差异性,把他们分为若干层次,对不同层次的学生,确定不同的作业内容或提出不同作业要求的一种作业方式。分层作业显然更易调动学生学习的积极性,为学生创造一个轻松愉快的学习氛围,同时也减轻了学生的课业负担,提高了学习的效率。数学作业分层无疑是对数学作业布置的积极探索,也是对传统数学作业方式的发展,对提高教育教学质量也是十分必要的。

二、分层作业实施的原则

分层作业的主体是学生，层次分得好坏直接影响到"分层次教学"的成功与否。为了不给差生增加心理负担，必须做好分层前的思想工作，了解学生的心理特点，讲清道理：学习成绩的差异是客观存在的，分层次教学的目的不是人为地制造等级，而是采用不同的方法帮助他们提高学习成绩。分层作业的实施必须以促进学生发展为前提，以能调动学生学习的积极性为原则。所以，分层作业设计要有开放性。第一，作业形式开放。在书面作业的上适当增加一些预习(口头)作业、动手操作等形式多样的作业形式；第二，作业内容开放。作业不仅仅局限于教材内容，适度联系生活实际进行练习设计，用所学知识解决生活中的问题；第三，作业对象开放。把个人作业与小组合作作业结合起来，设计一些需要学生与同学、老师、家长等合作完成的作业形式，让学生消除对作业的枯燥感，在作业中学会交流、合作，让不同成绩的学生最大限度地发挥他们的潜力，以逐步缩小差距，达到班级整体优化。

三、分层作业的设计

在教学中，首先应对学生进行分层。对学生分层时，根据学生的数学基础、学习能力、学习态度、学习成绩的差异和提高学习效率的要求，结合教材和学生的学习可能性水平，再结合初中阶段学生的生理、心理特点及性格特征等非智力因素，可将学生依上、中、下按 3:5:2 的比例分为 A、B、C 三个层次：A 层是拔尖的优等生，即能独立完成习题，完成教师布置的复习参参考题及补充题，可主动帮助和解答 B 层、C 层的难点，与 C 层学生结成学习伙伴；B 层是成绩中等的学生，即能掌握基本内容，独立完成练习，在教师的启发下完成习题，积极向 A 层同学请教；C 层是学习有困难的学生，即能在教师和 A 层同学的帮助下完成练习及部分简单习题。当然，学生分层应该是一个动态的过程，教师要随时根据学生的变化调整分层的对象，从而对学生提出不同的要求。经过一段学习后，由学生自己提出要求，教师根据学生的变化情况，引入适当的竞争机制，作必要的层次间的升降调整(一般是半个学期或一个学期为一次)，激励学生上进，最终达到 C 层逐步解体，A、B 层不断壮大的目的。

1. 课堂练习分层

分层练习是分层教学的核心环节，其意义在于强化各层学生的学习成果，及时反馈、矫正，检测学习目标的达成情况，把所理解的知识通过分层练习转化成技能，反馈教学信息，对各层学生进行补偿评价和发展训练，达到逐层落实目标的作用。因此教师要在备课时,针对学生实际和教材内容精心设计编排课堂练习,或重组教科书中的练习,或重新选编不同层次的练习,在选编三个不同层次的练习时,必须遵守基本要求一致,鼓励个体发展的原则。通俗点就是“下要保底,上不封顶”。在保证基本要求一致的前提下,习题综合与技巧分三个层次。针对教学内容和学生实际学习能力,分层次选编基础巩固性练习,拓展延伸性练习,综合运用性练习,对低、中层学生要求紧扣课本,低层学生能完成课本上大部分基础巩固性练习,鼓励选做书中章节习题,中层学生能完成书上全部基础巩固性练习,和书中章节习题,选做拓展延伸性练习,高层学生另外增加综合运用性练习,满足他们的求知欲,这样配制练习,有利于低层学生巩固基础,中层学生略有提高,高层学生得到充分发展。如对平方差公式的应用,教师只要求学困生做如公式形式的式子,如:$(a+1)(a-1)=a^2-1$,$(2+3b)(2-3b)=4-9b^2$。而对三项式乘三项式的样子,如:$(a+b-2)(a-b+2)$不要求学困生利用平方差公式计算,只要求他们会用多项式乘法的法则运算就行了。

再如完全平方公式的训练题:把下列各式分解因式:

(1)x^2+4x+4;(2)$25a^2+10ab+b^2$;

(3)$(x+y)^2+10(x+y)+25$;(4)$(a+b)^4-18(a+b)^2+81$。

学生训练时,老师不宜明确指明哪些学生做什么题组,C 层次的学生选做(2)(3)题时,老师应及时点拨,允许部份学生集体讨论完成第(4)题。这样使得作业的量和难度使每个学生都能“跳一跳,摘到苹果”,从而调动了各层次的学生的学习积极性。

2. 课后作业分层

课后作业能及时反馈不同层次学生所掌握知识的情况,能反映一堂课的教学效果,又能达到初步巩固知识的目的。因此,作业应该多层次设计,针对不同层次的学生,设计不同题量、不同难度的作业,供不同层次学生选择,题型应由易到难成阶梯形。第一个层次是技能初步形成阶段的练习,是在初步理解知识时所进行的练习,题目是最基本的、单项的,带有模仿性的,差生容易解答,让差生解答这类习题,使差生感到成功,消除自卑心理,树立信心。第二个层次的练习是技能巩固阶段的练习,可以有变式题,小型的综合题,注意以新带旧,这些练习难度一般,能够有效地调动中等生的学习积极性。第三个层次是发展性练习内容有综合性,灵活性,应用性,有利于培养创造性思维。这些练习难度较大适宜让学有余力的优生做,让优生吃得饱,不至于产生骄傲情绪。在作业批改上,对 C 层学生尽可能面改,发现问题及时订正,集中的问题可利用放学后组织讲评,反复训练,真正掌握;成绩较好的学生的作业可以采取抽查、互改等处理。课外作业也应分为几个层次，一般可分为必做题和选做题以供学生选择，其中必做题要求 A、B、C 层次的学生都要完成，选做题允许学生不全部完成，或几个同学一起研究共同完成，这样在学生习中形成竞争意识，促进学生数学能力的提高。

案例：在学习了八年级上第二章《等腰三角形的轴对称性》第一课时后设计如下课后作业：

1. 填空：

(1)等腰三角形的一个底角是 40 度，则它的顶角是__________.

(2)等腰三角形的一个角是 80 度，则它的另外两个角分别为__________.

(3)等腰三角形的周长是 12，底边长是 2，则腰长为______.

(4)等腰三角形的周长是 12，一边长是 5，则另外两边长为______.

2. 在等腰三角形 ABC 中，$\angle A=4\angle B$，根据下列条件分别求$\angle C$的度数：

(1) $\angle A$ 是顶角

(2) $\angle A$ 是底角

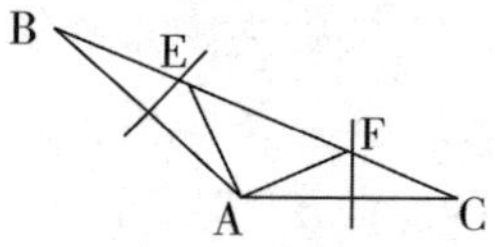

第12题

3. 已知$\triangle ABC$中$\angle BAC=140°$，AB、AC 的垂直平分线分别交 BC 于 E、F. 求$\angle EAF$的度数.

4. 如图，在等腰$\triangle ABC$中，$AB=AC$，D、E 在底边 BC 上

(1)若 $BD=CE$，你能说明 AD 与 AE 相等吗？请说明理由.

(2)若 $AD=AE$，你能说明 BD 与 CE 相等吗？请说明理由.

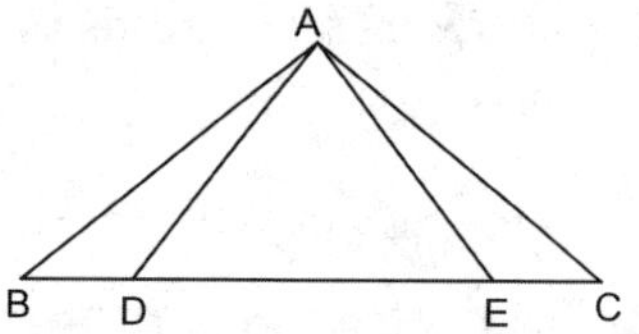

C 层次的学生只需对等腰三角形的概念基本能较轻松完成第一题的解答并可以尝试完成第二题，B 层次学生则可以完成 2、3 两题尝试完成第四题，A 层次学生则可以完成全部习题。这样，让学生根据情况来完成作业，既提供发展的空间，又保证了不同能力的学生都能达到教学要求，为学生的可持续性发展奠定了基础。

在对分层作业的探索与实践中，学生的心理个性得到良性发展，学习积极性普遍提高。分层作业针对学习能力不同的学生采取不同的要求，让不同层次的学生各得其所，学生学习的兴趣被激发了。程度差的学生，因为学习目标定得较低，学习过程中又能得到老师和同学更多的帮助，从而增强了学习的信心和战胜困难的勇气。程度好的学生，学习的独立性增强了，对学习的要求也提高了，课堂上也

“吃得饱”了。同时由于分层的不固定,学生分层可上可下,又增强了学生的自主性,培养了学生的创造力和强烈的竞争意识,出现了“你追我赶,奋勇向前”的可喜局面。

在取得的成绩的同时,我们也发觉到了诸多不足与困惑,如:分层评价方面还没有真正落到实处,对学生作业的有效批改和评价时常不能及时跟进等等。另外,虽然我们注意到了对不同层次的学生用不同的作业评价方式,但对考试的最终评价上没有太大的改变,老师、学校以及社会还是主要以考试成绩论英雄。这种评价方式对C组的同学的自信心、学习兴趣打击较大,因为他们总是尝不到成功的喜悦,但是由于中考的压力,很难找到一个比较合理的评价方式。这些都影响或削弱了分层作业的积极作用。

总之,实施分层作业虽然有一些困难和不足,但不能否认分层作业充分利用学生的智力因素和非智力因素,激发了学生的学习兴趣,引起学生内在的需求,调动了学习的积极性,为学生创造了一个轻松愉快的学习氛围,同时也减轻了学生的课业负担,提高了学习的效率。而如何使这种教学方法更好发挥它的作用,需要我们在今后的教学实践中不断地学习和探索。

(段正虎)

浅谈利用随堂反馈系统提高信息技术课堂的有效性

在“五严规定”大背景下,提高课堂教学有效性,已经成为各门学科教师,尤其是农村中学教师的必须研究和探讨新课题。我作为一名初中信息技术教师,对这种形势,已有预见,并且根据多年的工作经验,自主研发一套随堂反馈系统——中学信息技术能力测试网站,通过此网站,加强学生对课堂知识点的理解,帮助学生整理、归纳课堂中的知识点,从而有效提高信息技术课堂教学有效性。

一、分析随堂反馈系统——信息技术能力测试网站的功能

第一,功能介绍。系统分为学生端和教师端。学生端,让学生通过选择自己所在的班级和姓名,并输入密码(即学号)进行登录。成功登录后,测试便正式开始了。测试完成提交后,学生能够看到自己的成绩和各题自己所选答案与正确答案,同时给出鼓励性语言。此时,还能够查看本次测试已经完成同学的分数段统计情况(以图表形式表示,直观、大方)。

教师端,通过输入设定的用户名和密码进行登录,以防非法入侵。成功登录

后,首先选择要查看的班级,这样既可以查看正在上课的班级,也可以查看已经测试过的班级。选择之后,随及打开当前班级的成绩表,可以查看同学们测试情况,同时还能提醒未完成能力测试同学抓紧时间。教师端也有查看学生分数段统计情况的功能。

教师端最大、最主要的功能,就是能力测试试卷的分析。首先系统收集本节课同学们提交的答案;之后,经过系统分析,得出每题每个题支被选比率,并将结果以图表的形式附在各题题支右边,以便于查看。

第二,操作可行性介绍。系统十分小巧,总共不过十几个页面,可以放在普通的机器上运行。系统以 Access 数据库为主,操作简便。鉴于 Excel 表格操作较 Access 更加方便,所以其中试题数据用 Excel 数据表格录入并链接到 Access 数据库中的。每次只要将新的试题按格式录入到 Excel 表格中即可。

第三,运用可行性介绍。作为随堂反馈系统,主要在课堂任务基本完成的情况下进行。题量一般在八道左右(单选题和多选择题);时间上,学生一般能够在 3 - 5 分钟内完成,教师也主要通过试卷分析功能,帮助同学们共同分析出错的原因,巩固所学。

二、随堂反馈系统在实践中的运用

第一,多表扬少批评,调动学习积极性。在展示学生成绩时,对取得好成绩的同学进行一番表扬和鼓励,对未取得好成绩的同学进行激励,让他们不要气馁,极大的调动了学生的学习积极性。一段时间以后,发现很多同学进步很大,而且课堂学习气氛也明显变浓。同学们在阶段性检测中,绝大多数同学能够取得好成绩。

第二,激发学习兴趣,增强求知欲望。由初始单纯的想得到表扬,渐渐的转变为对信息技术学科学习产生深厚的学习兴趣。爱因斯坦说过:“兴趣是最好的老师”。当学生对所学的知识产生兴趣和积极的情感时,就会从内心迸发出向往和求知的强烈欲望,产生积极、主动的学习动机。学习活动就不再是一种负担,而是一种享受,一种愉快的体验,学习效果也会事半功倍。通过这个系统,让一个班级成为一个集体,一个学习大家庭,让学生成为学习的主人,营造一个良好的学习氛围,逐步引导学生改变学习态度、学习意识和学习习惯,尝试自主、合作和探究的学习方式,有效提高课堂教学有效性,从而圆满实现教学目标。

第三,促进形成性评价和终结性评价相结合。通过随堂反馈系统的使用,能够有效对学生进行形成性评价,便于教师通过对学生学习过程的观察、了解、讨论来进一步确定,比如,初中生不爱举手发言,老师在鼓励学生积极发表自己见解的同时,也要把他们良好的表现记录在每个同学各自的电子档案袋里,并及反馈给班主任,作为他们的形成性评价。

信息技术学科的终结性评价是对信息学科教学的教育质量的评价,其目的是对学生阶段性学习的质量做出结论性评价,评价的目的是促进学生的发展,而终结性评价的形式多采用一两次考试的成绩作为参;随堂反馈系统可以用来进行阶段性的检测,以便于做阶段性评价。为终结性评价提供真实有效的数据,有一定的参考价值。

第四,逐步转变教学方法,形成以学生为主体的学习模式。在随堂反馈系统使用过程中,逐渐发现学生,很多同学都由被动学习转为主动学习,而且很多同学课后经常在一起商量在课堂未完成任务或未解决的问题。这也使我改变了传统讲授、演示、练习等教学方法,采用实例教学法、问题教学法和任务驱动教学法等方法。

总之,在随堂反馈系统的使用过程中,课堂教学效果得到了大幅提升,班级的学习风气变得更加浓烈了。学生不仅提高信息技术操作能力,同时也加深了对信息技术知识理解。作为教师,我也有很大的收获,比如,在信息技术能力上有了更高层次的提升,在教育教学的能力和水平上也更上一级台阶。当然本人所研发的这套系统还有不足之处,在今后的实践中将不断修改、完善。

(邹香永)

物理课堂的源头活水——知觉规律

知觉就是人脑对直接作用于感觉器官的客观事物的整体反映。若从信息加工的角度来看知觉,知觉就是把把感觉器官获得的一些信息转化为有组织、有意义的一个整体的过程。

知觉的规律包括:对比律、组合律、协同律和错觉律、恒常律。教学中要善于运用好这些知觉规律,就能让我们的物理课堂教学“活”起来。

一、对比律

如果要使知觉对象很快的从相关背景中分离出来,让学生有效地感知,教师就要使被感知的事物与它的背景有明显的差异,形成对比感。在物理教学中要求学生重点感知、重点掌握的内容,可以通过对比以强取胜、以动取胜或以亮取胜、以大取胜,使感知对象的映像更加清晰。

(1)实验对比。如在物理中学习“比热容”的实验中，可以将“热值”的实验过程放在旁边作对比，学生不仅可以明显地理解比热容的意义，而且学生对这两个实验的过程的印象也更加深刻，不容易遗忘，这种实验对比的方法在2011年南京市物理中考试题中也恰好有所体现，运用的就是对比律。

如图1所示，甲、乙、丙三图中的装置完全相同．燃料的质量都是10g，烧杯内的液体质量也相同．(1)比较不同燃料的热值，应选择________两图进行实验；比较不同物质的比热容，应选择________两图进行实验；(2)水的比热容为4.2×103J/(kg·℃)，它的物理含义是________________________；(3)酒精的热值为3.0×107J/kg，完全燃烧10g酒精放出的热量为________J.

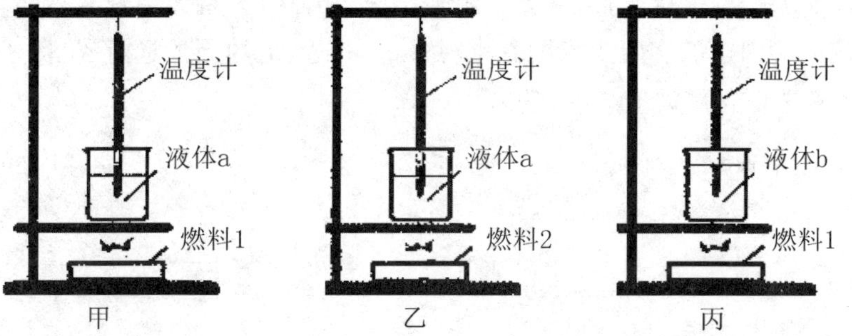

图1

(2)板书中的对比。教学中，板书也是一门艺术，板书的好坏直接影响教学的效果。在教学过程中可以用不同颜色的粉笔写出重点的内容，或在重点知识前面加上“★”，或用着重号将重要之处划出。如“在1标准大气压下，沸水的温度规定为100度”，学生在记忆时总是会忘记前面的“在1标准大气压下”，这是不妨在黑板上将关键之处划出，这种板书中的对比可以帮助学生很快记住语言的完整性，提高物理课堂的效果。

(3)图表对比。如在归纳蒸发和沸腾的异同点时，可以通过图表比较(如表一)，从发生的条件、发生的部位、发生的程度等方面进行比较，这样有助于学生理解并记住有关蒸发和沸腾的知识，形成一个知识体系。

表一:蒸发和沸腾的异同

	蒸发	沸腾
发生的条件	任何温度	一定温度
发生的部位	液体的表面	液体的表面和内部
发生的程度	缓慢	剧烈
相同点	都是汽化现象,都需要吸热	

(4)实验题中实验过程进行对比。如牛顿第一定律的实验探究和动能大小的影响因素的实验探究,两个实验有相似之处,通过思考、分析和对比,掌握牛顿第一定律的实验探究的推理性,即没有阻力作用,物体将一直做匀速直线运动,而动能大小的影响因素的实验探究则着重观察木块被撞击的距离远近,巩固了物理实验中“物理现象”和“物理结论”的差异。

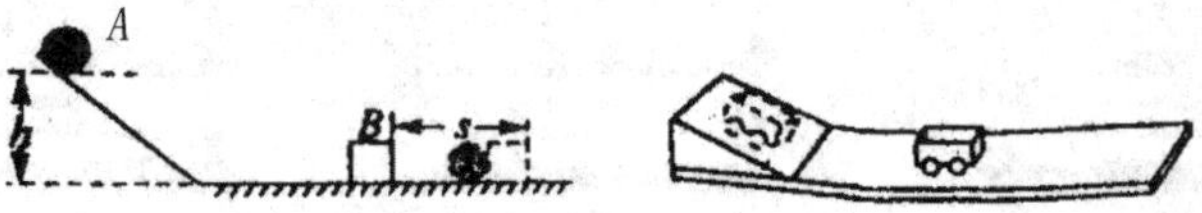

甲　　　　乙

二、组合律

组合律要求把空间上接近、时间上连续的事物构成一个整体而被清晰的感知。根据这一规律,教师要从时间和空间上进行合理的组合,做到条理清晰、主次分明、重点突出。

(1)物态变化方面。如熔化和凝固、汽化和液化、升华和凝华之间的转化(如图2):运用组合律将物态变化有机的联系在一起,学生有了整体的知觉,教学效果较好。

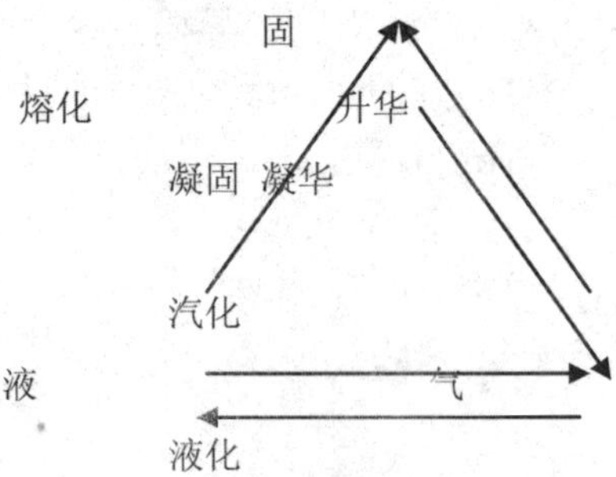

图2

(2)电磁转换方面。如电现象和磁现象之间的相互联系:

奥斯特(电生磁)电动机:电能转化为机械能

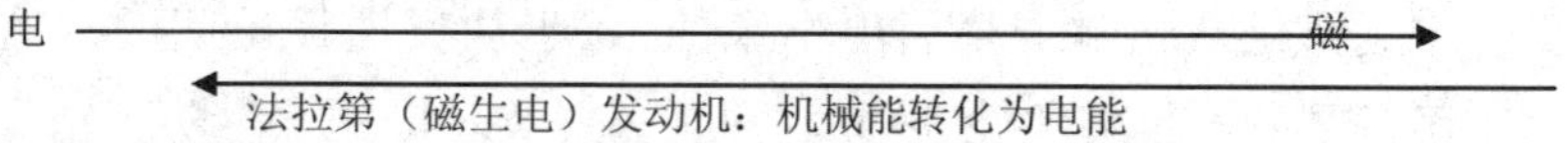

学生通过这样的组合既能轻松掌握电磁现象的有关知识,同时也能将电动机和发电机的知识加以复习。

(3)电路方面。如串联电路和并联电路电流、电压和电阻之间的关系:(如表2)表二:串并联电路的电流、电压和电阻特点

	串联电路	并联电路
电流	电流处处相等	干路电流等于各支路电流之和
电压	总电压等于各部分电压之和	电压处处相等
电阻	总电阻等于各部分电阻之和	总电阻的倒数等于各支路电阻倒数之和

运用这样的组合律将物理电学中的3个重要的物理量之间的关系有机相连,相互依存,学生在学习时有了宏观的知觉把握,相关电路的正确分析也就水到渠成了。

三、协同律

协同律是指在感知的过程中多种感觉器官协同配合从而提高感知效果。许多感觉参加活动是摄取大量的感性材料的必要前提,而大量的感性材料是建立在理性认识的基础。如果物理课堂光凭口述讲授,那将是枯燥无味的,容易导致机械记忆和一知半解,所以物理教师要提供充分的机会,让学生能看到、听到、触到或者嗅到、尝到,也就是让学生各种感官协同活动,才能避免学习上的各种弊端。

如“探究凸透镜的成像规律实验”非常重要,也较难理解,光凭讲授是苍白无力的,如果不让学生亲自动手去做一做、试一试,体验一下实验的过程,学生是很难掌握凸透镜成像的几个规律的。同样,在分子结构等微观世界的教学中,结合模型和视频进行学习,如水分子、石墨、金刚石的结构等,让学生看一看、做一做、拆一拆、装一装,在讨论学习,一些物理的难题也就迎刃而解了。

协同律告诉我们,物理教学要发挥各种知觉系统的作用,让学生把操作、观察、触摸等多种感知活动有机的结合起来,使多种感官共同参与、协同配合,所或信息更丰富,所学知识更可靠、真实。

四、错觉律

错觉是指人们在特定的条件下对外界事物必然产生的带有固定倾向的被歪曲的知觉。错觉律是从错觉规律引申出来的，属于从反面提出问题，意在防范。正因为错觉带有某种不可避免性，因此教师有必要及时提醒学生防止错觉对事物本来面貌的干扰。教学中往往可以从反面提出问题，突出重点，突破难点。如在学习光的折射的知识时，出示这样的一个生活场景：(如图3)

从岸边看水中的鱼，看到“鱼”的位置与实际位置不同。下列模型能解释此现象的是(　　)

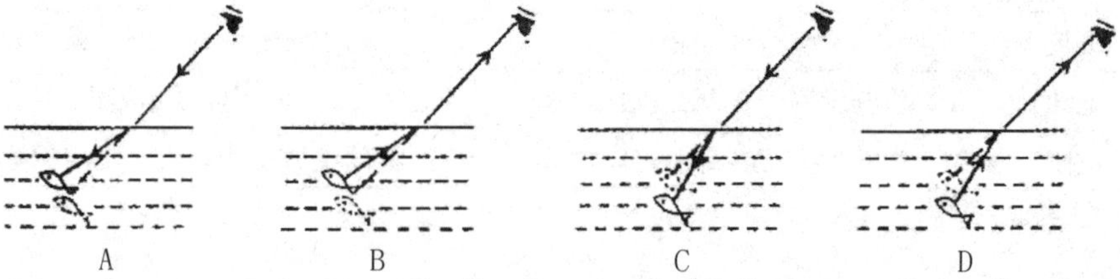

图3

大部分学生的反应是选择光从空气中斜射入水中的情景，再提问“人的眼睛能否发出光线?”“是应该选择光从水中斜射入空气中的情景，人的眼睛只能接受光线”学生恍然大悟，有了这一次的“上当受骗”，下次遇到类似的情况，一般不会再犯同样地错误：让学生凭眼睛观察比较那个图中间的圆较大(如图4)，

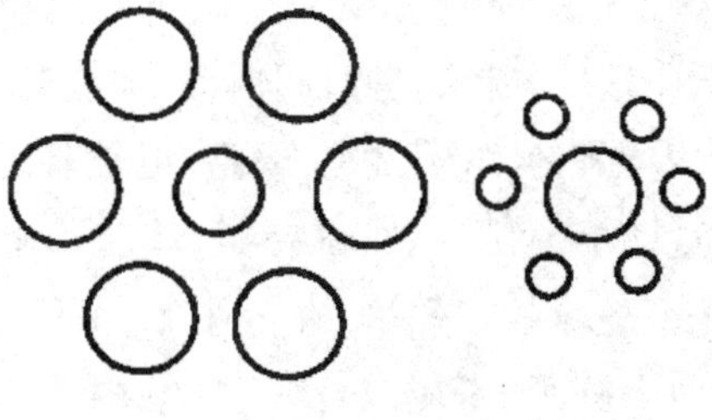

图4

这些，都是错觉的实例，因此，在物理课堂教学中，教师要掌握知觉规律，把学生引向正确的认知。

五、恒常律

恒常律是指当知觉对象的物理特性在一定范围内发生了变化的时候，知觉形象并不因此发生相应的变化，知觉的这种特性称为知觉的恒常律。同一个人，从不同的距离、角度和明暗条件下去看他，虽然视网膜上的物象各不相同，但仍将其知觉为同一个人，知觉恒常律现象在视知觉中表现得很明显，很普遍。

如在“平面镜成像特点”的实验过程中，当人从远处走近平面镜或远离平面镜时，运用好知觉的恒常律，人的大小与人在平面镜中像的大小是相同的，这样进行教学，效果将会是事半功倍。

“教学与发展问题本身的性质，要求必须把对学生的心理研究有机地包含到教育学研究中去，因为这里提出的问题是教学结构与学生心理发展进程的本质联系问题。”赞科夫如此说。

因此，从学科的心理角度来研究学习的机制、教学方法，物理教学是学生在教师的指导下掌握人类已有知识经验的过程，它要求我们教师不仅要有足够的知识技能，还需要研究学生的心理特点和心理发展规律，找到物理课堂的源头活水，然后选择合理的教学方法和教学手段，使学生乐学、会学、趣学、活学，真正提高物理课堂的效率。

（张华）

初中英语听力教学之我见

作为英语教师，首先应该有听力上的扎实基本整理提供本功，更要明确，听力训练不仅仅是为了寻找出答案，听力材料可能是句子理解、情景反应、对话理解和短文理解，也可能是新课标中的看图听录音、听录音填表格或听录音从列表中选所提问题及回答。但不论听力是何种内容，除了听出答案外，还应了解材料中更多东西，听出说话者的语气，所处的情景，听出说话的场合及大概内容，获知其信息。

中学生应具有良好的心里素质，首先在听力教学时要充满自信，精神饱满，教师引导学生在听力前，先将标题写在黑板上，让学生根据标题分组讨论，并猜测该材料所述大概内容及事情发展的过程及结果，老师还要对某些关键词进行点拨，以便提高听力的准确性。大多数同学认为：上听力课找出答案就大功告成了，当你再次放录音时他们便心不在焉了，针对这种现象，老师让学生明确：找出答案并不是最终目标,我们的意图是听出更多的东西,并且要把听到的东西变成自己会说的。当然要上好一堂听力课,老师要付出艰辛的劳动,首先选择合理的听力材料,巧妙地设计出听力教学过程中所采取的训练方式,明确听的目标,带着问题去听,带着猜测的'答案'去证明自己的观点,同时了解材料中更多的东西,在明确听的目的,选好料后,我们才能进入真正的听。

一、课堂上的听力教学

1. 泛听。这是听的初级阶段,让学生带着"目标"去听,不涉及深层次的内容,他们开始从记忆中捕捉文章的主要信息,继而形成好的习惯,在听一句话或情景对话时,不平均分配记忆力,而听关键词,让学生只听表面内容,找出容易答案。学生也可以边听边记,记录材料中的人名、地点、时间等信息以便应付细节上的设点问题。总之,学生在第一遍录音时要保持他们轻松的心态,能听多少算多少,也许他们听到的是零散的词或句子,这无关紧要,把这些听到的词或句子连在一起就可能成为一个大体文章,接着教师要积极鼓励他们大胆地说(in English)。答案的对错无关紧要,这样便培养了他们的大脑思维能力和口头表达能力。

2. 质量诊断。学生初听完材料后,教师可以设一些简单的问题,也必须让学生有明确的目标,带着任务去听,边听边做好记录,听完后教师对不同层次的学生提问,以便核对答案,这样可以得到及时、准确的教学反馈。

3. 复听(精听,细听)。这是听的最后一个过程,在初听时,一些学生不能及时地理解学过的词汇,也可能因为较难的材料或较快的语速使学生听力材料似懂非懂,他们在初听时还为完成对文章内容较全面的掌握。因此,让学生复听文章的细节,重点把握文章所提供的主要线索及背景场合,当然老师主要对整个听力材料进行讲解,指出重点语法,对于新词语,新句子结构要求板书,并让学生边学边记,指出重点语法,然后进行示范操练。力求让学生掌握对听力材料中的一般问句和特殊问句的正确答案及材料中的更多东西。

4. 讨论结果。为了提高同学们的积极性,以便于更好地得出结论,老师先让同学们独立完成训练题,然后再分组讨论其结果,通过讨论,他们相互补充,相互帮助达成共识,如遇争论不休的问题,教师可让学生再听有关材料的相关内容,直到听懂、弄明白为止,以精确的语言说出他们听到的更多内容,并给予适当的物质或其他形式的鼓励。在这一过程中教师应注意听说结合:为了说得出,必须听得懂,才能以说促听,一听带说。

二、中考中的听力测试

在每年的4月份我们就要进行本年度的英语中考人机对话考试。听力的考察是全面贯彻英语新课标的要求，其主要目的是测试学生的理解词汇，句子及语篇的能力和获取、理解、分析信息的能力。中考题型主要有单句或句子理解，听句子选图或画图，情景反应，对话和短文理解，听力部分一般分四个大题，完成这四大听力测试题应注意以下几点：

1. 听录音前抓紧时间迅速阅读一遍听力内容，既要看清各题要求及朗读遍数，又要看试题选项，从题干或选项中能得出一点所听材料的信息，使听音过程更有针对性，迅速作出判断，提高准确率。

2. 听音时要注意听清句子的意思，只有听懂了句子的含义，才能从单词和段落的意思上进一步进行辨别，在听录音中，应注意关键词、词语搭配、短语等，从而基本理解句子，再把听到的内容与试卷所给内容结合起来进行比较，找出最近的答案。

3. 听单词，单句选答案时，一般句子只读一遍，力求在听准、理解的基础上一次落笔过关，一旦语言信号消失，就不可能在获得，因此，听时要做到精神集中，耳听、眼看、手写同时到位。

4. 做情景反应时应注意：做选择大局的情景反应题时，要听清对话内容和所提问题，然后分析对话的语言环境、语言表达方式、谈话态度。同时，注意英美国家的语言习惯，还要注意问与答的逻辑关系，再作出判断。如果个别小题一时拿不准答案，不要耽误时间思索，听暂时放弃，千万不要把注意力放在个别题上，这样会因小失大。

5. 学生在听短文时要注意听大意，要善于捕捉整体信息，切莫一词一词地听，也不要听一句译一句。一定要带短文的要求和复核，千万不要空着，总而言之，抓住试听、读听、初听、再听和理解这五步，沉着对待，就能做好听力。

三、课外（听力）延伸

英语的听力不局限于课堂，要让学生挤时间、抽时间听，可以随身带着一个复读机，不论走路、玩耍，可以随时听，内容、材料不限，只要是英语方面的，如英语课本上的内容，学生可以把老师讲过的内容再听一遍，加深印象；跟着磁带边听边学，收录着这些下载的歌词，而且学生听懂并学会了一道好听的英语歌，所获得成就感是难以想象的，这在无形中增强了学生学好英语的信心。最后一种方法就是写，老师可以选取一些难度适中的生词、短语及材料，让学生进行听写，用录音可以读,也可以自己读,当然最少读两遍,力求流畅准确,这不仅能有效地复习词汇,还能巩固和加深所学知识,同时提高了听的能力。

听力无极限,它就像读一样,是一种信息的吸收、理解的手段。如果有了一定的输入量,学生听的能力会有较大程度的进步,我们不为听而听,而是为学而听,为初步运用英语能力的提高而听,我们应充分利用这有限的课堂时间教给学生无限的知识。

(傅圆)

在中学物理中如何解答图表型实验题

在物理中考中,图表型实验题具有真实的情景性,对实验数据具有总结性和高度的概括性,解析这类实验的过程,就是对实验结果的分析处理过程,在分析处理过程中,通过自我发现,自我总结,达到运用物理中的基本原理、规律以及方法,创造性地分析和解决实际问题,有效地提高自己的能力。

一、观察表格,得出结论

在物理试题中,很多图表的问题都是先以表格的形式将某些物理知识和现象描述出来,再让学生根据所学的物理知识结合给出的图表,根据题目中提供的条件或情境做出正确的分析,从而解决问题。

例1:下表列出了常见几种合金的成分及主要性质

名称	高速工具钢	武德合金	镍铬合金
成分	铬3.8~4.4%,钨11~19%、钒等	铋50%,铅25%,锡、铬各12.5%	镍80%,铬20%
性质	耐磨,硬度大	熔点很低(70℃)	熔点高,电阻大

根据上表提供的信息,你认为电炉丝应选用________丝绕制而成,加工零件用的刀具、钻头应选用________制成(本题选填合金名称)。

针对上面这一类型的图表型实验题,首先应该将表格分析清楚,明白表格所要表达的意思以及相关物理量的内在联系,千万不要拿到题目随意将表格扫一眼,就急于答题了,分析表格的过程就是答题的过程,这一环节至关重要,表格分析完毕,再结合题目中的问题,联系表格提供的信息和相关的物理知识,将两者结合起来分析,这样这类问题就迎刃而解了。

二、根据文字,做出图表

在物理试题中,表格和图像都具有直观性和概括性,能够将很多的物理知识融合在一起,对知识的考察也具有综合性,因此在中考中,很多实验题都是将某些物理现象或规律先用文字的形式表述出来,再让大家根据文字中的知识做出表格和相应的图像,最后观察表格和图像,得出相关的结论或做出合理的分析和猜想。

例 2:有一天,小明在家观察洗衣机排水后,对容器排尽水的时间与排水孔的大小之间的关系产生了浓厚的兴趣.为此他找来四个同样大小的圆柱形塑料容器,在它们的底部相同位置各开一个排水圆孔,排水孔的直径 d 分别是 1.5cm、2.0cm、3.0cm 和 5.0cm. 在容器里放入 30 厘米深的水,打开排水孔让水流出,用秒表测量水完全流出所需的时间 t 分别为 73.0s、41.2s、18.4s 和 6.8s。

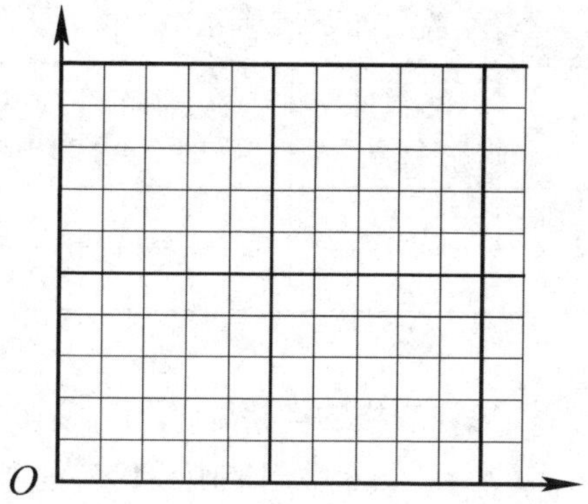

图 19

(1)设计一个表格,并将小明测得的数据填写在表格中。

(2)请在图 19 中画出排尽水的时间 t 与排水孔直径 d 的关系图线。

(3)分析实验数据,初步可以看出 t 与 d 之间的关系为:d 越大,t ________,但是还不能确定它们之间明确的数量关系。

(4)请你猜想 t 与 d 之间可能存在的数量关系,并根据以上数据写出证实你猜想的思路。

猜想:____

思路:____

针对上面这一类型的图表型实验题,我们首先应将题目中的意思弄清楚,理清题目文字所要表达的物理含义,再结合物理方法,将文字转化为表格,也就是设计表格的过程,在设计表格的过程中,要注意表格的完整性,这一过程也就是考察学生思考问题的全面性,所以表格设计完后要检查有没有什么遗漏,要避免随意性,然后再根据表格,图表结合,将某一物理现象或某一变化过程用图像描述出来,做图像过程中,应该注意图像中的点与表格数据的对应性,切不可大概相似就行了,这类题目我们只要按照步骤,认真对待,仔细分析,解答也就轻而易举了。

三、类比数据，完成图表

在物理试题中，有些实验将某一物理现象用表格的形式表现出来，因为其内部存在着相似性，题目也就会让我们先观察表格的一部分，找到其中的物理知识或物理规律，再将数据进行类比，按照其一定的物理规律完成图表。

例3：在“测滑轮组机械效率”的实验中，用同一滑轮组进行了两次实验，

实验数据如下表所示.

序号	钩码重 G/N	钩码上升的高度 h/cm	弹簧测力计的示数 F/N	弹簧测力计移动的距离 S/cm
1	2	5	0.6	25
2	4	8	1.1	

(1)在表格的空格处，填上合适的数据.

(2)在图16中用笔画线代替细绳组装滑轮组.

(3)第1次实验测得滑轮组的机械效率为________.

(4)如果将重为3N的钩码挂在同一滑轮组下，根据题中已有的信息可以判断出这时滑轮组的机械效率应在____________范围内.

针对上面这一类型的图表型实验题，关键在于我们能不能很快地从表格中观察出它所反映的物理规律，找到了表格数据间联系的纽带，我们只要顺着纽带分析和类比，问题自然就解决了。

（张华）

古文教学之我见

记得都德曾经深情描绘的《最后一课》韩麦尔先生靠墙而立，无言下课的场景。那一腔眷恋于法兰西文化的爱国之情，曾经打动无数颗赤子之心。它让我们知道：一个民族可以被打败，但只要文化不丢，民族之魂就不会死。这个民族就永远不会被征服。

《语文课程标准》总目标部分提出“认识中华文化的丰厚博大，吸收民族文化

智慧”。几千年来，隽永有致的古文承载着华夏民族独特的智慧与精神，早已融入了我们的呼吸和血脉，我们通过她记载，依靠她倾诉，运用她思考，传承弘扬我们灿烂的历史文化。

文言课文是我国民族文化的一种载体，作为传承中国文化，吸收民族文化精髓的有效途径，文言文教学应该是实现这一目标的重要途径之一，理应引起重视，它是中学语文教学的重要组成部分。然而，现在的初中文言文教学却呈现着‘春风不度玉门关’的荒凉景象，形同鸡肋。公开课、评优课，教师们避而远之。“一怕文言文，二怕周树人”，学生畏之如虎。原因何在？如何解决？

一、古文教学之“古”

岁月如梭，沧海几千年，弹指一瞬间。时代的隔膜，年代的久远，古今语言之间的巨大差别，增加了学生认知理解的难度。字义的变换与遗失、古今字、通假字、多义字、异体字、生僻字、词类活用、虚词的特殊用法以及语法句式巨大差异等，导致陌生、模糊、畏惧、依赖而产生排斥、疏离、拒绝的心理距离。

1. 夯实字词，注重积累

如果把古文比成一栋别墅，那么字词就是砖石，句子就是房间，段落就是楼层。很难想象，如果学生不理解字词句的翻译，又怎能灵活运用？如果不能灵活运用这些砖石，又怎能奢谈构建那栋华美的别墅？如果学生字词句的翻译都不理解，文章都读不懂，我们还奢望学生喜欢古文，岂不是滑天下之大稽，痴人说梦吗？所以古文教学的第一步，务必帮助学生根据课文建立常用古文字词的词义库，就像小学生学 a/o/e，学日、月、水、火、土那样，弄清每个字词的意思。即使脱离课文，在课外阅读时偶然相逢，也能迅速喊出它们的名字，并能说出个所以然，那么兴趣自然就产生了。

爱，是要建立在理解的基础上的。

2. 感情朗读，注重培养

记得鲁迅先生在《从百草园到三味书屋》中描写寿镜吾老先生读古文时，写道“他总是微笑起来，而且将头仰起，摇着，向后面拗过去，拗过去”。

当时的鲁迅就怀疑那是一篇极好的文章，若干年后居然也能记忆犹新。可见阅读之功效不可小觑。读者为之动情，听者为之留意。而我们的教学中却有意无意地忽视，认为是浪费时间。真的浪费时间吗？窃以为，没有朗读的枯燥的古文教学，剥夺学生兴趣之后，课后的咆哮与不断地纠正与辅导，所花的时间与精力，可能远胜于课堂的朗读时间吧？有人可能会提出疑问，读了一定有用？我只想反问，不读你又怎么知道就一定没用？

个人认为读,最少有以下好处:读可以活跃课堂,避免学生走神;读可以在正确句读中,理解含义;读可以在抑扬轻重缓急中,体悟情感;读可以培养语感,提高语言的敏感力;读可以降低背诵的难度,增加积累等等。如果读的同时还能配上一定的表情与肢体语言,激发学生的兴趣,应该不是难事吧?

读有这么多的好处,为何不可以尝试一下呢?

古文教学当突出其工具性。

二、古文教学之"文"

"语文是最重要的交际工具,是人类文化的重要组成部分。工具性与人文性的统一,是语文课程的基本特点。"这是现有语文课程标准对语文课程的定性,课程性质决定课程目的。

中学文言文教学价值主要在于拓深学生的文化素养和文学素养,使学生的文化素养、文学素养更加深厚。我们的课文是从千百年来的这些脍炙人口的优秀文学作品中精选出有限的一些,让学生通过对这些文学精华的学习,使学生对古代优秀文学作品有所接触、了解和领略,为学生今后的进一步学习打开一个窗口,使他们知道中国有这样一种优秀的文化遗产,用朱自清先生的话来说,就是让学生"见识经典一番"。

因此,古文的文本解读当有两点注意。

文本解读之一,不可流于技术分析。

不能像解剖一样,将之分析得支离破碎,以期让学生能据此掌握阅读的技巧与写作的方法。一来兴味索然,增加学生的畏难情绪;二来这一目的完全可以由现代文阅读完成。因为现代文易于理解,而且其技巧与方法更是站立在古代巨人臂膀之上,其全面程度与精妙之处,甚至有过之而无不及。

文本解读之二,舍得有度。

"文似看山不喜平",学生会的不需教,知道的不必深讲。画蛇添足之事做多了,实在是极为枯燥乏味之举,对学生,对老师都是一种折磨。在现在参考资料满天飞的情况下,教师要懂得舍。

舍,并不意味着该说的内容不讲,而是把说的机会留给学生。一者可以引导学生正确使用参考资料,让他们能用自己的话阐述看来的答案,这本身就是一个理解与加深理解的过程。二者也可以将知识转化为学生自我建构的过程,而不是单纯的传授,从而体现学生的主体性,体现学习的本质;三者也可以活跃课堂形式,增加趣味性,在此解决古文教学的激趣问题。

教师要重视得。选入中学语文课本的文言文多是思想内容纯正的作品,或歌咏山川，或记述经历，或阐发哲理，或抒怀言志，它们表达了古人对于真善美理想的执著追求。浸润其中，涵泳体味，会使人无形中受到熏陶、感染。要引导学生读出自我，读出生活启示。古为今用，读出鲜明的时代特色，才是我们读书的目的，读书，要读“活”书。如《杨修之死》我曾引导学生读出“做个时代狂人”的观点，《曹刿论战》我引导学生读出“呼唤别样的领导——鲁庄公”；《愚公移山》我引导学生读出“何为真智慧”；读《〈论语〉十则》，让学生懂得“三人行，则必有我师焉，择其善者而从之，其不善者而改之”，并把这作为鼓励自己求学好问的铭言；背诵《〈孟子〉二章》神情肃穆，“生，我所欲也，义，亦我所欲也，二者不可得兼，舍生而取义者也”，一股超越古今的浩然正气在年轻的心灵中升腾激荡。

别样的解读，既符合《新课程标准》的理念，也可读出创新意识，个性阅读，思维的碰撞，灵感的乍现，趣味无穷。这样的文章学生爱读，这样的课堂学生爱上。照搬教参与辅导资料，反复宣讲学生早就知道的东西，其无趣之果，无需直言了。真正的兴趣不是形式的花哨，而是内容的深度挖掘与思想的激荡。

古文教学当突出其人文性。

三、古文教学之“教”

真正想提高古文课堂教学的实效性，教师的教必须有所改变。

1. 学会“放手”

长期以来，我们的文言文教学中，流行着一种以教师串讲为主的教学方法。教师讲文言文时，生怕学生听不懂，总是逐字逐句翻译，教师往往占据主体，一讲到底。不敢放手原因有两个：一怕学生不会；二怕浪费时间。这样做的结果往往是教师讲得唇焦口燥，青筋绽出，学生奋笔疾书，拼命记录。课堂死气沉沉，课后根本不看，学习效果可想而知。

新课标提倡“自主、合作、探究的学习方式”，课堂上我们完全可以将字词句的释义交给学生，由他们完成岂不事半功倍？我在教学课内文章时，就将字词句的释义交给了学生。课堂气氛活跃，参与面与参与度大大提高。100%的举手，100%的发言那是家常便饭。《评价手册》中的课外文言文阅读，关于文意的疏通，我也交给学生。起初只有两三个经常举手回答，发展到后来有十几个学生踊跃尝试，除了部分能需要教师的提醒外，大部分能得到较好地疏通。这极大地缓解了学生的畏难情绪，满足了学生的“虚荣心”，激发了学习的兴趣。

当然放手的同时，教师的指导师必不可少的。例如课堂上举一反三式的复习。在学习《曹刿论战》的第一节时，我重点关注了“其、之、间”，并引导学生复习了(其(反问语气，难道。)真无马邪？其(推测语气，大概)真不知马也。安陵君其

(命令语气,一定)许寡人),怅恨久之(舒缓语气)辍耕之(到)陇上;天子之(取消句子独立性)怒;安陵以五十里之(结构组词,的)地存者)又何间(中间(夹杂)力拉崩倒之声,又间(偷偷地)令吴广之次所旁,时时而间(偶尔)进)。

2. 有的放矢

古文教学教什么?大家之言只能是参考,公开课的范例只能是借鉴。我们的学生才是教学目标决定者。学生需要什么,我们教什么。有的专家反对字字琢磨,句句落实;有的公开课翻译文章走马观花;有的古文课堂一读到底等等,不一而足。

结合我们学生的实际,我发现如此一上,轰轰烈烈的背后,可能是无尽的苦涩。纵观南京三年中考,翻译这里的分值分别是 2009 年 8 分,2010 年 10 分,2011 年 10 分,而古文阅读的分值分别是 13 分、12 分、13 分。我们有什么理由不重视翻译?课堂多花点时间积累,举一反三地复习为何不值?记得我在上《出师表》边读边翻译用了 3 课时,《陈涉世家》是 3 课时。

3. 精选习题

南京近三年的中考,古文阅读都是非常短小的文言片段,09 年是写景的比较阅读,10 年是人物小传,11 年是叙事小品。通过这三篇文章的研究,我们其实可以看出一个大概的端倪,在编制习题时当有所取舍。篇幅短小,内容简单,颇有趣味,想来古文的文库中当并非很多。记得浦厂中学曾经很不小心的命中过中考原文。猜题之事,概率颇低并有投机取巧之嫌,但类似的文章确实可以练一练。

古文教学当突出其有效性。

四、古文教学之"学"

古文教学最终要落实到学生的学。纵然教师舌灿莲花,口似悬河,文采斐然,激扬文字,粪土当年万户侯,若学生如入雾中,如坠云里,亦是枉然。所以我们首先要教会学生学什么。

1. 学方法

古文有法。例如诵读,注意句读,正确朗读;语速舒缓,想象阅读;声音轻重,突出重点;语调抑扬,丰富情感;神态动作,辅助诵读。例如翻译,遵循信、达、雅的原则;讲究"六字法"即"对""换""留""调""补""删";注意四种句式即判断句、省略句、被动句、倒装句等。

学习中,我们要引导学生掌握相应的方法,利用理论指导实践,这样的学习才能事半功倍。

2. 勤练习

初中文言文教学有其天然的局限性。有限的篇幅,断裂的教学时间,遗忘的艾宾浩斯曲线,经常会让学生无所适从。文言文在课文中所占比例较小,教师主要是采取分散教学的办法,即一般都是把文言文和白话文穿插起来进行教学。这样,初中阶段平均起来要学四至五篇白话文,才能学习一篇文言文。从整个教学过程来看,文言文教学是零星分散,时隐时现,分量并不很大,可是学习间隔长,平常又不常使用,容易遗忘。在文言文学习中,学生往往以读懂一篇课文为目的,不重视文言文语言知识规律的总结,不重视课外迁移,不重视文言文现代文的联系,成了为学文言文而学文言文,没有达到学以致用的目的。这些往往导致边学便丢,以致最终一无所获。

学习中我们要引导学生及时复习,平时带着练习,引导学生分类整理,养成积累的好习惯,以期达到书不离手,曲不离口。古文学习无他,唯口熟耳。

古文教学当突出其连贯性。

(谭志刚)

中考物理计算题命题类型与解题策略

一、中考物理计算题的命题趋势

从新课程标准的要求看,2011 年的全国物理中考计算题的计算量和计算难度都要求不高。主要涉及这几个公式:速度公式(v = s/t);固体压强公式:(P = F/S);功的公式:(W = Fs);功率公式:(P = W/t);机械效率公式:(η = W 有用/W 总);热量计算公式:(物体温度变化吸、放热:Q = cmΔt;燃料燃烧放热:Q = mq);欧姆定律公式:(I = U/R);电功率公式:(P = UI = W/t);电热公式:(Q = I2Rt)。试题更加重视对基础知识和基本概念的考核,充分体现了物理课程标准的要求:“注重全体学生的发展,改变学科本位的观念”。

试题充分贯彻了课程标准中“从生活走向物理,从物理走向社会”的课程理念,试题贴近生活实际,符合学生的认知特点,2011 年物理中考试题一般都与生活息息相关,试题的背景知识有南极科学考察、城市建设和可持续发展、高速公路上的标志牌、家用电器的铭牌标志等一系列生活物理现象,学生乐于研究其中的规律,并将其应用于生活实际。

二、中考物理计算题的命题类型与解题策略:

1. 有关速度的计算

命题类型:有关速度的计算一般是联系实际,以各种标志牌的形式展示出来,让考生首先要能从各种标志牌中理出分别表示什么物理量,各个物理量的单位是什么,然后再按照公式进行计算。

中考例题:(2011·菏泽)小聪一家去北京旅游,在北京市郊公路的十字路口,他看到图所示的交通标志牌,标志牌上的数字“40”表示的意思是__________________________,汽车在遵守交通规则的前提下,从此标志牌处匀速到达北京,最快需要________h。

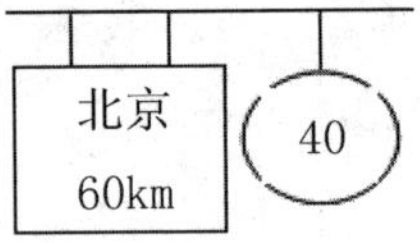

例题解析:在题目中给出了路程这一物理量,而题中标志牌则指示出了速度的大小,解题时要注意有关速度单位的换算,一般题中标志牌速度显示的单位都是 Km/h,将物理量的单位进行统一再应用公式进行计算。

参考答案:行驶速度不能超过 40km/h,1.5

变式试题:(2011·莆田)喜羊羊发现后方 100m 处的灰太狼正以 15m/s 的速度向自己猛扑过来,此时喜羊羊与前方的羊村相距 200m。问:喜羊羊至少要用多大的速度才能安全跑进羊村?

解题策略:

1. 明确题目中的条件,特别是各个标志牌分别表示的物理量;

2. 分析判断,找到解题的理论依据,确定计算所需要的公式;

3. 在代入公式中的物理量的数据时特别注意单位的不同以及单位间的换算,知道 m/s 和 Km/h 之间的“3.6 关系”4. 将物理量的符号与题中数据一一对应,为区别同一物理量有不同数据,可适当加注“脚注”。

2. 有关压强的综合计算

命题类型:有关压强的综合计算一直以来都是中考的重点和热点,在 2011 全国中考题中多次出现,计算难度都不是很难,特别的是有关液体压强的计算很多地方已经不做要求,气体的压强的有关计算在中考计算题中所涉及的也很少,一般在题中都是侧重考核固体压强的计算,此类计算一般都是联系时事,图文并茂,具有强烈的时代感。

中考例题：(2011·台州)南极洲是世界上最为寒冷的地区。2010 年 11 月 11 日至 2011 年 4 月 1 日，我国完成了第 27 次南极科学考察。下面是科考队员在南极的一些做法：如图是今年 2 月底我国科考队员在薄冰上卸载卡特比勒车时的情景，车质量为 2.5×10^4kg，履带与地面接触总面积为 $2.5m^2$。(取 g = 10N/kg)

①为移动此车，在冰面上铺木板是为了____________；

②此车对木板的压强为多少？

例题解析：这是一道考核重力和压强的综合型计算题，要求考生具有一定的分析能力和联系技能，一般在题中都是要求先计算出重力的大小，而重力的大小一般都等于压力的大小，这样可以为计算压强打好基础，所以 2011 年中考题有关压强的计算一般都要先计算重力。

参考答案：①增大受力面积以减少压强

②$G = mg = 2.5\times10^4kg\times10N/kg = 2.5\times10^5N$　　$p=\frac{F}{S}=\frac{2.5\times10^5N}{2.5m^2}=1\times10^5Pa$

变式试题：(2011·南京)

(1)为保证交通安全，交管部门规定“渣土车”在市区行驶的速度不得超过 30km/h. 在遵守交通规则的前提下，“渣土车”行驶 3000m 至少需要________h.

(2)图中的 6 轮“渣土车”装载渣土后总质量为 12t，则该车对水平路面的压力为________N. 规定车辆对地面的压强不得超过 7×105Pa，假设每只轮胎与地面的接触面积恒为 $0.02m^2$，则该车装载渣土后对地面的压力不得超过________N.(g 取 10N/kg)

解题策略：

1. 在解题时挖掘题目中的隐含条件，明晰当物体水平放置时，压力的大小一般等于重力的大小，为计算压强做好奠基准备；

2. 在压强的计算过程中，找准受力面积的大小 3. 计算过程中正确代人公式中物理量的数字和单位，注意受力面积之间的单位换算关系 4. 把握题目中的关键字词,审清题目,理清解题思路。

3. 有关功、功率和效率的计算

命题类型:有关功、功率和效率的计算一般都是有机联系在一起的综合计算,计算功是解题的基石,计算功率是物理量之间联系的升华,而计算效率则是物理知识应用生活实际的体现,唱好这样的“三部曲”的前提则是明确各个物理量的定义,弄清它们之间的关系。

中考例题:(2011·泰州)如图所示,用动滑轮沿竖直方向提升重物,10s 内使物体匀速上升 2m。已知物体重 400N,动滑轮重 100N,不计绳重和摩擦. 求:

(1)拉力做的功;(2)拉力的功率;(3)动滑轮的机械效率.

例题解析:我们首先应弄清 G、h、F、s 各个物理的数值,然后明确它们和有用功、总功之间的关系,即 $W_{有用}=Gh$,$W_{总}=FS$,再运用有关的公式进行相关的计算。

参考答案:(1) $s=2h=2\times 2m=4m$, $F=\frac{1}{2}(G_{物}+G\ 动)=\frac{1}{2}(400N+100n)$

$=250N$

$W=F\cdot s=250N\times 4m=1000J$

(2) $P=\frac{W}{t}=\frac{1000J}{10s}=100W$

(3) $W_{有用}=G\cdot h=400N\times 2m=800J$, $\eta=\frac{W_{有用}}{W_{总}}\times\frac{800J}{1000J}\times 100\%=80\%$

变式试题:(2011·淮安)用一个动滑轮匀速提升质量为 20kg 的物体,所用竖直向上的拉力为 125N。物体上升 2m 的过程中,拉力所做的有用功为________J,总功为________J,动滑轮的机械效率为________。(g 取 10N/kg)

解题策略:试题一般围绕有用功、总功、机械效率方面进行计算,我们要把握好常规公式 $W_{有用}=Gh$,$W_{总}=FS$,解题时要注意:1. 分清哪些力做功,哪些力不做功 2. 分清什么是有用功,什么是总功 3. 明了影响滑轮组机械效率的因素 4. 可以根据滑轮组中 $n=S/h$ 来确定动滑轮上绳子的股数。

4. 有关热量、能量转换的计算

命题类型:有关热量、能量转换的计算一般把物质升温吸热、降温放热的计算与某种燃料燃烧放热的计算联系在一起，将“物理来源于生活，为生活服务，指导生活实践”这一理念发挥的淋漓尽致。

中考例题：(2011・昆明)据估计，全国一年可产生城市生活垃圾约 $5.6\times 108t$，焚烧生活垃圾释放的热量为我所用，是综合利用垃圾的一种方法。若燃烧 lt 生活垃圾可以放出 1.176×10^{10}J 的热量，问：

(1) 1.176×10^{10}J 的热量相当于完全燃烧多少 kg 焦碳产生的热量？

(2) 1.176×10^{10}J 的热量可以在一个标准大气压下将多少体积的水由 20℃ 加热到沸腾？[$\rho_{水}=1.0\times10^3kg/m^3$，$c_{水}=4.2\times10^3J/(kg\cdot℃)$，$q_{焦碳}=3.0\times10^7J/kg$]

例题解析：将物质吸收的热量、燃料完全燃烧放出的热量和效率巧妙地结合在一起，既考核考生对上述物理量计算的能力，又让考生区分出了比热容和热值这两个物质不同的物理属性，突出了学科的本位思想。

参考答案：(1) 392kg (2) $35m^3$

变式试题：(2011・崇左)为了利用太阳能资源，节约经营成本，崇左市某大型宾馆在楼顶安装了 10 台相同的太阳能热水器，每台热水器的水箱容积为 200L。在夏季光照条件下，一满箱 15℃ 的水经白天太阳能加热，温度可达到 65℃。已知水的比热容为 $4.2\times10^3J/(kg\cdot℃)$，天然气的热值为 $8.4\times10^7J/kg$。求：

(1) 10 台热水器装满水时，温度从 15℃ 升高到 65℃ 吸收了多少热量？

(2) 若这些热量由完全燃烧的天然气提供，需要多少 kg 天然气？

解题策略：试题一般围绕热量的几个计算公式展开：物体温度变化引起的吸热、放热：$Q=cm\triangle t$，燃料燃烧放热：$Q_{放}=mq$，解题时要注意：

1. 关注温度的变化的一些词语：“升高到”和“升高了”的区别，“降低到”和“降低了”的区别；

2. 注意各种能量间转换的效率，特别的是当题目中出现“不计能量损失”时隐含的条件是 $Q_{吸}=Q_{放}$ 3. 及时的将 $Q=cm\triangle t$ 与 $Q_{放}=mq$ 有效整合在一起，双管齐下解题效果更好。

5. 有关电路的计算

命题类型：关注用电器的额定值，也要注意各种电表及其余元件的相关要求，特别的，在计算实际功率时应建立在电阻不变的基础上进行。

中考例题：(2011・清远)下表所示是某品牌电热水壶的铭牌，根据铭牌给出的信息，求：

XX 牌电热壶	
型号	DSP-18B
额定电压	220V
额定功率	880W
频率	50Hz
热水壶容量	1.0L

(1)电热水壶的额定电流;(2)电热水壶的电阻;(3)电热水壶正常工作 10min 消耗的电能.

例题解析:已知铭牌:额定电压和额定功率,解题时要注意电阻不变这一隐含条件,同时注意分析电路,理清思路再做题。

参考答案:(1)$I_{额}=P_{额}/U_{额}=880W/220V=4A$;

(2)$R=U_{额}/I_{额}=220V/4A=55\Omega$;

(3)$W=P_{额}t=880W\times10\times60s=5.28\times10^5J$。

变式试题:(2011·乐山)一小灯泡额定电压为 2.5V,小灯泡电流随电压变化的曲线如图甲所示,将它连入如图乙所示电路中,电源电压为 6V 且保持不变。求:

(1)小灯泡的额定功率;(2)为保证小灯泡正常发光,此时滑动变阻器连入电路的电阻大小;(3)当电流表的示数为 0.15A 时,滑动变阻器在 1min 内消耗的电能。

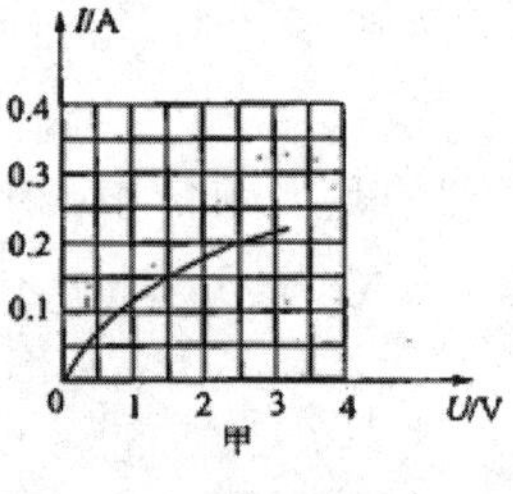

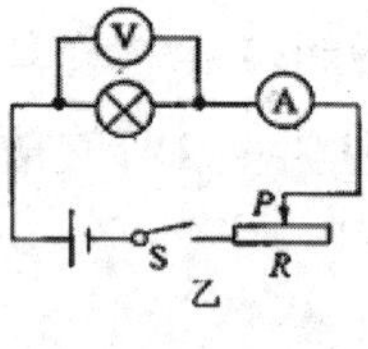

解题策略:

1. 敏锐的从表格或图像中收集出解题时所需的相应的物理量;

2. 理清各个用电器的额定电压、额定功率,知道利用额定电压和额定功率计算出用电器的电阻,把握住在计算时电阻一般不变这一隐含条件;

3. 注意滑动变阻器阻值的变化范围;

4. 注意分析电路中各用电器之间的串并联关系,理清串并联电路中相应的电流、电压关系；

5. 题目中用电器、小灯泡正常发光、正常工作时的电压就是额定电压，功率就是额定功率 6. 注意计算时单位的统一性，物理量的同体性、同时性。

（张华）

第六章

活动化教学

苏霍姆林斯基说过:不能把小孩子的精神世界变成单纯学习知识。如果我们力求使儿童的全部精神力量都专注到功课上去,他的生活就会变得不堪忍受。他不仅应该是一个学生,而且首先应该是一个有多方面兴趣、要求和愿望的人。作为教者,应该深谙于此。

在本章中几位老师都做到了在具体的教学中培养兴趣让学生潜移默化的汲取到知识的营养。学习知识本身就是生活的一部分,生活即教育,我们的教者正身行力荐,让我们的学生以学为乐,有"法"可依。

浅谈农村初中语文教学中课外阅读欣赏课的必要性

吕叔湘认为自己学习语文,三分得益于课内,七分得益于课外。朱永新认为一个多读书的人,其视野必然开阔,其志向必然高远,其追求必然执着。温儒敏说:"阅读量非常重要,有一定的阅读量,语文素养才能上得去。"《语文新课程标准》明确要求"学生九年课外阅读总量达到400万字以上,阅读材料包括适合学生阅读的各类图书和报刊。"由此可见,课外阅读在初中语文教学中具有举足轻重的地位,但在教学实践中,我们无奈地发现课外阅读已形同"鸡肋",一边是专家、教师的大声疾呼,一边是学生的兴味索然。新课标背景下如何在169篇课内文章的基础上,指导农村初中学生有效地进行课外阅读?笔者认为开展课外阅读欣赏课,使之成为语文教学的有益补充,已成为当务之急。

一、利用课外阅读欣赏课开垦阅读之田

要想提升课外阅读的有效性,必须先通过课外阅读欣赏课解决为什么读、读什么的问题,以此提升学生的甄别选择的能力,使他们能够正确认识不同书籍的价值,并能根据精神成长的需要选择合适的书籍,从而拥有一方适合自己思想之

树成长的阅读之田。

苏霍姆林斯基对课外阅读推崇备至,在《给教师的一百条建议》一书中不下百次谈到了阅读。他指出:独立阅读在学生的智力发展、道德发展和审美发展中起着至关重要的作用。但是在课外阅读的原野之中,不仅有"后皇嘉树",也有荆棘杂草,甚至有毒蘑菇。面对纷繁芜杂的阅读材料,学生往往会陷入迷茫,甚至出现选择错误。

笔者在南京市浦口区一所农村中学,针对432名农村初中学生开展了一次问卷调查。其中没有读完中国古典文学四大名著的比例为75.6%,没有读过3本以上(含3本)中国现代文学名著的比例为72.8%,没有读过3本以上(含3本)外国现代文学名著的比例为82.3%。在随机访谈中,面对"你喜欢什么样的书籍?"这个问题时,反馈的信息大多是优秀作文选、动漫书籍、穿越魔幻小说、网络游戏书籍、童话故事、言情武侠小说等。可见,学生阅读资源比较杂乱,阅读内容驳杂,格调有高低之别,内容上良莠不分。

别林斯基说:"阅读一本不适合自己的书比不读还要坏。我们必须学会这样一种本领,选择最有价值、最适合自己需要的读物。"课外阅读应以提高中学生的文化素养、健全心灵和人格,为终生发展为目的。由于受年龄特点和心理特点的限制,初中学生缺乏独立思考和正确判断选择的能力,加上青春期特有的猎奇与从众心理,使部分粗糙、低劣的文学作品在学生中大行其道,高雅严肃的作品被束之高阁、置之不理。在这样的阅读中,部分学生耗费了大量宝贵的时间,但获得的效益却少得可怜。

面对这种情况,教师必须通过扎实有效的课外阅读欣赏课,纠正课外阅读目的的片面性,指导学生认识不同书籍的价值,能够根据自己的精神成长需要选择合适的书籍,而不仅仅凭借个人喜好进行自发地无意识地阅读。例如我开展了以"阅读与饮食"为主题的课外阅读欣赏课,将身体成长所需要的营养与精神成长所需要的营养进行类比,帮助学生认识到有些书籍(如名著)如同米饭,是精神成长必不可少的营养物质,初嚼似乎无味,但愈嚼愈香百吃不厌;有些书籍(如经典散文)如同不同风味的菜肴,酸甜苦辣咸,借此可品尽人生百味;有些书籍(如动漫、武侠言情等)如同快餐,虽然辛辣刺激,可满足一时的口舌之欲,聊作消遣休闲可以,但过于偏好食用过多对身体反而有害……同时我还开展以"情韵悠长"为主题的课外阅读欣赏课,借此指导学生选择适合阅读的友情、亲情、乡情、家国之思的情感类文章……开展这些课外阅读欣赏课后,通过交流我发现学生知道了为什么读和读什么。课外阅读欣赏课取得了可喜的效果。

笔者认为只有通过一系列的分主题有针对的课外阅读欣赏课的有效指导,我们才能拉近学生与名著之间的距离，才能让学生拥有甄别判断的能力，才能根据精神成长的需要选择合适的材料进行自觉阅读。也只有这样，才能初步提高课外阅读的有效性。

二、利用课外阅读欣赏课呵护阅读之苗

要想提升课外阅读的有效性，其次要通过课外阅读欣赏课营造阅读氛围，搭建合作交流研讨的阅读平台，将个体经验与集体智慧相结合，以此获得灵感和更深层次的理解与思考，从而在持久地维护课外阅读激情的同时，提升课外阅读的效益。只有这样，才能使学生的思想之树能够萌发，并能在精心照料中获得充足的营养，不断茁壮成长。

教育家布鲁纳说："学习的最好刺激，乃是对所学材料的兴趣。"子曰："知之者不如好之者，好之者不如乐之者。"兴趣是最好的老师，在兴趣盎然中阅读和在屈从无奈中阅读，其效果是不可同日而语的。面对课外阅读，农村初中学生的兴趣究竟如何？笔者针对这一问题进行了问卷调查。调查结果显示农村初中生对课外阅读的兴趣普遍不高，初一选择"积极性很高"这一选项的只有26.9%，初二只有16.4%，初三只有可怜的12.5%。而选择"几乎没有积极性"的初一是5.8%，初二是5.9%，初三竟然占到15.4%。

影响学生课外阅读兴趣的因素有很多种，其中很重要的一条就是，教师在课外阅读指导中忽视了中学生学习心理的研究。很多教师把课外阅读当成学生自己的个体体验，只重视学生与文本之间的交流，忽视了生生之间、师生之间的交流。这无形中限制了学生的阅读面与阅读的深度，使原本开放的、生动活泼、积极向上的课外阅读走向封闭、狭隘、沉闷的死胡同。

中学生心理研究结果表明，初中学生是求异与趋同的矛盾结合体，他们害怕孤独渴望交流，却往往发生争执。利用课外阅读欣赏课，可以为学生提供一个交流的平台，他们能据此阐述自己的阅读心得，并在交流中获得自我价值的认同，满足自身争强好胜的学习心理，从而长久地保持阅读期待和阅读兴趣。求异的心理使他们喜欢探寻文本中不为人知的细节，喜欢抛出一些与众不同的观点，并在争执中寻求立足的根据。这就迫使他们不能只关注情节，不满足于简单的介绍，无形之中也就提升了他们的思维品质，加深了他们对文章的理解，而一旦沉入文章之中，文章的美将不断地涌现出来，从而进一步激发他们的阅读兴趣，提高他们的阅读效益。趋同的心理使他们乐于探求别人所知道的一切，对于教师与同学阅读的书籍和谈论的话题与观点，他们渴望知道是什么、来自哪里、为什么，他们渴望融入谈话本身，成为其中的一员。

学生需要课外阅读欣赏课这一交流与提高的平台。利用课外阅读欣赏课，我开展了“谁是真英雄？——《水浒传》读书演讲比赛”的主题演讲活动，有的学生结合事件谈人物的性格，有的结合背景谈人物的可贵之处，有的通过比较突出心目中的英雄，有的撷取人物的某个细节串联提炼，有的结合现实与自身的不足谈崇拜……虽然学生谈的比较肤浅，但课堂气氛活跃，学生的参与面与参与度得到明显的提升，而且学生的思维得到拓展，对《水浒》的认识得到进一步的加深。同时我还开展了“刘备与曹操谁更聪明？——《三国演义》读书辩论赛”的辩论比赛……开展这些课外阅读欣赏课后，通过交流我发现学生选择读或再读的人变多了，课后交流的人变多了，对文章的理解加深了，不再只满足于别人见解的复述，更愿意阐述自己的观点。课外阅读欣赏课获得了预料之外的收获。

笔者认为只有通过一系列不同形式的课外阅读欣赏课的有效开展，我们才能适应学生的求新求异好胜的学习心理，满足学生的阅读期待，从而让兴趣的激发由口号变成切实的实践活动。只有这样才能使学生的课外阅读由外在的压力变成内驱力和实际的需要，而且在交流中深化思维，集结众人之长，加深对文本的理解，读出自我，从而切实地提高课外阅读的能力。

三、利用课外阅读欣赏课茁壮阅读之树

要想提升课外阅读的有效性，还要通过课外阅读欣赏课指导课外阅读的方法，使学生不仅能够有效地进行课外阅读，达到事半功倍的效果，拥有终身学习的能力，提高语文素养，而且能据此构建自己的精神家园，拥有健康充实向上的生命力。只有这样，才能使学生的思想之树能够笔直茁壮成长，乃至形成一片属于自己的山林，拥有可以栖息的精神家园。

杜甫说：“读书破万卷，下笔如有神。”培根说：“读书足以怡情，足以傅彩，足以长才。”读书的好处，路人皆知，但如何高效阅读，如何将所读的书转化为自己的能力，成为自己生命的一部分，却成了困扰学生的一大难题。笔者通过调查发现，对于如何高效阅读，选择“非常清楚”这一选项的初一学生是9.6%。初二是2.3%，初三是3.1%，选择“不太清楚”这一选项的初一学生是40.4%，初二是47.3%，初三是51.6%。

这就不难理解为什么学生在必考的名著之外，不愿进行大量课外阅读的原因了，因为他们不知道如何有效阅读。在长期的阅读之后，面对微不足道的收效，他们只能无奈地选择放弃。作为教师，我们所采取的教学措施其实也是十分的苍白。课堂教学中没有对学生进行课外阅读指导，连课本中文质兼美的文章也没有时间让学生细细地感受、去欣赏、去体味，久而久之，造成学生只会抠名词，背段

意,根本不会独立地阅读,更不会评析与鉴赏。在这种情况下,我们的课外阅读几乎是一种放任自流的状态,这样的课外阅读,其效果与结局是不言而喻的。

学生需要课外阅读欣赏课提供相应的阅读方法的指导。利用课外阅读欣赏课,我开展了两期“流金岁月——《朝花夕拾》读书交流沙龙”主题活动,指导学生如何读懂文章,读出自我。学生交流的内容大多来自于文学名著导读,局限于内容简介涉及。我在高度肯定的同时,引导学生探讨是否可以读出自我,不要一味模仿摘录材料:内容简介可分成“鲁迅的喜怒哀乐”结合情节分析,也可以利用鲁迅的游戏童年、自尊童年、学习生活等选点介绍;可以从读书 - -求医 - -学文看其思想变化;可以当一个导游引领大家领略鲁迅家乡的风土人情;可以梳理鲁迅的人际脉络或点评一个人物,例如比较中外教师的异同(寿镜吾与藤野)或“我”心目中的老师;可以分类写玩伴、朋友、亲人等;可以结合文章谈自己,例如我的学习生活,我的父亲,我的童年,我的理想等等。我还开展了“艺海拾贝——《繁星春水》朗诵仿写大赛”指导学生背诵积累仿写,“谁是真英雄?——《水浒传》读书演讲比赛”指导学生学会人物分析,“冷眼热心——讽刺艺术的魅力”指导学生学会赏析艺术特色……开展这些课外阅读欣赏课后,通过交流我发现学生不再只关注情节,开始深入思考,能够初步涉及主题、人物、艺术手法等;学会眉批、旁批、点评,能够选点阐述自己的见解,乐于写或长或短的读书笔记;能够注意反复阅读,并追求一读一得;能够寻找自己的生活与阅读材料的异同,并尝试着仿写与创造……课外阅读欣赏课由形式的创新走向内容与思想的创新。

笔者认为只有通过一系列不同侧重的课外阅读欣赏课的有效指导,我们才能让学生掌握高效的阅读方法,拥有课外阅读的能力,才能使他们的课外阅读读有所获,不仅能读懂文章,而且能读出自我,读出发展的需要,生命的启迪。当课外阅读的收益能外化为成绩,内化为素养的时候,这样的阅读才有长盛不衰的生命力,才是高效的学习行为。

作家肖复兴说:“能够热爱读书并能懂得怎样读书,对于一个孩子真是最大的财富。”课外阅读的开展绝不能停留在口头上的重视,而应落实在卓有成效的实践上。著名教育家陶行知先生说过:“我以为好的显示不是教书,不是教学生,乃是教学生学。”利用课外阅读欣赏课指导学生,为孩子提供更广阔的语文学习空间,让他们学会阅读,从而打造扎实高效的课外阅读,切实提升他们的语文素养,应该成为农村初中语文教师的共识。

(谭志刚)

问渠那得清如许　为有“课文”活水来

——巧用课文开展作文训练

《语文课程标准》中指出，“教师应转变观念，更新知识，不断提高自身的综合素质。应创造性地理解和使用教材，积极开发课程资源，灵活运用多种教学策略，引导学生在实践中学会学习。”巧用课文训练作文就是活用课文资源，拓宽作文教学渠道的一种作文指导方法。笔者创造性地理解教材、开发课程资源，将教材资源灵活运用到作文教学当中，取经于课文，而妙用于作文，课文成为学生作文取之不尽的源泉。那么怎样让学生巧用课文开展作文训练呢？笔者认为可以从以下六方面来进行。

一、转变课文的叙述角度

记叙类的文章，由于叙述的人称角度不同，所产生的艺术效果也不同。而就学过的文章进行叙述角度的转变能让学生在转变中加深对课文的理解、提高阅读和写作能力。如学习都德的《最后一课》，可以让学生用韩麦尔先生为第一人称叙述故事。原文是用小弗郎士的口吻叙述故事的。对韩麦尔先生主要着眼于神态、动作的描写，而他的动作和神态则反映了他的心理活动；相反对小弗郎士的描写则主要是心理活动表现出来的。转变成韩麦尔先生为第一人称叙述之后，既要求学生走进韩麦尔的内心世界，又要求学生能够把小弗郎士的心理活动变成以韩麦尔先生为视角的神态和动作的描写。转变前教师就人称叙述角度变换所产生的不同效果讲解给学生听。然后在学生做过写作练习之后，教师再把优秀的和明显有问题的学生的习作拿出来共同点评，指出优缺点并供全班学生学习参考。学生们通过这种方式训练作文，不但加深了对文章的理解，而且会初步明白叙述角度的不同，将会影响自己描写的方式。接着如果在此基础上训练转变叙述角度专题写作的话将会变得容易，学生对此知识的掌握也比较快。

又如学习《我的叔叔于勒》，文章从于勒的侄子——“我”的角度叙述的，这样可以充分表达作者对资本主义社会金钱关系的批判。教师指导学生从于勒或者菲利普夫妇的角度来叙述故事，产生的艺术效果将会不同。如果以菲利普夫妇的角度叙述故事，就要结合菲利普夫妇的神态、动作和语言清楚地表现人物的心理，这样就会增强文章的讽刺力度。教师在教学《范进中举》《孔乙己》等小说也可以采用这种方法。不断的改写将会不断加深学生对于作品采用不同的叙述角度所产生的艺术效果的理解，也会在平时写作中根据自己的需要调整叙述角度，这样对写作能力的提高大有裨益。

二、改写课本中的古诗文

结合想象和联想对古诗文进行适当的改写。选入课本的古诗文是我国传统文化的精华所在，无论是其语言风格还是思想都有许多可写可模仿之处。如学习《五柳先生传》时，学生深刻感受到陶渊明不慕荣利、洁身自好的高雅品质。为了突出他的高尚品质，文中有许多细节描写感人至深。为了深入体会细节描写的妙处，我引导学生进行了改写。我让学生来个"穿越"，想象自己来到了陶渊明所在的朝代，成为陶渊明的邻居，亲自看到陶渊明喝酒写文章的镜头。有的学生直接描写陶渊明的率真的性格；有的学生安排故事情节，和陶渊明直接对话，表现出人物的志趣高雅……再如学习苏轼的《记承天寺夜游》和《水调歌头》之后，我补充苏轼此时另外的著作，让学生想象苏轼被贬谪之后的处境。学生分别运用不同的镜头充分展现当时的情景。

这样的改写建立在学生对课文深入理解，创造性地对课文进行合理加工的基础上，有效训练了学生的联想和想象能力，训练了学生细节描写能力。这也为后来的语文综合性活动"千古风流人物"打下扎实的基础。在写作中如果多一些古诗文文化，文章的文化底蕴将会更厚实。

三、从不同角度撰写课文读后感

对课文从不同角度进行分析然后写读后感，这样既可以训练学生提炼观点的能力，也可以增加学生议论文论据的积累。如学习《香菱学诗》，教师指导学生从不同角度写读后感。香菱是一个没有接受过教育的苦孩子，她勤奋刻苦、乐于学习、善于学习，最后终于学会作诗。由此我引导学生思考无论学习上还是生活上，要想做好做成功一件事，就必须苦干、实干、巧干相结合。从这个角度引导学生写读后感。另外还可以想，香菱的学诗成功和她虚心善问也有很大关系，因此教师可以从虚心善问这个角度指导学生写读后感。在写读后感时，教师引导学生既可以从文章作者角度谈感受，也可以从文章内容谈感受。谈得角度越多，不但能加深学生对课文的理解，而且还培养了学生发散性思维能力。而发散性思维是创新思维的主导性成分，如果我们长期坚持，这对学生发展的好处是不言而喻的。既然这样，我们何乐而不为呢？

四、补写课文隐藏省略的内容

教材中有不少内容是作者根据课文主题需要而忽略未写的,教师可以指导学生展开合理的想象,把隐写、略写的内容补写出来,往往能收到出其不意的效果。如学习《走一步,再走一步》,当"我"在悬崖上心惊胆跳时,好朋友杰利也默默地离开了我,可是后来又是他带着爸爸来找我的。其中的隐写、略写的内容就是:杰利当时为什么离开我,他是怎样想的,他是怎么告诉爸爸的,思想经过了怎样的斗争;爸爸在家,看到孩子天黑了还没回家,他有怎样的表现,他是怎么找到悬崖边的……文中隐藏了这些内容,可以引导学生结合课文,展开想象,把握人物的心理和动作,细致地补写出来。

教师指导学生结合课文内容与生活实际,发挥丰富的想象和联想,充分挖掘课文的隐藏省略的内容。经过这样的长期训练,学生面对作文题目,就会游刃有余,比较轻松地完成作文。

五、模仿课文中的精典语言

教材所选课文都是经典名篇,语言价值很高,学生在写作时可以适当的引用或仿写其中的名言佳句,为自己文章锦上添花。在模仿借鉴的基础上进行创新写作,是我们提高写作能力的有效途径之一。如学习《理想》,课文第一节是"理想是石,敲出星星之火;理想是火,点燃熄灭的灯;理想是灯,照亮夜行的路;理想是路,引你走向黎明。"我启发学生用"宽容、爱心、友谊、诚信、希望"等字词替换"理想",这样以后在写相关作文时可以将那些生动形象、气势宏伟的句子写进去,一定能成为文章一道靓丽的风景线。又如《从百草园到三味书屋》中的"不必说…也不必说…单是"的句式,要求学生用身边的内容进行仿写,写一个片断练习。又如《我爱这土地》"为什么我的眼里常含泪水?因为我对这土地爱的深沉。"我让学生创造句子:"为什么我的眼里常含泪水,因为我对诚信坚守到底。"写出了学生对诚信心灵空间的守护。课文中有许多句式优美、结构整齐的句子或段落,对这些典型的句段进行模仿,推陈出新,使作文文采斐然。以上所举,是我引导学生熟悉精品课文、细心品味揣摩的实例。得法于课内,受益于写作,切实提升学生写作能力。

六、分析、积累课文的写作方法

学生积累课文的写作方法,到写作时就会不断地涌现出所需要运用的方法。如《变色龙》这篇文章就是运用对比的手法写作的一个典型。围绕着狗的主人是谁,警官奥楚蔑洛夫的态度不断在变,在变中对比,在对比中突出主题。教师应该就这一点引导学生进行仔细分析,并教会学生掌握对比方法。当然对比的手法不止这一课,到学习几篇对比的文章之后,如《范进中举》《我的叔叔于勒》《智取生辰纲》《故乡》,学生们将会进一步了解对比的妙处,在此基础上教师应当注意总结,之后再要求学生模仿并应用对比写作文。

又如学习《爸爸的花儿落了》之后,教师要告诉学生,这篇文章采用了借物喻人的方法,并且说明这种方法的应用技巧和作用。学生应就此进行分析。当学完了《荔枝蜜》后再进行第二次分析。学习了此方法之后,试着让学生模仿此法进行写作。

教材中像这样运用写作手法的课文很多,教师要帮助学生分析归类。学生掌握课文分析的技巧越多,自我写作的技巧也越强,也就会自然地指导自己的写作,学生的写作能力也就在无形中提高了。

叶圣陶先生说过"教材无非是个例子"。这告诉我们要从教材课文入手帮助学生寻找、积累素材,借鉴课文的写作技巧,充分利用课文开展作文训练,让语文课本成为推进学生写作水平提高的平台。

(许春桂)

运用生活化教学,让信息技术课堂活起来

进入21世纪,信息技术已经渗透到社会生活的每一个角落,人们的衣食住行已经离不开信息技术。信息技术课程也显得越来越重要,努力提高学生的信息素养,为其终身发展打下良好的基础,使之能真正适应这个社会的发展,必须努力将信息技术课程教学紧密联系学生生活,使信息技术的学习能够适应社会的发展和变化。因此,必须改变传统的教学模式,以学生为主体,以学生生活实例为基础,联系学生生活,让习得的知识能够学有所用,那么就必须将生活化实例融入信息技术课堂教学,让我们的信息技术课堂活起来。

一、创设生活化的教学情境,激发学生学习兴趣

我国著名的教育家陶行知先生提出的"生活教育"思想中的"生活即教育"理念,教育源自生活,生活是教育的最终归宿。新课程理念也着重强调:教育应该源于生活,回归生活。而信息技术课更应该与时俱进,紧密联系现实生活,在教材的基础,有效的结合学生现实生活中常见的事物,并创设生活化的教学情境,让学生

感受到信息技术在现实生活中的应用,从而激发学生对信息技术学科学习兴趣。

例如苏科版初中《信息技术》上册第五章《图片的处理》一节,要求学生能够利用 ACDSee 等类似软件对图片进行处理。在学习这章节的时候正好赶上我校组织社会实践活动,在活动中,很多同学都自带了相机,拍了很多照片,可是天公不作美,淅淅沥沥小雨下个不停,很多照片拍摄的效果不是很好,需要进行简单的曝光、旋转、裁剪以及一些其他的艺术效果处理。在运用情境导入新课时,我先展示同学拍摄的一些原始照片,之后再展示经过处理后的图片,对较暗的照片进行一定的曝光处理,对拍摄过程中存在角度问题的,进度适当的旋转,对一些在雨中的照片,进行水面、水滴艺术效果。通过这些简单的处理,就能够达到美化我们的照片,最后,通过修改照片大小,将照片上传上个人的 QQ 空间或网络博客中的相册中。

通过生活化实例的导入,再现生活情景,在教师的精心组织和引导下,使学生体会利用信息技术解决生活中实际问题的便捷。假如教师只是将生活中一些不相关的图片,让学生根据任务要求,简单对这些图片进行处理,在这个过程中,学生只能学到一些相互孤立的知识点,而无法将所学的信息技术中知识技能应用到现实生活中,更加谈不上对情感、态度以及价值观的培养了。通过将课堂教学与现实生活联系在一起,有助于激发学生对信息技术学习的兴趣,更加能够培养学生对信息技术应用能力和学习的兴趣。

二、贴近学生生活的教学内容,发挥学生学习主动性

在传统的课堂教学中,常常将学生视野框定在教科书里、课堂里,使学生的学习与多姿多彩的实现生活隔离开来。根据新课标的要求,我们应该创设一种丰富学生情感、充满任务情趣的生活化课堂。让学生成为课堂的主人,更好的融入课堂学习,在学习中感受生活化课堂的快乐。

在课堂教学设计中,以教材为基础,充分挖掘现实生活资源。以学生生活作为出发点,在创设的各种生活化情境中,以任务驱动的形式,在自主探究精神的引导下,让学生逐步完成学习任务。如上面提到的《图片的处理》;再比如苏科版初中《信息技术》上册第六章《视频的加工和处理》,以学校举办的一二・九歌咏比赛作为学生学习任务,要求学生为此次歌咏比赛制作一份宣传短片,在学校 50 周年校庆时,进行宣传和展示。在这节课情境导入时,教师首先展示了一些公益广告宣传片以及某同学从小到大生活的记录片,还有一些其他学校周年校庆宣传片,拓展学生的视野,之后让学生根据教师的讲解和学件上的操作提示,完成学习任务。

在设计教学任务时,也可以根据学生和现实实际情况自编教材,充分发挥学生自主探究精神和创新精神。比如在初中《信息技术》下册第七章《Flash 动画制作》综合实践课中,教师可以指定一定的制作主题或方向,让学生根据主题,自拟题目。结果上交了很多的出色作品,如《绿色校园》《美丽家园》《呵护地球》等等。在一定的主题下,学生结合 Flash 动画制作技术,既完成了学习任务,又将德育在无形中渗透到学生的情感世界,起到了良好的德育效果。这样的学习过程,不仅加强和巩固所学知识,同时也培养了学生良好的道德情操。

三、体验生活化课堂教学,感受信息技术应用魅力

美国著名教育专家卡尔·罗杰斯说过:“谁也不能教会谁任何东西”,知识是谁也不能教会给你的,需要自己通过体验和感悟,才能掌握。教师只是一个引导者,将学生带到一桌丰盛的宴席旁,告诉学生他的营养和吃的方法,至于吃不吃,吃多少最终还是由学生来决定。

学生是课堂学习的主体,一切的活动都是为让学生通过体验和感受来获得,而教师只是课堂教学的主导者,起组织、引导和控制作用,营造各种情境,让学生通过体验和感悟,掌握知识。在这种体验式学习方式中,学生不再是装知识的容器,而是信息技术知识的构建者,是信息技术技能的感悟者,而学生的情感、态度、价值观以及思维都得到了锻炼。例如在利用 Photoshop 软件设计班徽比赛中,教师、学校成了主办方,而每个同学都是设计师,最后通过作品展示、师生互评,设立最佳创意奖、最佳设计奖等奖项,同时选出最有创意、最佳设计等各项元素俱佳的作品作为班徽,并将其制作成展板,挂在班级门口,作为班级文化对外宣传的窗口。在整个学习活动中,从学习目的到学习内容都紧密联系着学生现实生活,让学生以主人公的身份参与整个活动,从不同的角度去分析问题和解决问题,从中体会到遇到问题时的苦闷以及解决问题后的快乐,更加深刻体会到信息技术在现实生活中的应用的意义,从而培养学生应用信息技术解决生活问题的意识,真正的了解信息技术、热爱信息技术。

总之,信息技术源于生活,并在生活的基础上得到了升华。因此,在信息技术学科教学中,生活化教学也越来越突显出其重要性。信息技术课堂教学,只有从学生实际生活出发,充分挖掘生活中的教学资源,并融入信息技术课堂,让学生在课堂中体验生活化的信息技术,并创造性的使用信息技术来解决现实生活中的问题,提高学生信息技术综合素养。

(邹香永)

中学物理中的“回归”分析

面对生活，面对学习，人们有时需要调整思维，使不可能变成可能。

有这样一则小故事，值得回味：傍晚，退休的李教授随时翻阅9岁孙女的自习本，发现写着几条等式如下：1 + 1 = 1；2 + 1 = 1；3 + 4 = 1；4 + 9 = 1；5 + 7 = 1；6 + 18 = 1。教授好生奇怪，琢磨半天不明白是怎么回事，把孙女叫来询问。

孙女说：“爷爷您这也不懂？1里加1里等于1公里，2个月加1个月等于1个季度，3天加4天等于1周，4点加9点等于下午1点，5个月加7个月等于1年，6小时加18小时等于1天。”

是这样吗？可见，面对生活，面对学习，一些看似不可思议的东西，人们有必要调整一下思维，换一个角度思考，就会得到异乎寻常的答案，使不可能变成可能。

中学物理的教学中，引导学生调整思维，换一个角度思考，学生也会获得异乎寻常的答案，使不可能变成可能。起于以上出发点，联系实际，以下笔者谈一谈自己在教学中引导学生调整思维，让学生在物理的学习中“回归”分析的事例，旨于大家共同进步。

学生在中考复习过程中，往往只看表面不看本质，只注意记忆知识点而忽略了课本、题目的提示，不注意“回归”分析，其实我们教师在教学过程中，只要注意引导学生，回归题目，或许“柳暗花明又一村”，就会得到正确的答案。

例1：小明同学在探究“压力的作用效果与压力大小的关系”时，做了如下图甲、乙所示的实验。

(1)实验能够得到的结论是______________________________。

(2)若想继续探究“压力的作用效果与受力面积大小的关系”，应再做图________(填“丙”或“丁”)所示实验。

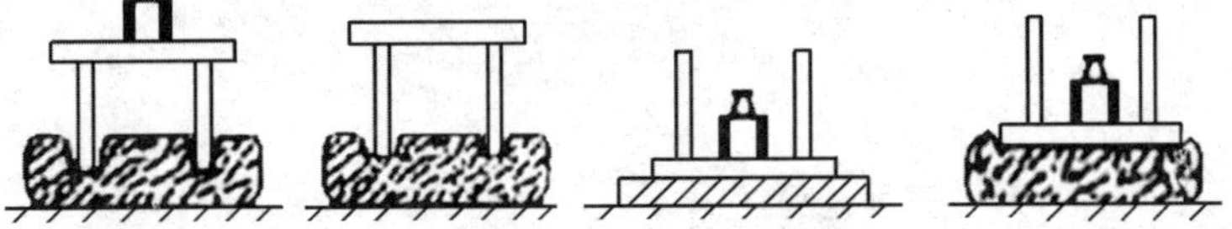

甲　　乙　　丙　　丁

学生在解答过程中，特别是针对问题(1)，不少学生知道要应用物理中的控制变量法,写成:当受力面积相同时,压力越大,压强越大。引导学生注意题目中的“关键词”,“回归”分析,明确题目的要求和答题的针对性,学生就会把“压强”二字“回归”成题目中的“压力作用效果”,从而得到正确的结论:当受力面积相同时,压力越大,压力的作用效果越明显。

通过以上的一个例子,让学生理解、总结出“回归”分析的实施程序:首先明确题目中要考核的目标,找到题目中的关键词,找到题目答题的“题眼”,然后回忆学过的相应知识的基本知识点,将知识点与考核题目联系起来,明确答题的方向,再将自己要写的答案与题目的要求结合起来,应用物理中所学的物理研究方法:控制变量法,“回归”题目中的关键词和“题眼”,接着将题目中的关键词和“题眼”与自己准备的答案有机整合在一起,形成一个有效地答案,最后联系题目和答题要求检查一下,对自己做出的答案进行合理的评价,不足或要改进的再进行加工、雕琢,使自己的答案更加准确、出彩。

此方法在操作时要求教师要引导好学生分析出题目中的关键词和“题眼”,学生能够有效地回忆出相应的知识点,将题目中的关键词和“题眼”与知识点相整合,“回归”分析,对应题目中的要求,形成自己的答案。

在物理复习过程中,引导好学生应用“回归”分析,再举一反三,让学生形成习惯,以后做题也就触类旁通了,长期坚持,适时引导,“回归”分析,必有成效。

物理源于生活,回归生活,在生活中的很多地方都应用到物理知识,联系生活时,“回归”分析,事半功倍,应用好“回归”分析指导生活,联系实际,学以致用,使生活更加简单、得心应手。

例2:有些跑车在车尾安装了一种“气流偏导器”,如图所示,由于“气流偏导器”上表面平直,下表面呈弧形凸起,当跑车高速行驶时,流过它上方的空气速度比下方空气速度________(选填“大或小”),此时,上方空气压强比下方空气压强________(选填“大或小”),这样,“气流偏导器”受到一个向________(选填“上或下”)的压力差,从而使车轮抓紧地面。

应用“回归”分析,按照“回归”分析的实施程序:首先明确题目中要考核的目

标,找到题目中的关键词,找到题目答题的“题眼”:汽车的车轮抓紧地面,然后回忆学过的相应知识的基本知识点:流体流速和压强的关系,流体中流速越大的地方压强越小,流速越小的地方压强越大,将这一知识点与考核题目联系起来,明确答题的方向:根据流体流速和压强的关系来分析得到正确的答案,再将自己要写的答案与题目的要求结合起来:当跑车高速行驶时,流过它上方的空气速度比下方空气速度小,此时,上方空气压强比下方空气压强大,“回归”题目中的关键词和“题眼”:汽车的车轮抓紧地面,接着将题目中的关键词和“题眼”与自己准备的答案有机整合在一起:当跑车高速行驶时,流过它上方的空气速度比下方空气速度小,此时,上方空气压强比下方空气压强大,这样,“气流偏导器”受到一个向下的压力差,形成一个有效地答案,最后联系题目和答题要求检查一下,对自己做出的答案进行合理的评价:正是由于汽车的车轮抓紧地面,才使汽车有一个向下的压力差,而向下的压力差形成的原因是流过跑车上方的空气速度比下方空气速度小,导致汽车上方空气压强比下方空气压强大,与题目的意思不谋而合,经过自己的评价、再加工和雕琢,答案也就更加准确。

在操作时关键是引导好学生分析出题目中的关键词和“题眼”:汽车的车轮抓紧地面,让学生能够有效地回忆出相应的知识点:流体流速和压强的关系,将题目中的关键词和“题眼”与知识点相整合,“回归”分析,得到答案。

“水往低处流,人往高处走”,在“重力”的复习过程中,应用“回归”分析,可以使学生明白自然界的普遍规律,弄清事物之间的关系。

例3:某物理研究性学习小组在探究物体所受重力大小与物体质量关系时,实验记录如下表:

实测物体	物体质量 m (kg)	重力 G (N)	比值(G/m) (N/kg)	比值 G/m 的平均值 (N/kg)
物体1	0.1	0.99	9.9	
物体2	0.2	1.96	9.8	
物体3	0.3	2.91	9.7	

(1)在探究过程中,需要的测量工具有________、________。

(2)在上表空白处填出比值 G/m 的平均值。

(3)分析表中实验数据,得出的结论________________________________。

学生在解答过程中,特别是针对问题(3),不少学生知道要应用物理中的控制变量法进行总结,但不注意“回归”分析,写成:物体的质量与物体所受的重力成正比。引导学生注意题目中的“关键词”,“回归”分析,明确题目的要求和答题的针对性,学生就会“回归”成题目中的“物体所受重力大小与物体质量关系”,从而得到正确的结论:物体所受重力与物体的质量成正比。

如果你是一棵小草,虽然没有花儿的艳丽,树的高大,但是你却编织了绚丽多彩的大地,你以顽强的毅力,冲破顽石的束缚,进而勃发生机。如果你是一条无名的小溪,虽然没有海的浩瀚,大江的奔腾,但是你却汇成了浩浩荡荡的江河。你是否会思考:我的自信心呢?其实,自信心就在我们的心中,相信自己,有时我们需要调整思维,使不可能变成可能。应用好物理中的“回归”分析,从不同角度去看,就会看到不同的风景,会有不同的感受,只要我们做事情的时候,用积极的心态去对待,多做一些换位思考,多一些分析,就算再无法逾越的鸿沟,也不能阻挡我们前进的步伐,再棘手的难题,只要换个角度去看待,“回归”分析,也许就会有截然不同的效果,就会看到乌云背后的蓝天,就会使自己的物理学习这颗大树更加根深叶茂!

(张华)

追寻有效课堂,探寻初中英语词汇教学的有效途径

一、初中英语词汇教学的重要性

词汇是语言的三要素(语音、词汇、语法)之一,是语言的基本材料,离开词汇就无法表达思想。没有足够的词汇就不能有效地进行听、说、读、写,就无法有效地用英语进行交际。而事实上,一个人词汇量的大小也在一定程度上表明这个人英语水平的高低。词汇的积累就像“拣砖头”,学习者只有攒足了“砖头”,才能真正构建起自身英语学习体系的“房子”。由此可见,掌握大量的词汇是学好外语的前提和基础,学生掌握的词汇越多,他们运用语言的能力就越强。因此词汇教学就显得尤为重要。词汇教学包括教授词汇的读音规则、构词法,要掌握它们的词义及词类,更要掌握习惯用语和固定搭配,这就要求教师应科学地、系统地把单词教给学生,而且词汇要放在一定的语境里教,才能使学生能更好地掌握单词的词义、词类和习惯用语及固定搭配。

二、初中英语词汇教学存在的问题

1. 教师没有有意识地培养学生的思维能力

教学大纲中教学目的之一是:开发智力,培养观察、记忆、思维、想象和创造能力。但是,在课堂教学中,本应该由学生自己去观察、发现、理解、思考、猜测、归纳和总结的词汇或规律,都由老师完成了。教师只注意到自己的教,而忽视了学生的学和学生的主体地位,忽视了对学生思维能力和创新能力的培养。

2. 完全按照课本教单词

在课堂教学中只教课本上出现的单词,没有联系学生生活,适度地扩展一些学生感兴趣的词汇. 适当扩大一点课外的相关内容、适当的引申,可以不断引发学生的求知欲,同时也体现了因材施教的精神,让学得好的同学多学一点。(胡春洞,1990)

3. 词汇教学方法单一

教学方法以教师讲解单词、学生记背单词为主。这种单一、被动的教与学方式往往使学生感到枯燥、乏味,而且负担很重,造成恶性循环。

三、初中英语词汇教学的方式

1. 生动的举例说明新词含义

这些例句大部分应来自于教师的原创而不是取自词典的简单重复。有时我们不妨结合学生的实际举一些贴近他们校园生活的例句,充满新意和丰富变化的教学才能使学生增加对词汇学习的兴趣。

2. 把词汇放到语境中去启发理解

教师要鼓励学生通过上下文、图片、肢体语言等等去揣测词义,而不要急于求成把所有的新词和解释都匆匆忙忙地讲授完毕。教师在这里更多地需要扮演引导者的角色,带领学生去发现、体会和习得新知。

3. 巧用词汇的联系性特点

词汇具有联系性的特点,词与词之间有着密切的关联。例如:近义词、反义词、前缀、后缀。如新词为合成词,可以把词拆开帮助理解,这种方法不仅能有助于学生对新词的理解,还能让他们发现英语词汇的奇妙之处,提高他们学习的积极性。

4. 让新词在实际语境中得到充分运用

通过编写各语境会话,让学生操练这些新词,学以致用可以很大程度地提高学生学习英语的热情。其实我们自己也有这样的体会,当你出国旅游时,之前所学的外语从书本上变为你和外国人直接交流沟通的有效工具时,一定是感到很兴奋的。所以我们应抓住这个心理,把书本上的知识变成为活生生的语言工具,让学生在模拟实际的运用中巩固所学的词汇。

5. 预设学生在词汇学习中易犯的错误

在备课时想一想学生可能会产生错误理解的地方。然后根据教学中的具体情况引导学生正确使用这些易错词。比如一些易受中文思维干扰的词汇:“东北”这个单词在英语习惯中先说北再说东等。

6. 开展活动丰富词汇的巩固过程

我想既然学生一个人独自闭门造车难以记忆词汇,我们不妨在课堂上开展一些小组活动来使学习的过程充满趣味从而提高学习效率。例如采用小组合作的方式,给学生一些图片,让他们写出图片所表示的词汇。难易程度可由老师调节,也可以把它变成一个小竞赛,最先完成所有图片的组或个人就是获胜者,极大的增强了学生的词汇学习兴趣。

四、初中英语词汇教学的策略

1. 培养学生学习英语的兴趣,让学生由“厌学”转变为“乐学”

(1)用实物、图片、手势等直观法引入词汇。爱因斯坦说过“兴趣和爱好是最好的教师”,可看出兴趣的重要性,而直观教具的使用恰恰也激起了学生学习的动机,在适当的时候,教师采取直观教学能起到“催化剂”的作用。在词汇教学中,教师利用实物、图片、幻灯片等一系列辅助教具及手势、动作表情引入新单词,不仅能吸引学生的注意力,还能使他们积极参与,使他们获得成功的满足感,提高学习兴趣。此外,通过此方法,可以使学生把实物、动作直接和英语联系起来,培养学生用英语思维的习惯。特别是对七年级的学生,如采用直观教学,不但能吸引学生的注意力,还能使他们积极参与。

(2)通过谜语教学词汇。猜谜语也是激发学生学习兴趣的一种方法,有了兴趣,再积极参与,从而听、说、读、写等方面的能力得到提高,最终把单词牢牢记住。有些单词采用谜语形式来猜测,会达到事半功倍的效果,而且久而久之便也提高了学生的理解力。很多谜语都是浅显易懂的,也锻炼了学生的听说能力和思维能力。

(3)通过游戏辅助词汇教学。心理学家研究认为,兴趣可增强记忆,兴趣是人对事物的积极而持久的认识倾向,它与大脑皮层中思维活动的兴奋中心相伴随。而玩是孩子的天性,对于这种天性,我们不能压抑,只能加以引导。游戏便是一种集知识性与趣味性为一体的娱乐方式,也是孩子们偏爱的一种学习方式,不用说小孩,连成年人也不喜欢呆板、沉闷、枯燥的课堂,在这样的课堂,学生学习的积极性是为零的。要想调动他们学习的积极性,就要让孩子们在“玩中学,学中玩”,在词汇教学中更要采取活泼多样的形式来减轻学生对单词的厌烦和焦虑心理。教师只有帮他们清除了这些心理障碍,孩子们的各方面能力才会有所提高。采用游戏巩固单词,可以把枯燥的词汇教学变得生动有趣,课堂气氛变得异常活跃,学生在游戏中不知不觉地记住了单词。

2. 培养学生的学习能力,让学生由“苦学”转变为“会学”

(1)利用音形结合、构词法教词汇。在学习新的词汇时,用已学的相近词汇去引出新词汇,这样降低了新单词的难度,同时也让学生了解到原来还可以这样学习词汇。“英语词汇总量虽上百万,但基本构词成分却是有限的。无论就音形而言,还是就意义而言,每个英语词都同其他词有千丝万缕的联系,是整个英语词汇系统中的一个分子。”由此可见,各个词汇之间是有联系的,而且系统性很强,教师在教学中也应该利用词汇的这些特点,立足于词汇系统之上,当然对于这些特点,教师也不能够直接把它们说出来,最好能在集中教学词汇时呈现出来,让学生自己去总结、发现,这样的学习有学生的亲自参与,更能培养他们的学习能力。

(2)英语解释法教词汇。英语解释法就是运用简单的学生已学过的词汇,利用与新词同义、近义或反义的词来解释新词,使学生在原有知识的基础上去掌握新单词的听、说、读、写。这种方法不但训练了学生的听力,而且还可以收到以旧带新、以新复旧的效果。“学习语言的首要条件就是要多听、多读,通过听读这两条渠道向大脑输入大量的、可理解的语言材料。有了大量的、足够的语言输入与积累,才能融会贯通形成语言规则。”这就要求教师在上课时要用英语来教学,用英语来解释单词、句子等,并用英语设置交际情境来启发学生用英语思考。英语解释法正符合了用听、说向大脑输入大量语言材料的要求。学生对于教师所说的英语能听得懂,又知道新单词的意思,这样增添了学生们学习的信心,自然也提高了学生参与学习、积极学习的信心。

(3)创设语境教学词汇。在初中英语词汇中,有许多单词在不同的句子和语境中表达出来的意义也完全不同,正是由于词汇的多义性,所以讲授单词一定要放在一定的语境中,使学生知道什么时候使用这个词、怎么用。语言学家吕叔湘先生说过:“词语要嵌在上下文里头才有生命,才容易记住,才知道用法。”利用设置语境,可以使学生通过语境更加深刻地理解单词的用法和多种意义,从而对单词记忆得更加牢固。如果没有一定的语境,任何词汇也将变得没有意义。不仅可以使学生通过语境更加深刻地理解单词的用法和多种意义,从而更加牢固地记忆单词;而且还能增加学生的语言输入,培养和激发学生的好奇心和求知欲,还能自如地去运用这一单词。

五、结语

在初中英语教学中,为了追寻有效课堂,教师应该灵活运用各种方法,增强课堂授课的趣味,激发学生学习词汇的兴趣,降低词汇教学的难度,提高英语课堂教学效果,使学生在掌握英语知识的同时,提高运用综合运用英语的能力,最终达到学以致用的目的,达到课标的要求。

(傅圆)

追根溯源 回归本色

——对初中课外阅读的再认识

国际阅读协会曾经指出,阅读能力的高低直接影响到一个国家和民族的未来。朱永新认为“一个民族的精神境界取决于这个民族的阅读水平”,“一个书香充盈的城市必定是一个美丽的城市”,“一个人的精神发育史就是他的阅读史”,“一个没有阅读的学校永远不可能有真正的教育”。《语文课程标准》(2011 版)强调“少做题,多读书,好读书,读好书,读整本的书”,七至九年级要“广泛阅读各种类型的读物,课外阅读总量不少于 260 万字”。由此可见,大到一个国家、民族的未来,小到个人的学习、成长,阅读的重要性已毋庸置疑。

近三年来,在市教研员袁源老师的推动下,南京语文界对课外阅读的认识有了质的飞跃。在意识上,提出了南京语文教师的担当:要担负起学生“文化启蒙”的重任;在过程中,成立课题组,深入各校调研课外阅读的开展情况,举行专题研讨活动,宣传业已取得较为显著成果的有益措施,开展系列课外阅读竞赛活动,为广大师生提供展示交流平台;在评价机制上,利用南京中考这一有力评价导向推动真阅读,强调读得广、读得真、读有所获。不论是教学质量上乘的知名学校还是农村边远的薄弱学校,南京初中语文的课外阅读已呈星火燎原之势,已经由个别教师、个别学校的自发行为,上升到群体的自觉行为。

这一成果的取得来之不易,我们为之振奋不已,但我们也要清醒地看到部分教师对课外阅读的认识还存在着误区,有失偏颇。笔者在这里试论一二,以供商榷。

一、课外阅读的错误认识——精雕细琢

部分教师高度重视课外阅读,并为此精心设计实施多项推进措施,例如颇成

体例的读书笔记，定期课外阅读欣赏课，系列课外阅读活动等。这些在很大程度上推动了课外阅读的有效开展，却因认识有误、操作不当，在不经意间将本该生动活泼、兴趣盎然的阅读之旅变成了另类的语文课，无形中加重了学生的学业负担，抑制了学生的阅读兴趣。

其表现主要在于，要么过于针对中考试题中的名著阅读，要么过于针对现代文阅读考核的能力点。此时阅读已抛却了课外阅读的原有属性，成了应试的一种工具，变得过于功利。例如套上课外阅读的华美外衣，苦练摘词句、练概括、抓主旨、评人物、品语言、析方法、写感悟等。这些要不要？要！但这个要不仅得讲究艺术还得有个度。如果章章如此、篇篇如是，看似深读、精读的表象之下，掩盖的必然是不同的源头同样的语文，或者是看似欣赏实则答题的本质。学生见叶不见木，见木不见林，缺乏整体的感受、局部的朦胧、综合能力的培养，阅读的美从何而来？如此耗时费力的举措必然剥夺阅读的量变，自然也就失却随之而来的质变。

由此看来脱离课外阅读原有属性，固化的精雕细琢式阅读不仅难以激发兴趣，实现课外阅读的原有效能，甚至在繁琐单调中产生逆反心理。卢梭说，当教育追求实利时，"学校变成为心灵屠宰场"。那么当阅读追求实利时，阅读会变成什么呢？

二、课外阅读的偏颇认识——放任自流

部分教师高度重视课外阅读，但这种重视仅仅体现为广范宣传，多次强调，辅以随意性的几次活动。如果说这也是重视，那么也仅止于口头的重视而已。他们误以为课外阅读是属于学生自己的事，教师不应干涉。这看似尊重了学生的主体性，却恰恰忽视了教师的主导性，导致本应有序、良性发展、螺旋上升的课外阅读，陷入无序、随性，时有时无、时快时慢的低效徘徊。

其表现为，要么过于强调自主，认为能读就好，能读"好书"就行；要么过于强调个性化阅读，认为尊重学生的一切所得，不论多少优劣；要么过于强调兴趣，反对"压制"，缺乏长效监管推动。针对第一种理解，我们不得不追问，读是否一定有好处？"好书"以什么标准来衡量？是否政治不反动、内容不粗俗、格调不低劣就是好书？如果所读非物，耗费大量时间在那些价值不大的书籍上，收获能有几何？第二种理解则明显脱离了初中学情。从学习能力上看，初中生的课外阅读往往限于情节的一般了解，思维无法有效深入，难以发现作品的美点，即使有所感悟，却也无法有效提炼吸收。从心理层面来看，初中生心智尚未成熟，又常以"大人"自居，其理解常于一知半解中仓促形成定论，易于强辩，易于偏激。如此情况下，失却引导的阅读，未必有用，更遑论高效了。第三种理解则是教师疏懒的一种表现。

没有长效激励、引导、督促机制，课外阅读活动必将等同于运动：提倡之后书声琅琅，久而久之，烟消云散。兴趣的产生确实容易，但要持续颇为艰难。如何变“你要读”为“我要读”，必经历一个由外在推动内化为内在习惯的一个过程。由此可见脱离课外阅读原有属性，随意的放任自流式阅读是很难持久的，更谈不上什么高效。

三、课外阅读的颠倒认识——主体不明

部分教师高度重视课外阅读，能够广泛搜罗，挑选富有营养、具有极高文学价值和学习价值的书籍予以推荐，能够运用丰富多彩的活动形式指导学生的阅读。此举甚好，并且我们也注意到，他们所推荐的书籍确实经典，但是，那是教师的书而不是学生的书；他们所介绍的阅读方法确实有效，但是，那是教师的方法而不是学生的方法。

有些教师一味强调名著，名著经典不经典？经典！但是否初一就应该大量尝试这些大部头，内涵丰富的名著？这就值得商榷了。这些作品有着悠远的时代背景，深邃的思想，丰厚的文化底蕴，非得有了一定的阅历和文化积淀，方能悟得一二。初一学生浅尝是可以的，重点阅读其中一两部较为贴近的也是可行的，若局限于此，其厚重之感估计学生必然难以承受。笔者认为书籍的推荐务必在价值和学生需要之间取得一个平衡，阅读书籍推荐还是应该分为必读与选读。读书笔记作为常用的读书方法，常常受到教师的高度重视。笔者认为过于死板、全面剖析的读书笔记还是应三思而后行。它应该有一个由点到面的发展过程，而不应一蹴而就。例如初一可以侧重于“趣”点的发现，故事的趣，人物的趣，语言的趣等；初二可以侧重于“感”，有感觉、有感情，有感触；以文章为主，以自我为辅，完成读书笔记。初三可以侧重于“悟”，理思路、明主旨，析手法，品语言，抓点体悟，有所思考。这些所得绝不是必须，也不是唯一，它更应该是阅读交流过程的自然习得。

据此看来脱离课外阅读原有属性，丧失主体意识，急于求成，拔苗助长的阅读只能是教师的阅读而绝不是学生的阅读。那么，真正的课外阅读应该怎样理解呢？笔者认为初中生的课外阅读也应该回归阅读的本源，也就是获得审美体验、学习经验、人生经验。体现在以下三个层面：

第一，帮助学生获得学习经验。《课标》指出“应该让学生多读多写，日积月累，在大量的语文实践中体会、把握运用语文的规律。”初中生的语文学习应该得法于课内，得益于课外，课内外相互促进，知识与能力相互增益，才能给学生更广阔的学习空间。因此，初中生课外阅读的第一要务是获得学习经验。余映潮老师在《语文阅读教学艺术 50 讲》中提出“资料助读、穿插式教学、比读联读”等，很好地体现了这一点。他将课外阅读引入了课堂,既提高了课内语文知识的积累,又加强了语文能力点的训练,而且让学生获取了更多的学习资源和实践机会,从而拥有更多的学习经验。依此看来,他的课堂教学获得高效,得到广大教师乃至名家的推崇亦是实至名归。如果暂时离开课堂,单纯地就课外阅读而言,学生所获得的学习经验也是不可估量的。例如时代背景、文化知识的积累,优美词句的积累与仿写,结构的巧妙安排,故事的跌宕有致,人物的典型塑造,景物的精心描摹,艺术手法的熟悉与创新……哪一个不是语文知识,哪一个不是语文能力的训练?配以贴近学生形式多样丰富多彩的活动,学生获得的不仅是记忆的简单储存,而是"听说读写"能力的综合提高。更为重要的是,这些学习经验的获得是在教师简单引导,师生平等交流的审美体验中水到渠成的获得。

第二,帮助学生获得审美体验。《课标》指出"阅读是运用语言文字获取信息、认识世界、发展思维、获得审美体验的重要途径。"据此理解,开展课外阅读的第二要务,就是要引导学生在文学作品的阅读中发现美、品味美,获得审美的乐趣。不同的文学作品有不同的美点。童话有故事美,寓言有哲理美,诗歌有意象、意境、意蕴之美,散文有情感美,人物传记有人生美,名著有文化美……细品一部作品亦有不同的美,例如林海音的《城南旧事》里的物、景、事、人、情,无不具有美点,平平淡淡的文字,悠悠的叙述更是营造这一份温婉感伤的美,彰显着艰难生活中善良的人性之美。引导学生徜徉在这样的文字中,即使不做任何技术性的分析,就是那么悠悠的一读,学生也必沉浸其中,久久不能释卷,纵然释卷亦必陷入沉思。当学生获得了这份独特的审美体验之后,必然能感受到阅读的乐趣,从而长久的读下去。学生阅读的兴趣其实不在于教师如何引导,如何激励,因为文学本身的魅力已经征服了一切。当学生能长久地自觉地阅读,那么他们的情感必然丰富,他们的心灵必然敏感,自然也就培养了生活中的审美意识和审美能力。这样的语文教学才是真正的"人"的教学,因为它着眼于人的终身发展。

第三,正确认识应该是帮助学生获得人生经验。《课标》要求语文教学必须"为学生形成正确的世界观、人生观、价值观,形成良好个性和健全人格打下基础"。因此,初中课外阅读的第三要务是帮助学生获得正确的人生经验。冰心在《谈生命》中说"愿你生命中有够多的云翳,来造成一个美丽的黄昏"。学生生命中的"云翳"从何而来?初中生的生命长度与深度均十分有限,仅止于十几年的生活容量而已,再加上学校与家庭的半封闭状态,让学生难以广泛接触丰富多彩的生活。现有教育体制下部分教师侧重于知识的传授,忽视了思维宽度与深度的引领,又造成学生缺乏感悟,对生活的认识过于肤浅。成功则喜,失败则悲,缺乏清醒的自我认识,遇事束手无策,观点难免偏激,情绪容易失控,这些成为当今中学生不可忽视亟需解决的心理问题。如何解决?利用课外阅读为学生提供正确的人生经验未尝不是一个好办法。书是人类生活的浓缩,生命体验的积淀,蕴含着对生命的哲思。一本书就是一个人生,甚至是不同人生的演绎,引导学生去领悟不同选择的不同结局,必能给予他们正确的启迪,从而形成正确的世界观、人生观、价值观。例如不算太长的《城南旧事》就能告诉学生宋妈的善良、秀贞的至情、妞儿的艰难、兰姨的刚强、英子的成长、那个人的矛盾……在扬弃中获得精神营养,在感叹唏嘘、掩卷常思中获得生命启迪,如此学以致用的阅读,才是真正的生命阅读,必将对初中孩子一生的成长产生深远的影响。

综上所述,在众多语文教育界有识之士的推动下,初中语文课外阅读的重要性已经得到广大师生的认同。在各地铺开课外阅读实践的时候,我们在感到欣喜的同时也要认识到其间存在的不足。唯有正视不足,有所思考,有所改变,才能让初中课外阅读能始终行驶在长期高效发展的正确航线上。

(谭志刚)

纸在物理小实验中的应用

《物理课程标准》指出:使用身边随手可得的物品,进行探究活动和各种实验,可以拉近物理学与生活的距离,让学生深切地感受到科学的真实性,感受到科学和社会、科学和日常生活的关系。另一方面,由于这些物品本来的用途并不是进行实验,这种做法本身就是一种创新。纸是学生生活学习中最常见的一种物品,纸对学生来说,再普通再平常不过,然而利用它却能作物理课程资源,开发利用纸可做许多物理小实验:

一、力学实验

1. 测量圆柱体的周长　用一个纸条在圆柱体的侧面烧一圈,针在纸条重叠处截一个小孔,水平面上展开纸条,测出两孔之间距离就是圆柱体的周长。

2. 验证大气压强的存在　取一玻璃杯用硬纸片把杯口盖严,手按住纸片把杯子倒置,放开手后,硬纸片立即下落。若在杯内盛满水后再用硬纸片把杯口盖严,手按住纸片将杯子倒置,放开手后,纸片不下落,水也不流出,这表明大气有压强,正是由于大气压强的作用,纸片不下落。

2. 物体的惯性　可以把小纸条压在一铁块(或直立的粉笔、钢笔帽等)下端,然后迅速抽动小纸条,铁块仍在原地不动,铁块由于惯性保持原来的静止状态仍留在原地不动，可以比较浅显易懂地说明惯性的存在。

3. 力可以改变物体的运动状态　找一铁块，将它放在纸上，若慢慢地拉动铁块，可使它由静止变为运动，因为铁块受到摩擦力作用，可见力可以改变物体的运动状态。

4. 流体压强与流速关系　取两张白纸，让其平行地自然下垂，向两纸中间用力吹气，观察到两张纸相互靠近，可见气体的流速越大，压强越小。

双手将一张薄纸的一端接触下嘴唇，另一端自然下垂，沿纸的水平方向吹气，手中的约会飘浮起来．因为纸上方的空气流速较大，压强较小，下方的压强较大，压强差举起纸。

5. 物体承受压力与形状的关系　取两个相同的方木块，保持两者之间适当的距离，将其放在水平桌面上。将一张纸搁置在两个木块之间，使其不脱落，然后在之上放上一块橡皮，纸形变并下落；然后将纸折成棱状（可以多折几个棱）之后再放在两木块之间，再将橡皮放上去，橡皮不落，还可以再多放一些重物，重物依然可以在纸上不落下来。

6. 水的压强随深度的增加而增大　用钉子在牛奶纸盒任意一个侧面戳三个孔，三个孔的位置分别是底部、居中和上部，用胶带把三个孔封住，将纸盒中加满水，将平盘放在有孔的侧面的下方，将胶布撕开。观察三个孔的喷水有什么不同。实验发现，从底部流出的水喷射得最远，其次是中部的水，喷得最近的是从顶部喷出的水。说明了水的压强由深度决定，水越深压强就越大；水越浅压强就越小。

7. 水的表面张力　用大头针在白纸板上扎许多孔，在空瓶内盛满水，把有孔纸板盖住瓶口，用手压著纸板，将瓶倒转，使瓶口朝下，将手轻轻移开，纸板纹丝不动地盖住瓶口，而且水也未从孔中流出来。薄纸板能托起瓶中的水，是因为大气压强作用于纸板上，产生了向上的托力。小孔不会漏出水来，是因为水有表面张力，水在纸的表面形成水的薄膜，使水不会漏出来。这如同布做的雨伞，布虽然有很多小孔，仍然不会漏雨一样。

二、光学实验

1. 光的直线传播　将纸卷成纸筒竖直立在阳光下，产生的影子可说明光的直线传播。或将三只相同形状、大小的纸筒竖立在桌面上调整位置，水平看去，第一只纸筒把后面两只纸筒完全挡住，也能说明光的直线传播。

2. 小孔成像实验　取一张纸，在纸上挖出各种形状的小孔，然后将其放在阳光下，适当调整纸与地面之间的距离，可以在地面上看到一个个圆形的光斑，光斑是太阳的像，同时能让学生感受到小孔所成的像与小孔的形状无关，说明了光是沿直线传播的。

3. 光的折射现象　取一杯子并装满水,将纸卷成一个棒形,斜插入水中,会发现插入水中部分看上去会向上弯折,向上弯折其原因就是光的折射引起的。

三、热学实验

1. 纸杯烧水实验　用纸做一个纸锅,加入适量的水,放在酒精灯上加热,过一段时间后,虽然水会沸腾,但纸锅却不会烧坏,这证明了水在沸腾时,虽吸热但温度却保持在沸点不变,水的沸点小于纸的着火点。

2. 分子在不停地做无规则的运动　使用的其它器材有杯子和水,在水中滴入少许红墨水变成红色,将纸插入水中,过一会儿,水面上方的纸也变成红色,说明水分子是运动的。

四、声学实验

1. 声音的产生　用摩擦、揉搓、指弹使一张纸发声,或做成纸筒、纸笛、纸炮使其发声,说明声音是由物体的振动而产生。

2. 音调高低与频率的关系　剪一块硬纸片,用梳子的齿从纸片上划过去,梳子的齿能振动发声,划的越快,音调越高。

五、电学实验

摩擦起电　展开一张报纸,把报纸平铺在墙上,用铅笔的侧面迅速地在报纸上摩擦几下后,报纸就像粘在墙上一样掉不下来了,掀起报纸的一角,然后松手,被掀起的角会被墙壁吸回去,把报纸慢慢地从墙上揭下来,注意倾听静电的声音。说明:摩擦铅笔使报纸带电,带电的报纸被吸到了墙,当屋子里的空气干燥(尤其是在冬天),如果你把报纸从墙上揭下来,就会听到静电的劈啪声。

物理学的知识来源于生活,与学生的生活密切相联系,在身边随处可见物理知识的踪影,学生的身边有许多学习用品都可以加以利用用来作为实验的材料,开发物理课程资源。例如:用学习用品做声学实验:用尺做实验说明音调与频率、响度与振幅的关系;学习压力作用效果时,可以用手抵住削尖的铅笔两端来感受面积不同效果不同;学习滑动摩擦和滚动摩擦时,可利用几根圆铅笔放在文具盒下面拉动文具盒体会相同条件下滚动摩擦比滑动摩擦小得多;用学习用品做电学实验:用塑料尺纸屑研究摩擦起电,塑料尺的不导电性等等;用学习用品做实验,丰富了物理课程资源有利于学生动手,发展学生的实验技能,培养学生的创新意识,全面提高学生科学素养,学生把生活体验同物理知识结合起来,不仅有利于对学生探究兴趣、信心、能力的培养和提高，还有利于科学技术的普及和推广，促进社会文明和进步，使学生乐学爱学，健康成长。

（黄向阳）

中学计算机教学中实践教学模式的探索

一、实践教学模式的提出

邓小平同志从国家民族未来命运和世界发展趋势的高度，提出“教育要面向现代化，面向世界，面向未来”，指出“我们要实现现代化，关键是科学技术要能上去”。

近几年来，在“三个面向”的旗帜下，在素质教育的大前提下，我国在计算机教育方面制订了一系列的方针政策，中学计算机教育也从无到有、从小到大，蓬勃发展起来了。加快教育改革步伐，不断探索有效的教学方法，利用现代化的教学手段，提高学生的计算机知识水平和实践动手能力，以提高未来建设者的科学文化素质、能力和科技意识，是中学计算机教育的根本任务。

中学计算机教育是一项基础文化教育和人才素质教育，是一项知识性和技能性相结合的基础性学科教育。然而，纵观我国中学计算机教育，由于这样那样的原因，中学计算机课堂教学效率低下，学生缺乏动手实践能力和创造能力。这是由于在学校计算机课时安排不可能太多的情况下，教师为完成教学任务而赶出来的结果。这种教学是一种应试教学，并不是素质教育，并没有真正教会学生计算机的知识（学生只是暂时地接受了一些术语或知识，易忘），也没有教会学生如何去操作计算机，如何去学习知识，这是违背开设计算机课的初衷的。笔者在教学过程中，对如何提高课堂效率，切实培养学生的技能作了一些探索，发现在计算机教育中，利用计算机优势，进行实践教学，对提高中学计算机课堂教学效果，对提高学生的实践操作技能是行之有效的。

二、实践教学效益的探索

英国教育家斯宾塞曾说过：“坚持一个人无论怎样也不过分的事情，就是在教育中应该尽量鼓励个人发展的过程，应该引导儿童进行探讨，自己去推论，给他们讲的应该尽量少，而引导他们去发现的应该尽量多。”而实践教学就是充分发挥计算机的优势和学生好动的特点，让学生在课堂中操作计算机，通过不断地实践，自已发现问题,解决问题,同时在这过程中掌握知识,提高了操作技能,于是他们也就真正成为课堂的主人。具体地,可从以下几方面来看实践教学的作用。

(一)可以揭去学习计算机的神秘面纱

计算机是一门新兴学科,属于尖端技术,电脑设备相对较昂贵,大多中学生对于计算机的了解是通过广告,或者是道听途说,以至于一些同学对电脑产生了一种神秘感觉,认为学习电脑会很难,电脑不是轻易能碰得的(怕弄坏)。采用实践教学法,可以使他们明白,电脑不过是受人控制的机器而已,电脑的操作也是非常简单,一般地操作键盘或鼠标即可,这样他们就很自然地走近了电脑,一些诸如键盘、鼠标、显示器、软盘、光盘、硬盘等名词对他们来说也不是什么新鲜事物了,也就消除了学习计算机的恐惧心理。

(二)使教学过程具体化、直观化

教学过程是非常实在的过程,忌的是教师空谈。自然科学的教学非常重视实验教学,就是这么个道理。你说氢气能燃烧,学生可以接受,但并不一定认同,除非你给他看一下实验的结果;你说如果没有空气阻力,同高度的两样东西同时开始做自由落体运动,到达地面的时间是一样的,学生会不以为然,除非你真正做给他看;你说电脑可以放 VCD、听 CD、全球通信,他会觉得你可能在吹牛,演示一下,耳听为虚,眼见为实,他们不得不相信。在计算机系统组成中,让学生面对计算机,解剖整台计算机也会非常自然的,硬件、软件也不是什么遥不可及的东西了;在 DOS 命令中,为什么内部命令前没有盘符、路径,外部命令前有盘符、路径,什么时候可以省略,命令正确与否,怎么来完成某一功能,让计算机来“说话”,是一目了然的了。实践教学可以让学生在学习过程中,就能发现问题,并解决问题,学生的错误、疑点当堂就已经解决,也不会留到课后,或者是下一次课。

(三)结合多媒体课件,使教学过程形象、生动

随着多媒体技术和计算机技术的发展与结合,计算机这种媒体以其生动的图像、声音等多媒体效果已越来越受到各学科教师的欢迎。传统的教学强调教师讲的作用,在课堂上利用的媒体也多是粉笔、黑板和幻灯,教学过程显得非常单调;而运用多媒体电子教室进行教学,可使学生手、脑、眼、耳并用,使学生有新颖感、惊奇感、独特感、直观感,能唤起学生的“情绪”和激发他们的兴趣,从而提高教学效率。比如,在键盘知识教学中,可利用一些带动画、声音的教学软件,让学生进行练习,然后再给他们一篇英文短文,要求他们输入。这样一来,学生已掌握了键盘上各键盘的用法,特别是一些常用键,如 SHIFT、CAPSLOCK、DELETE、BACKSPACE、INSERT 等,最后教师只须提出键的名称、作一些总结即可。

(四)可以进行个体化教学,因人制宜,因材制宜

目前,计算机在我国正处于普及阶段,条件好的学校已开设了计算机课,而在一些中小城市,偏僻的学校连一台计算机都没有,这样就造成了学生的计算机水平参差不齐的现象,给中学的计算机教学带来很大的困难,曾出现过优等生“吃不饱”,很容易失去上课的兴趣;而后进生因“吃不了”失去信心的现象。采用实践教学法进行个体化教学就比较容易让学生接受。因为在个体化教学中,学生可以根据自己的情况确定学习进度,有基础的同学可以根据需要学习得更深入,而没有基础的同学又可以循序渐进地从基本内容开始学,每个同学的学习积极性都会提高。当然,有能力的教师最好根据学生的情况自制一些教学课件进行个体化教学,使教学过程做到有的放矢。

三、实践教学模式的尝试与实验

不同学校计算机资源的配置是不一样的。笔者以为,教无定法,根据不同的计算机配置情况和不同的教学内容,可采用不同的方式。

(一)边讲边练

这种模式就是整个教学过程在机房进行,教师可以随时让学生练习。具体做法就是教师上课前要认真分析教材,制作一些适合于本课的演示教学课件,考虑好什么时候该上课,什么时候该让学生练习;教师讲课时能统一控制学生用机,学生练习时能开放学生用机。这种模式具有实效性,学生可以及时发现问题,提出问题,教学过程是双向的。但是这种模式机房配置要求较高,一般地需要配置多媒体电子网络教室,需要配专门的软件,如TOP97或WINSCHOOLS等软件,可用于控制台(教师机)控制工作站的使用情况,统一锁住或开放工作站;而且机器的放置也以按照教室里课桌的位置横放为佳,学生既面对黑板,又面对机器,便于听课又便于操作。对教师的要求也是不低的,教师应该具有自制多媒体教学课件的能力,否则,就不能真正发挥多媒体网络电子教室的作用。但是这种模式配置价格不菲;有时边讲边练,也会由于学生程度的不同而造成在时间上的等待,而减少了课容量,降低了课堂效率。一般可适合于上复习课、基础知识课和练习课,因为这些课,教师可自制一些操作简单的课件进行演示或让学生自行练习,不造成课堂资源的浪费。

(二)一堂讲,一堂练

目前,不少学校为计算机教学配的是单机房或者是无盘工作站的网络机房,还有一个或几个为各科教学而设的配有大屏幕实物投影仪的多媒体教室。在这种配置情况下,整个教学过程若在机房进行,边讲边练,会产生以下的问题:由于学生的操作不能统一管理,有些不自觉的学生就自顾自的操作,课堂纪律较差,教师的讲授效果甚微。对于这种配置笔者推荐一堂讲、一堂练的模式,这“一堂”并不是一个量化的概念,将课时一分为二,一半上机,一半上课,而是根据实际需要,有时在教室上课,有时在机房练习。需演示教学课件的计算机基础知识课,就在大屏幕多媒体教室实施教学过程,而操作性比较强的 DOS 命令、WORD 文字编辑、EXCEL 大屏幕教室进行,学生练习在机房进行。以 DOS 命令为例,教师可以先在有大屏幕投影仪的多媒体教室上课,将 DOS 命令的类型、功能、格式讲解并演示(大屏幕投影仪能够将计算机上的信息直接送到投影屏上),再叫一个或几个同学演示操作,第二次课就给学生一些任务,让他们上机完成。这样一来,在第一节课上,学生通过听、看基本掌握命令的格式、功能等,第二次课通过自己实践,进行巩固学习。这样,教学过程既集中又个别,教师既传授了知识,在练习课上学生可以根据自己的实际情况学习:学有余力的同学,在完成任务后,可深入学习其它知识,而后进的同学,也可以循序渐进地学习,教师也可花较多的时间用以辅导后进同学,既保证了课容量,又提高了课堂效率。但是这种方式也有一个缺点:学生在学习过程中不能实时操作,不易发现教与学中的问题。尤其目前计算机课时量很少,两次课的间隔时间较长,学生易忘,会造成教学过程的重复。

当然,不管是采用哪一种模式,教师都应精心准备论题;在教学过程中还应结合其它教学法,如问题教学法、课堂讨论等形式,要充分调动学生的学习积极性;教师还必须加强机房内的巡视,发现问题,及时解决。另外,笔者在组织实践教学时,还随意指定一些“辅导员”(不一定是成绩很好的同学),让他们解答同学的问题,这样可以充分发挥学生的自尊心,提高他们学习的热情,从而提高学习效率。

总之,中学计算机教育是素质教育的一部分,我们不仅要把知识传授给学生,还要培养学生的科技意识和科学技能,真正把素质教育推向前进。

(邹香永)

且行且思　欢笑中提携向前

——农村七年级语文课外阅读欣赏课的有益践行

《语文新课程标准》明确要求“学生九年课外阅读总量达到 400 万字以上,阅读材料包括适合学生阅读的各类图书和报刊。”课外阅读在语文教学中的重要性不容置疑,但在农村初中语文的实际教学中,其往往停留在口头上的重视:学生怕读、厌读、读而无获。其原因在于教师将其视为学生的个体行为,缺少正确的指导。这直接造成学生面对繁多芜杂的阅读材料不知读什么,缺少交流丧失了读的兴趣和读的深度，缺少指导不知如何高效阅读。加上课外阅读的自身立足于心灵熏染、文化浸濡的涵咏体味耗时长，见效慢的特性，更是直接造成它在家长、学生心目中边缘地位。

如何在初中的起始阶段，培养意识、养成习惯、激发兴趣、指导方法？笔者在前期问卷调查分析的基础上，开展了课外阅读欣赏课的研究，且行且思，与学生一起共读、共商取得了理想的实践效果。

一、阅读意识的培养

农村大部分学生没有读书的意识，这是一个共识。原因是什么呢？

就教师层面：一方面受到应试教育急于求成的功利思想的影响，认为课外阅读耗时费力，收效甚微，得不偿失；另一方面错误地将课外阅读当成学生自己的事情，因而忽视了课外阅读的有效指导。

就学生层面：作业繁重，阅读时间不够；阅读书籍不足，无书可读；课外阅读过于寂寞，缺少交流，未掌握有效的阅读方法，导致课外阅读停留在浅层次浏览故事情节，而且边读边丢，收效甚微。

就家长层面：自身能力不够，不能伴读；认为读书无用，不利于成绩提高；怕孩子所读非物，适得其反；生活压力太大，没有精力关注孩子的教育等等。

结合以上的认识，我开展了系列活动：

1. 帮助学生认识阅读的重要性

开展《阅读与语文》的欣赏课，引导学生探讨：为什么我们读不懂文章？为什么作文时我们没有东西写、不会写？让学生认识到没有阅读就没有语文。因为没有语文知识的积累，没有举一反三的实践操作、变理论为能力的机会与可能，没有更丰富的情感和敏感的心灵，没有更广阔的语文学习空间。当学校教育结束之后，语文学习也就宣布寿终正寝了。开展《阅读与未来》，进一步帮助学生认识到阅读在人的精神成长中不可或缺的地位。因为没有阅读就没有终身学习的能力，无法应对将来的人生挑战；没有阅读没有美好的心灵，无法应对将来纷繁复杂的人际风云；没有阅读就没有丰富的精神生活，无法在关照自我、他人、乃至整个社会，获得有益启示和正确判断，从而无法获得人生的幸福感。

2. 帮助学生学会选择书籍

在特级教师的公开课的基础上，我开展了《阅读与饮食》的欣赏课。纠正课外阅读目的的片面性，指导学生认识不同书籍的价值，能够根据自己的精神成长需要选择合适的书籍，而不仅仅凭借个人喜好进行自发地无意识地阅读。将身体成长所需要的营养与精神成长所需要的营养进行类比，帮助学生认识到有些书籍

(如名著)如同米饭,是精神成长必不可少的营养物质,初嚼似乎无味,但愈嚼愈香百吃不厌;有些书籍(如经典散文)如同不同风味的菜肴,酸甜苦辣咸,借此可品尽人生百味;有些书籍(如动漫、武侠言情等)如同快餐,虽然辛辣刺激,可满足一时的口舌之欲,聊作消遣休闲可以,但过于偏好食用过多对身体反而有害……同时我还开展以"情韵悠长"为主题的课外阅读欣赏课,借此指导学生选择适合阅读的友情、亲情、乡情、家国之思的情感类文章等等。开展这些课外阅读欣赏课后,通过交流我发现学生知道了为什么读和读什么。

3. 转变家长观念

我利用家长会、家长座谈会、家访、校信通,反复宣传阅读的重要性,不断强调:没有阅读就没有语文,没有阅读就没有教育,没有阅读就没有未来。针对家长最关心的教育问题,我着重指出:没有榜样的力量,没有环境的熏陶,没有孩子心灵深处的感动,所有的教育只是一种空洞的说教,得到的只是面无表情的应付,甚至是厌倦、抵触和叛逆。

二、养成课外阅读的习惯

其实很多师生重视课外阅读,但未能有效开展。究其原因缺少了一份坚持。很多时候的重视只是停留在口头,教师振臂高呼:要多读书。至于孩子读了没有,多了多少,读得怎么样,就失去了长效的管理和引导。部分学生的阅读意识淡薄,阅读习惯有待纠正,指望学生的自觉,那么课外阅读的长期有效开展也就成了无本之木了。

为此我开展系列活动:课外阅读欣赏课中,我引导学生探讨,每天什么时候读书,读多少书,读出什么样的结果。最后形成班级的共同认识:

1. 每天早晨利用早到校的时间进行晨读

在班干部的组织下,进班交完作业后,迅速回答自己的座位,拿出从班级图书馆、学校图书馆或自己所购买的书籍,进行阅读。班级播放古典音乐,要求班级的声音不能超过音乐声,借此保持班级的安静,确保优雅的读书环境。

2. 提倡课间学生能到班级后面的读书角阅读书籍

对于那些能够在别人游戏玩耍打闹的时候,能够坐在图书角读书的同学,班级给予表扬:写在墙上每日的表扬栏上,并通过校信通表扬,然后在每周评选中,评选"优雅读书人"合影留念。

3. 开设星期三的阅读课

为了充分利用在校时间,帮助学生养成良好的学习习惯、阅读习惯,我班规定星期三下午第三节为"课外阅读课"。希望利用这段时间的阅读,让学生脑海中始终有阅读的观念，并能在良好的阅读氛围中，进一步强化阅读习惯的养成。

4. 统一每天阅读时间为半个小时

每日语文作业，我必填读书半小时这一栏，要求家长督促。为了做到适时监控和长效管理，我要求学生将每天看书的时间在作业记录本上标注出来。这样我就能在第二天的批阅中，及时了解学生阅读习惯的养成情况，并对有所松动的学生给予及时的提醒。

农村初中生的学习习惯的养成，其实没有太多的好办法。有的只是意识培养之后铁杵磨针之后的坚持，是韧劲的比拼。

三、阅读兴趣的激发

初一课外阅读的首要任务是解决学生阅读兴趣的激发。黄厚江老师在《语文教学研究和专业发展》说到："《课标》明确规定，强调语文课程的最高目标是什么？是让学生热爱母语，学习运用母语。热爱母语在学习运用母语前面。"套用这句话，让学生热爱阅读，学会阅读。热爱阅读在学会阅读的前面。孔子说"知之者不如好之者，好之者不如乐之者"也就是这个意思。当学生爱上了阅读，并能终身阅读，我想这不断前行的阅读过程，即使没有老师的指导，其收效也是不可估量的。

为此我开展以下系列活动：

1. 自由式畅谈

前期的阅读没有太多规定，不在意文章的长短，价值的高低，情节的完整，不与考试能力挂钩，不追求特定的目标达成，拒绝将阅读欣赏课上成另类的阅读理解。自由阅读，自抒己见，自我佐证，有何不可？所以课外阅读欣赏课中，我与学生畅谈上周读了哪些内容，有何感想，不在意对与错，是与非。只是想证明一点，我们在行动，阅读在进行。共同读过的，我们就互相补充情节，谈感想，进行争论；没有读过的，我们就听他一家之言，好奇的就追问两句，感兴趣的，我们就借来读读，再探讨。自由式畅谈，看似无效的背后，蕴涵的是兴趣盎然的生机。

2. 示弱式询问

在初一的课外阅读欣赏课中，教师的角色定位很重要。在这里既不是主体，也不是主导，只是一个合作的伙伴，交流的对象。我时而自我炫耀，读过什么，收获怎样，甚至会夸大书籍对我的影响；时而示弱：学生谈读过的内容，我读过，但我也假装没读过。故作惊讶地说："有这事？后来呢？哦，是这样的呀！哎，真是……我也想看，明天把书带来，借给我看看好不？"等等。看着学生得意洋洋送书来的样子，我也打心眼里为他们高兴。我想，这样的阅读欣赏总不会是痛苦的任务吧?

3. 找茬式质疑

中学生心理研究表明,初中生是求异与趋同的矛盾结合体。他们害怕孤独渴望交流,却往往容易发生争执。我利用课外阅读欣赏课,为学生提供一个交流的平台,他们能据此阐述自己的阅读心得,使他们能在交流中获得自我价值的认同。又利用求异心理,在每个主题演讲之后都安排了一个"欢迎提问"的环节。让听的同学能够就自己感兴趣的话题,追求问题的解答和提出自己的异议。作为教师我也会有意制造矛盾,故意挑他们说得不严谨或说错的地方进行质疑,甚至采用找茬式质疑,检查他们是否真的阅读,读的是否仔细,有没有一定的思考。这样的质疑往往会产生大笑的效果,营造了一种轻松愉悦的交流氛围,从而激发了阅读的兴趣。

4. 随机式交流

这种交流方式常用于师生之间的交流,长期坚持之后,在生生之间也能时常见到。有时下课时,当我发现学生在阅读时,我就会就他所阅读的书籍和他交流阅读的看法。有时看到学生无所事事时,我也会故意就课外阅读和她闲聊几句。例如询问他昨天阅读了什么样的书籍,写了什么内容,有什么样的感想。看似随意简单的交流,一方面起到了督促的作用,另一方面也给学生提供了展示与交流的机会,这样也在某种程度上激发了学生阅读的兴趣。

四、阅读方法的指导

七年级学生的阅读是低效的。原因在于:阅读前,面对浩繁芜杂的阅读材料,不善选择;阅读时,过于寂寞,缺少交流,未掌握有效的阅读方法,导致他们课外阅读停留在浅层次浏览故事情节和了解人物,而且边读边丢,收效甚微;阅读后,没有深入地合作探究,缺乏深层次阅读,缺少自主建构、创新阅读的乐趣。

为了指导学生的阅读方法,提高学生的阅读能力,增加阅读效益,我开展了三个阶段的活动。

1. 每日读书笔记

最初的读书笔记我没有提出过于严格的要求,我希望在最初的阶段不要给学生造成过重的心理负担或压迫式硬性任务的感觉,藉此保护他们刚刚燃起的阅读的兴趣。没有字数的限制,只要学生能够将自己所阅读的内容给大家做一个简单的介绍即可。有话则长,无话则短。每天我也会批阅他们的读书笔记,并写上自己的想法,三言两语,达到一种督促、交流的目的。在阅读欣赏课的时候,我要求他们能够走上讲台就其中自己最满意的一篇,与大家交流自己的阅读过程。

2. 每日读书笔记加强版

当学生养成一定的阅读习惯，逐渐适应后，我开始有意识地在批阅读书笔记时，进行一定的纠偏。例如某些地方，我不太感兴趣；某些地方，我希望知道多一点；某些观点我不赞成，因为我觉得没道理；某些观点，我很赞成，希望能阐述得更详细一点；文中还有哪些地方，我觉得挺好，问他为什么没写等等。我希望借此引导他们知道怎样才能完成一篇较高质量的读书笔记。同时我也利用课外阅读欣赏课中的示弱式询问、找茬式质疑，利用师生的疑惑，引导学生能够真正走进文本，而非走马观花，能够有一点思考，而不是简单的陈述。在这一过程中，我力求自然而然地进行，而不希望学生产生一种压迫式改变的感觉。这样做速度虽然有点慢，但改变的过程是愉悦的，而且是来自于自我的改变。

3. 选点式专题阅读

当学生的读书笔记提高之后，我开始了第三步，也就是选点式专题阅读。因为我也认为一篇读书笔记是无法穷究一篇文章的，尤其是名著。能够选其中一个点，例如一个人、一件事，一段情，一个理，哪怕是一个景都行，围绕这个点介绍一下自己的阅读经历，并能有所感悟，言之有据，言之有理，对于我们农村学生，就算是不错的进步。

我开展的专题活动是“文学的人生，人生的文学”，先后开展了“七色童年”“梦幻少年”“激情青年”“厚重中年”“睿智老年”。学生由不知选点，不会阐述，到积极准备、乐于展示，领略到文学中那些丰富多彩、跌宕起伏、意蕴深远的人生经历，并获得一定的启迪。阅读水平明显提高。

4. 合作式选点阅读

当学生的阅读水平得到提高后，阅读欣赏课进入了一个新的层次。首先是以小组为单位对优秀读书笔记进行修改完善，借此能推动学生能够在组内共读共赏，利用学生的集体荣誉感和趋同的心理，促进阅读面的扩张。其次是以小组为单位探究问题的答案以备不时之需。这个不时之需是针对质疑环节而言的。以小组为单位，当本组有学生走上讲台时，面对别人的提问而无法解决时，小组同学有义务、有权力站起来予以解答。这个目的是利用学生的好奇心与好胜心，引导学生能够在共读的基础上，能够深读。

综上所述，课外阅读欣赏课的实践是一个且行且思的过程，边摸索边前行，其中虽有值得完善的地方，但对七年级学生课外阅读的有效开展，确实起到了强有力的推动作用。

（谭志刚）

南京市浦口区初中篮球发展现状的调查与对策研究

1. 前言

自1895年篮球运动传入中国以来,就以其独特的趣味性、健身性和教育性成为我国学生最喜爱的运动项目之一。21世纪,我国篮球运动进入了一个崭新的历史发展阶段。学校篮球运动伴随着学校体育的发展,在丰富校园生活,实现学生全面素质教育,推动我国运动普及和提高等方面发挥着越来越大的作用。篮球运动是一项集体运动项目,在攻守对抗中具有集体性、多变性、激烈性、综合性特点。浦口区是一个篮球运动发展水平较好的地区,篮球运动水平相对较高。目前,浦口区初中篮球运动受多种因素的影响。本文将对此种情况提出对策和建议,改善浦口区初中篮球发展现状。因为篮球运动不但能够提高学生全面的身体素质,还可以培养学生团结友爱的集体荣誉感,严格的组织纪律性,顽强的意志品质和积极的拼搏精神。另外还可以使学生通过参加各种社会性篮球活动走出校门、认识社会、适应社会,使学校教育与社会环境有机地结合起来,在篮球运动这种社会性文化色彩的氛围中对学生进行陶冶情操,培养品行,团对精神和竞争意识等个性特征,并为学生个性发展的可持续性创造条件,对学生健康个性的形成具有特殊教育意义。

2. 研究对象、方法

2.1 调查对象、内容

2.1.1 调查对象:浦口区第三中学、明发一中、浦口区行知中学、浦口区石桥中学、浦口区桥林中学等7所初中的260名学生及39名教师

2.1.2 内容:浦口区初中篮球开展现状,影响篮球运动开展的因素。

2.2 调查时间、方法

2.2.1 调查时间:从2014年6月至2014年10月

2.2.2 调查方法

2.2.2.1 文献资料法:查阅与本研究有关的多篇资料,并对文献进行了比较,研究,整理,为本文提供了一定的理论依据和参考。

2.2.2.2 问卷调查法:采用直接到初中发放问卷,直接请体育教师填写并在学生中发放问卷并随时回收。共调查7所中学260名学生,发放问卷260份,回收260份,回收率100%。向体育教师发放问卷39份,回收39份,回收率100%。

2.2.2.3 访问调查法:依据需要走访部分学校的体育教师为:七所学校的七名

教师。

2.2.2.4 数据统计法：采用百分比的方法将收集到的有关数据进行统计和分析。

3. 研究结果与分析

3.1 上课情况

表1　实施大纲情况

调查内容	完全实施	部分实施
学校数	0	7
%	0	100

表2　上课情况

调查内容	正规	半放羊式	放羊式
学校数	2	4	1
%	28.6	57.1	14.3

通过访问调查，得出表1,2可知：调查的七所学校中完全实施教学大纲的占0%，部分实施教学大纲的占100%。课上正规上课的占28.6%，半放羊式的占57.1%，放羊式的占14.3%。

部分实施教学大纲是因为：浦口地区篮球运动较为突出，学校就相应的改变了教学大纲的内容，适应的增加了篮球课。又因为地区差异和经济发展的不平衡，造成了篮球运动发展的不平衡。浦口区处于离南京市区较近的地区，经济水平相对较高。对于处在市区里的经济较好的学校有更多的资金支持学校篮球运动的开展，有更多的机会进行比赛和交流等。如浦口区第三中学、明发一中，它们还把自己的学校视为篮球传统校，篮球运动水平相对较高。但是还有很大一部分学校处于县城以外，也就是农村，由于经济条件、学生生源以及升学要求等方面的影响，与县城里的学校相比表现出极其不平衡的现象。

3.2 各初中体育教师现状

表 3　教师基本情况

平均年龄		博士	研究生	本科	大专	中专
33	人数			27	12	
	%			69.2%	30.8%	

表 4　对篮球知识的了解情况

	非常了解	一般	不了解
人数	8	27	4
%	20.5	69.2	10.3

表 5　参与篮球运动的经历

年	0～3	4～6	7～9	10 年以上
人数	5	3	19	12
%	12.8	7.7	48.7	30.8

由表 3、4、5 可知：教师的平均教龄在 33 岁，本科占 69.2%，专科占 30.8%，对篮球知识非常了解的占 20.5%，一般的占 69.2%，不了解的占 10.3%，参与篮球运动达 7 年以上的达到了 79.5%。由此可以推断浦口区的体育教师具备了教授篮球课所应该具有的理论知识和科技水平。

又通过访问调查得知，在校男教师远远多于女教师，在对女生的教学方面受到影响。关于篮球这种运动对于女生来说虽然喜欢但由于生理上的特点，又由于男教师的授课，那种不爱动的迹象就完全表露出来。又因为篮球运动激烈性、灵活性很高，要求应该具有的篮球基本技术与其它运动项目相比也较高。而她们羞于向男教师请教，这就制约了女生参与篮球运动的积极性。

表 6　待遇与其它课教师相比

调查内容	高	一致	低
人数	0	2	5
%	0	28.6	71.4

由表6可知,教师的待遇与其它学科教师相比高的占0%,一致的占28.6%,低的占71.4%. 由此可见体育教师的待遇较低. 从社会角度而言体育教师比其他教师地位低、差距大. 人们轻视体育和体育教师的偏见仍然存在,他们眼中的体育教师就是头脑简单四肢发达. 从学校角度看,存在着重文化轻体育片面追求升学率的倾向。

这样就极大的打消了体育教师上好每一堂课的积极性,久而久之,就形成了半放羊式和放羊式的状态. 更不用说上一堂学生既感兴趣又活动筋骨的优秀的篮球课。

3.3 学生对篮球运动的喜爱程度及对开课态度的情况分析

表7 对篮球运动的态度

	特别喜欢	喜欢	一般	不喜欢
男生	44.3%	36.1%	18.2%	1.4%
女生	29.5%	36.1%	32.8%	1.6%

表8 在众多的体育项目中,对课的喜欢程度

	田径	篮球	排球	健美操	乒乓球	武术	足球
人数	4	100	24	16	27	50	39
%	1.7	38.5	9.4	5.8	10.3	19.4	14.9

学生是上好体育课的关键,是占主导地位的因素。只有充分调动起学生的主观能动性,发挥学生的主体作用,才能取得开设篮球课要达到的预期效果。因此学生对篮球课的兴趣以及对开设篮球课的态度至关重要。由表7、8可知:男生与女生中很喜欢或喜欢篮球的占很大比例,不喜欢篮球的所占比例很小,男生仅占1.4%,女生仅占1.6%。再有从中学生喜欢的体育项目排名表中可以看出。篮球以38.5%排名第一,远远高于其它项目。由此可见学生是非常喜欢篮球运动。

“兴趣是最好的老师”只有学生发自内心的喜欢某项运动,才会全身心的投入到其中去。现阶段学生体质下降,在一定程度上就是因为学生对开设的体育项目不感兴趣而造成的。通过以上数据,我们可以很肯定的说,篮球运动是中学生非常喜爱的一项体育运动,在中学开设篮球课已经具备了基本的群众(学生)基础。

由表9、10可知大多数学校每学期的篮球课时数达到了5-8节,有两个学校还达到了9-12节。说明学校对篮球课很重视,没有按照教学大纲的要求,根据自身特点安排篮球课,还把它作为一个最基本的课程。但学生对篮球课不满意和非常不满意的分别占48.5%和23.5%，而非常满意的只占6.5%，满意和一般的占21.5%，由此可以推断，现在的篮球课需要改革，篮球课单调枯燥无味，打消了学生本来具有的积极性和对篮球的兴趣。

表9　每学期篮球课时数

	无	1节	2节	3节	4节	5-8节	9-12节	13节以上
学校	0	0	0	0	3	8	2	0

表10　篮球课的满意程度

	非常满意	满意	一般	不满意	非常不满意
人数	17	24	32	126	61
%	6.5	9.2	12.3	48.5	23.5

由3.1、3.2、3.3的分析可知，目前浦口区教师师资优厚，但实施半放羊式上课的较多，学生就相应的感觉课程的枯燥。因为随着社会经济和文化的发展及人们物质生活水平的提高，人们参加体育锻炼的观念也在发生变化。许多学生在参加篮球运动的时候并不关心该项目的运动水平，而对运动给他们带来的健康和娱乐最为关注。而浦口区现今的篮球课并没有适应时代的需要，显得枯燥无味，只是学习一两种单个的动作技术，如投篮、运球等，容易使学生产生厌烦的心理。久而久之，使学生对篮球课失去兴趣。学生在技术学习时，对于内容简单，掌握动作快的动作，学生常表现练习不积极，满不在乎的自满情绪；遇到困难，动作难度大，完不成动作时则表现急躁，信心不足，不愿练习。对于身体条件好，技术水平高，个性强的学生，他们具有较高的求知欲，学习情绪高涨，对学习产生良好的连锁反应。那些素质技术差的学生，总认为自己“天生就笨”练也没用，缺乏信心，多数不能自觉主动练习，甚至出现厌倦心理，具有这种心理的学生，为了应付老师而被动学习，稍不注意就偷懒休息。又因为初中的篮球课与其它的课程不同。即使学生对其它的课程（如数学课）没有兴趣，但迫于社会、学校、家长、教师、同学等方面的压力，也必须强迫自己去学。而篮球课枯燥无味，学生就完全可以在课堂中不好好学，在课余更不会在球场上自觉进行练习。

3.4 课余参加篮球运动的情况

学生在课余时间参加篮球运动的情况，从侧面反映了浦口区初中篮球运动整体水平。

表 11　课余参加篮球运动的情况

	经常参加	偶尔参加	不参加
人数	31	92	132
%	11. 9	35. 4	50. 8

表 12　参加学校组织篮球赛情况

	没参加过	1 次	2 次	3 次	4 次	5 次以上
人数	243	17				
%	93. 5	6. 5				

表 13　参加区里组织篮球赛情况

	美参加过	1 次	2 次	3 次	4 次	5 次以上
人数	226	11	7	5	7	4
%	86. 9	4. 2	2. 7	1. 9	2. 7	1. 5

由表 11 可知,学生课余时间参加篮球运动的情况,经常参加的占 11. 9%,不参加的占 50. 8%,通过以上调查表明,学生的课余时间参加篮球运动受多种因素的影响。

由表 12、13 可知,学生没参加过学校和区里组织的篮球赛情况分别为:93. 5%和 86. 9%,说明区和学校组织的篮球赛非常少,篮球运动本身就是一项竞争性很强的运动项目,篮球比赛对篮球运动有着至关重要的作用。只有竞赛活跃了,广大的篮球工作者才有英雄“用武之地”,才能为运动员的表演提供舞台,才能为技战术的发展和提高提供“交流场所”和“实践场地”,才能提高广大篮球爱好者的热情,才能克服训练的盲目性,训练才会有意义。

3. 5 各方面的支持现状

3. 5. 1 学校领导对篮球教学的态度

学校领导对体育课的重视程度往往影响着体育课的开展。学校领导对学生参与体育运动,参与篮球运动的态度也是影响着开设篮球课的一个重要因素。

表 14 学校领导对篮球教学的态度

	非常支持	支持	一般	不支持
人数	8	15	14	2
%	20.5	38.5	35.9	5.1

表 15 学校篮球队情况

男队	女队
7	2

由表 14、15 可知学校领导对篮球教学的态度非常支持的占 20.5%，支持的占 38.5%，不支持的仅占 5.1%，13 所初中中篮球队组建情况男队 7 个，女队 2 个。

以上说明领导很重视篮球课，这样开设篮球课就具备了领导支持的因素，但由于受到文化课教学，经费等因素的影响，有的学校篮球队不健全，篮球队是一个学校充分展示篮球运动水平的窗口，在城内的 2 所初中，如浦口区第三中学、明发一中中学等篮球队很健全，运动水平相对较高，而在城区以外的学校，甚至无球队，这样就极大的制约了篮球运动的发展，以至于使各个学校的篮球运动发展水平极为不平衡。

3.5.2 班主任、家长对学生参加篮球运动的态度

表 16 7 所初中的班主任和任课教师支持学生课余参加篮球运动的情况

	非常支持	支持	不支持
教师数	5	11	23
%	12.8	28.2	60

表 17 家长对学生参加篮球运动的支持度

	非常支持	支持	不支持	非常不支持
人数	17	43	138	62
%	6.5	16.5	53.1	23.8

作为初中生课余时间的安排也受到限制，由表 16、17 可知，班主任及任课教师对学生课余参加篮球运动的情况：非常支持的占 12.8%，支持的占 18.2%，不支持的占 60%。课余活动的时间，一般情况下教师不会让学生到操场进行活动，更

不用说进行篮球活动。对于家长对学生课余参加篮球活动,非常支持的占6.5%,支持的占16.5%,非常不支持的占23.8%,许多家长不懂得运动能给学生带来多少好处,他们只想着学生的学习,尤其是怕自己的孩子玩疯了顾不上学习,耽误学业。

3.6 场地器材情况

表18　篮球场地情况

篮球馆	场地	无	1	2	3	4块以上
1	学校数		2	8		3
	%		15.4	61.5		23.1

表19　篮球情况

	0~4	5~8	9~12	13~17	18~21	22
学校数	1	2	6	2	1	2

由表18可知,全县初中只有一座篮球馆,天气恶劣的情况下,学生只能在室内,至于室外场地,有三所学校有4块场地以上,分别为浦口区第三中学,明发一中,浦口区国际实验学校。这几所学校的篮球运动水平相对较高。其余的学校有八所学校有两块场地,还有的学校有一块场地,这些学校由于最近修建教学楼场地被侵占了。以上的这些场地中还有凹凸不平的土场地,平时天气好还可以用,但是遇到阴雨天气好几天都不能正常上课。

由表19可知,大部分学校的篮球个数不足20个。据了解每个学校都有一千名以上的学生,在课上每个学生触球机会少,投篮机会更少。借个篮球都特别困难。有时许多学生围着一块场地,对于平时就不爱活动的女生来说更打消了她们想活动的积极性。

由3.4、3.5、3.6可知,学生课余时间参加篮球运动受多种因素的影响,我国的基础教育仍然处于"应试教育"向"素质教育"的转型时期。对于初中生而言,升入四星级初中仍然是学校领导、教师、家长和学生最关心的问题。从学校领导和管理者的角度看,在文化学习第一的思想指导下,体育活动附属于次要地位,虽然领导对体育活动也很重视,但大部分的活动经费都放在文化学习上,而对体育的活动经费投入不足。这使得学校篮球设施破陋、陈旧,甚至短缺。这些都在客观上剥夺了学生参加体育活动,篮球活动的机会。从学生角度而言,繁重的功课,高密度的考试也迫使他们无暇参与体育活动而不得不离开球场,这样就极大的打消了学生课余活动的时间和对篮球运动的渴望。

4. 对策

4.1 从不同角度更新对篮球运动的观念

社会、学校、家长的教育观念有待更新。篮球运动作为浦口区文化主流的重要组成部分,其经济效益,社会效益,教育功能,健身功能日益显现,学校家长应加强这方面的教育,从素质教育,全面发展孩子的角度去鼓励,指导孩子参与篮球运动,切实减轻孩子的负担,充当青少年爱好者的支持者。

4.2 提高体育教师各个方面的待遇,并合理配备具有篮球理论知识和技术水平的女教师。

4.3 加大场地器材的资金投入,对场地器材进行修建。对于处在乡镇的初中,县体委要加大资金投入,使器材短缺现象得到缓解,从而改变篮球发展不平衡的现状。

4.4 浦口区篮球课改革的建议

4.4.1 由于浦口区的篮球教师所具有的理论知识和技术水平较高,就有足够的能力对篮球课加以改造,使篮球课从原来的纯技术教学为主的局面中摆脱出来,在实际篮球教学操作中,渐渐趋向兴趣的培养、个性的发展和综合能力的提高。

4.4.2 篮球课要多利用教学比赛和篮球游戏提高学生学习篮球的兴趣

4.4.3 体育教师要会利用现代教学媒体,因为现代教学媒体可以传递和再现更新教育信息,直接进入教学活动过程,与传统教学方式比较,具有生动、直观高效等特点。

4.4.4 初中篮球课程及教学应努力放在激励和保持学生学习兴趣上,只有引起学生对篮球运动的极大兴趣,他(她)们才能自觉进行学习,才能经常参与篮球活动和锻炼,才能养成坚持锻炼的习惯,才能树立终身体育的意识,也才会将篮球运动作为生活中不可缺少的重要组成部分。

5. 结论

通过对浦口区初中篮球运动的调查分析,得知其篮球运动的发展现状存在不足,影响了浦口区体育事业的发展。其主要原因是学生课余时间活动篮球机会少,篮球课枯燥无味,篮球设施简陋,教师、家长不支持等问题,但是浦口区篮球教师具有较高的理论知识和技术水平,领导也很重视篮球运动的开展,而且篮球运动本身的娱乐性和健身性都非常突出,也是初中生最喜爱的运动项目,只要对上述存在的问题进行一定的调整,浦口区初中篮球运动便会有光明的前景。

（刘军）

第七章

多元互动评价

传统的教学是以教师的教为中心,新课程把教学过程看成是师生交往互动,共同发展的过程。交往不仅发生在人与人之间,也发生在人与物之间,是一种多元互动。为转变传统教学方式,适应新课标下的小班化教学要求,我们的老师仁者见仁智者见智,不断探索新的课堂教学思路,物理课上调动学生的"五官"感受;语文教学中的巧用批语,作文中的多元评价;英语教学的电邮辅助教学等都倾注了我校教师的心血。课堂不再是死气沉沉的教与学,而是学生活跃的舞台,枯燥的知识鲜活了起来,学习的乐趣在升华。

物理课堂中的"五官"享受

一、享受物理的震撼"听觉"

美学家帕克曾说:"感觉是我们进入审美经验的门户,而且,它又是整个结构所依靠的基础。"物理课堂以其独特的学科特点引领学生用"听"去领略自然界的美妙与和谐,用"听"去体验生活的乐趣,用"听"去感受着物理的"美"。

苏科版物理教材八年级上册第一章就从声音——人的听觉,去引领学生走进物理的学习殿堂。用我们的听觉去认识生活中的物理知识,这不仅符合了新课程标准的课程理念,而且给予学生以听觉享受,去享受生活的乐音,控制噪声;走进我国古代的编钟乐器,现代流行乐器,让学生在学习物理知识的同时,享受物理的听觉震撼。第二章物态变化中从听沸腾时水的声音去认识沸腾时的特点,这种剧烈的反应,告诉学生物理原来还可以带我们用听觉去享受生活。

笔者通过自己的教学实践发现,带着学生用听去领悟物理知识,用听去享受生活与自然,用听去体验物理学习中的美,换来了愉快的课堂,高效的课堂,充满生机的物理课堂。

二、享受物理的五彩“视觉”

苏霍姆林斯基说过:“在每一个年轻的心灵里,都存放着求知好学、渴望知识的‘火药’。就看你能不能点燃这‘火药’。”物理课堂中的五彩视觉,点燃了学生求知的欲望和对科学的探索向往。他们惊叹于物理中的视觉神奇,享受着物理中的视觉体验,感受着物理学习中带来的美感。

苏科版物理八年级上册第3、4章光现象,把学生带进了五彩的视觉空间,不仅真实的感受着光的存在,也感受着光给我们的视觉精彩——光的色散(彩虹的五彩斑斓)。从生活中不经意的一照,享受着物理的视觉神奇——平面镜成像(惊讶于平面镜原来不仅能成像,还有对称、等大,虚像等特点)。或许这些还不够,物理还带来了视觉体验——凸透镜成像(通过凸透镜成像的观察和探究,了解生活、生产中的视觉应用。这些知识让我们的学生发生了无限的遐想,想走出世界,走出地球,奔向宇宙和太空——望远镜,粒子到宇宙(教师通过宇宙相关科教视频的播放,激发学生求知欲和学习兴趣)。

视觉观察也是物理实验中非常重要的环节之一,除了利用五彩的视觉激发学生的学习兴趣和探索欲望之外,还可以培养学生良好的物理实验素养。

三、受物理的动态“手脑”

陶行知先生说过“手和脑在一块儿干,是创造教育的开始;手脑双全,是创造教育的目的。”实验是物理学科的基础,课程标准中的20个学生必做实验,培养了学生的科学素养,同时也带给了我们的学生以动感的手脑并用体验。

用尺子探究影响音调、响度的因素,这只是小试牛刀;研究水的沸腾特点,锻炼了学生的胆量,初次体验物理实验的操作过程,在实验的同时思考着对实验现象的总结与表达;长度和时间的测量培养了对数据精密程度的认识,再次正确认识了测量工具的使用方法,通过实际操作和对比反思,总结刻度尺和秒表的正确使用方法,同时也可以拓展到一般测量工具的使用方法;电阻和电功率的测量则带给了他们手指尖的操作快感,非一般的职业体验。经过组装、调节、观察、读数、记录、分析等一系列的实验步骤之后,总结出物理的一般性规律或特点,每当这时,他们总有种专业“电工”的味道。

《物理课程标准》提出:“义务教育物理课程是一门注重实验的自然科学基础课程。此阶段的物理课程应注意让学生经历实验探究过程,学习科学知识和科学探究方法,提高分析问题及解决问题的能力”物理课堂中动态“手脑”的协调与和谐发展,让我们的学生享受着物理的动作美与思维美。

四、享受物理的魅力"语言"

建构主义认为,语言的学习是与一定的社会文化背景——"情景"想联系的,情景在学生进行建构性学习中起着集成学习资源的作用,能让学生充分感受发现新知的过程,体验求知的快乐。物理课堂的学习让我们的学生激动着,他们享受着自己仿佛成为了物理学家。物理中的概念,规律,原来是可以变的简单易懂的,只要给我们的学生一点提示,一点空间,他们将用自己魅力的言语进行表达着。

声现象中利用高音的比拼视屏,忽强忽弱的合唱表演,让他们认识到声音的高低与强弱的不同,快速的给音调和响度下了定义,他么享受着这一成果;酒精的蒸发吸热体验,不仅让他们回忆了生活中的经验,更是惊叹于酒精蒸发而消失了,那汽化的定义就变得不再需要课本的提示;而对于抽象的比热容和热值定义,如果我们恰当的进行对比试验,放手让学生去尝试下定义,或许会带给我们无限的惊喜。笔者曾尝试在"杠杆平衡条件"的探究实验中,只发给学生器材,要求学生按照课本的实验步骤进行实验,没有其他任何的提示,那么从组装到调节,进行实验,数据分析,归纳总结全部交给学生。意外的是,他们不仅总结了杠杆的调节方法,还很好的总结了杠杆的平衡条件。

给他们一点空间,他们能给你无限惊喜,把我们的概念和规律交给学生们去说,去总结,让他们感受物理课堂中自己的魅力"语言"。

五、享受物理的神秘"嗅觉"

陶行知先生说过:"要把教育和知识变成空气一样,弥漫于宇宙,洗荡于乾坤,普及众生,人人有得呼吸。"《走进分子世界》,通过对各种气味的辨认,不仅让学生认清了物质种类的不同,而且意识到肉眼看不到的粒子的存在。通过微观世界与灵动嗅觉的微妙衔接,揭示分子的无规则运动。

还记得课堂中学生捏着鼻子各种搞怪的动作,科学的猜测,精彩的分析,一次次将课堂气氛推向了高潮。将物理知识化作空气般进行传播,触动学生的嗅觉,挖掘他们曾经生活经验,"闻"出其中的物理知识,享受物理的神秘嗅觉体验。

著名特级教师李吉林说过:"审美感受的愉悦,影响着儿童的想象、联想、情感及行为动作。因此一切教学活动中,美,无处不显示出一种积极的驱动,无处不产生对儿童智慧的启迪,对儿童心灵的润泽。"苏霍姆林斯基曾说;"儿童是用形象、色彩、声音来思维的。"在物理课堂中创造"五官"情景,培养学生的物理"美感"。在物理课堂中充分调动学生"五官",将抽象知识形象化,使得物理概念、规律的学习不再枯燥乏味,让我们的学生不再疲于应付考试,而是享受学习知识的过程,享受物理知识天空中独特之美。还他们自主的学习空间，让他们用“听觉”去感受物理知识，用“视觉”去发现物理知识，用“手脑”去创造物理知识，用“语言”去表达物理知识，用“嗅觉”去呼吸物理知识的空气。

（燕红林）

发挥语言魅力　巧批语文作业

作业是语文教学的重要环节之一，是巩固所学知识，增强教学效果的有效手段。教师对作业的批改既能帮助学生发现问题、查漏补缺、提高学习效果，促进学生个体的发展，又能通过作业反馈促进教师改进教学行为，实现有效教学，因此，作业批改对提高教与学的质量都有重要意义。

然而，很多语文教师批改作业是用“√”“×”，用等级计分制：优、良、中、差来判定。这种作业批改方式枯燥乏味，单调机械，缺乏人性关怀，缺乏激励力量，对学生的知识掌握情况，不能做全面评价。学生对于这种方式习以为常。此外，这种批改作业的方式也不利于老师与学生的情感交流，不利于学生学习成绩的提高。

因此，我认为语文教师在处理作业时应发挥语言魅力巧批语文作业。

一、巧用批语，激励学生

在我们农村中学，不少学生书写马虎，极不认真。批改他们的作业，老师眼花缭乱边批边猜，头痛不已。无论老师怎样批评教育，他们不理不睬依旧我行我素。于是在批改作业后，我总要写几行字：这是你写的字吗？俗话说“字如其人”小伙子长得这么帅，字也应该写的漂亮，这才与你的人相配。老师相信你能写好字！你，一定行！一次，两次，果然学生的作业大有进步，于是我乘胜追击又写了几行字：这次作业真认真，有进步，老师相信你能做的更好！老师期待着！渐渐的学生的作业越来越端正，学习成绩自然就有了进步。

二、巧用批语，感化学生

有些学生作业错了不订正。老师三番五次找，他们总是不改。于是我在批完作业后，主动帮他订正一遍并写下几行字：是不是老师上课讲的不清楚，你没听懂，导致作业错误？如果是这样老师向你表示抱歉！现在老师已经订正一遍，你能订正吗？学生看了之后往往不好意思，便开始订正。等作业再上交时我又写道：谢谢你原谅老师，下次如果老师没讲清楚，你可以来问，老师愿意专门为你讲解。希望我们都能有错就改！这样一来学生感觉到对不住老师，再也不好意思不订正作业了。而且往往能主动请教问题，学习积极性提高，成绩上升了。

三、巧用批语，鞭策学生

有不少学生有着强烈的求知欲和上进心，然而因为学习方法、学习能力、学习环境等等原因，一时的考试失利，总是令他们耿耿于怀难以走出失败的阴影。曾有一位心态较好的学生考试失利后，在周记中反复抱怨，怨天尤人，不能自拔。我看了之后写道：考试已经过去，成为历史。新的挑战正向我们袭来，你怎么还有时间抱怨？醒醒了，从现在开始，抓紧时间学习，迎接新的挑战吧！学生看了之后如同醍醐灌顶，恍然大悟，立刻投入到学习中去。还有一位女孩也是如此，走不出失败的阴影。我看她平时挺爱笑，就写了以下几行字：一个爱笑的女孩，一定是个坚强的人；一个爱笑的女孩，一定是个乐观的人；一个爱笑的女孩，一定是个自信的人。老师相信坚强、乐观、自信的你一定能迅速走出失败的阴影，投入到紧张的学习中去。果然，该女生很快调整好心态，脸上又荡漾着微笑。

四、巧用批语，走进学生心灵

大多数学生尤其是农村中学的学生懒于写作文，惧怕写作文，不愿写作文。无论老师怎么指导，学生就是写不好作文。我绞尽脑汁总是无法提高学生写作文的兴趣。后来我发现在作文中加入个性化的批语竟能起到良好的效果。对于没有模仿甚至抄袭，完全自己写作的文章。我总是写下这样的话：你的文章虽然没有玫瑰的绚丽多彩，没有牡丹的雍容华贵，没有海棠的富丽堂皇，但犹如路边的小草，清新怡人。老师希望你能多出原创作品。我一定做你的忠实读者！学生看了之后，很欣喜，增加了写作的兴趣。对于写家庭亲人朋友却感情真挚的文章，我总会写上几句：你真是一个听话、懂事的孩子。你真是父母的骄傲！有你这样的朋友真好！等等。学生得到老师的肯定，增加了对老师的好感从而喜爱了写作。对于写与父母矛盾的作文，我总是劝慰开导：我知道你很爱你的父母。可你总觉得父母不懂你。是的，你们之间确实有隔阂，尤其是在处理问题的方式上有很大分歧。但，可怜天下父母心，爸妈是爱你的。试着去理解他们，我相信懂事的你一定会明白父母良苦用心的！学生往往很感动，把我当成了知己，愿意与我交流，愿意通过文字和我沟通。这样，既增进了我与学生之间的感情，也提高了学生的写作水平。

对于议论文写作，学生往往引用许多名人名言、格言警句，列举大量古今中外名人的事例。我往往写上这样几句:读了你的文章,我学到了很多知识,认识了许多名人,听到了很多富有哲理的名言。我受益匪浅,谢谢你,小老师!学生看了很高兴,课后爱搜集名人名言、名人的故事,这样为议论文写作积累了大量素材,写起文章来论据充实,说服力极强。就这样令人头疼的议论文,学生不知不觉就掌握了。

语文作业批改中发挥语言魅力巧用批语,拉近了我与学生之间的距离,让我走进了学生的心灵,了解了学生,增进了我与学生的感情。更让学生喜欢上了我从而喜欢上了语文。学生的学习兴趣提高了,学习动力更足了,学习能力得到了提升,学习效果立竿见影。

(李联东)

小班化背景下中学物理教与学的转变

小班化是南京教育的奇葩,在"让每一位学生在幸福教育中成长"的小班化教育目标的影响下,在"聚焦每一个,提升幸福感"的理念指引下,学生能充分享用各种教育资源,有更多地机会处于教与学活动的中心地位,有更多地时间与教师交往、沟通,得到"全纳化""个别化""活动化"的教育。

而诸多的研究也表明,小班化的普及并不必然带来教学质量的提高,缩小班级的办学规模对教学质量的影响是通过转变教师的教学方式和学生的学习方式从而间接实现的。

一、目标的设计从教师的教学目标向学生的学习目标转变

在当前的情况下,很多教师的教学目标中体现的是教的方案,而缺少学的方案,这在新课标下是需要改进的。在学习目标的设计上要充分利用小班的优势,通过一定的教与学,"关注每一个",将"怎样学"与"怎样教"放在一起整合设计。

1. 关注学习目标设计的"课标性"

新的课程标准(2011 版)已经到了各个教师的手中,在进行学习目标的制定时,首先就要针对课程标准的要求进行分析,制定出符合课标和学生实际学习情况的目标,然后再根据学生的活动制定出教师的活动,这就要求我们围绕新的课程标准进行教与学,特别是在小班化的背景下,要尽可能根据"每一个学生"的学习情况制定具有"个性化"教与学方案。

2. 关注学习目标设计的"一体性"

将每一节课的教学目标与一个单元、一册书的目标形成一个整体,关注课时目标、章节目标、整体目标之间的关系,帮助学生建立“知识树”的概念,归纳整理各个条目的知识,使学生总结归纳的能力得以内化与提升。

3. 关注学习目标设计的“可控性”

针对小班化的特点,以导学案和实验报告的形式引导学生将各知识点“串联”起来,使思路更加清晰。

例如在苏科版物理八年级上册第二单元《水的沸腾》的“沸腾条件”的学习中,可关注实验的几个环节:(1)用酒精灯加热温度较低的水,观察实验的现象(2)用酒精灯加热将水烧开,用温度计测出水沸腾的温度,观察实验的现象(3)撤去酒精灯,观察温度计示数的变化以及水的沸腾情况,通过学生的观察,在实验报告上写出实验现象和实验结论,然后教师利用多媒体实物投影展示学生的实验报告,并要求学生总结出水沸腾的两个条件,这样,在可控的范围内,学生在有兴趣的物理实验中,不知不觉地就掌握了水的沸腾条件。

4. 关注学习目标设计的“可测性”

小班化的理念就是“聚焦每一个,关爱每一个”,让每一个学生在教育中得以成长,因此,可利用小班化的优势,根据知觉规律,每节课前可以留出 5 分钟的时间让学生回顾上节课的内容,当堂课可留出 10 分钟的时间,让学生完成本节课的课堂反馈题,从教师的“我要带学生到哪里去?”向“怎样知道学生已经到了哪里?”转变,这样,教学效果得以量化出现,及时得到信息,及时调整,真止实现“堂堂过关”“人人过关”。

二、教学的方式从教师的“教堂”向学生的“学堂”转变

大班教学在实现传统的灌输式、接收式学习向新课程所提倡的“自主、合作、探究”及体验学习的转换中,在实际操作层面存在诸多困难,学生的思维列车永远都是在教师的语言轨道上运行,成为“被动者”和“记录者”,不能成为课堂教学的主动者,而小班教学则大不相同:

1. 给每一个学生思考的时间,让每一个学生成为时间的主人

小班化教育是一种“适性”教育,在这种情况下,教师有充足的时间且能够很好地顾及每一位学生的需求,对他们个性化的学习给予指导和点拨;每一位学生可以和其它小组成员进行“合作学习”,放飞思考的翅膀,产生思维的碰撞,利于形成新的想法,在这样的“学堂”中,学生“自由”地相互切磋,成为真正的学习小主人。

例如在苏科版物理八年级下册第七单元《走进分子世界》的学习中,教师只能

演示一个试管,一半装水,一半装酒精,混合后反复翻转几次,发现总体积变小,得出分子间有空隙的结论,该实验学生在操作上有一定的难度,可设计如下实验:用针筒分别吸取相同体积的空气和水,同一个人用足够大的力气去挤压,发现空气的体积变化较大,而水的体积变化较小,进而得出分子间有间隙的结论,这个实验可人人参与,可操作性较强,学生的学习兴趣提高起来了,思维打开了,时间也充裕了,长期坚持,何愁学生的实验动手能力、小结归纳能力不得以提高?小班化的教育功效也凸显了出来。

2. 给每一个学生表演的舞台,让每一个学生成为学习的“主演”

在小班化的教学中,教师不再是台上的“演员”,而是与学生融合在一起甚至退到了幕后的“导演”,“教师主体型”向“学生主体型”的转变,学生是以积极主动地学习来参与并推动教与学活动的,学生的“主演”学习便构成了与教师的教并行且相互依存的另一个活动体系。

例如在苏科版物理九年级上册第十二单元《比热容》的教学中,教师如果照本宣科,学生只会死记硬背,无法真正理解比热容的物理意义,但是如果通过课前自学教材内容,小组合作进行“角色扮演”的游戏方式,让学生去扮演“气象预报员”来解释海风、陆风的形成原因,扮演“司机”来解释用水来冷却汽车发动机的原因,扮演“农民伯伯”来解释给秧田进水和放水的原因,在团结协作、共同进步的学习氛围中,学生“主演”的一节课或许比教师的“独角戏”更加精彩,这些,都是小班化的魅力所在。

三、教学的评价从侧重“学会”向“会学”转变

在小班化的教学中,教师针对“每一个学生”进行学习与评价,需要有相应的评价方式,以真正达到巩固知识、培养能力,诊断教学效果,改进教学行为的效果,同时,评价的维度也从单一的课堂评价层面向多元的综合评价迈进。

1. 引导学生会利用现代信息技术等手段学习和掌握知识

在国外,运用现代信息技术等手段查找资料、完成作业、学习知识,早已成为一种习惯,利用小班化的优势,可以让这一技术手段成为学生的基本素养。

例如在苏科版物理八年级下册第七单元《宇宙探秘》的教学中,可以引导学生到互联网上去学习与搜集“航空航天”方面的知识,了解我国航空航天技术的飞速发展,将书本知识与生活、社会的知识联系在一起,既丰富了知识,拓展了视野,又打破了学习上时空的界限,打开了学生的思维之门,在浓厚兴趣和真挚热情的驱动下,真正成为了学习的主人。

2. 引导学生会学以致用、活学活用

学习的目的在于应用与实践，束之高阁的知识是经不起时间和实践的检验的，因此，在教学中应引导学生将知识学以致用、活学活用。

例如在苏科版物理八年级上册第二单元《物态变化》的教学中，引导学生进行“角色扮演”的游戏，通过对冰、水、水蒸气的扮演和三种物质“对话”的分析，认识到物态变化过程物质有“前状态”和“后状态”，然后应用游戏复习中的知识解释自然界中雨、雾、露、霜、雪、雹等现象的形成原因，将物理学习与生活实际结合起来，在实践的检验下使知识得以“升华”，而且在小班化的背景下，每一个学生有充分的机会去“表演”与实践。

3. 引导学生会运用多元的评价方式来评价自己和别人

在小班化的教育中，教师可以积极运用更多的评价方式来实现教育过程的平等，例如在物理学习过程中可以采用物理学习成长记录袋，即为多元的评价方式的一种。成长袋中装有学生认为最能反映自己物理学习成就的材料，这些材料能够反映学生的物理成长历程，促进每一个学生的个性发展，由学生自主决定在成长袋中装什么和不装什么。在小班化的班级氛围中，学生互换作品进行观看与学习，从而看到自己的进步和不足，在学生允许的情况下，定期请家长观看、评价，教师可以在每个学生的成长袋封面写上评语，还可以定期进行年级物理学习成长袋的展览，让每一个学生的成长得到大家的见证和分享。

随着时间的推移和实践的深化，小班化教育的深远意义将更加全面、深刻地凸显出来，幸运地，在我校小班化实验实践的背景下，我们将继续深入开展与研究小班化教育中教与学的转变，使小班化的教育更具有旺盛的生命力，使小班化的教育之花开得更艳！

（张华）

在生活中另辟蹊径提高初中生的英语写作能力

——以电邮辅助英语写作教学

一、影响初中生英语写作难的主要因素

1. 学生缺乏真实的写作动机和需要

学生的写作都是老师的命题作文，而非自己想去写的事情与感想。学生可能对这个题目不感兴趣，写作时缺乏积极性，因而难以产生真正的写作动机。并且

学生写英语作文时不具备交际需要，读者只有教师。而教师往往会忽视读者的身份，会以诊断者的身份去评估作文，使学生产生心理距离和压力，很难写出真情实感的东西。对于写出的作文也不会去仔细推敲，甚至有些学生对老师批改过的作文很少再去阅读查看。长次以往写作能力不会提高，甚至越来越糟糕。

2. 学生缺乏足够的词汇量

词汇量小、固定搭配了解的不全，语言基本功不扎实。在英语课程标准中明确指出，初中生应学会使用1500－1600个单词和200－300个习惯用语或固定搭配。在实际教学过程中，我发现很多学生未达到该级别的要求。犹如土木砖石是建筑的材料一样，词汇是说话写作的必需材料。许多学生词汇量严重不足，再加上有的学生由于方法不当，对一些常用的固定搭配掌握不牢，真正能熟练运用的词汇就更少。因此，他们在写作时就不能随心所欲地表达自己的思想。

3. 学生缺乏语法实际运用能力

学生经常语法概念模糊，时态使用混乱。在英语课程标准的语法项目表中也列出了初中生应该掌握的14个语法项目，包含了9类词的用法，6种时态的用法，3种时态的被动语态，以及句子种类和基本句型，最后注明了几种从句的用法，也往往是从句被学生写的乱七八糟。语法正确恰好是许多老师打分的标准。这样，在语法没有完全学好之前，写一直是困难的代名词。由于语言基础差，句子与句子之间、段落之间缺乏相应的过渡词，缺乏逻辑性，无法把自己的思想用英语明确地表达出来，写作时常常出现措辞重复、句式单一、篇章结构衔接不畅等问题。

4. 学生缺乏真实的语言环境

母语的负迁移使得很多学生在实际写作过程中，习惯用汉语组织思维，然后翻译成英语，导致用词错误，句子结构汉语思维痕迹明显，出现大量的“中式”英语，语言是文化的载体，不同的语言表达习惯反映了不同的文化背景。在英文写作时，有些学生由于缺乏对英语语篇组织规律的认识，缺乏对英汉语言差异的了解，往往会把汉语的语篇组织规律，语言使用习惯等迁移到英语写作中去，按照汉语的思维方式和汉语的习惯来组织英文句子，结果造成句子逻辑混乱，写出来的句子非常生硬，甚至令人费解。

二、电邮辅助提高英语写作能力的表现

英语电邮交流一个最重要的特征就是，学生必须回信，不断进行新的创作。因此他们能实实在在的根据所阅读的来信内容，进行真实的书面表达。同时，因为平时的阅读信件积累，读的多了，语感增强了，也能合适的进行美文好句模仿，创作出一篇篇好文章。

1. 电邮交流能够增强学生的写作动机和兴趣

俗话说兴趣是最好的老师,有了兴趣就有了学习动力。因此,努力培养学生的英语学习兴趣是学生学好英语写作的前提和关键所在。然而要培养学生的英语学习兴趣,就要让学生对英语学习有良好的动机,良好的动机是学生对英语学习持有兴趣的源泉和动力。因此,笔者根据中学生爱交友,爱接受新鲜事物的自身性格特点,在学校的大环境下,每年都有新家坡的学生来到我们学校进行学习交流,而他们来我校前和回国后都希望和我们用电邮保持联系,这是我们了解和学习英语的一个好机会。学生们大多数非常感兴趣,特别想结识来自异国的朋友,并通过电邮进行进一步的了解。这样,学生对英语学习有了一定的动机,是为了更好的与笔友进行交流,为了交流中少一些障碍,少一些语法错误,多一些高级词汇句型,我们的学生会很努力的学习英语,以避免交流中蹩脚的英语令外国朋友笑话。

2. 电邮交流能够扩大学生的写作词汇量

我们以往的命题作文都是老师根据教学计划进行已有材料整合的写作训练,学生很少在学习写之初会主动地学习老师没教的或者自己不懂的知识,更不会去识记一些没有接触到的新词汇。但是,通过电邮交流,学生不得不进行定期的电子邮件阅读,而笔友的电子邮件又是学生自己感兴趣并迫切想读的东西。在阅读笔友的电邮中,学生往往能主动进行阅读,主动查阅字典和资料,以正确领会笔友的电邮内容。无形中扩大了学生的词汇量,了解来信内容后学生往往会迫不及待的积极构思回信内容,他们会想方设法的尽快回信。又再次把所学的词汇进行运用巩固,变成自己的知识。

3. 电邮交流能够规范写作时语法的应用

老师布置的英语写作任务,学生们感到头痛,不愿意去构思,不敢表达,只是把提供的中文进行生硬的蹩脚的翻译。然而在电邮交流平台中,学生们在回信中,会尽其所能的表达自己的思想,有不会表达的内容学生们会相互询问或者查阅资料,他们大都很用心的去写电子邮件,生怕哪个词写错了或用错了会让笔友误解。因此,学生们变得很慎重,很细心。在以后的英语学习中,他们也变得更加用心,希望学会用正确的英语句式和漂亮的句子结构来表达自己的意思,这样学生们自然而然对英语的语法学习很努力,而且越来越上心,越来越主动了。错句越来越少,语法概念乱用,时态错误的现象明显减少。

4. 电邮交流能够阻止写作时的母语干扰

心理语言学家一般认为母语是习得的,外语是学来的。母语习得是一种自然过程,是生活中潜移默化的结果,是最理想的语言掌握方式。母语习得是一种内隐学习,即无意过程中对事物关系,属性的掌握,也叫无意学习。而外语学习一般在教室里进行,在传统的教室 + 书本 + 黑板 + 粉笔的教学条件下,学生没有机会和以英语为母语者交流,根本谈不上习得语言。电邮的辅助,学生可以进行大量的英语实践,尤其可以和以母语为英语的人们进行广泛的交流和合作。足量的语言输入和输出实践可以潜移默化提高学生的英语水平。在网络环境中使用电子邮件,学生可以不知不觉的习得语言。并且在写作时能有效的避免我们的母语对自己思想表达的干扰。

三、电邮辅助提高英语写作的策略

电子邮件在英语写作教学中的应用是一种效果良好的教学辅助手段,他给学生创设真实的语言环境,为实现合作学习和自主学习的先进教学理念搭建了一个平台,学生的写作成为了一个发现、思考、探索、创造和兴奋不已的过程。而教师在这一过程中必须给予一定的指导和帮助。

1. 寻找合适的电邮交流伙伴

我们学校每年要接待来自新加坡等说英语国家的学生到校进行交流和学习,而其中有一所叫颜永城的新加坡学校,要求他的学生来校前和回国后要和我们有电邮的联系。这对于我校学生来说是一次很好的学习英语的机会,于是我找到他们的老师 Madam Foo,希望用本班的学生和他们进行电邮通信,互相学习,让我的学生用英文写信,并附上中文相应的翻译,希望她的学生能帮助我们纠正英语文法错误的同时,可以学习我们的中文。新加坡的孩子由于家庭的影响,大多会说中文,并认识少量的中文词汇,他们也迫切希望能和同龄人就自己感兴趣的话题用中文去交流,同时我们也可以帮他们更好的了解中国文化。

2. 开展电邮交流的定期性

地处农村的我们很难做到每个孩子家里都有电脑,但又要保证电邮交流的持续性和有效性,我会让学生在校期间,利用学校的电脑在信息课上进行收发电邮,开始是每周一次,后来发现时间上很紧,学生的电脑使用不熟练,打字速度很慢,效果也不明显,还会耽误到正常的英语教学和信息课教学。最后定为半个月即两周一次。在每次回信之前,教师一定会对学生的电邮进行检查和指导。坚持一个学期明显觉得孩子们的写作能力有所提高。

3. 确定明确的电邮主题

进行电邮交流时,老师不能让学生很随意的去写回信,一定要为学生确立每次电邮的主题。结合新加坡的学生想更多的了解中国尤其是南京的历史,我要求学生第一封电邮的主题是“自我介绍”,要求学生介绍自己及家庭成员的兴趣爱好;第二次我让学生介绍自己的学校和家乡;第三封信介绍一位家乡的名人等等。这样的话,学生写信不仅可以根据来信内容进行自由创作,还得根据老师的要求进行具体写作训练。

4. 小组合作促进电邮交流

本班的学生英语水平参差不齐,在电邮交流过程中为了让学生能写出好文章,我还让他们分成小组,全班30人分成5组,每组写信都由组长组织大家互相欣赏交流自己笔友的信,并互相讨论怎样根据主题写一封高质量的回信。这样一来大家能互相交流讨论,也为学困生提供了写作的可能性,最终共同学习提高。

5. 控制全局,监控学生的进展

教师要适时参与讨论,发表意见,给予指导,定期检查学生的电邮通信,要求学生将信件转发至自己的邮箱,以便了解他们的进展和收获,及时帮助学生解决语言和文化方面的困难,并对信件中出现的语言差异、文化冲突,甚至国家安全的保密问题给予高度重视,起到监督和推动的作用。

四、电邮辅助提高学生写作能力的意义与价值

根据建构主义的理论,使用电子邮件能够很好地开展师生之间的互动,以支持学生的知识建构,满足他们个性化学习的需要,从而培养学生的自主学习能力、交际能力和文化能力。其主要意义与价值体现在如下两个方面:

有助于激发学生的写作动机,传统的写作课以完成教学任务为前提,主要使用的是面授、命题写作和传授几种常用的写作方法,很难照顾到学生的个体需要,从而使部分学生的外语学习动机受到挫伤。而动机是推动一个人进行活动的内部动因或动力,因为"动机是唯一能与才能相提并论的预示外语学习成就的个人变量(Skehan,1999)。

利用电邮在网上学习,学生可以把英语当作交际的工具,让英语学习逐渐的生活化,不仅有利于学生更好地了解世界,学习先进的科学文化知识,传播中国文化,增进学生与各国青少年的相互沟通和理解,还能为他们提供更多的教育和职业发展的机会。自由选择交际内容、自由发表自己的看法。写作过程其实就是应用已掌握的语言知识表达自己思想的过程,也就是语言输出的过程。"天才是积累",只有一定量的知识积累,才能有效地进行语言知识输出,才能步入写作的较高层次——进行篇章结构的润色、优美词句以及写作技巧的使用。

结束语:

网络技术的进步和英语学习的生活化为英语教学开辟了新的途径,它使得教师和学生可以摆脱传统的教学或学习方式,更自由、更自主地完成学习过程,从而

满足学生自主学习的需要，因此，如果能够合理、巧妙地运用到提高初中学生英语写作能力中，不但有利于教师掌握和了解学生的学习情况以及开展相应的辅导，而且能够调动学生学习的主观能动性，取得更好的学习效果。

（傅圆）

再论小班化背景下初中作文教学的多元评价

兴起于20世纪80年代美国的多元评价，已不能算全新的作文理念。《语文课程标准》（2011年版）五次强调“多元”，并在评价建议中指出“注重评价主体的多元与互动，应注意将教师的评价、学生的自我评价及学生之间的相互评价相结合……根据需要，可让学生家长、社区、专业人员等适当参与评价活动……”。依据新课标，很多教师开展了作文教学多元评价的研究与实践，并形成系列文章。

据笔者统计，在众多论述作文教学多元评价的文章中，更多的是关注“评价主体的多元化”，即“谁来评”的问题，对评价内容、评价形式，评价标准的多元化却鲜有涉及。即使涉及也大多是谈其重要性，而没有深入探讨如何实施。

目前，小班化教育已是大势所趋，成为中国基础教育改革的热门课题之一。要想实现打造精致教育，优质教育，幸福教育的小班化教育目标，完善初中作文教学的多元评价体系，也就成了小班化语文教学改革的需求之一。

因此，笔者结合一线教学实践，从评价主体、评价内容、评价形、评价标准的多元化四个方面的有益实践进行简要论述，希望给广大语文教师带来一些启迪和借鉴。

一、转益多师是汝师——评价主体的多元化

传统的作文教学的评改往往是教师的专利。面对数不胜数的眉批、旁批、评语构成的满纸红字，我们在感佩于语文教师敬业精神的同时却忧心忡忡：单向评价在剥夺作文评价的趣味性同时也忽略了作文教学的内在规律，使师生交流流于形式，作文成了学生的任务，评改成了教师的任务。周而复始，却没有多大提高。小班化有效教学策略更是要求我们应该为学生搭建一个自主交流、多方参与的平台，参与的对象可以是老师、同学、家长和学生自己等。形成老师与学生，学生与学生，学生与自己，学生与家长之间的一种类似讨论、研究性的双向互动的评价活动。唯有如此方能转益多师，博采众家之长。那么怎样才能有效地践行评价主体的多元化呢？

1. 教师鼓励性评价

“人的深层需要都有渴望别人赏识的愿望。”教师的评语应该是欣赏性的，尽量寻找孩子作文中的闪光点，适时地鼓励和表扬，使孩子产生强烈的情感效应。教师的评语应该是体验性的，让孩子真实地感受到师生之间的心灵沟通，获得情感价值的认同。教师的评语应该是指导性的，以“我会怎么样，我希望怎么样”等语言引导学生知足知不足，激起孩子修改习作的兴趣。

2. 自我鉴别性评价

杜甫诗云：“为人性僻耽佳句，语不惊人死不休。”卢延让也说：“吟安一个字，拈断数茎须。”由此可见写作过程包含修改锤炼的过程，而且这一过程是至关重要的。它遵循的是写作规律，不仅培养了良好的写作习惯，而且引导学生在修改锤炼中品味语言、体察表达效果、深化思维训练。其训练的不仅是写作能力，更是一种语文素养。叶圣陶先生曾说：“学生养成了自己改的能力，这是终生受用的”，“改的优先权应该属于作文本人，所以我想，作文教学要着重在培养学生自己改的能力。”在教师引导下的不同角度的鉴定式修改应该成为作文评价的一个有机组成部分。

3. 同伴欣赏性评价

初中生已经具备了一定的写作能力，而且他们呈现的往往是“眼高手低”的学习状态：阅读、评价能力优于写作能力。如果我们给与他们展示评价能力的平台，不论对写作者还是评价者都是兴趣的极大激发。再说作为同龄人，他们的生活经历、认识层次、情感体验有诸多的相似之处。如果我们能引导他们借此发现同伴习作的成功之处，如吸引人的开头、令人回味的结尾、运用恰到好处的词语，巧妙的构思等。同时，对于评价者来说，也可以从另一个视点另一个角度去发现自己的不足，产生修改的愿望。

4. 家长趣味性评价

家长与孩子朝夕相处，时间长，跨度大，相对于教师来说，他们对子女的生活经历、举止爱好、性格类型、言行特点等更了解。我经常鼓励家长能对学生的作文再评价，让他们分享孩子的进步，在融洽家庭关系的同时，也从内容、情感、语言、体验等方面给予别样的点评，帮助学生养成真实行文的好习惯。听到家长和孩子笑声中的争论，我们收获的又岂是作文能力的简单提高呢？

二、先拂商弦后角羽——评价内容的多元化

“写作的本质是生命个体情感活动的表达，永远是一种精神体验，一种生命活动；是一种与精神的发展、生命轨迹的变化同步的文字化呈现。”写作的目的在于

满足人们的需要,这种需要既是实际生活的需要,也是生命成长的需要。这种满足需要两个相对独立又相互联系的对象体系:一个是写作者,一个是阅读者。而不同的阅读者在特定情境下的阅读必然带来不同的评价内容,这就是评价内容多元化的原因所在。

小班化“全纳性”的教学理念关注的不仅是人的“全纳”,也是学习内容、学习过程与学习结果等的“全纳”。在作文教学中,作文情境的创设,作文素材的收集处理,作文过程的立意构思、谋篇布局、情感抒发、遣词造句等都应是我们关注的对象。这就要求评价内容要实现多元化:既要关注“写作材料准备过程的评价”也要“重视对作文修改的评价”。评价的角度不尽相同,评价的结论也就大相径庭,但争鸣的过程不论对写作者还是评价者,都是一个提高的过程。

我以学生习作《陪读母亲》为例,忽略教师的点评,突出学生的多元点评,实践如下:

作文解读:小作者截取母亲夜夜陪读的画面,细致描绘了母亲在无声的电视前扭曲的睡姿,其间插叙了自己学习的愚笨、母亲的辛苦以及难以劝离的“争执”。文章在泪流满面中戛然而止。

1. 争鸣——各抒己见

学生一:此文不合常理,有明显虚构的成分。文中孩子的学习明明没有希望却依然苦读,妈妈还每晚陪读。这个场景和我看到的完全不一样。

学生二:你说得不对,不能因为没看到就说没有。那么多牺牲的烈士,你都看到的吗?他们可都是真实存在的!哪个妈妈不是忘子成龙?有这样的妈妈,这孩子苦学完全有可能。

学生三:文中描写的母亲很感人,让我感受到浓浓的母爱。可是你干嘛要描写她陪读时睡觉呀,这有点损害了母亲的形象。

学生四:我觉得这个细节写的好。其他人都会写母亲陪读时是怎么照顾“我”的,但你却写母亲睡着了,和别人不一样,既新奇又真实(累了当然会睡觉),而且写的还很细致,好!

【这里的多元评价关注了“要重视学生的写作兴趣和习惯,鼓励表达真情实感,鼓励有创意的表达,引导学生热爱生活,亲近自然,关注社会”的课标理念。】

2. 续貂——原著加工

学生一:我觉得你文章最后写泪流满面不好,我看过朱自清的一篇文章,叫《背影》,也很感动人,推荐你看看他是怎么写眼泪的。

学生二:我觉得你应该加点环境描写,在开头的时候,比如写夜晚的安静,可以突出时间很晚了,也可以烘托心情呢。老师不是要求这次文章应该来几句环境描写吗？加油！

【这里的多元评价体现了“要引导学生通过自改和互改，取长补短，促进相互了解和合作，共同提高写作水平”的课标理念。】

3. 共鸣——心有戚戚

学生一：我要有这样的母亲就好了，你有福了！

学生二：读你的文章我有一种想哭的冲动！被你这一说，好多事又再次重现了。我妈妈也是这样的，不过她从来没有睡着过，不管她有多累，她都会陪着我！我要是学不好，真有点对不住她！我要加油！

【这里的多元评价展示了“应引导学生关注现实，热爱生活，积极向上，表达真情实感”的课标理念。】

三、白波九道流雪山——评价形式的多元化

传统的作文评价形式是分数＋评语。教师一般会依据中考标准确立文章的等级，并结合自己的喜好给作文打上相应的分数，然后在文章的结束或简明扼要或洋洋洒洒写上自己的评语。单一的作文评价形式导致的结局往往是大多数学生收到作文后只是看看分数，简单扫视一下教师的评语，然后就束之高阁。为了改变这一弊端，作文教学评价形式应该是多元的，即“根据实际需要，可以是书面的，可以是口头的；可以用等级表示，也可以用评语表示；还可以采用展示、交流等多种方式”。

小班化教学的“活动化”的理念更是提醒我们要结合初中生特有的学习心理，力求作文评价形式的多元化。因为它体现的不仅仅是趣味，更是不同层面，不同角度作文能力的提高。这一改变才是作文有效教学策略的体现。

作文的评价形式是多种多样的，即使是传统的教师评价也包含评分式、评级时、评语式等。笔者选取“交流式、展示型、网络化”评价形式为例，简要介绍相应的做法。

1. 交流式评价形式

交流式评价是评价者以读者的身份，自选角度，依托自己的阅读体验与写作者平等交流的作文评价。良好的交流式评价可以让原本空白的作文“后批改”有了较为完美达成度，让作文批改由作文教学的结束变成了作文教学的过渡。

交流式评价因评价主体不同有多种形式。这里重点介绍师生、生生之间的交流式评价。

师生之间的交流式评价采用的是面批交流的方式，是一个动态的过程。小班化教学背景下，学生人数减少，为我们面批作文提供了可能。

第一步师生平等交流阅读体验。每次作文后,我都会当面与之交流。我暂时放弃了教师的身份,以普通的读者的身份边读边谈自己的感受:看到题目我猜内容,哪些语句我喜欢,哪些内容我感兴趣,哪些地方我还想知道,我联想到什么,哪些观点我不攒成等等。边看边说,边说编写,询问与解答同步,提议与思考共行。如此评价,让学生在轻松真诚平等的氛围中看到了文章所有的优劣。

第二步师生共同修改作文。例如,有位同学的一段:"一向爱哭的她总是给人一副柔弱的样子,很少看到她奋勇向前的样子,现在居然为了班级的荣誉,在跌倒三次之后还坚持跑完全程,实在难得!"我和学生一起修改,一是插叙她曾经的表现,揭示她的性情暗示她的品格,为她的转变铺垫到位,丰富内容;二是详写当时的环境、事情的过程、跌倒爬起的细节,凸显她的形象。反复修改之后,一篇详略不当,空洞无物的的文章也就成为了班级收藏的美文。

2. 展示型评价形式

兴趣是作文的内驱力,它可以促进学生观察力、思考力、想象力、联想力的发展,提升作文能力。我充分利用多种媒介为学生提供展示的机会,例如朗诵、辩论、班刊、校报、墙报等,搭建展示平台,多途径地展示学生的习作,让学生在自我价值的认同中增强自信,从而在写作中幸福成长。我举办优秀作文诵读,可以是自己朗诵,也可以请班级的朗诵高手甚至请老师;我将同一素材不同的观点放在一起展示,或者挑选某一类型的作文作为辩论主题;我在每次作文后都会让学生编辑作文专辑并打印成册,作为办刊永远留存;我会向学校申请专门的走廊展示学生的习作;我组织学生积极参加各类文章的竞赛,各类奖项斩获颇丰。

3. 网络化评价形式

网络化教育已成为当今教育改革的一个奋斗方向。能不能利用网络提升作文评价的有效性呢?我进行较长时间的摸索。首先是建立班级博客群,大家将自己的作文发表在博客中(对于那些没有家庭网络的,我会联系学校的信息教室为他们提供技术支持)。

班级学生互相跟帖进行点评,可以采用游客匿名点评的方式。我摘录几个跟帖点评如下:敷衍式点评,"赞一个或大拇指";分析式,"你的语言很有特色,'冰天,雪地,银装,素裹。'很精彩哟";评语式,"文章能抓住细节表现父亲的严厉";体验式,"有同感,父母和我们就是有代沟"。

这些点评都是出自学生之手,虽然有些点评不尽如人意,但大部分是合情合理的,甚至个别跟帖的广度和深度不亚于我的评语!很多作者还会就某些观点进行回复,甚而大家为了一个问题,你来我往争论起来,好不热闹!随着影响力的扩大,还有一些不知名的网友也会加入其中,跟帖点评。这更增加了学生们的兴趣,不论是写作者还是评价者。现在班级的部分学生写作文已不仅仅是任务型的，而是为了表达的需要。不需要命题，不需要批改，心之所至，随意抒发，写好后就直接发到网上。

四、千树万树梨花开——作文评价的多元化

新课标对作文的评价有如下表述："综合考察学生写作水平的发展状况……第三、第四学段要通过多种评价，促进学生具体明确、文从字顺地表达自己的见闻、体验和想法"。这对我们一线教师的作文教学是有指导意义的，但是它并为具体告知我们具体的评价标准是什么。日常教学中，我们依据的评价标准是中考作文评价系统。可是这个评价系统具有甄别选拔的性质，是否完全契合日常教学，我心中还是有疑惑的。

遵循小班化教育"个别化"的教学理念，我们应当认识到正如世上不存在两片完全相同的树叶一样，中学生全体也存在着个体差异。由于成长经历、生活体验、学习经验的不同，必然导致学生学习能力的层次不齐，加上每个学生的禀赋不同，他们的学习兴趣也是不尽一致的。因此日常作文教学的评价标准绝不应是唯一性的。它应该依据不同的个体，不同的时段，不同的目的而有所区别。

其实多元化评价古已有之，例如李白的歌行、乐府旧完全突破了格律的限制，唐宋八大家对散文的突破，苏轼以文写赋，辛弃疾以诗写词等等。为什么到了现在，作文的评价方式就成了唯一的呢？那么如何践行作文评价的多元化呢？我结合实践谈谈自己的一些做法。

1. 个别性

同一个班级的学生，作文能力是有明显高下之分的。对于那些基础偏弱，缺乏写作悟性的学生，我采用的是鼓励的标准。只要能完整叙事，即使详略不当、缺乏描写亦是大加赞赏；对于那些经常超越常规的比较另类的学生，我采用的是宽容性标准。只要不是什么大是大非的问题，我和颜悦色地加以引导，而不能简单的扼制；对于那些有一定写作天赋的学生，我抛弃了中考评价系统，鼓励他们创新，力求个性化表达，并鼓励他们投稿……试想一下，如果针对这些不同层次的学生，我们不采取分层的标准，又怎么能"关注每一个，发展每一个"呢？

2. 阶段性

虽然说目前作文训练还很难有一个系统，但并不能否定、排斥作文训练具有一定的针对性。我的作文教学在不同年级，不同时段，训练的内容是不一致的。例如初一关注观察力，初二关注表达力，初三关注思维力。即使针对具体的写作能力，我采取的往往也是分点分项分步的训练方法。每次作文训练总有一定的侧重点,或者选材,或者立意,或者思路,或者详略,或者描写等等。在评价时,我会更多的关注本次训练的具体内容和目的,而相对忽略其他方面的要求。只要学生能完成本次作文要求,达到我的训练目的,我就会大加赞赏。如果非要选择综合训练,我也会选择中考前的总复习阶段。我认为平时的作文训练采用阶段性评价标准,不是违背教学规律,而是更好的体现教学规律。它不仅不会影响应考的效果反而会在提高语文素养的同时带来应试成绩水到渠成的提高。

3. 调节性

个人以为作文教学的目的绝不仅仅是为了考试,因为考试充其量只是一个手段而不是目的。我们绝不能用中考作文的评价体系从不同角度裁量学生的作文,力求它在条条框框内合乎规矩。如果时刻采用中考评价系统,带来的必将是大部分学生写作的挫败感。其实所有教育都是科学和艺术的结合。说它科学,是因为它的严谨、严密,是既是,非即非;说它艺术,是因为它常常打破是和非的严格界限。教育教学要想浑然天成,就必须尊重教育心理学的规律,利用学习心理的特点为作文教学服务。我的作文评价常常根据不同个体不同时段的学习能力,学习心理,学习性格,暂时放弃刚性的评价标准,而利用多元化的评价标准来激励学生写作热情和才能。

总之,我们的作文教学不能狭隘地、简单化地为了考试。我们的作文评价也绝不能打着公平公正的旗号一味采取中考作文的评价系统。长期一成不变的作文评价,不仅是不公平的问题,而且也会导致作文教学的低效甚至无效。如果想改变这一现状,我们就必须做到评价主体、评价内容、评价形式、评价标准的多元化。

(谭志刚)

抓住教材,培养学生多种能力

学生在学习数学过程中,应立足于教材,把握好课本知识,理解教材中的一些概念、性质、定理、公式等,要吃透教材中的例题。这样,我们就能掌握知识,做到举一反三解决实际问题。所以,在平时教学中教师若能恰当地把握好课本知识、运用灵活的教学方法、充分发挥教材功能,我们就可以做到事半功倍提高课堂教学效果。本人在教学实践中,始终抓住教材这个“纲”,认真钻研课本知识,在课本教学上狠下功夫,少用课外辅导资料,不搞题海战术。这样,既能按照教育部门的要求减轻了学生负担,又培养了学生的多种能力。

一、注意教材概念阅读的教学，培养学生的学习能力

实际上，我们许多学生往往没有阅读课本的习惯，这主要除了课本难以读懂以外，另一个重要原因是我们许多教师在讲课时也很少带领学生阅读课本，喜欢滔滔不绝的讲，写得满满一黑板，使得学生产生了依赖性。数学课本中的内容是数学基础知识的载体。课堂上指导学生阅读数学教材内容，不仅可以正确理解课本中基础知识，同时可以从书中字里行间挖掘更丰富的内容。此外，还可以发挥课本中文字使用的垂范作用。潜移默化的培养和提高学生准确说练的文字表达能力和学习能力。

在阅读数学课本内容时，首先要求教师的正确引导，特别在讲授新课时，应当纠正那种“学生闭着书，光听教师讲”的教学方法。在讲解数学概念的时候，就让学生翻开课本，要求学生先阅读一遍，然后教师按课本原文逐字、逐句、逐节的阅读。在阅读中，让学生反复琢磨，认真思考，对书中的叙述的概念、性质、定理等有本质特征的关键词句要仔细品味，深刻理解其语意，并不时提出一些反问。如换成其它语句行吗？省略某某字行吗？加上某某字行吗？举个例子，义务教育阶段苏科版数学教材七年级(上)册第148页在定义两点之间的距离时是这样定义的“连接两点之间的线段的长度”，那么这里的“长度”两字能省略吗？显然是不能省略的。在带领学生阅读时，要讲清楚。如果省略“长度”两字，它指的是图形而两点之间的距离指的是一个正数。所以，在指导学生阅读时，要读出书中的要点、难点和疑点，读出字里行间所蕴藏的内容，读出课本中数学思想、观点和方法以及获得的一些信息。教师在课堂上阅读课本，不仅可以节省不必要的板书时间，而且可以防止口误、笔误所产生的概念错误，从而使学生能准确地掌握课本知识，提高课堂教学效率。

为了帮助学生更好的阅读数学课本知识，对一些重要的数学概念学习要采取逐级递进，螺旋上升(要避免不必要的重复)的方法，以符合学生的数学认知能力，以便更快更好地理解课文。以“函数”为例，教学就分了三个学段。第一学段可以定位在“通过求解一些简单而现实的问题，感受到现实中存在许多变化着的事物和现象，并且其中有规律可寻的”；第二个学段是通过解决某些现实问题，学习“寻找规律”的一些基本方法，并体验到掌握这些变化规律可以帮助我们预测未来；第三个学段则在前两个学段的基础上，让学生学习有关函数的基本概念，知识。了解研究函数的一些基本过程和方法。通过这三个学段的学习，学生对函数的概念的理解就更加深刻。这样，通过学生对课本的阅读，加深了学生对一些概念的理解，又提高了学生的学习能力。

二、注重教材中公式的教学，培养学生的推理能力

学好数学对发展推理能力具有很重要的作用，所以我们要把推理能力的培养有机的融合在数学教学过程中。能力的发展决不等同于知识与技能的获得。能力的形成是一个缓慢的过程，有其自身的特点和规律。它不是学生“懂了”，也不是学生“会了”，而是学生自身“悟”出了道理、规律和思考方法等。这种“悟”只有在数学活动中才能得以进行，因而教学活动必须给学生提供探索交流的空间。组织、引导学生经历观察、实验、猜想、验证等数学活动的过程。并把推理能力的培养有机的融合在这样的“过程”之中。在数学课本中学习公式时，经常就经历了这样的一个“过程”。

例如，我们在学习平方差公式之前，课本就设置了这样的问题串（义务教育阶段数学课本第七册（下）第93－94页）

察下列每组等式

$\begin{cases}8\times8=64\\7\times9=63\end{cases}$ $\begin{cases}5\times5=25\\4\times6=24\end{cases}$ $\begin{cases}6\times6=36\\5\times7=35\end{cases}$

（2）已知 $25\times25=625$，那么 $24\times26=$________

（3）你能举出类似的例子吗？

（4）从上述过程中，你发现了什么规律？你能用语言叙述这个规律吗？你能用代数式来表示这个规律吗？

（5）你能验证你自己所得的规律吗？

在这样的过程中，学生从具体等式的观察、比较中，通过合理的推理，提出猜想，进而用数学符号表达，若 $axa=m$，则有 $(a-1)(a+1)=m-1$。然后用多项式乘以多项式的法则展开计算加以验证猜想是正确的。

教材对于公式这一块的学习，设置了现实的、有意义的、富有挑战性的问题。我们在教学时要引导学生参加这一“过程”，要恰当地组织，指导学生的学习活动，并真正鼓励学生，尊重学生，与学生合作。这样，就能拓宽发展学生推理能力空间，从而有效地发展学生的推理能力。

三、注重教材隐含的知识要点教学，培养学生的研究能力

义务教育阶段初中数学教材中知识要点的抽象性和隐含性比其它学科显得尤为突出。数学中的知识点要通过想象思维和逻辑推理才能揭示。由于学生受思维和推理能力的限制，以及没有阅读数学课本的习惯，许多学生对数学教材看不懂，不理解。为了完成义务教育初中阶段数学的教学目的和任务。我们教师首

先要认真的钻研和熟悉教材，把蕴藏在教材中的那些隐含的知识要点给挖掘出来，帮助学生理解教材和掌握教材。从而解决一些实际问题，以培养学生的研究能力。

例如，数学课本中在讲解二次根式的性质时实际上就是隐藏条件。若有意义，则有 $a>0$。用$\sqrt{a}$此条件解决下面的求值问题：

已知：$\sqrt{x-y-1}$　$\sqrt{x+y-5}$　$\sqrt{a+b-2001}$　$\sqrt{2001-a-b}$

求 $a+b+x-7y$ 的值。本题的隐含条件：

$$\begin{cases} a+b2001\geq 0 \\ 2001-a-b\geq 0 \end{cases}$$

故有 $a+b=2001$，于是 $\sqrt{x-y-1}\sqrt{x+y-5}=0$，根据非负数性质可解：

$$\begin{cases} x-y=1 \\ x+y=5 \end{cases} \qquad \begin{cases} x=3 \\ y=2 \end{cases}$$

所以：原式 $=2001+5\times 3-7\times 2=2002$。从而解决问题。实际上，课本中涉及类似的题目还很多，但是我们的学生却很难发现这些隐含条件，从而拿到这类题目束手无策。这就要求我们教师引导学生挖掘题目中的隐含条件。

这样，经过我们教师对课本中隐含知识的挖掘，调动学生学习数学的积极性，激发了学生对数学的学习兴趣。同时，也就培养了学生探索问题，研究问题的能力。

四、注重课本例题的剖析教学，培养学生解决问题的能力

课本中的例题都是很典型的，是经过筛选的，具有一定的代表性。特别在我们中学数学中，例题教学占有相当重要的地位，搞好例题教学，特别是搞好课本例题的剖析教学，不仅能加深概念、法则、定理等基础知识的理解和掌握，更重要的是在开发学生智力，培养和提高学生解决问题的能力等方面，能发挥其独特的功效。例题的剖析主要从三个方面进行。

1. 纵向剖析

也就是说分析这个例题时从已知到结论涉及到哪些知识点；例题中哪些是重点、难点和疑点；例题所用的数学方法和数学思想是什么？甚至哪一步是解题关键？哪一步是学生容易犯错误的？事先都要考虑周全。例如，义务教育阶段七年级苏科版数学（下）册第 67 页例 6，是运用乘法公式计算 $(x+y+4)(x+y-4)$，当然这里的乘法公式指的是平方差公式和完全平方公式。此例看上去难度不大，但对于刚学习了这两个公式又要能正确灵活运用这两个公式的初一新生来说就是有点难度的。本例的知识点是添括号,平方差公式和完全平方公式的综合运用,也是本例的重点。难点是原式转换变形。疑点是本例是不是可用乘法公式计算;本例所用的数学方法是整体转换的思想方法。其关键是使之变形以符合公式的结构特征。即:原式 $=[(x+y)+4][(x+y)-4]$ 然后运用平方差公式及完全平方公式进行计算。这里要能看出把 $(x+y)$ 看作一个整体。讲解此例时,注意强调此例转化变形。如果我们把此例看得很简单,讲解时轻描淡写,学生只能知其然,而不知其所然。以后,他们再遇到类似的题型,他们就很难解决此类问题。实践证明,如果教师能把课本中的例题剖析透一些,讲解的精一些,引导学生积极思考,让学生真正领悟,则必然提高学生解决问题的能力。

2. 横向剖析

即剖析例题解法的多样性,课本上给出的例题一般只给出一种解法,而实际上许多例题经过认真研究,横向剖析,能发现了有许多解法。如果我们对课本例题的解法来一个拓究,探索其多样性,就可以重现更多的知识点,使知识点形成网络。这样,一方面起到强化知识点的作用,另一方面培养了学生的求异思维和发散思维的能力。课堂上剖析例题的多解性,还可以集中学生的学习注意力,培养学生"目不旁骛"的良好习惯。

3. "变题"剖析

即改变原来例题的某些条件或结论,使之成为一个新的例题。这样的新例题是由原来例题改编而来的。称之为"变题"。改编命题是一项十分严谨、细致而周密的工作。要反复推敲,字斟句酌。因此,教师如要对课本例题进行改编,必须在备课上狠下功夫。例如义务教育阶段苏科版八年级(下)第107页有这样一道题:

证明:相似三角形对应边上的高的比等于相似比。

讲完此题,我们可以改编一下。即:

证明:相似三角形对应边上中线(对应角平分线)的比等于相似比。

然后由学生思考如何证明。当然在"变题"时,还应注意以下几点:①要围绕重点、难点展开,防止脱离中心,主次不辨。②要变化有解,防止枯蔓过多,画蛇添足。③要因教材而异,要根据不同程度的学生有不同的"变题",防止任意拔高,乱加扩充。

五、注重教材"做一做""议一议"的教学;培养学生动手实践,合作交流能力

初中数学教材经过几次改版后,整个的知识体系,内容,变得越来越完善,越来越严谨。所以,这次初一数学新教材是不同于以往的教材,它是国家规定实施的新的课程标准,既然是新的课程标准就要改变旧的教学模式,学生的学习方法

也必须进行相应的改变。教材中安排了大量的“做一做”“试一试”以及“议一议”等内容。这是要求我们注重引导学生动手实践,自主摸索与同学们之间合作交流。学生在观察、实验、猜测、验证推理与交流等数学活动中,逐步形成自己对数学知识的理解和有效的学习策略。

例如,课本在教学“轴对称图形”概念时,就叫同学们议一议房屋、蝴蝶、双喜等图形。它们有什么共同点？让学生先思考,再动手把这些图形折一折,然后再通过交流,探索发现这些图形的共同点。发现沿着中间直线对折,两侧部分能完全重合。最后,经过讨论得出:“轴对称图形”的概念。(即:沿着某条直线对折,直线两侧部分正好完全重合)。之后让学生互相提问并列举生活中的“轴对称图形”的例子。但是对于“做一做”,“议一议”内容的教学,要注意两点:一要留给学生足够的思维空间。二操作活动要适量,适度。所以,对于课本中动手操作自主探索的内容,我们在教学时千万不能忽视,要给学生比较充分的思考空间。培养学生乐于钻研,善于思考,勤于动手,合作交流的能力,让学生有机会在不断探索与创造的氛围中发展解决问题的能力,体会数学的价值。

(毕先江)

浅谈如何在物理教学中促进学生情感价值观的形成

近些年来,人们对于义务教育阶段的学生问题的探讨是比较多的,如赏识教育、学生创造性的培养、学生心理素质的培养等方面,但对于学生价值观的培养和形成确往往忽略了,对于处在心理的断乳期——青春发育期的中学生来说,没有一个科学的价值观和积极的人生观,对他的影响是非常大的,对整个社会的发展来说是十分不利的。什么是价值观？一般来说就是作为主体的人与各种客体之间的关系。马克思说,价值这个普遍的概念是从人们对待满足他们需要的外界物的关系中产生的。意思是说,价值是人的需要与满足人的需要的外界对象物之间的一种关系。所谓价值观,是指人们在长期的生活、实践过程中和在具体的环境中形成的有关价值的观点、看法和态度。

初中学生价值观的形成呈现出了多元化的发展形式,总体来说属于一种困惑的价值观。这种价值观会随着家长得要求的变化、环境的变化影响、物质条件的变化、同辈群体的影响等而发生改变,并且消极的、无目的的价值观总是占着比较大的比例。在改革开放引入西方文化上不时产生矛盾,而东西方文化的差异常常发生大碰撞,促使当今还没有稳定的心理特征的初中学生在思想行为诸方面呈现出与以往不同的新特点,他们的理想信念,价值观和思维方式发生了很大的变化。初中学生树立科学的价值观,也就是树立了初中学生整个人生的个体对于社会的需要的良好关系。

初中物理教学的目的任务是:使学生比较系统的掌握学习现代科学技术和从事社会主义建设需要的物理基础知识及这些知识的实际应用、培养学生的观察、实验能力,思维能力,分析和解决实际问题的能力、对学生进行科学态度和科学方法的教育、对学生进行辩证唯物主义教育和爱国主义教育。传统的价值观教育方式是以教师为中心的家长式、命令式的自上而下的注入模式,教师要求学生怎么去做,而新时期需要是结合社会大环境的背影多双向交流式的价值观教育。它要求变简单的灌输为启发诱导,变消极的约束、看管为积极的自我激励、自我管理,在初中学生生存的价值观多元化的文化环境中根据自身的需要有选择地确实、体验不同的价值观。新时期,我们的教育对象在不断地变化,我们必须积极探索具有时代特色,适合初中学生价值观教育的工作新模式、新方法。初中的物理教学使学生了解现代社会的发展现状和趋势,具有基本适应现代社会发展的知识能力和一般技能,培养了学生严谨的科学探索精神和思维方式,能够客观的看待事物和分析问题,从而使学生进入社会以后能够很快的适应环境和进入工作状态,有了比较健康的心理发展,促进了科学价值观和积极的人生价值观的形成。在初中物理教学中促进学生科学价值观的形成是非常重要的,是非常有效的。通过在物理教学的探索和发现,我认为可以从以下几个方面去尝试:

一、以教师在教学中的科学价值观去影响学生科学价值观的形成

教师的教育工作是一种教书育人的工作,教书育人是一项触及灵魂的工程

由于学生对于教师的社会期望,教师应该是“社会模范公民”“活的教科书”“一个有学问的人”“德才兼备的人”“人类灵魂的工程师”等,所以教师的价值观往往对于初中学生的价值观的形成直到“表率”“为人师表”的作用。所以在价值观方面,无论在校内,还是在校外,教师必须为他的学生树立一个好榜样。

要想通过教师自身去影响学生价值观的形成,首先要让学生喜欢物理这门学科。掌握中学生学习物理的心理特征,调动学生学习物理的积极性、主动性,让学生喜欢上物理课。这样我们对于学生价值观的影响就变得更加直接,更加有效。我们在教学中也会经常遇到这样的事情发生:学生反映物理这门课太难,学不会,对学习物理失去信心和兴趣;学生觉得学习物理作用不大,在现实生活中用不到等等。当遇到这样的问题时,我们教师要积极的给予解决,对于不懂得学生,我们让他们做最基本的题目,提高他的成功率,增加他的学习兴趣和信心;对于学习无

用观念的学生,我们可以联系生活中的物理,多举一些实例和发明,让学生体验物理在生活中的应用非常广泛,非常重要。调动了学生的学生的学习主动性和积极性以后对于我们的教学和对学生价值观的培养都是有利的。

那么,教师在教学中必须有着严谨的教学态度和观念,在教学过程中以严谨的语言讲授知识,教授学生对于科学的探索和研究的方法和策略,让学生在学习知识的同时去认识社会,认识世界,认识自然。同时,教师要注意将所讲授的知识和生活相联系,让学生体验知识在生活中的应用,认识到学习知识的重要性和必要性,从而促进学生价值观的形成。利用物理这门学科以实验为主要教学手段的特点,不管在课堂上还是在课后,培养学生的创造性和科学探究精神,从而促进学生科学价值观的形成。但我们老师要想积极的影响学生,首先要提高自身的教学修养,自身要形成积极的科学价值观,不断进修,提高专业知识水平走进生活、走进社会、走进自然。

二、以物理教学中的情景、背景资料、科学家的故事等作为价值观的教育情境

初中生的思维发展还不太稳定和全面,对是非的判断还不太客观,对于生活的事物、社会的发展、大自然或整个世界认识尚浅。教师在教学中合理灵活的应用教育资源和背景资料让学生充分的认识生活、认识社会的发展和认识自然,将所学的知识与生活、社会、自然相联系,促进价值观的形成。

通过对古今物理成就的介绍,激发学生的爱国热情。我国古代许多的物理学家,对物理发展有过很大的贡献,不少研究成果长期居世界领先地位。如指南针的发明与应用,不仅在我国古代军事、生产、日常生活中起过重要作用,且对促进东西方文化的交流和世界的发展都有功绩。这充分体现了我们祖先的聪明和才智,值得我们每一位炎黄子孙感到骄傲和自豪。

又如,我国近代著名的力学家、火箭专家钱学森,它所涉及的学术领域十分广泛,无论在理论上还是在实际应用中都作出了一定的贡献,尤其是对我国火箭导弹和航天事业的迅速发展作出了重大贡献,被称为“中国的导弹之父”。通过对我国历史上有关科学家的发明创造和我国现代科学技术的伟大成就的事实,培养了学生的民族自信心、自豪感、责任感,树立了为民富国强而艰苦奋斗的献身精神,激发了他们的爱国热情。

介绍物理学家事迹,激励学生勤奋学习。

欧姆定律是电学中的重要规律,在讲解欧姆定律时,首先向学生介绍德国的物理学家欧姆,得到这个结论是不容易的,经历了 10 多年的辛勤劳动,做了大量实验。同时,介绍学生课后阅读文章后的“欧姆坚持不懈的精神”,对学生进行教

育和激励。

另外,要结合课本中安排的许多阅读材料,引导学生谈感想、写小论文,从而逐步培养学生勤学善思和积极上进的品德。

物理的产生和发展,从来就是和生产实践与科技水平密切相关的。能否运用所学的知识顺利地解决实际问题,这是学生素质教育的核心,也是评价物理教学的重要标志,因此,我在教学中坚持理论联系实际的原则,把"学"与"用"紧密结合起来。

比如,从绪论课起,就提到学习物理的目的在于应用,要特别注意教科书和教师运用知识解决问题的思路和方法,努力用学过的知识去解决实际问题。从教材的安排看,提到:现代生活中广泛用到物理知识;工农业生产、交通运输、国防科研等方面需要物理知识;物理知识是学好其他自然学科的基矗新教材的指导思想是:重视知识的应用。讲完知识点后,我都举有实际应用的事例。比如,讲完动能和势能转化后,紧接着分析了人造卫星绕地球运行过程中动能和势能的转化,其目的是加强物理知识与现代科技的联系,使学生了解他们所学的物理知识,也可以用来解释一些高科技中的问题,这样,就可以激发学生学习的兴趣。教材最后总结到,物理是一门很有用的课程,物理学对"四化"建设具有十分重要的作用,我们要充分调动学生的学习积极性,提高学习物理的兴趣。树立了"要取得事业上的成功,必须付出艰辛的劳动"的科学价值观。

三、抓住物理实验教学,培养学生积极探索、不断创新的科学价值观的形成

科学探究的一般过程包括:猜想与假设、设计实验、进行实验、收集证据、分析与论证等。在物理实验的教学中,让学生参与科学探究的过程,不断提高学生探索精神和科学态度,不断创新,形成科学的价值观。

实验是物理课堂的重要教学手段可以提高学生的兴趣,激发学生的探索欲望。例如:大气压强－覆杯实验、能量的转换与守恒－魔筒、大气压强－模拟马德堡半球实验、简单机械－撬木板、阿基米德原理－复习浮力实验等等。以阿基米德原理－复习浮力实验为例:上节课我们学习了浮力的概念。请问,我们是怎样证明下沉的物体受到浮力的?(取出实验装置,回忆实验过程)。当我们把重物从空气中像电视慢动作一样地逐步放入水中,想一想,物体受到的浮力是怎样变化的?由此猜想一下浮力与什么因素有关。(演示、观察、回答:随着深度的增大而增加)。按照你们的说法,也就是浮力的大小与物体所处的深度有关,是吗?请再看一遍演示。当物体浸没水中后,浮力就不再改变,显然不能认为浮力与深度有关。那么,在上述的实验中,除了深度改变外,还有什么因素在改变呢?物体浸入

水下的部分在改变。未浸入时浮力为零,随着浸入的部分变大,浮力也就变大;完全浸没以后,浸入的部分不再改变,浮力的大小也就不变。二千多年前,阿基米德为完成皇帝交给他的任务——辨别皇冠的真伪苦苦思索,当他洗澡的时候,无意中发现浴缸的水被溢出时,猛然想起了身体入水部分的体积跟排开的水的体积相等,他欣喜若狂地喊到:"我想出了,我想出了!"从这里我们能得到什么启发吗?——浮力与物体排开水的体积,或者说,与排水量有关。下面我们就用实验来研究这个问题,学生进行实验,鼓励学生在实验过程中去发现新的问题,并在全班进行讨论分析。

通过实验课的教学,让学生体验成功的感觉,有着与伟人一样的经历,增强学生对于科学的热爱和继续对科学进行探索的想法,促使学生不断学习新的知识,了解社会的发展和世界的变化,有着改变社会,进行创造的欲望,认识自身价值,形成科学的价值观。

总而言之,在物理教学中培养学生科学价值观的形成,不仅对我们的教学有益,更对于学生以后的发展有着很大的帮助,使学生对社会的发展做出更大的贡献。

(燕红林)

越俎代庖何时休

——谈初中作文教学的"越位"指导及应对策略

考作文50分,高考作文70分,写作占据语文学习的"半壁江山"已成不争的事实,但在实际教学中,我们很遗憾地发现初中作文教学常常被挤压到"墙角一隅",存在着"多、慢、差、费"的问题。原因在于作文教学中我们确实存在着许多违背作文本质属性和《语文课程标准》的观念与行为,例如教师的"越俎代庖"。

《语文课程标准明确》指出:"写作要有真情实感,力求表达自己对自然、社会、人生的感受、体验和思考……为学生的自主写作提供有利条件和广阔空间,减少对学生写作的束缚,鼓励自由表达和有创意的表达。"这里摘录的两句话,第一句陈述的主体是写作,第二句陈述主体是写作教学。写作行为是"根",它规定了作文教学行为。后者本应为前者做好指导、服务工作,但是教师却在教学中"越俎代庖",成为情意的创造者、情境的提供者、作文的写作者、唯一的阅读者、标准的制定者,这自然导致了作文教学效益低下的现状。

一、教师"越组代庖"成为情意的创造者

文学是指以语言文字为工具形象化地反映客观现实、表现作家心灵世界的艺术。虽然学生的作文无论是从内涵还是外延上都难以企及,但它毕竟是文学的范畴,也应当遵从文学创作的规律。它本应是依据特有的生活体验和学习经验,经过特定情境的点燃,产生不得不为之的情感抒发的需要之后的必然产物。其外在呈现形式应该是琳琅满目、丰富多彩的,其内在的创作过程应该是先有情境,再有情意。

但是,实际的写作教学中,学生的写作的外在呈现形式是更多的千篇一律,一样的立意、雷同的选材与结构等等,内在的创作过程是先有情意,后有情境(部分是为了情意需要杜撰的情境)。为什么会出现这样的情况?因为教师深受"应试作文"的流毒,在作文训练中越组代庖,已经帮学生确定了主题,剥夺了他们表达的需要!不论作文形式发生怎样的变化,是命题、半命题作、话题还是材料等形式,学生的作文早已不是"我思故我在""我以我手写我心",而是"你要我写这个,我只能写这个",否则就是偏题、走题。为了教师的需要,写作过程也产生了异化,例如学生思维的中心早已蜕变成为在特定框架内腾挪,搜肠刮肚,寻找、剽窃、杜撰情意产生的情境,学生的心理体验也由愉悦一落千丈成为一种煎熬。

如果说考试中"应试作文"因其评价、选拔标准统一的需要不得不为之的话,那么平时的写作教学中还要如此,却也偏离了文学创作的规律和写作教学的正确理念。

课标把学生的写作活动定性为"自主写作",而不是"应试写作"。"自主写作"是对传统的"被动写作"(为教师写作)的一种否定,是对写作教学中功利主义的一种反拨。"为学生的自主写作提供有利条件和广阔空间,减少对学生写作的束缚",这里的"有力条件"首先是学生有表达的需要,其次是学生有表达的内容。因此教师必须走下"神坛",退出支配地位,抛弃一厢情愿的臆测式命题,把写作的主题、写作的理由、写作的内容还给学生,回归到引导、指导、支持的本来位置上。

当上到人教版七年级下册第一单元《成长的烦恼》时,很多教师都会让学生写一篇《成长的烦恼》(题目未必一样,但内容要求基本类似),并且往往要求学生写自己成长中的烦恼以及如何解决烦恼的或者是获得哪些启迪等等。对于这样的写作训练,我是不大赞成的:学生成长中一定有烦恼吗?有烦恼一定要告诉你吗?烦恼一定会解决吗?解决烦恼一定有启迪吗?我不想写烦恼,只想写快乐、感动为什么就不可以呢?是呀,这又不是考试,也没有偏题、走题之说,为什么就不能写?如果学生想到了某件事,急于诉说,产生了表达的需要,如此真情实感的文章

为什么就不能写？我认为不仅应该写，而且要大加赞赏！有些教师会问，那么学生考试时不会审题怎么办？我的观点是审题一定每次都要练吗？审题重要还是爱上作文重要呢？其实应试技巧的训练我想初三总复习阶段完全可以了，何必让我们的孩子过早地进入应试的囚笼接受摧残呢？也许有的教师又会问，这样自主随性的作文需要我们教师做什么呢？其实需要教师的地方很多，例如引导学生观察、提炼生活，引导学生认识自我，创设情境激发学生的表达需要，指导学生把话说通顺，把事写完整等等。

二、教师越俎代庖成为情境的提供者

从现代信息论、系统论的角度来看，写作是一个收集、加工、输出信息的整体系统。作为一个完整的系统过程，写作活动是有阶段性的。大致可分为采集——构思——表述三个阶段。从文学创作论来看，写作过程应该是先有特定的情境，而这个情境与写作者的内心世界产生了复杂的化学反应，然后才有了表达的欲望。这个情境就是创作者的原始写作素材，经过作者艺术再创造之后产生了内蕴丰富的文本，通过读者的再加工，于是变成了更加丰富的作品。

据此看来，情境在前，情意在后。但在这里，我不得不将它调整到第二点。这本就是违背写作规律的事，但在实际作文教学中，它却成了一个定律：教师确立主题，教师指导、“提供”素材。这虽然是应试教育的不良影响（应试作文总是先有题目后有选材构思），但是我们也不能不质疑：为什么平时的作文训练也必须是这个模式？

如此模式的作文教学往往造成学生作文选材上的千篇一律。记得在一次大规模网阅中，我们能很轻意地找出某位教师指导下的学生作文。因为作为论据的几个历史人物是相同的，事件是相同的乃至语句的表述都极其类似！我们一方面感慨于教师的“指导到位”，另一方面也陷入了沉思：学生作文素材的雷同除了狭小的“三点一线”的生活空间之外，是否有教师的越俎代庖？平时的教学中，面对要么找不到素材，要么有素材却不会运用的学生，教师往往囿于教学时间的限制，往往旁征博引提供大量鲜活具体的素材，但是我们遗憾地发现，这些素材产生的示范、引领作用是那么的苍白，往往被学生拿来就用。究其原因是相对于学生的生活体验与学习经验，这些素材的诱惑力实在太大了。如果抛弃功利主义，我们再看看这些杜撰、借鉴来的文章真的有利于学生的成长吗？

“为学生的自主写作提供有利条件和广阔空间，减少对学生写作的束缚”，我认为课标强调的“广阔空间”最少有四个层面的理解：一是创作的空间，二是生活的空间，三是阅读的空间，四是思维的空间。教师的引导作用只有基于这四个空间,才能避免越俎代庖成为情境的提供者。一要抛弃命题的束缚,给予学生足够的创作空间,让学生明白兴之所至,万事万物皆可如文。二要带领学生走出课堂,回归自然、走进生活,寻找或创造情境,获得灵感,产生创作的需要。三要想方设法引领学生走进图书馆、书店,好读书、读好书,扩大视野,增长见识,丰富营养。四要引导他们体察心灵,激活思维,与自然、大师、自我对话,发现平凡生活不平凡的美。

唯有如此,方能遵循写作的规律,变提供材料为创造材料,变为主题找材料的杜撰之文为兴之所至、信手拈来的自然之文,真情之文。这样的作文不是为了迎合教师的批阅,而是因为我想写所以我写了;不是搜肠刮肚去杜撰、剽窃素材,而是因为这样的情境促使我如此想如此写。

三、教师越俎代庖成为作文的写作者

杜甫诗云:“为人性僻耽佳句,语不惊人死不休。”卢延让也说:“吟安一个字,拈断数茎须。”由此可见写作过程包含修改锤炼的过程,而且这一过程是至关重要的。它遵循的是写作规律,不仅培养了良好的写作习惯,而且引导学生在修改锤炼中品味语言、体察表达效果、深化思维训练。其训练的不仅是写作能力,更是一种语文素养。

但是,在实际的作文教学实践中,我们发现修改作文却成了教师的专利!面对那数不胜数的眉批、旁批、评语和满纸红字之后,我们在感佩于语文教师敬业精神的同时却忧心忡忡:教师已经越俎代庖成为作文的写作者。如果学生能沉浸其中,从中发现作文的不足之处并能立即修改加工锤炼或者在后面的作文中能有所启迪,那也是好的,但我们遗憾地发现,事实并非如此。

更多的学生拿到作文之后关心的是分数,其次才是评语,至于文章的修改,那更是走马观花。这份阅读也是仅止于此,至于读完之后的主动修改那更是少见,后面的作文训练又不知过了多少天,这次的触动能否延续并体现在下次作文中,就不得而知了,纵然有的学生能够认真拜读,知道为什么改,知道改过之后的好处,但是“纸上得来终觉浅,绝知此事要躬行”,我们很难奢望这种走马观花缺乏实践操作过程的传统的讲授式作文教学能产生多大的价值。于是在无数次作文训练之后,我们不得不承认作文教学收效不大,学生的作文还是老样子,叙事不明,表达不清。

从教学论的观点来看,学生的作文过程是从认识事物到表达对事物认识的过程。这两个过程中表现为既能“作”又能“改”才能算得上真正的作文能力。其实课标也明确指出“写作教学应抓住取材、构思、起草、加工等环节,指导学生在写作

实践中学会写作。重视引导学生在自我修改和相互修改的过程中提高写作能力。”教师的一切活动都是为了引导和帮助写作主体学会作文,而不是越俎代庖剥夺学生的实践机会成为作文的写作者。这样的取代不仅苦不堪言,吃力不讨好无,而且助于学生能力的提高。

据此看来,写作教学中,教师在批改作文的时候不仅要实现由文本修改到关注学生情感的转变,还要实现由精批细改到多种评改方式的转变。叶圣陶先生曾说:“学生养成了自己改的能力,这是终生受用的”,“改的优先权应该属于作文本人,所以我想,作文教学要着重在培养学生自己改的能力。”在自主修改、生生修改、师生修改多维度多形式的评改模式中,创作者与评论者,教师和学生的身份是不断变换的,也正是在这种动态的变换中,学生学会了从不同角度去审视作文的写作,从而获得不同的启迪。这种启迪来自亲身实践,是否定与肯定的交互作用,是否定之否定,肯定之肯定的思辨,其训练的又何止是语言文字的运用?它是语文教学的集大成者,是语文素养提升中的一个极为重要的舞台。如此打造而成的一篇美文的教学价值是十篇浅尝辄止原地踏步的写作教学所无法媲美的。而这一切都要建立在教师支配地位的拱手相让,不再越俎代庖成为作文的写作者是当下语文教师亟需转变的观念与行为。

五、教师越俎代庖成为唯一的阅读者

“写作的本质是生命个体情感活动的表达,永远是一种精神体验,一种生命活动;是一种与精神的发展、生命轨迹的变化同步的文字化呈现。”写作的目的在于满足人们的需要,这种需要既是实际生活的需要,也是生命成长的需要。这种满足需要两个相对独立又相互联系的对象体系:一个是写作者,一个是阅读者。写文章“无非是一点,我听到的、看到的,真懂得、真体会到的东西来告诉读者或听众,并不是舞文弄墨,随便说两句花言巧语来欺骗读者或听众”。这就要求写作过程中,写作者心中必须装有读者。只有心中装有读者,才能确定说什么,如何说,才能根据预期反应更改自己的言说方式,达到表达效果的最优化。

那么,学生心目中的读者是谁呢?教师。有没有其他人?没有了。如此单一的读者个体会导致什么样的结果?为了获得高分,学生的作文一味迎合特定个体的审美情趣,丧失了多样性,缺乏活力。例如上完人教版七下第二单元《黄河,母亲河》,我让学生完成一篇关于江河的习作。学生统一写了黄河,为什么?因为我上黄河了。学生抒发的都是热爱赞美之情,讴歌黄河的汹涌澎湃摧城拔寨,讴歌它横贯古今源远流长,讴歌它历经劫难无私奉献。为什么?因为我喜欢壮美。作文的语言大多为短句,基本都用上了排比。为什么?因为我欣赏。捧着高分作文他们笑了,我却笑不出。几十个学生,一样的心灵,同样的面孔,整齐划一得让人触目惊心。这能算是真性情张扬个性的作文吗?这不过工业化统一生产的产品罢了。

课标指出“写作时考虑不同的目的和对象。根据表达的需要,围绕表达中心,选择恰当的表达方式。”因此为了恢复作文教学的本色,唤回真实作文、多彩作文,让作文成为学生真实生命状态的呈现,我们绝不能越俎代庖成为唯一的读者。我们要帮学生安排更多的读者群体,让他们在与不同的群体不同的心灵碰撞中深化思维,尝试不同的写作思路与写作风格,杜绝迎合之风,最终确立自己思维方式和写作文风。

作文教学中,我细化阅读对象,例如作文分为私密作文与发表作文,私密作文再次细化为教师阅读与自我阅读,发表作文指班级公开发表的作文。它的阅评方式(先阅后评,以阅为主,以评为辅)一方面由我根据不同的写作对象确立了不同作文阅评群体,写父母的就让父母评点,写教师的就让相关教师评点,记事的我请相关当事人评点。如果没有相关当事人,就自动调整为班级合作阅评。另一方面由写作者根据自己的需要挑选阅评对象,可以是教师可以是学生,可以是个体可以是群体,可以是班级内展示,可以是班级外交流。在多种阅评形式中,我借此进一步强化了学生写作时的读者意识,也同时杜绝迎合、杜撰之风,引领学生走向真实为文,促进了班级作文的百家争鸣、百花齐放。

六、教师越俎代庖成为标准的制定者

如果遵循“个别化”的教学理念,我们应当认识到正如世上不存在两片完全相同的树叶一样,中学生全体也存在着个体差异。由于成长经历、生活体验、学习经验的不同,必然导致学生学习能力的层次不齐,加上每个学生的禀赋不同,他们的学习兴趣也是不尽一致的。我们不排除有些学生有较强的文学创作才能,但更应该认识到更多的学生是没有“作家”的潜能的。我们的作文教学绝不能把培养“作家”或“准作家”作为唯一的目的,总是以成人的眼光衡量这些成长中生命的文字呈现。

写作是成长的珍贵日记,它能变瞬间为永恒,能让迸射的灵感变深邃的思想。不同的时期拥有不同的心境,在同样的外在言说对象面前往往会产生不同情感表达的需要。例如少年听取的松涛阵阵,到中年听取的松涛阵阵,乃至老年的松涛,人生的状态是不一样的,对情境的描摹以及对人生的体验与感受也是不一样的。如果教师没有孩子的观念、立场、世界观去评价他们对自然的、社会和人生的看法,而是用成人的标准指责他们的幼稚、浅薄、片面、草率、孤立静止,那么就不难理解学生作文中为什么总会出现那似是而非的“正经话”“大人腔”。这些语言既没有成人的深邃、严谨,也没有“伙伴语言”灵动、率性。

王国维说:“有境界自成高格。”就让孩子用自己的眼看世界,用自己的手抒写心灵,何必人为拔高他们的“境界”。例如关于大江大河的习作中,提到长江,有的关注水质的保护,有的担忧白鱀豚命运,有的想到游泳的畅快,有人想到血吸虫的恐怖……顺延引导,这样的作文有何不可呢？这不就是真性情,真作文吗？为什么必须表现它的浩荡、时空、历史、文化底蕴才算是立意高远呢？真的拔高到如许地步,还是学生作文吗？他们能很好驾驭吗？

其实课标中的要求并不高,只是“让学生易于动笔,乐于表达,应引导学生关注现实,热爱生活,积极向上,表达真情实感”,能够做到“根据表达的需要,借助语感和语文常识,修改自己的作文,做到文从字顺。能与他人交流写作心得,互相评改作文,以分享感受,沟通见解”,仅此而已。

综上所述,如果教师依然不能拱手让出支配地位,总是越俎代庖成为情意的创造者、情境的提供者、作文的写作者、唯一的阅读者、标准的制定者,那么初中作文教学只能在痛苦的冬天里煎熬。如果我们能调整方向,坚持不懈地沿着写作和作文教学的本质和规律的方向探索前进,把“搜集素材、构思立意、列纲起草、修改加工等环节”完全交给学生,一心做好教师的本职工作,那么初中作文教学必然是春色满园!

（谭志刚）

关于课堂例题剖析教学的几点思考

例题教学是课堂教学中的一个关键步骤,如何讲解例题可以说在教学中十分重要。例题不是简单地把解题步骤讲给学生,让学生知道答案就行了。我们说对学生要因材施教,那么对课本例题要因题施教。课本中的例题都是很典型的,是经过筛选的,具有一定的代表性。特别在我们中学数学中,例题教学占有相当重要的地位,搞好例题教学,特别是搞好课本例题的剖析教学,不仅能加深概念、法则、定理等基础知识的理解和掌握,更重要的是在开发学生智力,培养和提高学生解决问题的能力等方面,能发挥其独特的功效。所以平时在进行课本例题教学时要进行认真的剖析,例题的剖析主要从三个方面进行。

一、横、纵向剖析

也就是说分析这个例题时从已知到结论涉及到哪些知识点;例题中哪些是重点、难点和疑点;例题所用的数学方法和数学思想是什么?甚至哪一步是解题关键?哪一步是学生容易犯错误的?事先都要考虑周全。例如,义务教育阶段七年级苏科版数学(下)册第67页例6,是运用乘法公式计算$(x+y+4)(x+y-4)$,当然这里的乘法公式指的是平方差公式和完全平方公式。此例看上去难度不大,但对于刚学习了这两个公式又要能正确灵活运用这两个公式的初一新生来说就是有点难度的。本例的知识点是添括号,平方差公式和完全平方公式的综合运用,也是本例的重点。难点是原式转换变形。疑点是本例是不是可用乘法公式计算;本例所用的数学方法是整体转换的思想方法。其关键是使之变形以符合公式的结构特征。即:原式$=[(x+y)+4][(x+y)-4]$然后运用平方差公式及完全平方公式进行计算。这里要能看出把$(x+y)$看作一个整体。讲解此例时,注意强调此例转化变形。如果我们把此例看得很简单,讲解时轻描淡写,学生只能知其然,而不知其所然。以后,他们再遇到类似的题型,他们就很难解决此类问题。实践证明,如果教师能把课本中的例题剖析透一些,讲解的精一些,引导学生积极思考,让学生真正领悟,则必然提高学生解决问题的能力。

二、"多解"剖析

即剖析例题解法的多样性,课本上给出的例题一般只给出一种解法,而实际上许多例题经过认真研究,横向剖析,能发现了有许多解法。如果我们对课本例题的解法来一个拓究,探索其多样性,就可以重现更多的知识点,使知识点形成网络。这样,一方面起到强化知识点的作用,另一方面培养了学生的求异思维和发散思维的能力。如在学完苏科版九年级(上)第一章第一节等腰三角形的性质后出示例题:如图:已知D、E在线段BC上,AB = AC,AD = AE。

求证:BD = EC

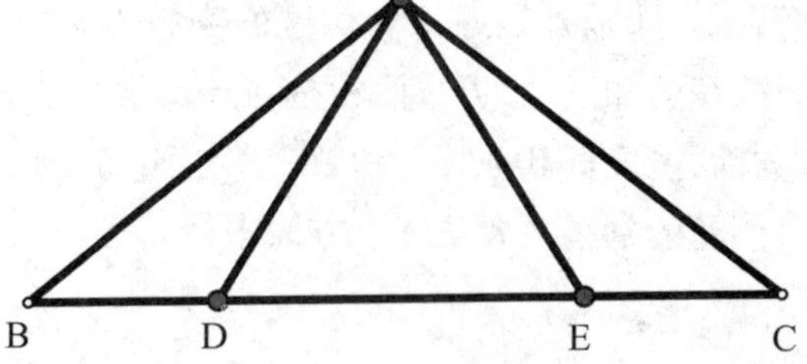

思路与解法一:从△ABC与△ADE是等腰三角形这一角度出发,利用“等腰三角形顶角平线、底边上的高、底边上的中线互相重合”,这一重要性质。即过A点作底边上的高以及等式性质,便可征得BD=EC。

思路与解法二:从证线段相等常用方法入手即三角形全等这一角度出发,证△ABD≌△ACE或证△ABE≌△ACD,而证两对三角形全等这里又可以用AAS、ASA、SAS从而可用多种方法证得BD=EC。而且又回忆证三角形全等的几种方法,可谓一举多得。

思路与解法三:从等腰三角形的轴对称性这一性质角度出发,于是运用叠合法也可证得BD=EC。

课堂上剖析例题的多解性,还可以集中学生的学习注意力,培养学生“目不旁骛”的良好习惯。

三、“变题”剖析

即改变原来例题的某些条件或结论,使之成为一个新的例题。这样的新例题是由原来例题改编而来的。称之为“变题”。改编命题是一项十分严谨、细致而周密的工作。要反复推敲,字斟句酌。因此,教师如要对课本例题进行改编,必须在备课上狠下功夫。例如义务教育阶段苏科版八年级(下)第107页有这样一道题:

证明:相似三角形对应边上的高的比等于相似比。

讲完此题,我们可以改编一下。即:相似三角形对应边上中线(对应角平分线)的比等于相似比。

证明:相似三角形对应边上中线(对应角平分线)的比等于相似比。

然后由学生思考如何证明。关于一题多变的教学,在我们的教学过程中,如果有意识的去分析和研究是举不胜举,美不胜收的。我想拿到一个例题如果能够深入地去观察、分析、解决与反思,那么必能以一当十,以少胜多的效果并且还增大课堂的容量,这样就培养了学生各个方面的技能,特别是自主探索,创新思维的能力,也就无需茫茫的题海,唯恐学生不学了。当然在“变题”时,还应注意以下几点:1,要围绕重点、难点展开,防止脱离中心,主次不辨。2,要变化有解,防止枯蔓过多,画蛇添足。3,要因教材而异,要根据不同程度的学生有不同的“变题”,防止任意拔高,乱加扩充。

例题教学是数学教学中重要组成部分和环节。通过例题教学,让学生学会运用所学数学知识去解答数学问题,从而达到巩固所学知识之目的。同时,例题教学也是学生学习数学的一个重要途径,它直接影响到学生数学解题能力和数学思维能力的培养。在例题教学中要充分发挥学生参与的主动性、积极性,在课堂上要给学生充分的思维活动空间,尽可能多的靠学生自己发现解题思路和动手解答。例题讲解不在于老师讲了多少,更重要的是在于学生领悟了多少。例题是讲不完的,但只要我们讲解的方法得当,还是可以通过有限例题的本质剖析、讲解,让学生真正领悟解决无限数学问题的数学奥妙。因此,探讨数学例题教学很有意义

(毕先江)

重视早读　培养语感

一日之计在于晨。早晨是人一天中记忆力最强的时候,人的大脑处于十分清醒的状态,思维也十分敏捷,思路特别清晰。这时,人的接受能力和理解能力较强。所以对学生来说,早晨读书是一件很有必要的事。但是我们的早读课依然是让学生多次、反复机械地朗读课文,却没有进行必要的指导,学生读书流于形式,单调的读法,乏味的内容,学生早就厌倦,没有自己的独特感悟,无法读出自己的情感,只能装模作样,有口无心,毫无效果。

在教学实践中我发现学生早读有这样一些问题:

1. 早读犹如和尚念经

学生在朗读时声音小而速度快,仿佛寺庙中的和尚诵经的声音。朗读中学生全无感情,有口无心。课文读完之后没有感悟,没有收获。

2. 早读犹如机器工作

学生在朗读时全是照章读句照字读音,声音单调,毫无生机和活力,犹如一架机器在做着重复的工作,既累效率又低下。

3. 早读犹如鸭子嘈塘

学生在朗读时各自为阵,各种语速、各种语调甚至还有怪叫都混杂在一起,就像鸭子嘈塘一样乱七八糟。这样的早读没有任何意义。

面对这样一些问题,我认为充分利用早读至少应做到以下几点:

1. 加强朗读方法的指导

学生中,能声情并茂、抑扬顿挫朗读的学生为数不多,而大多数学生怕开口,怕读错,怕老师批评。因此学生不愿读、不敢读。即使读了也是应付老师草草了事,读的毫无感情毫无节奏。教师应加强学生朗读方法的指导,以提高朗读水平和效率。在指导朗读时,语气的轻重,语调的高低,语速的快慢,加上情感的起伏

跌宕,形成了或铿锵有力,或婉转缠绵,抑扬顿挫的音乐之美。它最大限度的调动了学生的听觉,拨动他们的心弦,使其产生强烈的共鸣,获得极美的艺术享受,并由此而逐渐提高了学生的审美情趣。

早读时要求学生激情朗读。通过指导、帮助,大部分学生朗读文章的积极性会大大提高,早读时书声朗朗。

2. 增加朗读形式,提高兴趣

以前的早读,都是让学生齐读,自读。这些传统的朗读方式,学生读来读去已经乏味失去兴趣同时也不能够彻底地表达学生读书的情感。特别是齐读时有些学生随声附和或者滥竽充数根本不读。这些固定的形式,约束了学生朗读的自由,情感的表达,阻碍了学生个性的发展。从学生自身发展的角度来考虑,我们应该向学生提倡和推荐更多的朗读形式,以供学生自由选择。除齐读、自读外,还可以用分组读、配乐读、分角色读、表演读、诵读、比赛读、探究性地读等。每一种读法,都会具有一定的阅读效果。

配乐读可以使学生身临其境充分感受美文。在教授朱自清的《春》时,我配了一段优美的音乐,学生在朗读时十分专注十分用心,仿佛身临其境,充分感受到了春天的生机与活力,感受到了春天的美丽,学生读的十分有感情十分投入,效果很好。在《安塞腰鼓》一课的教学中,我充分发挥朗读的作用,指导学生分组朗读。我把学生分成两组,一组读一句,另一组接着读下句,这样一组接一组,一句紧接着一句,一句急过一句,学生读出了气势读出了节奏读出了情感,感受到西北汉子的豪迈、雄壮。学生读完之后大汗淋漓感到痛快之极。效果非常理想。学生在朗读中体味到了语言的魅力,领会了文章的写作意图和艺术特色。在教学《皇帝的新装》时,我指导学生分角色读,读出了皇帝和大臣的虚伪和愚昧。学生感受到了社会的黑暗腐朽。在教学《黄河颂》时,我让学生比赛读,看谁读的有感情、有激情,看谁能读出中华民族的伟大坚强、读出对祖国的热爱。结果学生朗读时憋着一股劲,暗自较量,读的是热情澎湃、激情四射,读出了对祖国的热爱,读出了中华民族的伟大精神。

3. 让早读课歌声飞扬

我还经常通过歌唱的形式让学生唱课文。我发现现在的学生爱唱歌,无论歌唱有多少,他们都能记住。然而要他们读课文背课文就很难。于是我就让他们像唱歌一样唱课文。例如教授苏轼的《明月几时有》时,著名歌星王菲唱过,我就让学生来唱,短短几分钟全体学生就都会背,这简直是个奇迹。于是我在教授一些课文时想办法让学生来唱,比如曹操的《短歌行》,《木兰诗》等。通过唱大大激发学生的兴趣,不仅让学生牢牢记住了这些诗文,而且爱上了文学。

4. 补充内容,拓展视野

课文上有限的几篇文章,学生早已读得滚瓜烂熟,倒背如流。天天读这些东西,学生对读书的兴趣也逐渐地衰减。在读熟课文的基础上,我在早读课上让学生读一些课外读物。比如说:古诗、词、曲,优美散文、名著片段、格言警句。古诗、词、曲的补充进一步加强了学生对祖国文化的热爱以及自我的理解感悟能力,对以后考试中的课外古诗文理解起到较大的帮助。优美散文的补充更是陶冶了学生的情操、增强语言的感悟能力。格言警句的补充非常重要。在教学中我分块补充。比如勤奋学习的格言警句、珍惜时光的格言警句、激励人生的格言警句、战胜挫折的格言警句、正直做人的格言警句等等。这些既能激励学生好好学习又能成为写作的素材一举两得。这样既开拓了学生的视野,丰富了知识,启发了学生的智慧,增加了学生学习语文的兴趣。

总之,早读是培养学生语言感悟能力的一个行之有效的方法,“熟读唐诗三百首,不会做诗也会吟”简单的语言道出了学习语文的真谛。要根据课文的内容安排早读形式,我们教师应当做好指导和安排。要打破早读的陈规陋习,起到以“学生的发展为本”的实质作用,不能流于形式。因此我们必须要加强对学生的早读指导与训练,让我们真正重视早读,提高朗读水平,充分利用好早读课。只有这样我们才能进一步提高学生学习语文的兴趣,培养学生良好的语感,从而提高学生的语文素养。

(李联东)

第三部分 03

幸福在生命的拔节声中

第八章

学做真人

佛家说：一叶一菩提。

农人说：一花一世界。

在我们的眼里，一学生一世界。

正如苏霍姆林斯基所说：每个孩子都是一个完全特殊的、独一无二的世界。他们有着鲜明的个性，自我的空间，倔强的自尊。作为教师应关爱、尊重、理解每一个孩子。关爱他们的成长、尊重他们的人格、理解他们的心灵，让每一个孩子都享受到老师的爱，在温馨、快乐、感动的氛围中健康成长。

本章节每一位老师，每一件事例，无一不是爱的诠释，他们就像阳光一样照亮了孩子们心中每一寸土地。“爱满天下”是行知人毕生的追求。

班上有个女生

班上有个女生，长得高高瘦瘦，亭亭玉立的，经过开学以来的观察，我发现我不喜欢她。首先，我就看不惯她留那么长的刘海，总是遮住眼睛，每次低头写作业的时候，长长的刘海，几乎遮住了大半个脸。其次，她数学成绩较差，因为几次测试中，她一次都没有考及格过。再者，我发现她特别爱跟班上的男生打打闹闹，尤其在课间，我坐在办公室，都能听见她大喊大叫的声音。我一直都不喜欢这样的女生。

有一次课间，她哭着跑到办公室来找我，说：“老师，杨杰骂我，而且骂得很难听，呜呜……”，竟然还一边讲一边伤心地哭。我不动声色，听她哭诉完，然后声色俱厉地说：“为什么他张三不欺负，李四不欺负，就欺负你呢？你就没有反省过你自己吗？你要是平时不跟他嘻嘻哈哈，打打闹闹的，他敢负你吗？女孩子首先要自重自爱，男生才会去尊重你。不要把责任推给别人，回去想想你自己有没有问题，然后我们再谈。”她大概是没有想到，我竟然不问青红皂白地就把她批评一通，说出那番话,用那种态度对她,一下子就懵住了。我也不再理她,一会儿,她大概觉得委屈又不服气,哭得更凶了,对我说:“老师,我没有跟杨杰打打闹闹,是他一下课,就喜欢到我座位旁,还会拽我的头发,不信,你去问班上别的同学,呜呜……”我感到自己的权威受到了挑战,火气蹭地就上来了,大声地对她说:“回教室去,我还是刚才的话,自己好好想想,先自我反省。”然后就看到她红着眼睛跑回教室了。之后,就这件事,我没有找过她,她也没有来找过我,但是,我一直在观察着她的言行举止。从那以后,我发现课余时间里,她不跟男生吵吵闹闹了,更多的时候,自己趴在课桌上看书写作业,几乎看不见她像过去那样爱疯爱闹了,整个人也变得沉默了。我在想难道是我上次的话说得太重,吓到她了或者是伤到她了吗?

又过了半个月,有一次数学课,学的是用方程解决实际问题,这一贯是我们学生的难点。课堂上我给学生们布置了一道应用题,当堂做,我在下面巡视。巡视了一圈,发现只有五六个学生会,而其中就有那名女生。我当时不太相信,于是就请她给全班学生在多媒体上展示她对这题的做法,没有想到,她倒是一点也不扭捏,表现得落落大方,而且表达的时候声音响亮,有条理并且思路清晰。她边讲边画示意图,让下面不会做这题的同学豁然开朗,讲解完后获得了同学们的热烈掌声。当然,我也狠狠地表扬了她,她是一路笑着回到自己的座位的。下课后,回到办公室,我坐在座位上,沉思了很久,我承认,她今天的表现是我没有想到的,我很惊讶。脑子里一直想着她一路面带笑容回座位的情景,那时的她那样自信,是我从来没有发现过的。我突然发现其实是我一直带着有色眼镜在看她,也许她的数学并不是我想象中的糟糕。于是,在后来的学习中,课堂上只要她举手,我就给她表现的机会,若回答得好,我会毫不吝啬地给予表扬;回答得不好,我也会微笑着请她坐下,并且要她仔细地听别人是如何回答的,就这样,我发现她举手的次数越来越多,课堂上明显变自信了。在随后的检测中,她再也没有不及格了,而且考试分数在不断地上升。我对她表扬的次数也越来越多,批评变得越来越少。她自己也很开心,我也听不到她来跟我抱怨男生会欺负她了,人也渐渐地活泼起来,却又让人觉得不失稳重。在期中考试中,她数学竟然考了 91 分,在班级里名列前茅。知道她有进步,可是进步这么大,我还有些不太相信,于是就把她的试卷拿来从头到尾仔细看了一遍,发现试卷上几乎没有涂改,书写工整,答题详细,凭自己多年的经验可以断定,这份试卷没有任何作弊嫌疑。

期中后的一天放学时,我把她单独留了下来,和她进行了一番长谈。

师:初一上半学期已经结束了,对自己进入初中后的这一阶段的学习,有什么感受吗?

生:刚开始,不能适应,学科太多了,好像忙不过来。又是刚刚经过暑假,一下子定不下心。

师:嗯,我也觉得是这样的。但是,后来,老师发现你的学习状态越来越好了。

生:是的,因为我在学习上用心了,不再像刚开始那样贪玩,后来发现,课堂上老师讲的知识也能掌握了,就有了学习兴趣了,所以就感觉自己在不断进步。

师:非常好,要继续努力,老师相信在以后的学习中你还能更出彩!

师:老师今天把你留下来,是要跟你道歉的。

生:(非常吃惊,眼睛瞪得大大的)

师:还记得,有一次,你跟杨杰发生矛盾,哭着去我办公室跟我告状的那件事了吗?

生:嗯。(害羞地低下头)

师:那件事,老师要跟你道歉,是老师没有耐心,态度粗暴,判断问题太武断了。

生:(脸红红地看着老师,没有说话)

师:老师跟你说"对不起"。今天我们坐在这里,你能把你当时被我批评时的真实的心理感受说一说吗?

生:(笑笑,不肯开口)

师:没事的,今天我们可以像朋友一样说话的。(我拍拍她的头,给她一个鼓励的微笑)

生:老师,我真的可以说吗?你不能生气!

师:嗯!(我面带微笑,表情柔和地看着她)

生:老师,你也不问问我什么事,发那么大火,还批评我,我觉得很委屈,我在小学的时候,老师们不像你这样,他们都是非常和蔼的,所以,我心里很难受。而且,你又说我疯疯傻傻,喜欢和男生打打闹闹的,好像就是骂我不自重自爱。那次,我觉得我没有错,就是杨杰惹我的,被你冤枉,我受不了。因为没有被人这样骂过,一时不能接受。那次过后,我就有点怕你,也不敢跟男生多来往了。慢慢地,我就能静下心来,下课也不闹了,上课也逐渐能注意力集中了。

师:老师确实是喜欢文静的女生,也喜欢那种开朗活泼,但是又不会让人觉得太过张扬的女生。这可能是老师自己的性格的原因。所以,那次给你带来了一些伤害,老师后来也意识到了,觉得很不应该,也很惭愧,今天我向你道歉,希望你能原谅老师,也希望你以后能继续努力学习,将来考上自己理想的高中,实现自己的美好理想。

生:(觉得很不好意思)老师,其实,我虽然一开始不能接受,也埋怨过你,但是,我后来也觉得你批评地也很有道理。我以前也确实跟男生走得近,现在我已经开始注意了,而且现在学习也越来越有信心了,我也要感谢老师,其实,现在我也非常喜欢上老师您的课,你总是能给我向大家展示的机会,给了我学习数学的信心。今天,我向您保证,我会更加努力的,我的目标是,期末争取进入全班前5名。

师:有志气!加油!

这次谈心很圆满地结束了,我们两个人都觉得一身轻松,我真的是感到如释重负。我总算是解开了纠结在自己心中这么多天的一个疙瘩。

每一个老师都要有爱心,要能用自己的智慧正确地审视一下我们眼中的学生。我作为一个老师,单凭自己的感觉去看待一个学生,对学生是不公平,也是不负责任的。庆幸的是,我没有执迷不悟而一直错下去。我非常感谢这个女生,她给我上了一堂受益终生的课。

(滕宏莲)

沉默的交流

拜周星驰的《大话西游》所赐,我一直有一个绰号——唐僧。得了这个绰号后,我不以为耻,反以为荣,还为此写了一篇文章聊以自娱。文章中我大声疾呼,要学习唐僧式精神:理想与执着,淡定与等待,唠叨与倔强,相守与相知,放手与欣赏。

这个绰号是一个姓张的同事强加在我头上,并代为免费宣传。于是乎,现在已经广为人知了。他为什么要给我起这样一个绰号呢?

那时我的班级中有一个欧同学比较冲动,颇为顽皮。与他交流时,我曾问他:"你的自制力到底能控制多长时间?"他认真思索后,一本正经地说:"5秒钟。"本来安静的办公室哄堂大笑。我压制着自己的笑意说:"好好,以后有什么事情的时候,你能不能控制一下自己,多忍一会?""好。""你确定?""确定。""做不到,我和你急。"我笑着拍了拍他的肩膀。

几天后,在楼梯上,我看到他表情僵硬,急匆匆地奔向四楼。我拦住了他,问他怎么回事。他告诉我上课时拿手机看时间,被老师没收了,现在正准备去要回来。"你去要可以,但是要先承认错误并做出保证。另外请你一定要控制自己的情绪,注意表情和语气!"我叮嘱道,"别忘了你的承诺。""知道了。"我放过他,往自己的办公室去了。

刚进办公室没多久,电话铃响了。"你快来,你班娃子发飙了!""啊,我马上来!"心里那个窝火呀,前几天才做的承诺,事前特意叮嘱,这才几分钟呀!可是被领回的他没有丝毫的愧疚:攥得发白的手指,起伏的胸膛,涨红的脸,圆睁的双眼。一脸不服气的样子,怎么看都像一个火药桶。没有办法,现在说什么他也听不进去,只好强压住心头的怒火,与他对视着。随着时间的流逝,他的眼慢慢变小了,开始躲闪了,最终垂下了头。该我出场了。

我开始回顾他的表现,哪些对,哪些错,哪些方面在进步,哪些方面原地踏步,这件事应该怎么处理,结果会怎样,而他是怎么处理的,结果又怎么样,他错在什么地方,应该怎么做,父母、教师的期望……推心置腹,喋喋不休,条分缕析,旁征博引。办公室里的人越来越少,最后只剩下我们两人和我的声音。

谈话在他一个大呵欠中结束。不知什么时候回来的张老师突然笑着冒出一句话:"你知道你说了多长时间?干了这么多年班主任,我以为我很能韶。没想到,你比我还能韶!你真是一个唐僧!"我讶然了"那我能怎么做呢?"

于是,我就成了那个令妖魔上吊自刎的唠叨唐僧了。

欧同学跟我学了两年,我也唠叨了两年。也不知他的耳朵磨出了怎样的老茧,也不知他究竟听进去了多少,产生了多少耐药性。反正,他的错误越来越少,还入了团,当上了班级的纪律委员,最终考取了高中。他走的时候说他最佩服两个老师,一个是姜老师,一个就是我。我属于以德服人。这孩子还是挺会夸人的,听得我喜滋滋的。遗憾的是他高中没读完,是什么原因就不得而知了。

如果还是因为冲动,那么我的唠叨可能真的没能解决问题。

唠叨之外,有没有其他有效的教育方法呢?唠叨之外,是否还应辅之以其他的教育方式?

现在的班级有一个滕同学,他的性格和曾经的欧同学颇为相似,只不过成绩略微次一点,性格略微柔和一点。初一时,他没少让我烦心,免不了勾起我唠叨的欲望。因为几滴墨水,他与好朋友发生了推搡;因为作业,他与教师产生了争执;自习课时,他总喜欢搞怪制造点"欢乐"……

这不,他的纪律又出问题了。班长气呼呼地过来反应:"滕某某实在管不好,讲他他也不听。叫他别讲话,他非要讲话。批评他,还恐吓班干部。"看着她红红的眼圈,我都能想象当时的场景:安静的教师,大家奋笔疾书。这时,耐不住寂寞的滕同学,突然抬起头环顾四周,然后迅速低下头,躲在桌子下面发出怪声。同学们先是一惊,然后哄堂大笑。他却一脸茫然的样子。于是教室开始叽叽喳喳议论起来……

"没事,小事一桩。你没觉得他现在比以前好多了吗?坏习惯改起来很难的。这件事交给我了,你去把他喊过来。"看着班长远去的背影,我靠在椅背上思索起来,怎么办?继续唠叨,重复过去的话?

他来了,低着头站在旁边,明显是“任尔东南西北风,我自岿然不动”的挨批模样。“坐”,我低下了头。“怎么回事?”“具体点。”“为什么这样做?”“错在哪了?”“有什么后果?”“进办公室也是事情的后果。”“你准备怎么做?”“好,就这样,你去吧。”

“结束了?”

“结束了。”

看着他讶异的表情,我心里偷笑不已。

10 分钟,47 个字,我处理完了。处理的结果和我原先期望的差不多,他承担的责任不仅没少反而更多。好,以后就这样做,有什么问题,让他自己处理。是什么,为什么,怎么做,我负责引导思路,他负责思考解决。

现在的滕同学和初一时已是大不一样了。课间你看不到满教学楼飞奔的声影,他更多地是在教室和办公室为学习而忙碌;他的身边的伙伴不再是那些消沉的同学,而是极具上进心的同学;课堂上他不再是躲在桌下搞怪的学生,而是班级的无冕之王,班干部的得力助手。虽然他的成绩依然不尽如人意,但你可以明显感受到那每次作业背后的进步。

看来不唠叨也能解决问题!

教育是慢的艺术,成长是一个不断犯错改正螺旋上升的过程。请不要违心地不给孩子犯错的空间,更不要剥夺孩子改正错误的机会。不要总是条分缕析,细致入微,不要总是越俎代庖,事必躬亲。把回顾事件的过程交给孩子,他会逐渐掌握客观公正叙事完整有条理;把分析事件的过程交给孩子,他会逐渐学会辩证地看待问题不再人云亦云或一味怀疑死钻牛角尖;把解决问题的过程交给孩子,他会逐渐懂得考虑得失承担责任选择道路。

唠叨是一种交流,它侧重于示范;沉默是一种交流,它侧重于实践。两者结合,我们才能伴着孩子走过这一段搀扶、牵手、放手、挥手的成长之路。

我现在还是一个“唐僧”,但我已不再那样唠叨,因为我曾经唠叨过。

(谭志刚)

特别的座位给特别的你

1.“道听途说”

“W 老师,你们班的炎同学平时考试最喜欢作弊了,老是喜欢看依然同学的答案。”数学老师来到我面前向我诉说,“是啊,他考语文的时候也是这样!”语文老师也如此对我说,一下,班级里的任课老师都在办公室里向我诉说着,真是这样的吗?作为班主任,我得一探究竟!

2.“微服私访”

通过对班级学生的活动观察发现,炎同学与依然同学平时很要好,而依然同学平时又很优秀,“机缘巧合”,炎同学又坐在依然同学的后面,难怪老师们如此向我诉说,得想一个办法解决这个问题。

3.“团队协作”

了解了情况后,我和班级里的任课老师“统一了思想”:平时班级里的小测验和考试都让炎同学坐在依然同学的后面,这样,前面试卷的答案,炎同学就看得一清二楚了,考试结果正好合了炎同学的心意,他考得并不差。作为班主任的我,就暂时“睁一只眼闭一只眼”,默不作声,在班会课上郑重地表扬了炎同学的进步。

在看到炎同学既高兴又要强的表情时,我知道了:这是一个有着强烈自尊的孩子,从平时可以看出,他是一个不想让别人瞧不起、但又苦于学习无策的学生,他有着一颗自立的心。

得到这样的表扬,同学们开始对他惊叹起来,都以为他有一颗超常的脑袋,不少同学在周记本中都流露出对炎同学的羡慕之情,而对炎同学的座位问题却很少有人发现。我就这样和几位任课教师“协同作战”着。

4.“上级指令”

“期中检测就要到了,这次是全年级的座位重新安排,怎样让炎同学再次坐在依然同学的后面呢?”这个问题在我的脑海里思索了很久,这次不是平时的小测验,不想平常可以在班级里调配,而且这次的测试成绩对于学生的阶段学习有一定的参考价值,座位的“安排”还是要继续的,原来班级科任老师的“统一思想”不能改变,原来的初衷不能改变,我得寻求“上级的帮助”。

我将炎同学的“座位问题”向学校的教务处进行了汇报,“上级领导”很支持我们的这次行动,认为这个座位不一般,有着非同寻常的教育意义,就这样,座位问题顺利解决,炎同学被安排在依然同学的后面。

时间宛若跳跃的精灵，期中测试如期而至，面对这样的座位，炎同学会怎么样？我在考试期间，巡回考场的时候，看见的是炎同学惊讶的表情，那个座位并不是很容易就得到的，要靠机会和巧合才会得到的，不知道炎同学的心里是怎样想的，在测试过程中他又会怎么做？

成绩出来了，炎同学考得不错，但是纸是包不住火的，同学们逐渐知道了事情的原委，开始对他表现出鄙视和不屑，背地里，有空就讥讽他，一个座位就可以考出较好的成绩，原来每次考试都得到了“一个特别的座位”。

5.“负荆请罪”

一天，我正在办公室里，炎同学来到了我的身边，我知道他是为座位的事情来找我的，还未等他说什么，我先开口了：“我知道你是来找我的，从你成绩突然上升的那一次开始，我就觉得其中有些蹊跷，后来，我知道了事情的真相后，那时候，我有批评你的冲动，但我最终没有去找你。因为，我清楚，你的生命的底色是要强，所以，每一次考试都安排那样的座位，我想总有一天，你的自尊会把自己激怒，让虚荣的你沉没，而让要强的你浮现出来，或许那一天，正是你进步成长的那一天。”

“那么现在，你来找我，就该是那个要强的你来找我的时刻，我一直认为你是出色的，在加上你的要强，你最终会成为最棒的……”我轻拍着他的肩膀说。

此时的炎同学，已是泪流满面，过了一会，含着将要滴落的眼泪对我说：“老师，我知道我错了，我本不想……但是，那个座位让我在考试中迷失了方向，现在，我知道该怎样做了……”

一段时间以后，炎同学的父亲打来了一个电话，说炎同学放学回家以后好像变了一个人似的，放在学习上的时间多了，喜欢看书思考了。

6.“作为之道”

我为炎同学感到高兴，作为老师，我以为，在学生的人生走上岔路的时候，应远远地站成一棵树，在地下用爱的根须与学生的心灵悄悄相握，在地上用善意的树枝静静包容，给学生春风化雨般的抚慰和引领，这是为师之道。

特别的座位给特别的你，相信炎同学通过这个“特别的座位”会走出一条属于自己的“作为之道”。

（张华）

积跬步以致千里

“你认为自己是成功的吗？”

“不成功。”

“为什么呢?”

“我考试老是考不好,拼命学也没有进步,成绩还是那样！爸爸妈妈总是说我……”

“你认为自己能成功吗?”

“不知道。”

看着他略微发红的眼睛,我的心里一声长叹。

他,六组组长,个头不高,大眼睛,圆脑袋,挺活泼的一个男孩。他听老师的话,做人也罢,学习也好,他始终努力践行着老师的教导;他渴求荣誉,每一点加分,每一次夸奖,他的眼睛总是那样的闪亮;他善待同学,笑言以对,来者不拒,他从未与人争执乐于答疑解惑;他积极勤奋,无数次举起的手,无数晚的灯下苦读,他从未轻言放弃……

他也有缺点,比如缺乏自制力,缺乏韧劲,缺乏精益求精的精神,缺乏主动学习的态度……

谁说有缺点就不是好孩子?谁说成绩不好就不是好学生?谁说考不上重点高中就不能算作成功?在我看来,他就是一个成功的好孩子!

然而,他认为自己不是。

他不是一个个例,他融入学生的群体中成为茫茫的一片。作文中,他们总是在诉说着自己的“失败”悔恨;课堂上,他们总是嗫嚅着嘴唇嘟囔着自己的思索;交流时,他们总是垂下头,用耷拉的眼皮遮盖本应神采飞扬的眼眸,用茫然苍白替代丰腴红润……

是中庸之道,还是颇为浮躁的功利性教育?我无从知晓。但我知道,面对这群孩子,我必须有所行动。我要让他们知道什么是成功,怎样才能获得成功,如何去享受成功。我要让干瘪低垂的花朵再次擎着露水向着太阳大笑。

班会课,主题:积跬步以致千里。

话题一:什么是成功?

话题抛出的时候,班级里陷入沉寂。这确乎超出了我的预料:这么多年的教育,我们的孩子不知道什么叫成功;或者说我们的孩子从未思考过什么叫成功。我提醒孩子们可以通过举例阐述一下自己对成功的理解。简单的酝酿之后,孩子们七嘴八舌地说开了:做出一番大事业,推动历史的进步,造福他人,建功立业,杀敌报国……

好大的口气,好远的距离,好艰难的抉择！难怪我们无法成功,如此丰功伟绩,离我们的生活太遥远。我们得从身边做起,得从小事做起,积跬步才能致千里呀。

话题二:什么是学生的成功?

“考重点高中!”这是攥紧的拳头。“考出好成绩,超过其他人!”伴着得意的一笑。“得各种奖状,拿到手软。”扬起的眉毛,略显调侃的味道。

我注意到发言的基本是成绩不错的孩子,而那些剩下的学生要么王顾左右而言他,要么如泥塑佛像不苟言笑,要么俯首玩笔随意涂抹。他们没说,但他们的观点却是那样的明显:我赞成他们的观点,但我是一个失败者,我没有资格说。如果我说的话,那是自取其辱!

他们用乏味的举动对抗着自尊的煎熬,越是漠然,越是在意;越是在意,其表现越是漠然!

“可是,我们不能每天都考试,每天发奖状,也不能明天就去考重点高中,那我们岂不是离成功很遥远?我现在极度缺少自信,我渴望成功,渴望每天都成功。如果每天都能成功,那该多好,那样我就能每天去炫耀一下,想想我都觉得美!”我摆出了一个振臂高呼的造型,挑了几下眉毛,并露出一脸灿烂。学生都笑作了一团,靠在一起的,趴在同座肩上的,伏在桌上浑身颤抖的,什么样的造型都有,真是不亦乐乎。

“对了,你们记得班级的口号吗?”“不抛弃,不放弃,学做人,拼素质!”“那除了成绩上的成功,就没有别的了?”我故作疑惑地挠着头。

一石激起千层浪,同学们开始热烈讨论。最终在七嘴八舌中,完成了对“成功”内涵与外延的界定。

做人可以成功,学习可以成功,成功的有很多种。你有你的成功,我有我的成功,成功的标准不尽相同。将来可以成功,现在也可以成功,成功有大有小,突破昨天的自己,无限趋向明天的自己,这也是成功。

看着孩子们兴奋的表情,感受洋溢在教室每个角落的快乐,我满足地笑了。

话题三:我们怎样才能成功呢?

“我们可以变大成功为小成功,变大目标为小目标,这样我们就可以每天都能实现自己的目标,每天都能享受成功的快乐。”

“例如呢?”

“例如定个每天目标,上课举多少次手,每节课回答几个问题。如果做到了,今天就是成功的。”

“这是依据班级量化考核制度制定的目标,很容易做到,也可以催逼自己不断进步。还有呢?”

“还可以制定学习目标,例如每次作业对多少题,每天问几个问题,每次考试进步多少分。”

“也可以规定自己每天帮几个人,做几件好事。”

“也可以定个目标,每天问几声好,获得几次表扬。”

……

话题四:发现成功人

“依据我们的标准,我们来找找,看看我们班哪些学生是成功的!”

“罗某某是成功的,她管理班级的能力越来越强。老师不在,我们就听她的!”说着吐了一下舌头,装出恐惧的模样。这下迎来了班级一片共鸣之声。

“厉害,班级 CEO 呀!”

“张某某是成功的,他成绩贼好,什么都会。”

“六组组长最牛,他上课经常举手回答问题。”

“王某某是成功的,老师经常夸她学习有进步,背诵默写已不是问题了。”

“曹某某劳动很积极,班级的星牌就靠他了。”一片掌声。

……

此时已没有我插话的份了,我只是笑盈盈地听着,听他们越挖越深,越挖越细的夸奖。说句心里话,看着那一张张羞红的兴奋的笑脸,我愿意一直沉默下去!

他们一直被灌输着竞争意识,从一年级语文课本中小黑兔、小白兔的故事开始。与高手比,与超过自己的人相比,在激发斗志的同时,他们也承担着过多的压力,经常充当失败者的角色。笑着拥抱失败,坦诚地承认不足,需要多大的胸怀,需要怎样的勇气?成人尚且难以应付,何况这些心智尚未成熟的孩子?眼中只有成绩,耳边只有“加油”,心中只有不足,以致他们自己原来也是这样的出色!

“现在大家明白了吧?在别人眼中,我们每个人都有成功之处,都有别人羡慕的地方。成功离我们并不遥远,就在身边,就在脚下,就在今天。变大目标为小目标,变大成功为小成功,让我们每天都做一个成功人。记住:我们什么都能丢,但自信不能丢!”

“班级的作业记录本,我附加一栏:今日成功。请大家每天反思一下自己的行为,记录自己做的最漂亮的一件事,夸夸自己!”

课在孩子们的掌声中结束了。这掌声究竟是送给谁的?是对我的感激,还是对自己的喝彩?我更愿意是后者!

如今批阅孩子们作业记录本的时候,我最愿意翻看的就是那最后一栏:今日成功。寥寥数字,几句勾勒,展现的是一个个鲜活生命前行的足迹。看着这些足迹,我常常会出现幻听,我似乎听到孩子们笔尖摩擦纸面时传出的充满童真的欢笑声。

这个班级的很多孩子难免会与高中失之交臂。但我相信,人生之路,他们必将成功!

孩子,你可以忘了我给你的文化知识,但请记住:你是成功的人!

(谭志刚)

一声“阿东”,一生情

亲其师,信其道,乐其学。这是每一位老师梦寐以求的至高境界。为此,我不断努力着、奋斗着、追寻着。我一度以一个博学的严师出现在学生的面前。课堂上我慷慨激昂,侃侃而谈;课后我精心辅导,耐心教育;面对问题学生我动之以情,晓之以理。然而,事与愿违,我和学生之间总有一睹看不见的墙,无法走进彼此的世界。

我感到困惑、迷惘。就在我百思不得其解时,一声“阿东”却推翻了那堵墙,让爱的阳光照进了我和学生的内心世界,铸就了我和学生一生的情缘!

那是一个春日的清晨,东方的天空还朦胧着一团月色,我就像往常一样早早的来到学校。拿上课本我就径直向班级走去。教室里传来了阵阵喧闹声,乱哄哄的。我有些生气,大清早不读书,竟然喧闹。我心想本来这群学生就和我闹心,正好借此机会整顿一下班级纪律,教训带头吵闹的学生。于是我加快了脚步,刚到教室后门就听见有人大叫一声“阿东”来了。我不由得火冒三丈,立刻冲进了教室,大声质问道:“谁,刚才是谁喊的,站起来!”教室里一下子鸦雀无声,静的可怕,空气也仿佛凝固了一样让人窒息。我冷眼向教室扫去,坐在边角的调皮男生显得异常紧张。他低着头,不敢看我,脸上青一阵白一阵,身体瑟缩的抖动着。其他学生拿出课本装模作样的看着书,眼睛却偷偷的看着我。我推测肯定是他,他是班上最调皮的学生,平时不好好学习,还经常犯错,带头违反纪律。为此,我没少找他谈话,但不见成效。在我面前他总是诺诺点头,千般好,百般是,虚心认错接受批评。可一走出办公室,他就把我的话抛到九霄云外置之不理。好,今天我就好好教训你,我心想。

于是我再次向教室扫视了一遍,然后把目光紧紧的落在他的身上,大声说道:“我再问一遍,是谁喊的赶紧承认,要是被我查出来吃不了兜着走。”同学们都偷偷的看着他。他似乎也知道这次祸闯大了,竟然给老师取外号,还公然喊了出来。但他好像还没有承认的意思。我故意向他跟前走了几步。这时,我分明看见他脸红红的,额头直冒虚汗,身体抖动厉害,似乎他的心跳声我也听得到。突然之间,我觉得他很可怜。我的脑海里出现了断断续续的他的身影：一大清早，他气喘嘘嘘、满头大汗，哦，原来他刚扫完保洁区；中午的时候，他身上湿了，哦，原来他刚换了饮水桶；晚上，他满手油污，哦，原来他刚帮同学安上自行车链条。他冲着我笑，他向我问好，他帮我搬椅子。其实他也并非一无是处，他爱劳动、爱帮助人、对老师有礼貌，他也是一个讨人喜爱的孩子。

我突然不安起来，我是不是对他太严厉了？我是不是只关注他的缺点而忽略了他的优点？我是不是对他关爱不够？我扪心自问。对，是我不对！我平时只关注学习，没关注到孩子其他方面。我应该客观综合的评价孩子，让他们快乐的学习，快乐的生活，快乐的成长。我应该亲近他们、理解他们、爱他们。我决定从现在开始改变自己的严师形象，走近他们，走进他们的心灵，和他们做朋友。

于是我和颜悦色的对他说："张超，刚才是你喊的吗？"他站了起来，点点头。我轻轻拍了拍他的肩膀让他坐下。我走上讲台对全班同学说："同学们，一直以来我都认为大家对我敬而远之，不愿和我交心。但我错了。"大家都很诧异的看着我，一脸茫然，不知道我葫芦里卖什么药。我接着说道："今天我很高兴。因为刚才张超同学一声'阿东喊醒了我，这说明在他的心里我就是朋友，所以他才这么亲切的称呼我。""张超，站起来。"我边说边向他走去。他似乎还心有余悸，怔怔的站着。我上前握住他的手，拍着他的肩膀说到："怕什么，我是要表扬你。你能这么亲热的称呼我，表明你对我的喜爱、信任，把老师当成了朋友。我非常高兴有你这样一个朋友，我也希望所有的同学都向他学习，和我做朋友。"这时，教室里响起了热烈的掌声。同学们高呼着："阿东万岁，老师万岁！"张超同学也受宠若惊，向我投来了感激的目光。

这件事后，我和学生的关系悄悄地发生了变化。学生们再也不像老鼠见了猫似的躲着我。他们有意无意的会与我在走廊上、操场边擦肩而过，并且向我灿然一笑，热情的和我问好。课堂上，大家的笑声越来越多，越来越爽朗。有时他们会主动找到我诉说心事，与我分担忧愁，分享快乐。慢慢地，我成了他们知心的朋友。此后，办公室里留下了我们围坐在一起开心聊天的温馨画面；教室里回荡着我们探讨人生的热烈言辞；操场上演绎着我们争抢篮球的激烈场景。池塘边、草地上、树荫下，到处都留下了我和学生的身影。这也成了我们学校最靓丽的风景。与此同时，学生们学习的态度端正了，学习的积极性大大提高，学习氛围浓郁，自然成绩也大幅度提高，各科成绩都名列前茅。从此学生中就再也没有了李老师，只有阿东老师。并且这个称呼神奇的传递在一届又一届的学生当中。

一声"阿东"，推倒了我和学生之间那睹看不见的墙，犹如春日的暖阳照进了我和孩子们冰封的心灵，温暖着我们。我们的心相连，爱相通，铸就了我和一届又一届学生不解的情缘!

此刻,清晨的阳光穿透了薄雾照射了进来,照在同学们洋溢着灿烂微笑的脸上金灿灿的,也照射进我和孩子们的心里,暖暖的!

(李联东)

消逝的背影

小婷最近有点怪。

每次上课总会注意那个女生,一个带着浅浅的微笑听课的女生。那微笑像一缕阳光,使灰色的教室多了一抹亮丽;像一缕和风,使略显沉闷的课堂漾起层层生机。每当看到那微笑,总有一种被认同、被接纳的欣慰与幸福。心情愉悦,我的表情也丰富了许多。带着笑容,我循着文章的脉络,指点人物,品味语言,挥洒情感……因为这微笑,立足于三尺讲台,我不再寂寞。

我进入了状态,学生也受到了感染。课堂上的笑声多了,言语的交锋,思想的碰撞也多了。没有了拘谨的课堂,所收获的课堂生成,远远大于精心构思一板一眼的教学设计。这些都得感谢小婷!然而现在的快乐课堂,却没了她那特有的浅浅的微笑……

面对着那茫然的眼神,冷漠的表情,我感到心痛。询问她的奶奶,我得知她已经失眠好几天了。是什么样的原因让这个青春如花的女孩丧失了活力?她奶奶没说,我也就不得而知。

课堂上,我历数了班级学生的优异表现,装作不经意间提到了小婷。我说:“小婷同学,这两天身体不好,但是一直能坚持到校上课,而且很认真。我觉得这就很不容易,她向我们诠释了什么叫意志力!也许我们在这样的状态下听课的效果并不好,但是能来,就是一种令人欣赏的态度和令人钦佩的精神!我为有这样的学生而自豪!”同学们为小婷鼓起了掌。

然而我期待的事情并没有发生,令我更加诧异的事情却发生了……

小婷的眼圈红了,眼眶中蓄满了泪水,最终无声地流了下来……她从抽屉里拿出了零食,居然一边流着眼泪,一边吃了起来!撕碎的包装纸无声地从空中滑过,随意地落在她的座位周围……周围的学生感到诧异莫名。其实诧异的何止是他们,还有我!在班主任的课堂上,在表扬之后,流泪吃零食!一般的学生很难这样做,更不必说小婷这样能够带着笑容听课的学生!我什么也没说,用高亢的声音阻止了事情的进一步发展,将学生的注意力引回教材,但我的心中充满了疑问,究竟怎么了？

课后，我将她请进了办公室。在哭泣和沉默后，在耐心的安慰和劝导后，我得知了事情的原委：她的父母早就离异了，在她两岁的时候。相比其他的离异家庭的子女，她显的更加的寂寞。因为母亲改嫁，父亲再婚，她只能跟随着爷爷奶奶生活。她的母亲在她的生活中几乎消失，她的父亲为了新家庭几乎不再过问。虽然衣食无忧，但……在学校时，她努力忘记，快乐生活，回到家里……她抽噎着说："我如果一无是处，他们永远不会回来找我，所以我一定要成功。只有成功，他们才会回来找我！可是现在，我成绩不好，他们不来。我成绩好，他们也不来。他们只管自己……"她没说了。

不知道事情的真相，我很是茫然。得知事情真相，我更加茫然。我怎么办？以前也碰过类似的情况，劝了孩子，劝父母，情况虽有所好转，但并不能彻底解决问题。幸运的是那些孩子虽然行为上有些出格之处，但精神上从未如此消沉，如此失控。今天的问题很严重，无法改变的事实，无尽的寂寞，积郁之后难以抑制的爆发……怎么办？

三天后，班级组织活动，参观"艺莲苑"。

九月，"艺莲苑"，蓝天、红日，习习轻风。田田的莲叶挤挤挨挨，千姿百态，起伏微醉于绿海之中，怯怯地笑着，和着清风，撩拨着袭袭幽香……

同学们犹如一群久旱逢水的野鸭，咕咕嘎嘎，瞬间消失在茫茫莲湖中。只有小婷百无聊赖地垂首拨弄着那不知名的野花。"别经常低头呀，会驼背的哟。偶尔抬抬头，望望远方，深吸一口气，挺好的。你说呢？"我装作不经意间走到她的身边。

她挤出一丝笑纹。"呵呵，你看到那莲花了吗？"我指着一株菡萏。在同伴竞相斗艳，炫耀风姿的时候，它静静地顶着风干如野桃般的骨朵，犹如丑小鸭，蜷缩于喧嚣繁华的背后，羞涩地张望着外面世界，颇有几分落寞。

"它叫千瓣莲，开起来可美了！花冠犹如从地面涌出的一朵金色皇冠，层层叠叠，硕大、灿烂、奇美，仿佛来自天上，令人惊叹、折服。因为内涵太丰富，所以孕育的时间相当漫长。错过季节的它，常与孤寂为朋。如果在冷落与寂寞中放弃，美丽将成为传说。你说，它会放弃吗？"

她什么也没说，只是定定地看着……

"来，看看这水。"我轻轻推开贴在水面的华盖。荷塘的水呈现在眼前，那是一种略显浑浊的黄绿色。"知道水下有什么？""泥呗。"她的回答不假思索。"呵呵，什么样的？"摇头。我挑起水下的淤泥——一种黝黑发亮，散发着阵阵腥臭混杂着残枝败叶的淤泥！"很脏，很臭，是不是？但千瓣莲就是扎根在这样的污泥中。越是这样的泥,越能养育它令人窒息的美。生活就是这样,如果始终如同纯净的蒸馏水,那生活还有什么滋味?又能提供给我们什么丰富的营养呢?尝尽酸甜苦辣咸,方知人生真滋味呀!”

“你闻闻不?”我作势将泥往她鼻尖递去。她吓了一跳,本能地闪了一下。

“呵呵……”小婷笑了,那雪域格桑花般的笑,胜过了那漫天云霞,一池七彩莲花……

读过很多教育叙事,故事到此应该结束了,然而这件事到这里却没有结束。虽然心中充满酸楚,我却不能不说下去。

小婷的情况越来越糟糕。一次次长谈,她的父亲总是不信,一味地认为是女孩子的娇纵;她的奶奶总是唉声叹气,回忆过去;而她要么喋喋不休地抱怨,要么侧着身子趴在椅背上哭泣,直哭到脸色苍白,接近于虚脱。纵然百般呵护,千般叮咛,万般嘱咐,纵然穷尽了所能采用的教育手段,她最终还是离开了。

休学离开的那天,握着那不愿目睹却极其真实的医生诊断,我的内心一声长叹。她是在琅琅的读书声中走的。她走的时候留下了一句话“老师,我会回来的。我回来的时候还希望在你的班。”她走的时候带着笑容,只不过不是我熟悉的笑容。她是被奶奶拉走的。没有长成的香樟树,新修的宽阔的水泥路,衬着那那一老一少一般高的背影,显得那样的孤单与无助。

风来一缕幽香,风去一抹凝痕,青莲依旧,而她最终没有回来。

这是一个失败的教育故事。我记述它,因为我无法忘怀。我记述它,只是想提醒自己珍惜身边孩子的一切,不论是优点还是缺点,莫到失去的时候,遗憾满怀。我也想借此提醒所有的老师,和健康的生命相比,有些东西其实真的没有那么重要;我更想提醒一些父母,追求自己幸福的时候,不要忘了低下头,轻吻一下我们的孩子。

(李维玉)

停下来,来首歌吧

哄堂大笑声,女生的尖叫声……这就是我即将走进初一年级×班所传来的声音。

我心中一阵恼火,这才是他们进入初中的第一节英语课,怎么会发生这种情况。我快速走进教室,将课本重重地摔在了讲台上。学生们见我进来了,迅速地坐好,但是有一个男孩,他扫了我一眼后慢悠悠地坐下了,他就是军军。

在我上课铃响之前,小男孩们在一起起哄,打赌说谁敢拉下女生的裙子,就喊他“老大”。军军就做了,所以出现了前面我听到的嘈杂声。了解情况之后,我想,如果第一堂课不把他们制住,这以后的课可就不好上啦。越想越恼火,我就叫那些打赌起哄的小男孩们站起来,又对着军军大吼:“这都几年级了,还当自己是小学一年级的小朋友啊,还能打这样的赌,况且这都上课铃响了,回到座位不能快点,难道你们不知道上课前应当坐好吗?”其他的男孩都低下了头,只有军军还是那样,面无表情。为了不影响教学,我批评了几句,就上课了。

课后,我通过向班主任以及小学老师对军军有了个简单的了解:他的爸爸妈妈离婚了,他跟着爸爸,现在爸爸又坐牢了,他就跟着爷爷奶奶过。此时我的心里又涌上了同情,我课上的话会不会太重了?

但是同情心很快就被军军的嚣张打灭下去了,他在第二天的课快结束时,竟然唱起了歌,我气急败坏地冲过去,他还在一只耳朵里塞上了 MP3,我把东西收上来,罚他站着,他也是不情不愿的,还把我拽他的手给摔一边去,我头脑一阵血液上涌,这什么学生啊!

下课后,我就把他的家人——爷爷奶奶喊来了,老人都七十多岁了,估计是好不容易盼来的军军这个孙子。我看着颤巍巍的老两口,什么话也说不出来,我能怎么说呢,告诉他们老人家:你们的孙子上课时怎么怎么不守纪律,成绩也不怎么样,那老人们岂不是更加伤心?!最后,我笑着对他们说:“老人家,也没什么事,只不过喊你们来,想让你们也盯盯军军的成绩,让他考得好点,长大自己也能找份好工作。”

没多久班里进行了一次英语测验,军军的试卷上只写了选择题,而且是 A,B 交错,显然没看题目,更别提认真去写了。但是我仍然认真地批改了他的试卷,并且在他错误的地方写上错误的原因。发试卷的时候,我特地看了看军军,他拿到试卷后,抬头看了看我,不是那种面无表情的漠视!

第二天课上,我正在前面激情地讲解着 Who is he? 和 What is he? 的区别时,我又听到了军军的唱歌声。我本来是想像以前一样冲过去,但想到他昨天不再冷漠的表情,心里坦然了许多,军军啊,老师可是从学校毕业没几年啊,代沟还是不深的,你那点心思我还是应该能猜出来的。我立即将知识点引入到当红歌星周杰伦:

我问:I love singing. I love a singer . Do you know who he is? 学生们兴趣来了,猜起了可能是我喜欢的当红的明星。

我笑着说:“He is Jay 。”特地望望军军,下面我们停下来,来首歌吧!我听说军军唱歌挺好听的,大家欢迎军军同学给我们来首歌,好不好?”学生们起哄了,都喊:“军军,来一个。”军军脸红了,但还是站了起来,唱了首“千里之外”。我看着军军略带羞涩的表情,悠扬的歌声很是动听,这是我第一次听军军完整的唱一首歌,真的很好听。我带头鼓起了掌,并且说了句:“I hope you'll be a singer.”军军也许知道我说的英文的意思,他的表情更加羞涩,但是眼神中闪出一丝自信的光芒。

这之后,每周一的下午英语课上,我都会在学生们疲劳时或者上课表现特别好时,停下来,唱首歌——Stop now, Let's sing a song。在接下来的英语课上,军军也没有再自娱自乐的哼歌了。

到了阶段检测的时候了,军军的试卷,没有像以前那样空题了,并且选择题也不是轮流写着A,B了。我感到很高兴,这不就是意味着变化吗?我仍然像以前一样,在他错的题旁注上正确理解,并在试卷最后写了这么两句话:题目做得越来越好了,歌唱得也越来越棒了!

学校一学期一次的社会实践活动到了,这次是去爬山,在爬山过程中,我和军军走到了一起,我笑着问军军:“军军,你唱歌是不是有什么诀窍啊,怎么唱得那么好听?”他挠挠头,说:“还好吧,也没什么诀窍啊。老师,你英语很好,你是不是有什么诀窍啊?”话音落下,我们都笑了。这孩子跟我这样绕话说,是不是对我不那么抵触了?好兆头!

“军军,其实老师一直想给你提个建议,你嗓音这么好,干嘛不唱唱英文歌呢,英文歌挺好听的。”

“老师你饶了我吧,英语多难,哪有音乐那么好听好学啊!”

“英语和音乐第一个字不就差个g吗,就如同这山顶,只有到了山顶,才能真正享受到喜悦之情啊,只不过到达山顶的路可能有些陡而已。”

“说起来是这么回事,但英语好难的,那些单词我不认识它,它不认识我的,更别提读出来了。”

我一提到英语,劲来了。“简单!读单词交给老师我,我教你,凭你这么聪明,周杰伦的歌都能听懂,英语能不行吗?”“哈哈……”

就这样,每天中午我的办公桌旁就会多名学生,一本英语课本,从基础单词学起;一本英语练习册,从最简单的题目做起;一张写着英语歌词的纸,从感兴趣的东西学起。在圣诞节那天,班上的庆祝会上,军军先唱了首“千里之外”,在我的示意下,又唱了完整版的Jingle Bells。老师和学生们都为他的精彩鼓起了热烈的掌声。

期末考试时,军军的英语成绩明显进步了,据我的调查,他在考试中非常认真,一直在认真思考题目。我真的感到很高兴,对他的认真、执着从内心感到高兴,我与他共同分享着成功的喜悦,不仅仅是他的进步,还包括我在为人师的过程中付出后所得的回报。

毕业后的军军经常在网上跟我聊天。他在高中的新班级里是名文娱委员,他说,“老师,谢谢您！真的好希望再回到您的班上,听您说:停下来,来首歌吧!”

之后的教学中,我还是经常给学生在课堂上唱歌,不过我在课堂上给他们一句:“停下来,唱首歌吧”是有条件的,我的条件是先背好一段课文,才能停下来的。2010 年世界杯,主题曲“Waving Flag”,我把学生带进多媒体,学生们唱的有声有色,下课时都围着我问单词的发音以及中文意思,我觉得学生们学英语的兴趣更浓了。

由此,我也深深感悟到:每个孩子都是一朵需要耐心浇灌的花,是一支需要点燃的火把,需要正确的引导和温暖的鼓励。我不敢想象,军军如果一直生活在被老师漠视的环境中,这将对他的身心健康,人格塑造会产生多大的影响!

停下来,来首歌吧,多么简单的一个举动,却能给人带来莫大的快乐。带给别人快乐放松的同时自己不也正在享受着吗?这样的事情何乐而不为呢?其实,我并不期望我的教学一定能起到立竿见影的效果,因为教育本身就是一个漫长的过程,在这个过程中,作为教育者,去关注去观察并帮助那些特殊的孩子,让孩子们学会善待他人,学会理解他人,能够有所变化,这同样非常重要。

“停下来,来首歌吧!”现在我依然会在课上重复着这句话,我庆幸自己能把这句话、这份快乐延续下去……

(应珊珊)

也是一堂语文课

“初三的物理复习要重新整合,要给学生耳目一新的感觉……”上课的铃声打断了我的思绪。

我像往日一样,走到教室门前,教室里安静极了。

走进教室,总感觉今天的安静有点不一样,好像“潜伏”着什么。我走上讲台,发现全班二十几个学生都盯着我身后的黑板。

为了吸引同学们的注意力,我以一种极平和的语调导入新课:“同学们,我们今天复习物理学家和———”。

转身准备板书时,我愣住了:“张老师是坏老师。”几个字样清晰地写在黑板上。

这是我从教以来从未遇到过的事情,“难道我什么地方‘得罪’了这批学生?”

我怒火中烧,但是瞬间我就控制住了自己,“你们年轻的一代,也要像蜡烛为人照明那样,有一份热,发一分光,忠诚而脚踏实地地为人类伟大的事业贡献自己的力量。”物理学家法拉第的教诲在我的脑中闪过,我决定:改变教学方式。

我面带微笑地说到:“同学们,今天我们上课的内容大家都知道了嘛!有同学已经把题目替我写在黑板上了,谢谢这位同学!”

我潇洒地将“张老师”三个字和“坏老师”三个字下面分别画上了一道横线,擦掉了“张老师”和“坏老师”几个字,将题目改成“________是________”,要求大家:“请同学们联系我们初中物理学习过的物理学家以及他们的物理贡献,完善题目,并以这个题目说一段话。”

“我先抛砖引玉,举个例子。”我这样示范道:

“电流的磁效应是奥斯特发现的,他是在‘电能否产生磁’的猜想下偶然发现的,这也是他长期坚持研究、毫不松懈的必然结果!”

我说完了,教室里一片沉寂,我感觉自己上物理课的口才比平时好多了,“一气呵成”“水到渠成”。果然,同学们好像被我的真诚感动了,不约而同地鼓起掌来。

我暗自佩服自己的“教育机智”。

“百灵鸟”依然同学第一个举起了手,我示意她站起来:

她说:“电磁感应现象是法拉第发现的,继奥斯特之后,他提出‘磁能否产生电’的猜想,并经过十年的不懈努力,终于在1831年发现了电磁感应现象,使人类发明了发电机,推动了社会的进步!”

我心中一喜,“百灵鸟”多机灵啊!跟着我的“节奏”把物理学家与物理学史前后贯穿了起来,把同学们的注意力迁移到物理学习中来了!

同学们又鼓起掌来,这一次,掌声似乎比给我的那次掌声更加热烈一些。

掌声刚落,物理科代表小杰同学举起了手,他说:“麦克斯韦是小杰学习的榜样!”

“走题了!”我心中大呼不好,“百灵鸟”才把同学们的注意力转移过来,你这个平时老师的得力助手却给我“节外生枝”!

不过我并没有打断小杰同学,“等待,也是一种教育的智慧!”

“麦克斯韦在伦敦见到了当时的科学界泰斗法拉第后,向他递上了他的论文《论法拉第的力线》,法拉第看后说‘这是一篇出色的文章,但你不应该停留在用数学来解释我的观点,而应该突破它!’,在法拉第这位老师的教育与引导下,麦克斯韦后来成功地建立了电磁场理论!”

小杰同学停顿了片刻,又继续说道:

"而我作为物理科代表,不仅没有为老师排忧解难,还写出这样的话侮辱老师,实在不应该,跟麦克斯韦相比,我真是无地自容,所以,麦克斯韦是小杰学习的榜样!"

教室里安静极了,全班同学的目光都聚焦在我身上,我非常惊喜,为小杰同学能主动认错而高兴。我微笑着示意他坐下,而此时,教室里再一次响起了掌声,这一次,更加热烈!……

课后,有同学告诉我:老师,今天是4月1日,愚人节,在大家的一致推荐和怂恿下,小杰同学才勉为其难地写下了那行字。老师,我们跟您开了一个玩笑……

我如梦初醒,恍然大悟,"这一群孩子!"

非常幸运的,"每一个人都是一个世界,这个世界是随他而生、随他而灭的。"听着亨利·海涅的教诲,我"成功"地上了一堂"语文课",在这节"语文课"中,我在五彩斑斓的学生世界里穿行、遨游……

我是幸福的……

(张华)

第九章

手脑联盟

陶行知先生说过:手脑双全,是创造教育的目的。中国教育革命的对策是使手脑联盟。新课标提出培养学生的创新能力、学习能力、动手实践能力。由此可见实践和思考结合是学生学习的重要法宝。

本章节中,老师们遵循手脑并用这一原则,让学生通过亲自体验、实验探究、思考分析来解决问题。学生在体验中学习,在体验中思考,这充分调动了学生的积极性,学生的学习热情高涨,通过动手体验探究了真知,通过思考分析又指导了实践,可谓大有收获。

请不要“逼”学生不写作业

农村中学,初三教室,任课教师生气了!

早晨,一如既往地走进教室巡视班级。随后班级的任课教师走了进来,从第一组开始检查作业,一个个过关。他表情严肃地打开学生的作业,随即眉头紧锁,“你怎么回事? 答案昨天不是说过吗? 为什么写得不对?”老师愤怒地说。“你怎么回事,为什么只有题目,答案呢?”面对第二本作业,老师愈加愤怒。三十秒的寂静之后,老师将作业本“啪”的一声扔在了桌上,教室里只有老师痛苦的表情和粗重的喘气声……

一组、两组……一共 8 组,班级 39 名学生,老师只收到 24 本合格的作业,11 人不合格,4 人未写!

身为班主任的我,陷入极度尴尬的境地,心中也升腾起无名之火。两个月来,苦口婆心,谆谆教诲,一节节班会课,一堂堂语文课,我利用一切可以利用的机会反复宣讲:人要有理想,要勇于承担责任;也许我们的能力不是最强的,但我们的人格是高尚的;作为学生为理想而打拼,勇于承担责任,就要在学习上勇于付出,只要我们能认真完成学习任务,获得别人的肯定,这就是高尚的人格,成功的人生……并且我规定凡是能够玩成作业,质量较高获得老师表扬的,班级给予表扬加分,并利用短信的方式告知家长。反之,则给予批评。

谆谆教诲,反复唠叨,相应的规章制度,为什么还会出现这样的情况?难道这批学生真的不思进取?难道真的像有些人所说可以感动天,感动地,但很难感动学生?愤怒之后,我陷入了沉思……下面怎么办?表扬鼓励用过,咆哮批评也用过,效果有但不明显,问题还是时有发生。那么究竟是哪个环节出了问题?学生这样做的根源在哪里?

下课后,我分别选择了三组学生进行交谈。

第一组,合格作业的代表。我问他们:"你们为什么会做?""上课老师讲过了呀!""哦,那么你们做了多长时间?""只有两题,10 分钟左右吧。""那做出来后,老师会夸你们吗?""没有,都是应该掌握的,有什么好夸的?""那你们做出来之后有什么感觉?""没有什么感觉,做作业呗。"学生很奇怪地看着我。

我已找到:

第一个原因:我们不经意间剥夺了孩子的作业乐趣!

学生的作业没有得到合理的评价,缺少自我价值的肯定和成功的感觉,作业成为任务,与乐趣无关,因而兴趣一般,动力不足。作为教师面对学生不同质量的作业要给予合理的评价。我们不仅要关注作业中存在的问题,更要关注学生作业中的闪光点,给予高度评价,以达到扬善的目的,而且能让学生获得成功的喜悦,从而切实提高学习兴趣,最终由畏惧作业走向欢迎作业!

第二组,不合格作业的代表。"你们都做了?"我很平静地问,不想给他们施加压力,但他们明显局促,似乎做好了挨批的准备。"做了。"声音很低,不似第一组那么自然。"作业有问题呀,老师好像不太满意,怎么回事呢?"这次答案不那么一致了。有的说:"作业太多了,来不及,每门都有作业,一门 20 分钟,都要做,一两小时,有时还不止,还要看书……"我心中一惊,不会吧,这么长时间?旋即明白,学生的层次不一样,同样的题目时间是有差异的,而且作为个体教师,我们只关注一门课,认为布置的作业十来分钟并不多,但实际上加起来可不是一个小数目!

第二个原因:我们不经意间剥夺了孩子思考的时间!

作为单科作业我们要充分分析学情,注意作业的梯度;作为班级群体,各科教师要互相协调,统筹安排从而控制总量,切实减轻学生的负担,从而为学生留下足够的思考时间。

有的说:"上课我来不及记,所以回答的不全。""你学习方法有问题呀,不能为了记而记,要理解,在理解的基础上记下重点,作为复习之用嘛。"虽然在班级对学习方法做过指导,但现在看来唠叨的还不够,理论到实践还是有着很大的距离!

第三个原因:我们不经意间成了学习的主体

我们高度重视了知识的传授和答题方法的指导,而忘了学习方法的指导。以前讲过,不代表学生就已经会了,因为知道和会用其实是两回事。我们一定要在传授知识之前先帮助学生学会学习并反复唠叨,因为这是教会学生终身学习的第一步,也是至关重要的一步!

第三组,未做作业的。学生在门外磨蹭了半天,最后才硬着头皮挪了进来。我看在眼里,又好气又好笑,压住心中的不满,我面带笑容,微笑着说:"别怕,我只想了解一下情况,要真实的,作为研究之用,绝不批评。你们不想写作业吗?""想。""不写作业,老师肯定不高兴,父母不开心,知不知道?""嗯。"回答真是言简意赅,体现在作业上就连字也没有了,郁闷!"那你们为什么不写?""我实在听不懂,也不知道记什么……""我昨晚想了半天,还是不会写,也没人问……""我怕错,都错了,老师会……""我想早晨来问人,没时间,又怕说我抄袭……"

听了逼出来的真心话,我不禁有点心酸:孩子不坏呀!谁没有自尊心?谁喜欢让别人失望生气?他们是真的不能而不是不做!

第四个原因:我们不经意间伤害了孩子

当我们辅导了一次,两次,三次之后换回全错的题目时,我们是否还有耐心继续呢?面对全错的作业,我们是否还能面带笑容肯定他们永不言弃的精神呢?不满与无奈一但不经意间写在脸上,伤害也许就已经刻在孩子的心灵深处了……

作为教师,我们要保持良好的心态,不可求全责备,即使作业一题不对,我们也不要过于激动,因为只要是学生认真独立完成的,本身就是一个良好的学习态度,是教育成功的表现之一,而且这种精神是孩子一生受用不尽的财富!我们所应该做的是继续辅导,将教师辅导和学生辅导相结合。

四个不经意像四把利剑一样插在我的面前,我要用实际行动将它们一一拔去,因为我想看到任课教师的笑脸,更想看到孩子们的笑脸。我相信,我一定能看到!

(刘超)

学生说题,把课堂还给学生

——一道物理电学题的教学及反思

【案例背景】心理学研究表明,人在学习过程,听了不一定懂了,懂了不等于会了,会了不等于通了,语言表述则是思维活动的最高境界,能训练思维的严密性。

南京小班化教育的核心理念是“关注每一个、成长每一个、幸福每一个”，在我校小班化的背景下，让学生说题能尽可能让每一个学生用语言表达的方式阐述对习题的分析、解题思路、解题过程与体会、解题的方法，通过教师引导，同学之间相互补充、质疑、交流，以达到真正的融会贯通。这样可以使学生积极参与到课堂教学，使其学习能力和思维品质等能力得到提高，进而提高学生复习的效率。以下是笔者在讲解一道电学试题时，尝试让学生说题，充分调动学生参与的积极性，把课堂还给学生，提高课堂教学效率的案例。

【案例描述】

例题：如图 1 所示的电路中，只闭合开关 S_1 时，电灯________亮；当开关 S_1、S_2 均断开时，电灯________亮，电灯的连接方式为________；当开关 S_1、S_2 均闭合时，电灯________亮，电灯的连接方式为________。

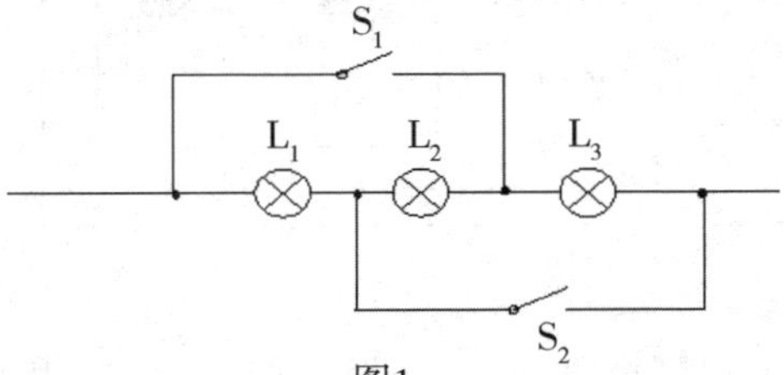

图1

1. 说解题思路部分

生 1：只闭合开关 S_1 时，电路变为图 2，此时电灯 L_1 和 L_2 被短路，只有电灯 L_3 亮。

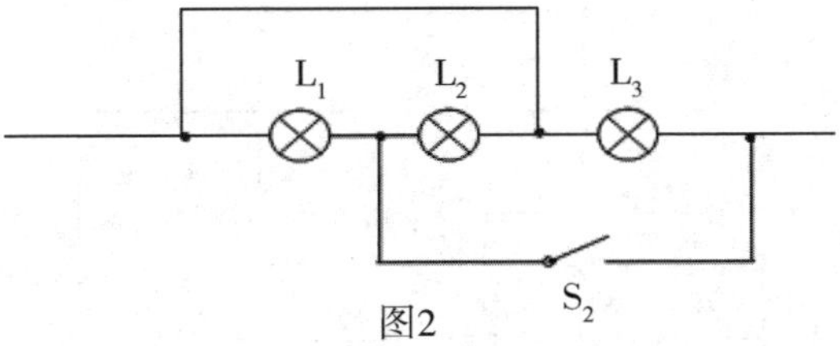

图2

生 2：当开关 S_1、S_2 均断开时，电路变为图 3，此时电灯 L_1 和 L_2、L_3 都亮，连接方式为串联。

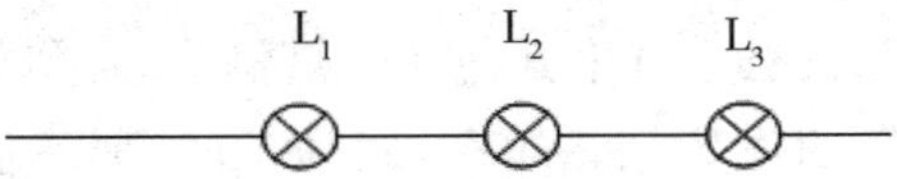

图3

师：以上两位同学把开关断开或闭合时电路的连接方式说了出来，这样就便于我们分析灯泡的亮暗程度了，我们大家在分析电路时应该学习这种分析方式。

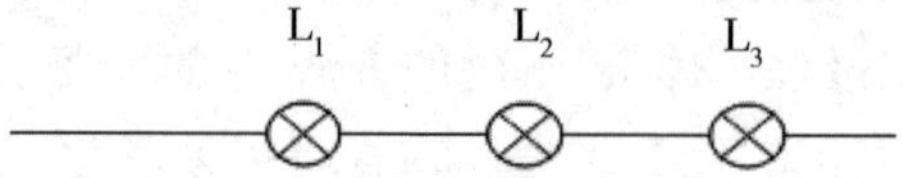

图3

2. 相互质疑、交流、补充部分

师：当开关 S_1、S_2 均闭合时，电路是怎样的呢？

生 3：当开关 S_1、S_2 均闭合时，电路变为图 4 所示：

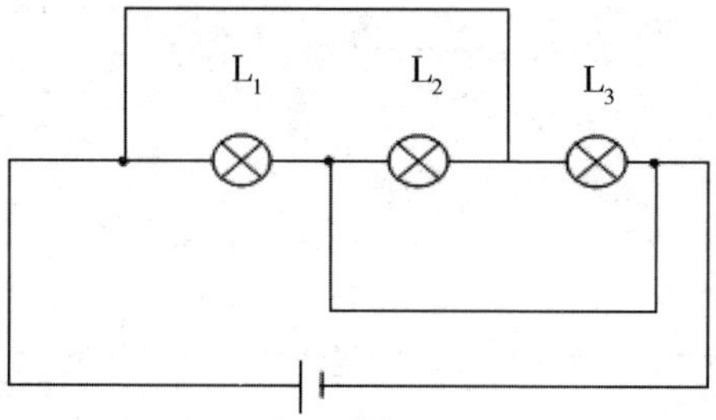

图4

这时的电路将变成局部短路，L_2 被短路，只有灯泡 L_1 和 L_3 亮了 .

生 4：我不同意他的观点，此时电灯 L_1 和 L_2、L_3 都亮，连接方式为并联，电路图 4 可等效为图 5。

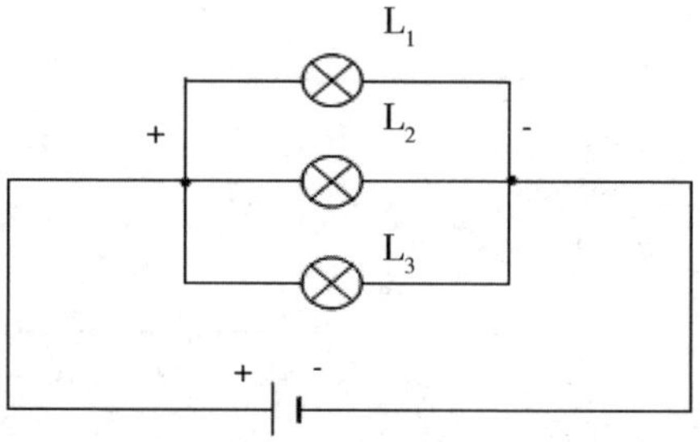

图5

师：我们前面学习了一些分析电路的方法，比如说“摘除法”或“节点法”，用这些方法来分析就能把电路分析得更准确。

生 5：“摘除法”就是将三个灯中其他两个灯摘除，看剩下一个灯是否有电流路径（即是否能发光），当开关 S_1、S_2 均闭合时，如图 6 所示，摘除 L_2 和 L_3，L_1 电流路径不受影响。

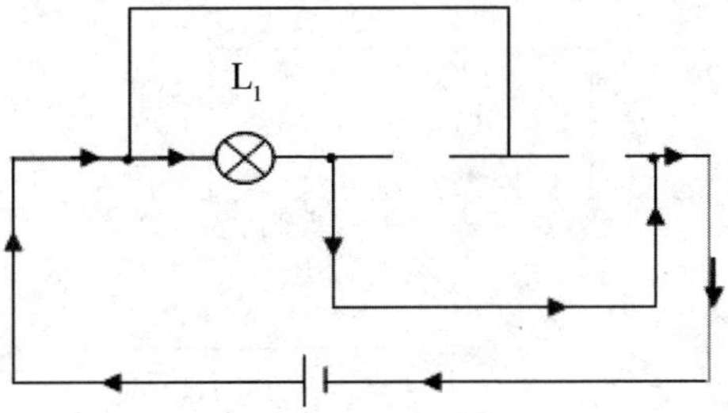

图6

生6:同样,当开关 S_1、S_2 均闭合时,摘除 L_1 和 L_3,如图7所示,L_2 电流路径不受影响。

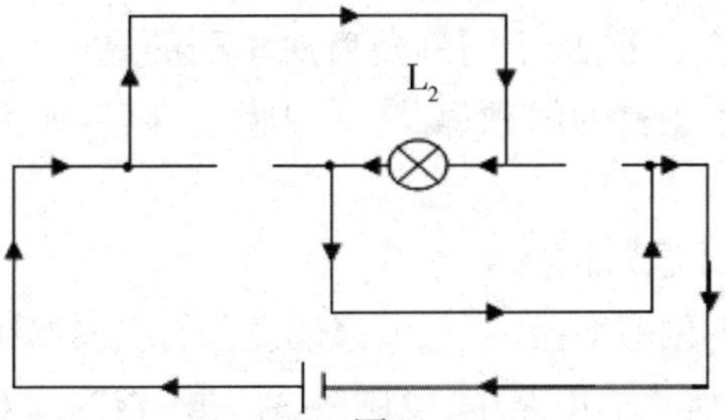

图7

生7:与他们的方法相同,类似地,当开关 S_1、S_2 均闭合时,摘除 L_1 和 L_2,如图8所示,L_3 电流路径同样也不受到影响。

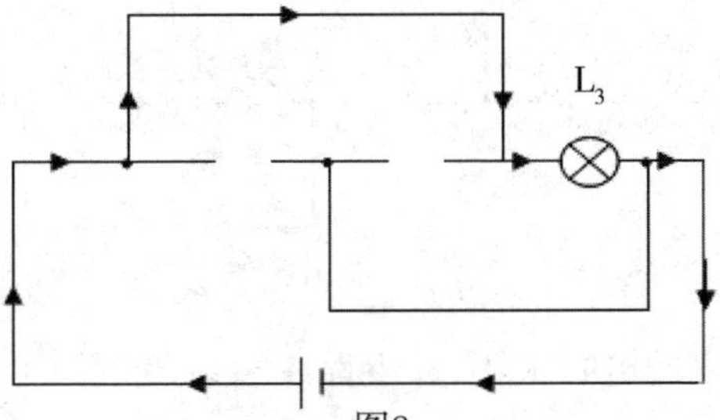

图8

生8:通过他们的解说和分析,可以看出,当开关 S_1、S_2 均闭合时,L_1 和 L_2、L_3 独立工作,互不影响,确为并联电路。

师:有没有其它的分析方法?

生9:如果采用“节点法”,当开关 S_1、S_2 均闭合时,如图9所示,

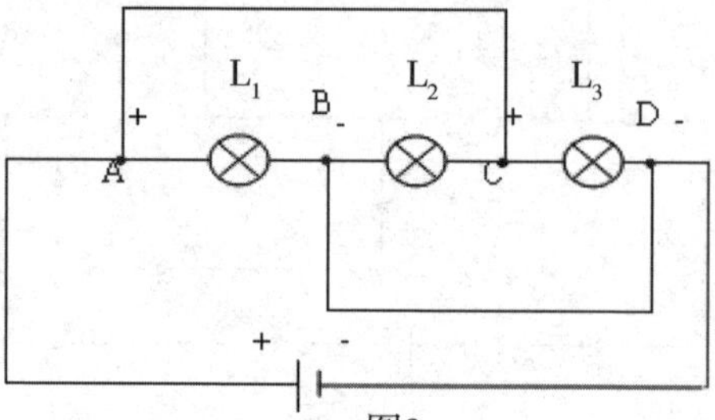

图9

A、C 两个节点直接连通电源正极，B、D 两个节点直接连通电源负极，即 L_1 和 L_2、L_3 均直接并联在电源两极上，等效为图 5。

师：大家用不同的方法、从不同的角度对本题的最后一问相互质疑、交流、补充，最终顺利地说出了题目的解题思路，大家说说，以后遇到类似地电学题，我们应该注意些什么？

3. 说反思及“变式题”部分

师：如果把上面的例题变换一下，大家说说我们应该如何分析？

变式题：如图 10 所示的电路中，电流表 A_1 的示数为 0.6A，电流表 A_2 的示数为 0.8A，电灯 L_1 的电流 I 1 为 0.3A，则电灯 L_2、L_3 的电流 I_2、I_3 分别为多少？电流表 A_3 的示数为多少？

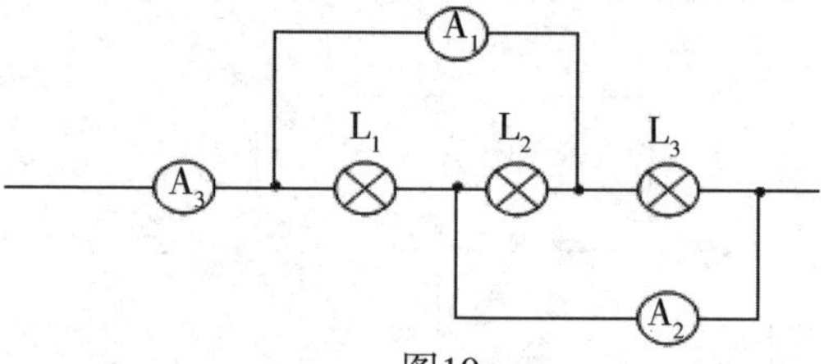

图10

生 10：由于电流表的电阻很小，在电路中可以等效为电流表所在位置为导线来处理。

生 11：这样可以简化电路，可知图 10 中 L_1 和 L_2、L_3 三个灯并联。

生 12：为方便分析，画出其等效电路如图 11 所示，这样可以看出，电流表 A_1 测量 L_2 和 L_3 的电流，电流表 A_2 测量 L_1 和 L_2 的电流，电流表 A_3 测量 L_1、L_2 和 L_3 的总电流。

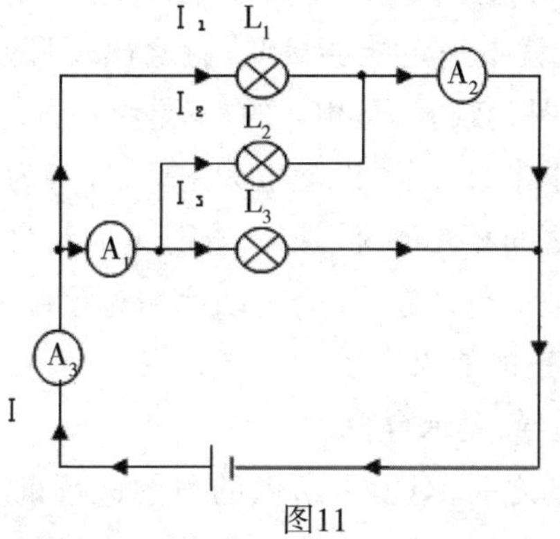

图11

生 13:这样根据题意，$I_1 + I_2 = 0.8A$，I_1 为 0.3A，则 L_2 的电流 $I_2 = 0.5A$；又因为 $I_2 + I_3 = 0.6A$，则 L_3 的电流 $I_3 = 0.1A$；电流表 A_3 的示数 $I = I_1 + I_2 + I_3 = 0.3A + 0.5A + 0.1A = 0.9A$。

师:大家还有问题吗?（学生在沉思）

生 14:还可以将这个问题中的电流表换为电压表进行“变式”，比如告诉你电压表示数，如图 12 所示的电路中，电压表 V_1 的示数为 0.8V，电流表 V_2 的示数为 1.0V，电灯 L_1 两端的电压 U_1 为 0.5V，则电灯 L_2、L_3 两端的电压 U_2、U_3 分别为多少? 电压表 V_3 的示数为多少?（上黑板画出电路图，请大家分析计算。）

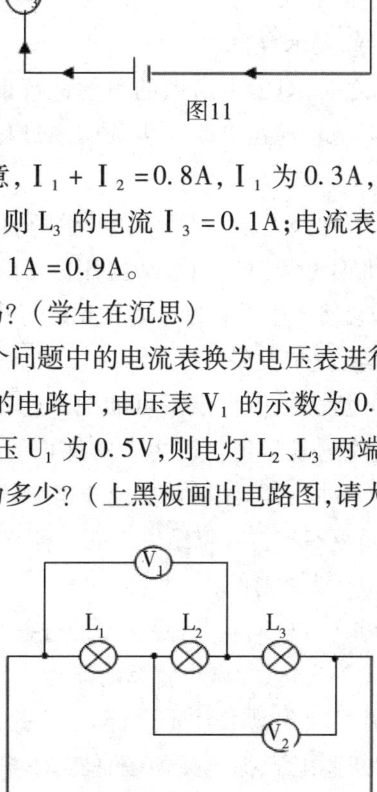

图12

（大多数同学很快计算了出来。）

师:同学们对该试题分析的很细致，而目“课前准备”的也很充分，才能说得如此好!

【案例反思】

1. 学生说题，积极参与，学习高效

“传统的习题课”，以教师讲解，学生听为主，教师将自己理解的解题思路、解题方法、题后思考强加给学生,学生只能被动地接受,对于成绩好的学生尚可接受,而对于成绩差的学生就不一定能够接受,就会出现课堂上学生走神、睡觉现象,而新课程标准强调的是,教和学是相互的,不是由一方传授给另一方。

在让学生说题的教学中,体现了以学生为主体,教师为主导,学生通过说题目的思路、解题方法,同学之间相互质疑、探讨,充分地展示自己,进而激发参与的积极性。学生为了能更好地进行说题,就会主动地去对题目进行详细的分析、思考、反思,从而达到了举一反三的效果。

2. 学生说题,教师引导,展示自我。

在以往教师讲解习题之前,对学生所做的习题进行批改,然后根据暴露出问题进行有针对性的教学,但是教师在批改学生的解题过程和结果,并不能了解学生全部的思维过程。

而让学生进行说题正好弥补了这一不足之处,教师通过听学生说题来了解学生在解题过程,存在的思维偏差和对知识灵活应用的不足,从而进行有针对性的训练,纠正学生的思维偏差,使学生在解题中对知识进行深化的认识。

3. 学生说题,相互补充,思维发展。

大多数学生在做题的过程,凭借自己不可能把试题想的很周到,也很难把试题理解的很深刻。而学生说题是学生自己主动对知识的再整合、再应用的过程,是学生与学生、学生与教师共同探索解题方法、发现解题规律,最终促进思维能力的发展,因此让学生说题是提高其自身思维能力的一种有效途径。

4. 学生说题,语言表达,幸福成长。

新课程标准要求"能够将分析问题、解决问题的过程和成果,用正确的物理语言及文字、图表、模型、图形等表达,并做出解释的能力。"

学生在解题的过程,往往会出现表述不严谨、自己想的和表达出来的意思相出入、不能够准确的使用物理语言、抓不住关键、前言不搭后语等现象。学生通过说题,通过教师引导,学生在说题中大胆讲解及板书与教师、同学之间相互沟通和交流,即时弥补学生在表达上的不足,久而久之表达能力就可以得到一定的提高。

但是,让学生说题也存在以下问题:个别学生在说题时,由于学生能力的差异和不够自信,所以说的过程,不够大声,参与的积极性不太高,不明白说题的目的和要求。

自身的实践表明,学生说题有利于让教师转变教学观念,有利于学生转变学习方式,把课堂还给学生,真正让更多的学生动起来,从而提高学生参与课堂的积极性,使学习的效率大大提高,因此值得我们进一步地深入研究与实践。

(张华)

浅谈压强概念的引入

压强的概念是第九章《压强和浮力》的重点,而探究压力的作用效果是压强概念的引入过程,让学生在探究过程中学会压强是表示压力作用效果的物理量,同时体验科学探究的过程,掌握研究方法,渗透控制变量法的研究方法,体现物理课程标准的理念,重视物理过程,通过探究压力的作用效果的学习,有助于压强概念的理解掌握,激发学生学习物理的兴趣。

一、联系实际猜想

引入。教师提出一些日常生活中常见的事例让学生思考,如;雨天过后,走在泥地上我们会留下什么?跳远时,走在沙坑里我们会留下什么?

学生:脚印。

教师:为什么会留下脚印?

学生:人受重力、泥地沙坑松软等。

体验。教师让学生拿出一端削尖的铅笔,用两手的食指压住铅笔的两端,比较两手指的感觉,学生发现:接触笔尖的手指感到更疼一些,并且越用力,手指越疼。教师再让学生拿出气球,用一只手掌平压在气球上,另一只手的食指顶住气球,比较气球的形变程度,学生发现:用手指顶着的那部分气球形变明显,用的力越大,形变越明显。

图1

猜想。教师再结合学生的生活事例,如:学生宽的书包带、坦克安装履带、啄木鸟的嘴尖、刀口薄等,提出压力的作用效果可能与哪些因素有关?有什么关系?

学生:与压力的大小、与受力面积的大小有关等。

图2

二、实验探究

教师:压力的作用效果与压力的大小和受力面积的大小有关,我们如何观察压力的作用效果呢?学生:观察受压面的形变程度,形变程度越大,压力的作用效果越明显。教师:如何设计实验来探究压力的作用效果呢?(让学生分组自主选择实验器材进行探究,探究过程注意控制变量)

第一组方案

器材:矿泉水、海绵和水。

方法:(1)在矿泉水瓶中装入适量的水,将瓶直立于海绵上,观察海绵的形变情况。

(2)将瓶中灌满水后再直立于海绵上,观察海绵的形变情况。

(3)将灌满水的矿泉水瓶横放在海绵上,观察海绵的形变情况。

第二组方案

器材:装沙的容器,压力小桌和重物(砝码 200g)。

方法:(1)将压力小桌的四条腿防在沙面上,观察下陷的程度。

(2)将压力小桌的四条腿放在沙面上加上重物,观察下陷的程度。

(3)将压力小桌的桌面放在沙面上加上重物,观察下陷的程度。

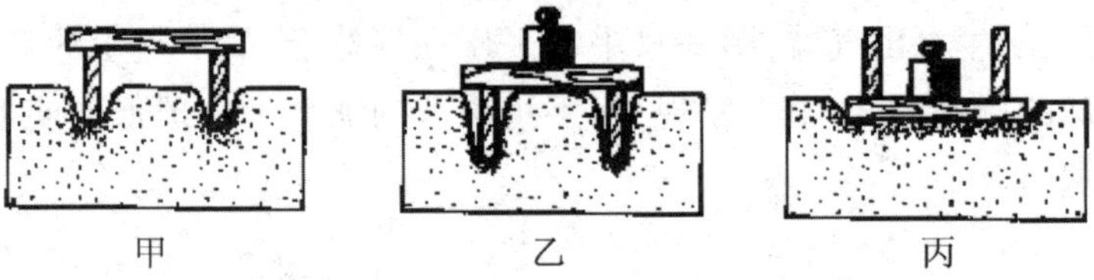

图 3

第三组方案

器材:两块砖、海绵。

方法:(1)将一块砖平放在海绵上,观察海绵的凹陷程度。

(2)将两块砖叠放在一起平放在海绵上,观察海绵的凹陷程度。

(3)将这一块砖竖放在海绵上,观察海绵的凹陷程度。

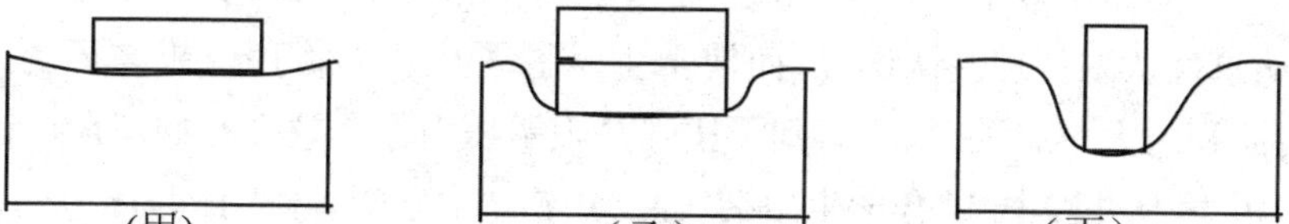

图 4

第四组方案

器材:小方凳、海绵和重物。

方法:(1)将小方凳的四条腿放在海绵上,观察凹陷的程度。

(2)将小方凳的四条腿放在海绵上加上重物,观察凹陷的程度。

(3)将小方凳的桌面放在海绵上加上重物,观察凹陷的程度。

在学生分组自主选择实验器材进行探究过程,教师引导学生完成实验报告。

目的:探究压力的作用效果与________________的关系。

选择实验器材____。

实验方案:应控制________不变,改变________来观察受压面的形变程度。

填写实验表格

实验次数	压力或受力面积（填大或小）	压力作用效果（填明显或不明显）

结论:当________________相同时,____________________,压力的作用效果越明显。

在学生完成实验探究后,教师组织学生交流探究过程和结论,当受力面积相同时,压力越大,压力的作用效果越明显;当压力__________________相同时,受力面积越小,压力的作用效果越明显。压力的作用效果与压力的大小和受力面积的大小有关,为了表示压力的作用效果这才引入了压强,所以压强是表示压力作用效果的物理量。

三、分析与思考

1. 本节课从学生实际出发,通过观察引入－体验－猜想－实验探究－交流,探究了压力的作用效果,整个教学过程符合学生的认知规律,从形象思维到抽象思维,从感性认识到理性认识,从而使学生掌握了压力的作用效果与压力的大小和受力面积的大小有关,从而得到了压强是表示压力作用效果的物理量。

2. 在学习过程中,结合学生生活实际,用铅笔、气球让学生体验压力的作用效果,让学生分组自主选择实验器材进行探究,学生选用矿泉水瓶、细沙、砖头、海绵、小方凳等来探究压力的作用效果,通过交流与合作得出实验结论,并在探究过程中渗透了物理学的研究方法控制变量法,体现了物理课程标准的理念,重视了物理过程。

3. 教师在教学过程结合学生实际,充分利用学生身边的课程资源,对学生身边的课程资源进行整合,贴近学生生活实际,激发了学生学习的求知欲,充分调动了学生学习的积极性,开发了学生非智力因素。学生在学习过程中全神贯注,兴趣十足的完成了探究过程。

4. 通过对压力的作用效果的探究,培养了学生观察能力、猜想能力、动手做实验的能力、分析问题解决问题的能力和运用物理知识解决实际问题的能力。

(黄向阳)

《农村初中语文课外阅读欣赏课必要性调查》的分析与研究

一、研究问题的提出背景

从前沿的语文教学理论到名家、大师的真知灼见,从《语文新课程标准》到一线教师的实践研究,语文界对课外阅读重要性给予了高度的肯定:"让学生在图书世界里生活,这是当今学校一个重要的教育问题"。但是囿于农村初中特有的局限性:阅读条件的落后、阅读氛围的欠缺、应试教育急于求成的功利性等等,结合以前类似的各项课题研究,发现农村初中生的语文课外阅读往往停留在口头的宣传与呼吁,或者是浅尝辄止的方法告知,缺乏长期、系统、有效地指导。

如何有效地进行语文课外阅读,切实提高学生的语文课外阅读能力,使之在脱离教师的指导之后依然能傲然前行?这成为当下农村初中语文教学中迫在眉睫、亟待解决的问题。

二、调查的内容和目的

调查内容:调查农村初中生语文课外阅读中阅读意识、阅读兴趣、阅读氛围、阅读内容、阅读效果、阅读方法、阅读能力、阅读期待，家长的督促指导，以及语文教师在学生课外阅读的激励督促、兴趣培养维持、方法指导的扎实有效等方面是否到位。

调查目的：探讨开设课外阅读欣赏课的必要性。研究其是否能促成农村初中生语文课外阅读中阅读意识的转变、阅读兴趣的培养、阅读氛围的形成，阅读内容的选择、阅读方法的掌握、阅读能力的提高，是否有利于提高教师指导的有效性，是否能成为农村初中语文教学的有益补充。

三、调查的工具、方法与对象

调查的工具与方法：本调查采用自己设计的《农村初中语文课外阅读欣赏课必要性调查》的调查卷，进行问卷调查。问卷调查后，在三个年级根据学生的层次分别抽取了三组学生进行访谈。

调查对象：调查是在浦口区一所农村初级中学进行，包含三个年级所有学生，共430名。

四、调查过程的说明

1. 结合资料学习、学生阅读现状和调查目的自主设计调查问卷。调查卷共有17道题，其中单选题11题，多选题4题，简述题2题。1－2题调查学生语文课外阅读的阅读意识，3－4题调查学生语文课外阅读的阅读兴趣，5－6题调查学生语文课外阅读的阅读效果，7－8题调查学生语文课外阅读的阅读方法，9－10题调查学生语文课外阅读的家庭氛围，11－13题调查教师对课外阅读的重视程度和指导情况，14－15调查学生语文课外阅读的阅读期待。

2. 选择调查对象，发放问卷。调查是在一所农村初级中学进行，包含三个年级所有学生。共发放430份，其中初一130份，初二135份，初三165份。回收有效问卷407份，其中初一125份，初二123份，初三159份。

3. 收集问卷后，在三个年级根据学生的层次分别抽取了三组学生进行访谈。

4. 制作表格，统计结果，分析数据，形成研究结论。

五、调查结果与分析研究

（一）学生语文课外阅读的阅读意识

《语文新课程标准》明确指出"培养学生广泛的阅读兴趣，扩大阅读面，增加阅读量……多读书，好读书，读好书，读整本的书。"如果把教材比成河流，那么课外阅读就是浩瀚的海洋。在河里我们教会学生游泳，只为了他们能在大海里畅游，搏击风浪,奔赴成功的彼岸。由此看来课外阅读的重要性毋庸置疑。现实教学中,学生是如何看待课外阅读的呢?

第1题我认为语文课外阅读对语文学习(　　)

年级 比例 选项	很重要	比较重要	一般	不重要
初一	71.2	23.1	6.2	0
初二	29.1	61.8	7.4	1.8
初三	39	40.6	17.2	1.6

调查结果表明大多数农村初中生能够认识到课外阅读的重要性,明白它是语文学习的重要组成部分,但随着学习的深入,初二、初三学生的认识发生了改变。选择"很重要"这一选项的比例急剧下降,"不重要"的选项居然接近2个百分点,说明他们在课外阅读中遇到了极大的阻碍。原因是什么?是长期阅读不得其法,失去效果的彷徨,是教学中长期忽视导致的必然,还是因为具有功利性的应试教育的急于求成?不论何种原因,我们农村的语文教学在课外阅读方面出了很大问题。这些问题必须引起我们的重视,否则课外阅读将成为语文教学中的海市蜃楼,无比美丽却总是虚无缥缈。

第2题我进行课外阅读是为了(　　)(可多选)

年级 比例 选项	提高语文素养	应付考试	增加谈话话题	休闲消遣	完成老师任务	其他
初一	59.6	23.1	40.4	36.5	23.1	21.2
初二	52.7	54.5	34.5	50.9	29.1	18.7
初三	50	57.5	28.7	22.3	25	13.4

调查结果显示学生对课外阅读的总体认识是正确的,但初二、初三学生越来越多地把课外阅读当成一种任务,当成应试教育的工具。这就使原本生机盎然、充满美感的课外阅读变成了"食之无味,弃之可惜"的鸡肋。在这样的心态下阅读,学生能够坚持下去实属不易,更遑论其高效了。

夸美纽斯认为:"兴趣是创造一个欢乐和光明的教学环境的只要途径之一。"正确认识课外阅读是学生阅读兴趣产生的基石。所以我们教师务必要清楚:课外阅读能否落到实处关键在于能否激发学生内驱力,能否帮助他们将其转化为自身成长的需要,而不是通过外在手段,将其定格为一种任务或者必须,从而使其成为一种负担。

(二)学生语文课外阅读的阅读兴趣

教育家布鲁纳说:"学习的最好刺激,乃是对所学材料的兴趣。"子曰:"知之者不如好之者,好之者不如乐之者。"兴趣是最好的老师,在兴趣盎然中阅读和在屈从无奈中阅读,其效果是不可同日而语的。那么学生对课外阅读的兴趣究竟如何呢?

第3题我课外阅读的现状是(　　)

年级 比例 选项	积极性很高	积极性一般	几乎没有积极性	不关心
初一	26.9	63.5	5.8	3.8
初二	16.4	76.4	5.9	1.8
初三	12.5	70.9	15.4	1.1

调查结果显示农村初中生对课外阅读的兴趣普遍不高,尤其是初三学生。他们选择"积极性很高"这一选项只有可怜的12.5%,而选择"几乎没有积极性"的竟然占到15.4%!这么高的比例可能大大超出了教师们的前期预测。如果不采取一定的补救措施,进行有效地指导,很好地激发学生的阅读兴趣,那么学生的课外阅读会滑到什么地步?农村初中生在中考的名著考查中差强人意的表现,据此看来,其实不难理解。

第4题影响我课外阅读积极性的原因是(　　)(可多选)

年级 比例 选项	读了无提高	不知读什么	不知道怎么读	无人交流	其他
初一	13.5	57.7	40.8	30.6	18.3
初二	17.6	45.5	54.5	36.4	20
初三	21.8	39.1	48.6	26.7	32.1

调查结果显示在课外阅读中,农村初中生遭受的挫败感越来越强。长期的课外阅读,大量的时间与精力的付出,与收效甚微的结果令他们无所适从。到了初三之后,依然有39.1%的学生不知道什么书籍才是最好的阅读材料。拿到一本书,三个年级的学生有半数左右的学生不知该怎么读。读完一本书,心中有了一

点想法与感慨却找不到一个交流的对象。选择“其他”这一选项的，经过后期的座谈得知是因为农村落后的经济条件和教学设施的配置。在这样的情况下奢谈阅读兴趣，无异于痴人说梦了。

布鲁纳说过：“使学生对一门学科有兴趣的最好办法势必使之知道这门学科是值得学习的。”心理学研究表明，学生的学习效率，学习成绩，很大程度上也取决于所采用的学习方法是否科学，年级愈高就愈是如此。对于以上的情况，有些是我们教师无法有效解决或无法暂时解决的，但借教学活动增加交流的机会，指导方法提高阅读效益则是我们必须着手的事情。

（三）学生语文课外阅读的阅读效果

郭沫若说：“教学的目的是培养学生自己学习，自己研究，用自己的头脑来想，用自己的眼睛看，用自己的手来做这种精神。”课外阅读的指导中，我们也要遵循这个原则，要适时地引导学生去反思。

第5题我认为我的课外阅读对提高我的语文成绩（　　）

年级 比例 选项	影响很大	有一定影响	没有影响	有负面影响
初一	23.1	63.5	6.8	7.7
初二	10.9	74.5	12.6	1.5
初三	9.4	71.9	17.1	1.6

调查结果显示大部分学生认为课外阅读对自己语文成绩有影响，但影响的程度随着年级的变化而变化。认为“影响很大”的逐渐下降，有“一定影响”的高位均衡，认为“没有影响”的逐渐增多。数据表明学生了解课外阅读的好处，但因为种种原因，总觉得自己的课外阅读存在问题，效果不明显。随着学习的深入，他们对课外阅读的怀疑正在增加之中。这一负面情况的反馈，再次提醒我们：课外阅读不能仅仅停留在倡导，而应扎扎实实地思考如何有效指导，如何提高学生的阅读效益。

第6题我认为我的课外阅读能力（　　）

年级 比例 选项	非常好	一般	不太好	太差
初一	9.6	63.5	25	3.1
初二	7.3	70.9	10.9	11.9
初三	0	57.8	37.5	4.6

一组遗憾的数据,说明我们学生的课外阅读能力不仅不行,而且有逐渐恶化的趋势。同时也说明我们的教学,对课外阅读能力的培养,已经苍白到极其严重的程度。这样的结果结合前面的数据是完全可以预测的。没有兴趣,没有方法,奢谈效果是不可思议的事情。我们所要思考的是,作为教师我们应该怎么办?

(四)学生语文课外阅读的阅读方法

著名教育家陶行知先生说过:"我以为好的显示不是教书,不是教学生,乃是教学生学。"在课外阅读中,我们的指导是否到位,是否有效,这取决于学生是否掌握了正确的方法。如果失去了我们的督促与指导,他们的课外阅读能否有效持续地进行?

第7题对于如何有效进行课外阅读,达到事半功倍的效果,我(　　)

年级 比例 选项	非常清楚	比较清楚	不太清楚	不清楚
初一	9.6	40.4	40.4	9.6
初二	0	47.3	49.1	4.4
初三	3.1	35.9	51.6	7.3

调查结果显示农村初中生对课外阅读的方法掌握不到位,半数以上的学生不知如何高效阅读。这也说明我们教师的指导是欠缺的。夸美纽斯说过"寻找并找出一种教学方法,使得教师因此可以少教,但是学生却可以因此多学,使学校因此可以少些喧嚣,厌恶和无益的劳动,多具闲暇、快乐和坚实的进步。"所以我们必须寻找课外阅读指导的新形式,从而"授之以渔"。

第8题课外阅读时我能做到的(　　)(可多选)

年级 比例 选项	只浏览故事情节	摘抄好词好句	圈点勾画	勤写读书笔记	仿写	找人探讨交流	其他
初一	48.1	30.8	34.6	25	15.4	42.3	12.3
初二	54.5	32.7	29.1	10.9	21.8	36.4	10.8
初三	71.6	35.9	26.6	17.1	17.1	29.7	8.3

调查结果显示农村初中学生课外阅读主要是浏览故事情节,其他读书方法也有所涉及,但比例较低。学生的课外阅读停留在较低的层次,其方法的选择使其

阅读的效益大打折扣,缺少实效。学生缺少深入地思考和有效的阅读,令他们边读边弃,犹如熊掰玉米,最后所剩无几。这也直接导致学生课外阅读的兴趣不高,能力低下。

(五)学生语文课外阅读的家庭阅读

学生的教育是一个大教育,不仅局限于学校教育,还包括社会教育、家庭教育。本题主要调查农村学生主要阅读场所——家庭阅读情况。

第9题您的父母会与您一起阅读语文课外书籍并交流吗?

年级 比例 选项	经常	偶尔	很少	从不
初一	12.4	43.6	28.5	15.5
初二	8.9	35.1	28.2	27.8
初三	3.1	16.1	18.3	62.5

第10题我的家长对我的课外阅读的方法(　　)

年级 比例 选项	经常指导	偶尔指导	很少指导	从不指导
初一	9.1	28.8	32.7	29.2
初二	9.1	27.3	30.9	28.9
初三	3.1	26.6	34.4	36.6

调查结果显示囿于农村的特殊情况,例如父母教育水平的低下,工作生活的压力,教育思想的落后与淡漠等,学生在家的阅读缺乏交流,缺乏指导。这也提醒我们,农村中学的语文课外阅读的督促与指导,我们教师要担负起绝大部分责任。如果仅仅提醒孩子回家自己阅读,或请父母督促与指导,是一种不切实际或者说是一种寻求自我安慰的做法。我们更应该在学校利用相应的形式,对学生加以指导。这样的课外阅读才是扎实有效的课外阅读,学生的语文素养才能得到切实的提升。

(六)学生语文课外阅读的教师指导

著名教育家陶行知先生说过:"活的人才教育不是灌输知识,而是将开发文化宝库的钥匙,尽我们知道的交给学生。"

课外阅读的重要性不言而喻,但由于其立足于学生的内在素养的提升,其外在表现需要一个长期的渐进过程,其显著特点在于耗时多,见效慢。应试教育当中存在一种急于求成的功利心理,这种心理对农村初中教师是否产生冲击?会不会导致教学活动中出现一种矛盾的现象即一边强调课外阅读的重要性,一边有意无意地放弃了课外阅读?

第 11 题我的老师对课外阅读(　　)

年级 比例 选项	经常强调	偶尔强调	很少强调	反对
初一	59. 6	36. 5	4. 6	0
初二	45. 5	34. 5	20	0
初三	29. 7	56. 3	12. 6	1. 6

调查结果显示大部分老师高度重视课外阅读,但这种强调存在着极大的随意性。这也说明在教师对课外阅读存在着认识误区,更多的是把课外阅读当成学生自己的事,教师的作用只是提醒而已。三个年级数据的变化,也说明初三的部分教师更加功利,他们更加关注名著阅读,对其他书籍,部分教师不强调甚至持反对意见。

第 12 题我的老师对课外阅读的阅读方法(　　)

年级 比例 选项	经常指导	偶尔指导	很少指导	不指导
初一	30. 7	28. 8	39. 2	1. 5
初二	27. 3	29. 1	21. 8	21. 6
初三	23. 4	25. 6	18. 7	51. 3

第 13 题您的老师会利用专题活动带领大家探讨课外阅读材料吗?

年级 比例 选项	经常	偶尔	很少	从不
初一	19. 2	28. 8	40. 8	11. 5
初二	18. 2	36. 4	30. 9	33. 3
初三	12. 5	31. 2	28. 7	37. 6

调查结果显示大部分教师虽然高度重视学生的课外阅读,但是这种重视往往停留在口头上,缺少实际意义上的指导。学生在这样的"重视"中没有交流,必将丧失阅读兴趣;缺乏指导,没有正确、高效的阅读方法。他们的课外阅读往往耗时费力,收效甚微,最终迷茫、淡化以致放弃。

(七)学生语文课外阅读的阅读期待

《语文新课程标准》指出"学生是学习和发展的主体。"检验教学效果不是看教师教了多少,而是看学生的学了多少。在课外阅读的指导中,我们采用什么形式,如何指导不仅应该有教师的构思,更应该倾听学生的期盼。

第 14 题你希望老师开展课外阅读方法指导的专题活动(即课外阅读欣赏课)吗?(　　)

年级 比例 选项	非常希望	可以开展	随便	坚决反对
初一	38.5	38.5	23.1	0
初二	36.4	58.2	5.8	0
初三	33.7	50	15.6	1.1

第 15 题如果开展课外阅读欣赏课,我希望依据课外阅读专题开展(　　)(可多选)

年级 比例 选项	读书笔记竞赛	主题演讲	辩论会	剧本表演	朗诵比赛	仿写大赛	其他
初一	30.8	34.6	48.1	53.8	51.9	19.2	28.8
初二	25.5	54.5	45.5	41.8	21.8	36.4	10.8
初三	21.9	39.1	53.1	48.4	27.3	20	36.4

调查结果显示绝大部分学生期待教师能组织课外阅读欣赏课,进行课外阅读方法的指导。虽然他们还不了解什么是课外阅读欣赏课,但由于以往的教学中欠缺课外阅读方法的指导,不论何种形式,不论什么名词,只要能掌握正确的阅读方法,提高阅读能力和阅读的效益,他们十分欢迎。对于课外阅读欣赏课的形式,处于初中生特有的求新求异的心理,他们希望形式能更加丰富多彩,这也是快乐学习的宗旨之一。剩下的就是我们教师应该思考,如何将课外阅读方法的指导与课外阅读能力的提高,融入到课外阅读欣赏课当中。

（八）学生语文课外阅读的反思与建议

著名教育家赞可夫曾说："教会学生思考，这对学生来说，是一生中最有价值的本钱。"这两个简述题的设置有两个目的：其一是为了引起学生的自主反思，"学而不思则罔"，只有反思才能扬优补劣，有所提高。其二是为了进一步倾听学生的心声。任何一个调查表不论其设计者如何的百般思虑，难免有疏漏之处。学会倾听是学生主体性的最佳体现之一。

第 16 题关于语文课外阅读，您认为您最欠缺的是什么？

年级 比例 选项	阅读量太少	欠缺很多	阅读方法不会	不知如何选择	缺少兴趣	缺少交流	其他
初一	9.6	5.8	38.1	20.7	9.2	15.8	1.9
初二	14.5	3.6	36.4	14.5	21.8	5.9	3.6
初三	9.4	10.9	43.8	12.5	10.9	5.1	7.8

综合学生的答案，经过分类整理，结果显示学生对自己的课外阅读总体不够满意，尤其是对书籍的选择和阅读方法感到焦虑。三个年级相比而言：初一学生兴趣足，更渴望交流但不太会选择书籍；初二年级更关注阅读量，但兴趣严重不足；初三年级更关注方法，对课外阅读担心更多。这些数据提醒我们，农村初中生的课外阅读迫切需要有效指导。

第 17 题关于语文课外阅读，您最想对您的老师说些什么？

年级 比例 答案	多鼓励督促	开展专题活动交流	开展专题活动指导	推荐书籍	其他
初一	11.5	30.8	36.5	17.3	3.8
初二	3.6	30.9	43.6	17.8	3.6
初三	5.1	31.3	50	9.6	4.5

综合学生的答案，经过分类整理，结果显示农村初中学生渴望教师能够多开展课外阅读欣赏课这样的专题活动，并且希望在这样的专题活动中，交流阅读心得，共同探讨，避免寂寞阅读。他们还希望教师能够在这样的专题活动中能够推荐合适的书籍并多给予阅读方法方面的指导。三个年级相比而言：初一更希望老师多督促，多推荐书籍；初二更希望老师多指导，多推荐书籍；初三年级更倾向了解阅读方法。

六、调查结论

农村初中师生普遍关注课外阅读，能够正确认识其在语文学习中的重要作用，并把它同提升学生的语文素养紧密地联系在一起。但部分教师一方面受到应试教育急于求成的功利思想的影响，另一方面错误地将课外阅读当成学生自己的事情，因而忽视了课外阅读的有效指导。学生的课外阅读存在种种问题：阅读前，面对浩繁芜杂的阅读材料，不善选择；阅读时，过于寂寞，缺少交流，未掌握有效的阅读方法，导致他们课外阅读停留在浅层次浏览故事情节和了解人物，而且边读边丢，收效甚微；阅读后，没有深入地合作探究，缺乏深层次阅读，缺少自主建构、创新阅读的乐趣。这些问题使学生课外阅读的兴趣锐减，阅读能力徘徊不前，使他们的语文学习局限于几本教材和教师有限的讲解，缺乏广阔的空间和自我提升的途径，使他们的语文素养的提升极为缓慢。当课外阅读在无形当中形同“鸡肋”时，很多学生迫切希望教师能够开展专题活动。他们希望在这些活动中，能够学会正确选择书籍，能够交流探讨，能够得到有效的指导。

综上所述，在农村初中开展语文课外阅读欣赏课是极为必要，毋庸置疑的。让课外阅读欣赏课成为农村初中语文教学的有益补充，应该成为广大农村初中语文教师的共识。

作为教师，我们所要思考的仅仅是如何利用多变的形式有效地组织专题活动，解决为什么读、读什么的问题，以此提升学生的甄别选择的能力，使他们能根据精神成长的需要选择合适的书籍；营造阅读氛围，搭建合作交流研讨的阅读平台，将个体经验与集体智慧相结合，以此获得灵感和更深层次的理解与思考，从而在持久地维护课外阅读激情的同时，提升课外阅读的效益；有效指导方法，使学生不仅能够有效地进行课外阅读，达到事半功倍的效果，拥有终身学习的能力，提高语文素养，而且能据此构建自己的精神家园，拥有健康充实向上的生命力。

（谭志刚）

嘘，别说话

——从唾沫横飞到惜字如金

一、唾沫横飞

初三，一模在即！对面墨绿色的黑板中间，镶嵌着一个鲜红的大写的“7”，犹如一根失去龙头的拐杖,直愣愣地逼视着我。平铺于讲台,精心编制的讲义随着风,时而扬起,时而缓缓落下,发出簌簌的声音,似乎刻意提醒我,还有大量的考点需要结合试题细细道来。跳过部分考点?绝无可能!学情所限,一旦失去反复的解题方法的指导,答题技巧的的指点,蹒跚学步的学生将失去支撑的拐杖,寸步难行!

时间、考点!我的额头沁出一层细密的汗珠,顺着拧起的眉峰涔涔而下。"本文以'雪花,春天的邮戳'为题,有何好处?知道的请举手。"5秒后,张杰举手了。又是张杰!我的心被什么狠狠地扎了一下,一种刺痛的感觉弥漫开来。在班级学生学生保持着同一个造型——拧眉垂首沉思的时候,只有张杰能够时不时举手。面对他,我一点也高兴不起来,反而感到一种深重的悲哀——我的课堂怎么能只为一个孩子而上?

曾经的形同森林的小手去了哪里?曾经灿烂的笑容去了哪里?曾经的叽叽喳喳去了哪里?究竟怎么了?也许是总复习阶段繁重的学习任务造成的迟钝,时间透支造成的疲惫,或者仅仅是因为天气转暖后的生理困倦?我安慰着自己。"张杰,你说。""比喻,形象生动,吸引读者。"以词代句,语言表达能力欠缺;要点不全,解题能力欠缺。看来还需要进一步引导。"谁能告诉我这是什么题型?""考标题的作用。"有几个学生低声配合起来。我立即接过话茬:"那标题一般有哪些作用呢?"

教室里鸦雀无声!扫视全班,我寻找着星星点点的希望,没有!墙上的"7"冷冷地戳在那里,更令我恼火。"这种题型不是做过的吗?都讲了一百遍了,怎么还不知道?"我提高了声音。教室里一片死寂,连细微的翻书声也消失殆尽,只有我高企的声音形成嗡嗡震鸣。"到底有没有人会?"没有。"那好,我来说第一百零一遍!打开中考笔记本,记!如果考查标题的作用,可以直接问好在哪里,有什么作用,也可以问能否替换或请你拟标题。其考虑方向有如下几个:1. 交代写作对象,如《那树》;2. 概括文章内容,如《记一件难忘的事》,3. 暗示或点明主题,如《母爱如诗》;4. 作为文章的线索,如《羚羊木雕》;5. 利用修辞吸引读者,如《花儿为什么这样红》……明白吗?""明白了。"学生异口同声。哎,我长叹了一声,总算明白了。"回去要好好复习!""知道。"异口同声,更响!

下课铃声响了,我终于结束了这节精心准备的复习课,完成了所有的预设内容……

二、品茗反思

坐在办公室,捧着茶杯,看着在热水中奔突旋转的绿茶,我陷入了沉思……

学生真的明白了吗？下次肯定会吗？如果的确如此，那为什么需要我说“一百零一遍”呢？想到“一百零一遍”，我笑了。语文老师真是会夸张，哪来的“一百零一遍”！不过确实说了很多次！突然想起一个真实的笑话：在学校的物理公开课上，授课教师抛出一个问题后，在无人应答的情况下，故作惊喜地说，“原来答案是这样的……”一个看似机智的教学技巧，却成了一个经典的自问自答式的笑话！今天，语文课，我却再次复制了这个笑话，唯一值得庆幸的是没人听课，但这真值得庆幸吗？

学生为什么不举手？学生为什么说不出完整的句子？学生为什么在多次复习之后，依然无法有效答题？基础薄弱，习惯不好，方法不当，复习疲惫，固然是原因，但是我这个语文教师就没有责任了吗？旋转着茶杯，我不停地追问着自己……

我是否把自己的急躁强加给学生了呢？我给学生足够的思考空间与时间了吗？我足够耐心地引导学生自主合作解决问题了吗？我给学生寻找、探究、总结方法的空间了吗？我有意识地训练学生口头表达能力了吗？没有！我等待了多长时间，5 秒，10 秒，20 秒？时间紧，任务重，我一次又一次为自己越粗代庖寻找着借口，总是说“原来是这样的……听懂了没有”！我，剥夺了学生犯错的机会，学习的机会！这样的课堂不是学生的学习课堂，而是我炫耀知识与能力的课堂！也许这样的课堂真的要上一百零一遍，一百零一遍之后还是这样！

记得心理学中艾维提到的谈话技巧包括创造性沉默和轻微的鼓励，这两种有助于学生把自己的观念与感受表现出来，并能鼓励学生思考。而劝告与提供信息往往会助长教师无所不知的自大倾向，助长学生的依赖性。它把解决问题的责任交给了老师，因而妨碍学生独立性的发展。

我觉得我的脸正在泛红发热，不禁捏紧了手中的茶杯，虽然手心有些湿滑！与其奋鞭策马一路疾行之后的模糊所得，不如放慢脚步，带领学生细细品味沿途的风景。语文本来就是一门审美的学科，语文课堂本就容不下心浮气躁。沉默、等待、轻微鼓励、有效指导，把问题的解决交给学生，这才是学生主体性的最佳体现，才符合当代教学理念，才能培养具有创新思维与能力的学生！

杯中的绿茶静静地平卧于杯底，一动不动，茶水碧澄……

三、惜字如金

第二天，再次走上三尺讲台。后面墨绿色的黑板上的“7”不见了，取而代之的是“6”，犹如吹响的冲锋号角。“这题是什么题型？怎么思考呢”拧眉，垂首，沉思，教室里很静……10 秒、20 秒……嘘，别说话！保持微笑，再等等，看看他们怎么做。我提醒着自己。有些学生抬起了头,很诧异地看着我,似乎正在询问:“怎么还不公布答案?”我坚持着沉默,保持着微笑。我要扼杀他们的依赖心理,我要让他们成为学习的主人,现在开始还不晚!

教室里开始出现嘀嘀咕咕的声音,翻书的声音。学生开始小声交流,并尝试着调动思维寻找着曾经的例题。“李明举手了,很好。请李明同学大声地回答一下。”“考环境描写的作用。渲染气氛,烘托心情。”“很好。还有吗?”“还有推动情节的发展。”李小婷说。“还有交代故事发展的背景。”……学生你一言我一语,渐渐凑齐了所有的答题思路。“很好,都找到了。那么给大家一分钟自主梳理一下,然后请哪位同学站起来,用‘这题考什么,可以从以下几个角度考虑:1是什么,例如什么;2是什么,例如什么……”的句式为大家总结一下。”

一分钟后,王强总结:“这题考环境描写的作用,可以从以下几个方面考虑:1是交代故事背景,例如《背后的眼睛》第3题;2是渲染气氛……”“完美。你能带着大家背一下吗?”当王强坐下后,我随机抽查了几位学生,效果很好。虽然基础薄弱的张亚雯有些吞吐,但在没有提示的情况下,还是基本讲出了答题思路。我装作不经意地转过身,背对着学生长吁了一口气……

下课了,啜着清茗,我坐在办公室,惬意无比。同样的一节课,说的话只有原来的三分之一,没有精疲力竭,唾沫横飞,郁气堆积,牢骚满腹。课堂的容量,虽不如以往,但我相信学生的收获更多!课堂不静,甚至有些喧闹,但这喧闹的背后,是自主、合作与探究,而不是填鸭式的灌输!是学生学习兴趣的高涨,语言表达能力、学习能力的提高,创新思维的培养!

我终于明白考试只是一个阶段性的检测,它只是评价的一个手段,而不是目的,不能为了考试而考试!在任何时候,任何情况下,学生的群体发展、终身成长都不能受到丝毫地玷污!语文教师绝不能跪着教书!只有放慢脚步,耐得住寂寞,学会倾听,适时有效指导,才能和学生一起共赏语文路上的别样风景!

嘘,别说话!你听,在初三一模倒计时的第6天,我吹响了一个语文教师的成长号角!

(谭志刚)

字母表示数

一、背景和教学设想

新课程理念的春风已刮遍教坛这方热土，而沐浴在春风里的教师如何面对新教材呢？教材不应成为我们的圣经，教材虽然是重要的教学资源，但它不是唯一的教学资源，我们应该结合“情境”（生活环境资源）和“人才”（学生自身的人才资源）来重组包装教材。“用教材教，而不是教教材”，教师对教材要进行创造性的设计，让学生学具有生命力的，丰富多彩的教材。让新课程理念下的教学，最终回归人才，回归生活。由此，本节课的教学主要由两部分组成，(1)教师活动：依据本章章前图，设置游戏，导入新课，板书课题：字母表示什么？然后电脑显示，提出问题。(2)学生活动：学生四人一组，互相交流、探讨，积极参与游戏活动，气氛热烈。最后学生将讨论的结果回答出来，相互补充，完善答案。

二、教学目标

1. 经历探索规律并用代数式表示规律的过程，能用代数式表示以前学过的运算律和计算公式。

2. 体会字母表示数的意义，形成初步的符号感，提高应用数学的意识。

三、重点和难点

本课的重点是用含有字母的式子表示规律及计算公式、运算律。

本课的难点是经历探索规律的过程及用代数式表示规律的方法。

四、教学实录

1. 创设情境

师：在日常生活中，我们每天都在与数学打交道，关于数字的一些运算极大地方便了我们的生活，那么现在我们做一个关于数字的游戏。

生：兴高采烈，情绪高涨，跃跃欲试。

师：四人一组，每组同学随变想一个自然后，将这个数乘 5 减 7，再把结果乘 2 加 14，那么，老师知道，按上面方法计算得到的数的个位数字一定是 0，你相信吗？请各小组验证一下！

生:经过验证,老师的说法是正确的!

师:同学们现在一定很想知道,老师是怎样猜到的呢? 现在就让我们带着这样的疑问,走进关于字母的世界,看看字母能表示什么(板书课题)。

生:充满好奇,表现出强烈的求知欲望。

评析:日常生活中的例子是最鲜活的材料,利用它激发学生的学习积极性。

2. 简单应用的体验(合作学习)

师:请同学们看下面的问题:

1. 某班学生去动物园参观,每张门票 5 元钱,全班共 50 人,需门票款多少元?

2. 某小区要建一半径为 12 米的圆形花坛,需占地多少平方米?

生:(口答答案。)

师:把问题 1 中的 50 人改为 m 人,问题 2 中的 12 米改为 R 米,那么这两个问题的答案是什么?

生:(相互讨论,得出答案。)

师:变化前后的每个问题的答案之间有什么关系呢? 同伴之间互相交流一下!

生:四人一组进行探究,气氛活跃,各小组纷纷发表自己的看法,最后统一结论:变化后的式子体现的是表示一般规律的数量关系,而变化前的结果是在某一特定条件下求出的具体数值。

师:上面出现的 m、R 两个字母可以表示不同的数,下面,我们以小组讨论的形式,用手中的火柴棒按要求摆正方形,并回答问题(电脑显示教材 P62 页问题)。

生:(四人一组动手操作。)

师:(巡视、指导,听取学生寻求问题答案的途径及方法。)

生:(回答问题。)

问题 1:各组学生都能迅速得到答案。问题 2 各组寻求答案途经不同,有些同学通过用火柴棒摆正方形的方法获得,有的同学通过寻找规律获得答案。问题 3:各组同学均在寻找规律,获取答案。问题 4:学生经过充分讨论、交流,发现了正方形的个数与火柴根数之间的关系,总结一下,各小组得到不同表达式。

评析:通过各小组的交流与合作,我们经历了用字母表示数的过程,让学生体验数学与生活中密切联系使数学学习发生在真实的世界中。让每个学生都有话说,提高每个学生学习数学的兴趣和参与程度。

3. 回忆体验

师:其实,用字母表示数,并不是我们刚刚接触,在小学就学了很多。请同学们回忆一下,以前我们学过用字母表示数的例子!

生1:三角形面积公式:S=1/2ab

生2:长方形的周长公式 C=2(a+b)

长方形的面积公式 S=ab

生3:乘法交换律:ab=ba

生4:乘法分配律:a(b+c)=ab+ac

……

师:太棒了,老师还想问一句,这些公式和运算律是怎样得出的呢?

生:通过大量的事实验证而得的。发现规律,寻找关系。

师:可它们为什么要用字母表示?有什么好处。

进一步体验用字母表示数和数量关系的简明和一般化。

评析:用旧知识去验证新知,新知使旧知得到升华,升华了的旧知又进一步巩固了新知。这就是旧知与新知最完美的结合,也就是我们平常所说的,找到了学生最近发展区。

4. 练一练:(独立完成)

师:看一组练习(电脑显示)

生:认真思考并进行回答,相互评价,确定结果是否正确。

评析:通过练习,让学生发现问题,并解决问题,从而对本节课所学的知识加以巩固。

5. 课堂小结

师:这一节课我们合作得很好,同学们积极动手操作并动脑思考,解决了许多问题。现在,请同学们回顾总结一下这节课你学习了哪些内容?你有哪些收获?

生1:我知道了字母可以表示任意一个数。

生2:我获得了用字母表示数,为我们解决实际问题提供了很大的方便。

评析:让学生通过对本节课知识的回顾从而对本节课所学的知识进一步的理解和巩固,体现学生做课堂的主人。

6. 布置作业

习题3·1,课本64页1,2。

五、教学反思

1. 在学习中体验,在体验中学习

"学生要想牢固地掌握数学,就必须用内心体验的方法来学习数学。""体验"就是指学生在实际的生活情境中去感受,去探索,去应用,从而发现知识,理解知识,掌握知识。本节课始终都以这思想为指导。

2. 学"活知识",学有"活力"的知识

卡特金说的好:"未经人的积极感情强化和加温的知识,将使人变得冷淡,由于它能拨动人的心弦,很快就会被人遗忘。"因此,在新课程重组,包装教材,让学生学有活力知识。本课的情境就是以这一理论为指导,借助多媒体手段假设问题情境,指导学生研究式学习和体验式学习。

3. 把学习的权利还给学生,使学生体验学数学的乐趣

"送给学生一个信任,学生还你一个奇迹。"在学习过程中,学生是课堂的主人,教师只不过是课堂的组织者,给学生充足的观察时间,想象空间,表达的机会,尊重学生的意见。本节课的教学都是应用学生身边生活有关的事例,使学生置身于情境之中,充分发挥了学生的主动性。让学生自由积极讨论,错的对的都予以验证。这样,学生真正做课堂的主人,体验到数学的乐趣。

4. 不足

如何把握问题的"收"与"放",学生问题的提出不会一模一样,如何在课堂中应对学生的问题,控制教学节奏,完成教学进度,需要深入的探究。而如何引导学生提出问题更是探究的关键。

(毕先江)

声乐演唱的纽带

——浅谈歌曲钢琴伴奏中的间奏

钢琴作为一件演奏乐器,不但可以进行独奏或协奏,更可以担任声乐或器乐的伴奏。而且常常是以单一乐器的形式担任伴奏,这种单一乐器钢琴伴奏的形式也是我们声乐演唱中最常用和最有效果的一种。中小学的音乐课堂教学、群众业余文化生活、专业文艺演出、各院校的声乐教学等等所涉及的各种声乐演唱形式,往往都离不开钢琴伴奏的大力合作和全力支持,由此可见,钢琴的声乐伴奏覆盖面之广,钢琴伴奏的作用也受到越来越多人的重视,如今钢琴伴奏已形成一门独立的重要学科。钢琴伴奏是表现和丰富音乐作品的一种特殊艺术形式,一首创作成功的歌曲,再配上刻意谱写的钢琴伴奏,常常会给欣赏者留下深刻印象。人们常用"红花还待绿叶扶"来比喻钢琴伴奏对声乐艺术的烘托衬托作用。由于声乐带有歌词演唱变化细腻,现场发挥灵活。因此好的钢琴伴奏既能够帮助演唱者准确把握节奏、速度、音准更加深了整个歌曲的艺术感染力它不单单是一种背景并

且帮助演唱者深刻理解作品,使其能够既从容又自如地发挥水平并保持音乐的流畅性使伴奏与演唱统一、均衡、和谐、默契。

歌曲的钢琴伴奏通常包括给歌曲主体旋律的伴奏,以及前奏、间奏和尾奏部分。歌曲的旋律是固定的,因此前奏、间奏、尾奏可以给伴奏者留下更加广阔的创作空间,使伴奏者能够结合所学知识随时随地将捕捉到的音乐灵感运用到歌曲的伴奏中去,从而更准确、更鲜明、更生动地刻画音乐形象。在伴奏的创作空间里大多数人比较重视歌曲的旋律、前奏和尾奏的编配,由于歌曲的开头就要吸引听众把听众带进音乐氛围中来。结尾也为了使听众感觉意犹未尽,所以大多数歌曲的前奏及尾奏都会编配得很丰富,但在伴奏的编配中,间奏却往往被忽视,有的人还不明确间奏的作用,不知道如何正确合理地使用间奏。甚至有的人弹奏间奏也只是简单的一带而过,事实上,间奏是歌曲衔接的重要纽带。

一、间奏在歌曲钢琴伴奏中的作用

间奏又称"过门"是在歌曲主体内,外部分的各乐段、乐句或部分之间由钢琴伴奏独奏的连接部分,是歌曲结构的重要组成部分。间奏最重要的功能就是承前启后的桥梁作用,它运用技术和艺术的手段使各个乐段的音乐片段连接成为一个整体。

间奏是整个钢琴伴奏音乐结构中不可分割的有机结合体,在不同的歌曲里它承担着不同的任务。间奏本身包含三个部分,它们是引入部分,主体部分和连接部分。在不同的作品中,有时三个部分同时存在,有时只存在其中两个部分或一个部分。间奏的引入部分往往会与歌曲的下一部分形成对比,在背景的描绘,情绪的变化,色彩的对比和节奏上做出一些变化。间奏的主体部分往往会把歌曲的核心音调体现出来。而间奏的连接部分通常时值较短,采用各种不同织体、旋律变化的综合运用来为歌曲的再次进入做好搭桥的作用。间奏在歌曲进行中,在速度、力度、音高、节奏、节拍、调式、调性及旋律性的连接与转换过程中,都会给演唱者和听众以必要的提示。间奏最常出现在根据多段歌词的需要而进行的全曲或乐段重复之间,当一首歌曲前后调性不同、节拍不同、情绪转换、体裁转换等这些情况出现时,间奏便起着不可低估的作用。

比如歌曲《一道道水来一道道山》的间奏就为歌曲演唱中节奏与节拍的转换起到了桥梁的作用。前段为二四拍,旋律亲切深情,接下来转入六八拍,这段间奏提示了新的拍子,同时给出演唱速度及情绪,后面的音乐表现了刘胡兰送别子弟兵时所表现的热爱家乡,热爱人民军队的思想感情。

一道道水来一道道山

海 啸词
陈 紫曲
茅 沅配伴奏

还比如:歌曲《思乡曲》的间奏就起到了调式与调性过度的作用。歌曲由 E 大调通过间奏的过度转入 C 大调上,调性在原来的基础上升高了小六度,使歌曲再进入时更加激动,表现游子的思乡情怀。

思乡曲

戴天道词
夏之秋曲

此外,间奏还具有深化音乐情绪、明确段落结构的作用。特别对歌曲的音乐形象、思想感情的衔接、发展、过渡与转换,对音乐内容的补充和音乐结构的完整都起着至关重要的作用。在音乐的内容与形象发生对比产生戏剧性的变化时,如果没有间奏部分的参与是无法顺利完成音乐的转换与过渡的,在大型作品或艺术歌曲中尤其重要。除了这些作用以外,间奏还有其它的功能,比如它还能为演唱者提供歇息的机会等。

二、歌曲钢琴伴奏中间奏的合理编配与运用

间奏作为歌曲衔接的纽带，起到了承上启下的作用。但并不是所有的歌曲都需要间奏，在一些歌曲中合理地使用间奏会收到锦上添花之效，而正在一些篇幅短小，结构单一的歌曲中不恰当地加入篇幅较长的间奏也会产生画蛇添足之嫌。

间奏根据其所在歌曲的位置不同，可分为两种：1. 乐段内部的间奏。它是指乐句，乐节或动机之间的间奏。2. 乐段外部的间奏。是指两个乐段或两个部分之间的间奏。一般前奏只注意与其后部的连接关系，而间奏则要考虑前后的关系。

乐段内部间奏的配弹方式常常包括以下几种：音型式；它是间奏的弹奏方法中最简单的一种。同音反复式；音阶式；这是一种用音阶将乐段连接起来的弹奏方法，它的奏法比较多，如单音的上行音阶、反向八度上行或下行等。旋律模仿式；它包括严格模仿和自由模仿两种。对比旋律式；它是根据歌曲旋律的发展，引用歌曲内部的材料或用新的材料通过变形、加工，与歌曲原来的旋律既有变化又有统一。以上几种配弹方式的特点是变化较少，往往在弹奏力度或音区位置上稍加变化就会有很好的效果。比如：歌曲《让世界充满爱》中用的就是音型式。歌曲《生活是这样美好》用了单音的上行音阶编配手法。歌曲《我为祖国献石油》用了对比旋律式的手法。

让世界充满爱

陈哲、小林、王健、郭峰、孙铭词
郭　峰曲

生活是这样美好

瞿 琮词
郑秋风曲

我为祖国献石油

薛国柱词
秦永诚曲

乐段与乐段之间在节奏、节拍、速度、力度上会形成对比；调式、调性上会形成转换；音乐形象、内容会有所变化。这时给乐段之间编配的间奏就显得更为复杂和更为重要。间奏在这里都起到了过渡、转换、对比的作用。乐段之间的间奏篇幅长短不一，有的只有几个音，有的需要有一定的规模，但也有乐段之间没有间奏。通常我们碰到的乐段间奏弹奏种类大概有四种：一是节奏与节拍转换的间奏，如《茶山新歌》前半段是四四拍，接着由两小节间奏过度到六八拍，歌曲变化的不只是节拍，同时表达的情绪和感情也发生了变化，而使其产生变化的中介正是这短短的两小节间奏;二是调式与调性过度的间奏,《西班牙女郎》中调性由前奏的F大调经过两小节过度,将歌曲的主旋律的调性转到降A大调,中间又转回F大调上,反复变化的调性正好也表现出西班牙女郎的美丽和让人琢磨不透的个性;三是力度与情绪变化的间奏,比如歌曲《那就是我》经过一段强烈的高潮后,歌曲的再现部深情、平静,这种由强到弱的力度变化和情绪上从激情到深情的变化是离不开间奏的;四是速度与形象进行对比的间奏,歌曲《弹起我心爱的土琵琶》中的演唱情绪有很大的不同,前半段采用了抒情的手法,表达了战争胜利后的喜悦,接下来是回忆在战场上与敌人斗智斗勇的场景,情绪是高涨的,在这两段不同情绪的演唱中,间奏便起到了很大的过渡作用。

不同的歌曲具有不同的伴奏表现手法。歌曲的前奏、间奏和尾奏实际上就是钢琴声部的"独奏"部分在歌声即将进入之前伴奏声部往往作出适当变化处理以迎接歌声,前奏是歌曲的主体部分前的一段钢琴演奏,它为演唱者提示歌曲的调式、调性、风格、节拍、速度,歌曲的情绪情感,营造歌曲的背景气氛。但也有部分歌曲没有前奏,这是根据歌曲的特殊需要而定。尾奏是伴奏声部对歌曲的终止进行强化或者补充,它能够加强歌曲的结束感,使歌曲的内容表达地更充分更完整。因此,在歌曲实际伴奏中,也并不是所有的歌曲都需要间奏,不恰当的一律把所有的歌曲都填入间奏会"画蛇添足"。比如短小的一段体儿童歌曲,轻柔淡雅的一段体抒情歌曲都可以不加间奏或少要间奏,这些还要看演唱者和演唱环境的要求等等。当然大型的合唱歌曲,艺术歌曲,歌剧的间奏还是相当重要的,也是极其需要的,在这些演唱形式中,歌曲情感的表达非常的丰富,艺术表现手法也很独特,因此,合理的使用间奏会让这些演唱更加的生动。

在一首歌曲中,前奏、间奏、尾奏各负其职,不同的"角色"使它们具有不同的功能及不同的表现,然而它们却始终是一个整体。前奏、间奏尾奏的编配都始终要围绕这首歌曲,无论调性,风格,节奏等都要与之相互适应。同时它们又不是相互联系的,如有的间奏是完全引用前奏,有的引用了前奏材料再适当的变化发展。前奏、间奏、尾奏是独立存在却又相互关联的。前奏、间奏、尾奏虽然都是歌曲的一个个小零件,但是要是让它充分合理地发挥其作用,一首歌曲在没有经过伴奏编配前是平淡朴实的,但是在加入了丰富的伴奏后,它就像被注入了新的生命力仿佛是一个有生命的人在表达他的情感。伴奏编配者要充分利用伴奏的创造性空间,不能忽视任何一个小因素,充分恰当地发挥间奏特殊的桥梁枢纽上下贯通的功能,为歌曲的演唱增添艺术的魅力。

(赵松静)

利用信息技术手段,让课堂如万花筒般精彩

【案例背景】

本学期在我区开展了一次初中信息技术四区联片教研活动。参加了本次活动,让我深刻体会到利用信息技术手段,改善学生学习方式原来离我们这么近。基础教育信息化已经成为大趋势,它呼唤新的教学方式、新的教学手段和教学技术的支持。如何让信息技术手段发挥其最大的效能,以提高教学的效果呢?我们认为,在信息技术教学中,更应当充分利用信息技术手段来改变教学模式,从而改善学生的学习方式。

【案例描述】

一、翻转课堂,课前保障

片段1:

师:同学们,老师课前已经将本节课所需学习的相关内容发布在了自主学习平台上,老师现在想知道,有多少同学已经通过自主学习,学会了安装操作系统呀?请举手!

生:约80%的同学举手,并有部分同学回答"我会安装"。

思考:"安装操作系统"是本节课的一个教学重难点,教师竟然把这个重难点放到了课前,让学生自主学习完成。学生到底是通过何种方式来开展课前学习的呢?这个教学中的重难点是如何突破的呢?种种疑问充斥脑中。

师:让我们打开学习平台,看一下大家在学习"安装操作系统"这一知识点上有哪些疑惑。

思考:原来教师建立了一个课程学习平台,将本知识点自学内容发布到了网上。为了突破这一重难点,教师不仅提供了图文安装教程、视频安装指导,还特别提供了一个"操作系统模拟安装器"。原来教师是通过这几样法宝让学生能够利用课外时间进行充足的学习与模拟,从而顺利的学会安装操作系统。赞!

二、即时探究,游戏呈现

片段2:

师:刚刚我们通过观察发现计算机被感染了病毒。大家对计算机病毒的概念清楚吗?你了解计算机病毒的相关知识吗?下面老师给大家5分钟时间,自主网

上探究学习。5分钟后,我们将一起玩一个接龙游戏。

生:好哦!学生显得异常高兴。并迅速利用百度等搜索引擎查找相关知识。

师:时间到,下面哪位同学第一个来分享你的学习成果,告诉大家,什么是计算机病毒。

生:几位同学举手,其中一位同学主动站起来回答了什么是计算机病毒。

师:刚才这位同学非常准确的告诉了我们计算机病毒的概念,那么请他选出下一位同学继续为大家分享他的学习成果。

生:……依次进行接龙游戏,不断说出一些计算机病毒相关知识点。

师:总结知识点。

思考:我们通常所说的自主探究,往往会不经意间将探究的范围局限在了某一方面,学习在开展自主学习时,往往学习不够全面。而在这里,教师遇到问题时,立即让学生开始探究学习,而且在学习反馈时,教师利用学生游戏的方式,逐步将知识点进行呈现。这样做不仅完美的让学生学会了学习,并且让这种学习变得有趣。学生间的互相学习传授、游戏间的嬉笑给课堂带来了无穷的活力。

三、交流评价,网上欢言

片段3:

师:"计算机运行速度之迷"这一知识点,老师已经通过微课视频让大家课前进行了自主学习,下面请大家写出学习心得并对尝试解答其它同学的问题也可以进行相互评价。

生:在学习平台上对所学内容进行反思交流。有些同学尝试解答别人的疑惑。

师:展示交流评价结果。分享学习心得。

思考:课堂交流与评价是一个非常难处理的环节。传统的课堂模式中,我们通常是让某个学生来谈谈自己的感受,这种方法往往太过局限性。多数同学没有评价交流的机会。久而久之,很多同学在遇到评价交流时,流于形式,简单应付。本节课中,教师利用了自主学习平台,让每个学生都能自由发言、自由评论。看似无声的交流中,却显得异常活跃。学生可以尽情欢言。释放自己所学情感。

【案例反思】

本节课是充分利用信息技术手段，特别是利用网络教学的一次大胆尝试，收到了较好的效果，为研究性学习提供了很好的示范。同时通过课后的评课交流，我深知，信息技术教学，还有很多值得我们思考的地方。

1. 本次活动为学生们提供了更多的相互学习的机会。在活动中不失时机的为学生提供游戏、展示、交流、评价的机会。使同学们在交流中得到更有效的提高。

2. 运用现代教育技术搭建学习平台，有助于形成个体学习、小组合作学习与集体学习的多元动态组合。方便于学生的学习、记载学生动态的学习过程。在活动中建立了基于网络的学习平台课题，平台中包含从课题开始的知识学习到课题结束的成果展示全过程。通过平台便于同学们完成个人个体学习和小组的协作学习，了解组间的动态学习状态，最终形成激励个人学习的目的。

3. 信息技术课程的评价，更看重评价的过程。授之以“鱼”，不如授之以“渔”。综合任务的完成没有归一的答案结果是多元化的。在评价的过程中，给学习有困难的同学以支持和帮助，使之在评价过程中逐步掌握获取信息、筛选信息、传输信息、处理信息的方法是信息技术教学的根本，也是本次课题研究的目的。在交流评价中，同学们课下准备是否充分直接影响着课上展示内容的好坏。所以在活动中如何调动学生的创作积极性和学习的欲望是老师认真思考的。

4. 网络学习的迷航现象。需要得到更多的学习支持。网络环境下的学习者容易感到盲目无助、容易失去正确的研究航线，其基本原因是其所能得到的学习支持不足，在这个方面需要投入更多的精力来支持。当前一个误区是网络学习对教师是一个解放，但事实证明网络协作学习更需要教师的指导和帮助。

（尹富磊）

第十章

知行合一

我们要做到知行合一,首先要有质疑精神。本章中谭志刚老师的《质疑,语文学习的开始》就体现了这一点。古语云“不愤不启,不悱不发”学生缺少质疑精神,可能会不知其然或者知其然而不知其所以然,长此以往不利于学生的知识点学习和学习兴趣的培养。质疑,质疑可以帮助知识点的掌握。

其次,以行固知。燕红林老师的文章中的“声音的产生与传播”就让孩子们自己动手去掌握知识,相信这会给孩子留下难以磨灭的印象。

再次,以行促知。张华老师的两篇文章充分体现了这一特点,让孩子们自己发现现实中的问题,再用自己所学知识来认识,解决这一问题,真正的做到了知行合一。

最后,以行深知。李唯玉老师和谭志刚老师“英语教育的衔接”和“想说爱你不容易”教会了我们让孩子们用行动去巩固、深化知识的方法。

质疑,语文学习的开始

诵读感受,联想想象,师问生答,合作探究,精心设计完成《谈生命》的教学后,很顺畅的语文课却让我感觉缺少了什么……

片段一:

指导诵读,整体感知文本后,我抛出了问题:“为什么作者不敢说生命是什么,只能说生命像什么?”学生在自主预习的基础上,迅速在组内展开了讨论。两分钟之后,声音渐渐平息,三分之二的学生举起了手,于是指名回答。一生很自信地站起来说:“生命是什么是下定义,生命像什么是文学性的表述,使文章具有形象性,审美性和隐喻性。”“很好,抓住了是和像的区别,还有没有其他答案或疑问?”没有,所有的手都放下了!

反思:

在参考资料泛滥的情况下,这个答案的正确性毋庸置疑,但学生是否真正理解呢?因为本班学生基础薄弱,阅读面窄,理解能力与分析能力均不到位,所以课前我估计学生难以理解文学性表述、审美性、隐喻性等词语。这个教学环节应该有很多疑问,但学生因为参考书的评析放弃了质疑!

片段二:

作者将生命比成一江春水和一棵小树,抓住了过程的相似点,那么请您结合生活体验,说说我们还能将生命比成什么呢?学生讨论的十分热烈,甚至争得面红耳赤,举手的人明显增多。第四位站起来的学生如是说:"生命还像流星,在天上拖着长长的尾巴,很短暂很漂亮!""很好,流星的一生短暂而绚丽,正当做人杰,死亦为鬼雄,昙花一现的生命却彰显了火一样的激情。你说得很精彩,其他同学同意吗?""同意!"班级同学异口同声!

反思:

第四名同学是一个学习基础极其薄弱的学生,能够举手回答已是很了不起的进步,所以对他的答案我采用了赏识教育,大加赞赏。但是他的答案明显是审题有问题,我期待学生指出,然后故作恍然大悟状进行点评,但学生却因为教师的评价放弃了质疑!

片段三:

文本分析结束后,感悟生命,培养情感和价值观时,学生大谈痛苦的好处,观点惊人的一致!小结时,我说:"生命中痛苦与快乐相伴,失败与成功相随。酸甜苦辣咸尝尽方知人生百味。因为痛过,所以我们更能体会幸福的甜。因为失败过,所以我们才拥有成功的狂喜。挫折也是生活的恩赐,对不对?""对!"又是异口同声。"呵呵,但我还是希望生命中快乐大于痛苦,成功多于失败,挫折能不来就别来!"学生笑了,纷纷点头表示赞成。

反思:

学生的笑与点头表明他们认同这一观点,但在交流中没有一个学生敢于提出自己的看法!大谈痛苦与挫折的好处,这一观点来自文本和教师的引导,完全是知识的传递而非创新,学生没有说出自我真实的感受!学生因为作者的观点放弃了质疑!

案例评析:

《论语》中有117个问题,孔子问的只有一个。宋张载说:"学则须疑。"朱熹有云:"无疑者须教有疑。"《语文新课程标准》明确指出:"语文课程必须根据学生身心发展和语文学习的特点,关注学生的个体差异和不同的学习需求,爱护学生的好奇心,求知欲,充分激发学生的主动意识和进取精神。"《国家中长期教育改革和发展规划纲要(2010－2020年)》指出在教育发展中要突出终身教育的理念,提出了构建终身教育体系的目标和任务。

很难想象失去质疑意识、质疑能力和质疑兴趣,只会一味重复前人或他人观点的学生,能够拥有创新意识和创新能力,并能够成为一个终身学习的人。所以语文课堂教学中,我们要大力培养学生质疑精神,让质疑成为语文学习的开始!

第一,培养问的意识,引导学生质疑。教学过程中,教师精心设计若干问题,学生努力解答这一模式,在学生的思维中根深蒂固,无形中剥夺了学生问的意识。作为教师,我们要有意识地在课前参与学生的预习,引导学生质疑,在课堂上制造矛盾创造质疑,留出时间让学生提问合作探究,在课后引导学生交流心得产生争论。长期训练,让学生拥有问的意识。

第二,教会问的方法,培养质疑能力。学生长期不问,失去了问的能力,不知问什么,怎么问。教学中,教师要明确本节课的学习目标,避免学生问的问题过于零散琐碎,或游离于教学之外。例如文本研读时,可以提醒学生侧重于内容概括,主题提炼,人物分析,语言赏析,写作特色等方面。通过审题训练教会学生问的方法。对于他人的答案学会从审题、观点、逻辑、措辞等进行质疑。长期训练,让学生拥有问的能力。

第三,赏识问的行为,激发质疑兴趣。中学生心理具有胆怯、害羞与从众等因素,表现于怕丢脸,怕批评,怕出风头。面对学生的心理问题,教师在学生提出质疑时要多鼓励,多赏识,给予充分肯定和合理评价,从而激发学生质疑兴趣。教师本人可采用有意识犯错,培养学生"人非圣贤孰能无过"的意识,同时通过学习合作小组统一行动消除学生内心的胆怯。长期训练,让学生拥有问的乐趣。

严格按照教师设计完成知识传递而非知识创新的语文课堂,未必是好课堂,因为这无助于学生真正拥有学习语文的能力,更无助于学生的终身学习。只有教会学生质疑,才是语文学习的开始!

(谭志刚)

课堂教学资源在物理课堂中的应用

——城乡结合初中物理教学案例

一、案例背景

诺贝尔物理学奖得主尼尔斯·玻尔说过:"物理学所涉及的就是我们对于自

然界所能说的东西。”《物理新课程标准》中提出了学生应具有的科学能力探究目标:能从日常生活、自然现象或实验现象中发现与物理学有关的问题。

二、案例过程

案例一:声音的产生与传播

问题再现:

(1)课堂中直接演示了音叉的振动发声,让学生看发声的音叉在振动,学生无法观察到或感知到发声体在振动。

(2)在比较固体传声效果与气体传声效果时,让学生听直接敲击衣服架与把鞋带绕在手指上,在把手指塞进耳朵里听敲击时的声音时,学生反映两次声音的效果区分不明显,不能辨别固体传声效果与气体传声效果的好坏。

(3)在“真空不能传声”这个知识的教学中,由于实验器材的缺乏没有演示实验,只是让学生进行猜想,教师进行了总结,在做题中发现考察到这个实验的过程和现象时错误率较高。

(4)在声能的教学,由于没有收音机等器材,直接让学生观察课本中的图片,学生没能理解声能的存在,例举不出生活中声能存在的例子,在做到:将乒乓球靠近音叉,敲击音叉时,这个实验所反应的物理知识时,很多学生错填为:声音具有能量。

发现问题后,在另外一个班级中进行了矫正教学:

(1)找找我们周围的声音。特别是课堂中的声音(可以进行课堂纪律的教育)

(2)分析这些声音产生时的共性(振动)。你能够用实验说明发声体在振动吗?

演示音叉的发声振动,引发学生利用身边的器材设计实验:如:拍打课桌可以使纸片跳起,自己发声时声带在振动等。教学中渗透转化和放大的方法。

(3)我们听得到这些声音需要具备什么条件(引出介质)? 这些介质传播声音的效果相同吗? 如何设计实验说明?

演示衣服架的敲打实验,引导学生利用课堂中的器材设计实验:如:两位同学分别位于课桌的两端,其中一个同学敲打桌面,另一位同学听声音,然后将耳朵贴在课桌上听,比较出声音在空气和固体中传播效果。

(4)什么地方听不到声音?(月球)

拓宽学生的知识面,提高学习兴趣,通过理想假设的方法,推倒出:真空不能传声。

(5)声能的教学中,准备了收音机和蜡烛,演示了课本中的实验,学生通过观察实验现象,感知声能的存在,同时通过更多的事例充分说明,如:飞机从农场上空飞过造成动物的死亡等。

案例二:二力平衡的教学

问题再现:(1)画出课本第62页图9-1四幅图的受力示意图,直接告知了学生这些物体处于平衡状态,此时受到的力大小相等,方向相反,在同一条直线上,引出了平衡状态和平衡力的概念,同时根据四幅力的示意图概括出了二力平衡的条件。

(2)由于前面已经总结出了二力平衡的条件,下面我们一起设计实验来验证二力平衡的条件,课堂中演示了二力平衡的实验,教师操作,学生观察(学生未参与实验过程),演示结束,学生朗诵二力平衡的条件,并进行了记忆。

发现问题后的矫正:

(1)找出课堂中课桌、书本、灯、教室外汽车的行驶(近似的看成是匀速直线运动)的运动状态和受力情况。

(2)找出这些物体的运动状态的共性(静止或匀速直线运动)

(3)结合以上事例总结平衡状态的含义。

(4)分析以上事例中的物体(平衡状态下)的受力有什么特点,初步提出二力平衡时需具备什么条件,为后面的实验设计和操作做铺垫。

(5)交流讨论实验中应选择哪些器材,选择这些器材的作用是什么并呈现实验器材。讨论如何在实验中探究二力平衡的四个条件,如何进行操作,并分组进行实验探究二力平衡的条件。实验结束总结二力平衡的条件。

(6)这与我们前面学习的相互作用力有什么区别?学生交流讨论,发现二力平衡时两力作用在同一物体上,相互作用力作用在不同的物体上。在课堂中找出一对平衡力和相互作用力,当堂完成反馈练习。

案例三:电流、串并联电路的教学

问题再现:(1)电流的教学中课堂中分析了抽水机的水路,将与电流的类比部位告知了学生,引出了电流的含义。

(2)串并联电路的教学中,教室组装了串并联电路让学生观察电路,总结串并联电路的概念。做题中有关串并联电路特点的辨别错误较多。

(3)总结出了串并联电路的概念后,同学们看看电路,它们可能有哪些特点,从电流途径、开光作用、灯的工作情况进行总结。

发现问题后的矫正:

(1)先让学生认识"人流",下课后,同学们从教室中出来到厕所或到办公室,形成了“人流”，且这“人流”有一定的方向，类比于电灯发光时有电流通过且有一定的方向。

(2)串并联电路的教学中，把教室中每一个独立的小组类比于串联电路，把整个班级的所有小组类比于并联电路，这样学生看到自己的座位就可以认识到串并联电路的不同。

(3)让学生利用教室的资源，找出类比的物体或情景能更好的帮助学生进行理解电流的存在和区分串并联电路。

(4)串并联电路特点的探究利用教室里的日光灯进行操作，观察灯的发光情况(特别注意其中一个开关控制的三盏灯中坏的那盏灯对其他灯的影响情况)，发现串并联电路的特点。

三、案例反思

城乡结合地区的初中物理教学存在的一些独有的特点：

1. 城乡结合地区的经济条件的限制，学校物理器材缺乏，很多实验分组无法做起来，有些演示实验也难以完成。

2. 城乡结合地区的学生总体来说理科成绩薄弱，害怕学习理科，甚至有讨厌学习理科的心理，物理学科也是如此。

3. 城乡结合地区大部分学生家长在家务农和外出打工的较多，对学生的教育重视程度不够，学生知识面狭隘，知识应用能力薄弱。

4. 学生大部分缺乏对学习方法的掌握，对于物理中的概念和原理不能很好的掌握和记忆，总是死记硬背而又达不到效果。

5. 学生动手能力差，思维空间受限，自主设计实验和进行实验的能力较弱。

6. 受城乡结合地区的影响，学生社会阅历浅，认识的事物和看到的景象少，有时无法将所学的知识和事例结合分析解决。

根据城乡结合地区初中物理教学中存在的这些问题，我的思考是：

1. 课前认真备课，特别是备资源

实验是物理学科的基础，生活是物理学科的素材，脱离了实验和生活，学生是学不好物理的。如声现象的教学：声音在生活中无处不在，那么怎样将生活中的声音与声音的有关知识联系起来是我们教学中需要处理的问题。

2. 让课堂中的“死物体”变为“活概念”

物理中的很多概念都很抽象，如：力的概念，二力平衡，能量的概念等。让学生死记硬背是不行的，学生学习的“阵地”是课堂，如果能让学生看到课堂中的物体和情景就能够回忆起有关概念是非常有效的。

3. 用通俗的语言描述抽象的物理量

物理学中的一些物理量虽然存在但很抽象,不容易理解,如:电流、电压、电阻、磁场等。如果我们教学中只是照搬课本的概念或含义,学生理解起来有困难,也不容易区分这些物理量,用通俗的比喻或类比的方法可以让学生认识这些物理量的时候更加轻松。

(燕红林)

让学生在迁移中理解物理概念

——《从速度到功率》教学案例及反思

【案例背景】

"教是为了不教",叶圣陶老先生的这句话既道出了教学的目的,又指出了学生掌握了方法后自主获取知识,寻求发展的历程。指导学生应用正确的学习方法,建立知识网络结构,注重知识间的迁移,是学生获取知识的金钥匙,是学生发展的关键。

所谓知识的迁移就是利用新旧知识间的联系,启发学生进行新旧知识的对照,由旧知识去思考、领会新知识,学会自主学习的一种方法,这种旧的知识结构对新的学习的影响就形成了知识的迁移。

再读叶圣陶老先生的文章,更加觉得在教学中应该应用知识间的有效迁移,让学生学会学习。读完掩卷思考:"在初中物理的教学中也可以应用知识的迁移,明天教学功率,前面学生学习了速度,将速度与功率联系起来,进行有效迁移,学生会有什么收获?"

【教学案例】

早晨第三节课,走进课堂第一句话就是:"今天我们先来读一段文章。"学生都一愣,惊讶地看着我,并且相互交换眼色,有点茫然,心想:老师今天怎么了?

我微笑地面对着每一位学生,读了一段文章:

如果花瓶碎了,你如何对待?大多数人的做法是:把碎片扔掉,而且一扔了事,干脆利索,根本不曾思考与之有关的规律。

那么,这里面有规律吗?

有。这就是,将碎片按大小排列并称过质量后即可发现:10~100克的最少,1~10克的稍多,0.1~1克的和0.1克以下的最多!尤其有趣的是,这些碎片的重量之间有着严整的倍数关系,即:最大碎片与次大碎片的重量比是16:1;次大碎片与中等碎片的重量比是16:1;中等碎片与较小碎片的重量比是16:1;较小碎片与最小碎片的重量比也是16:1。

发现这一倍比关系并将此规律加以迁移用于考古或天体研究,从而由已知文物、陨石的残肢碎片推测它的原状,并迅速恢复它们的原貌,便于进一步研究。首先发现这一现象的聪明人,就是丹麦的科学家雅各布博尔。

可是,我们做到了吗?

于是突然发现我们的可悲。这就是,打碎瓶子的经历,我们肯定有过,可是,当包含其间的规律从我们的身边淘气地溜走时,我们拥抱过它吗?我们是否将知识、规律进行过迁移,使自己的知识结构更加完整?

学生听完好像都若有所思,这时候我趁热打铁:"今天我们来学习一个新的物理概念:功率,功率和我们前面学习的速度有很多相似之处,看看大家有没有有所启发,会将知识进行迁移。"

此时,我出示:"学习目标:1. 功率的意义和定义;2. 功率中所渗透的物理研究方法;3. 功率的比值定义;4. 功率的图像意义。"接着说:"下面请同学们去书中看一看、读一读、找一找、划一划,然后联系我们学习的速度,将知识进行迁移,小组交流一下,看谁能发现知识间的规律多。"

学生开始看书第17页至第19页,划重点,我巡视,大约5分钟后,了解学生的情况,学生都抬头望着我的时候,暗示我已经读完。

我提出问题:"你看懂了什么?会不会迁移,有什么收获?"

生1:"我发现,速度的意义是表示物体运动快慢的物理量,它的定义是物体在单位时间内通过的路程,迁移到功率中来,功率的意义是表示物体做功快慢的物理量,它的定义是物体在单位时间内所做的功。"

师:"它们的计算公式呢?"

生2:"速度的计算公式是 $v=s/t$,功率的计算公式是 $p=w/t$。"

师:"那你们知道它们渗透的物理研究方法相同吗?"

生3:"速度中应用了"控制变量法"比较物体运动的快慢,即a、相同时间比路程,b、相同路程比时间。例如田径运动员的百米赛跑和职业足球运动员的12min跑的体能测试,都是比较运动的快慢,前者是在路程一定的情况下,比较______________时间的长短,后者是在时间一定的情况下,比较路程的长短。

将知识迁移到功率中来,也应用了"控制变量法"比较物体做功的快慢,即a、相同时间比做功的多少,b、做功相同比所需的时间。例如用挖掘机挖土与人力挖土做功的快慢不同．它所用的判断方法是,做功时间相同,比较做功的多少,一种判断方法是在做功多少相同,比较做功所用的时间。"

师:“还有没有其他物理研究方法?”(原以为学生会想到比值定义法,学生居然冷场,各人低头。只好告知。)“还应用了“比值定义法”来定义物理量,即用路程和时间的比值来描述运动的快慢,用做功和所需的时间的比值来描述物体做功的快慢。”

师:“大家翻看课本,比值定义可以将物理与数学结合在一起,应用数学知识解决物理中的比值计算,注意好对应的物理量,对号入座,应用数学知识就可以解决了,比值定义在我们的学习中有哪些应用?”

生4“路程与时间的比值是速度,做功与做功时间的比值是功率,在学习中经常要应用比值来计算。例如“两个做匀速直线运动的物体,v 甲 =20m/s,v 乙 =15m/s,它们运动的时间比为2:3,它们运动的路程之比为(　　)

A. 2:3　　　B. 3:2　　　C. 8:9　　　D. 9:8”

中就应用了比值定义来计算。”

生5:“我发现功率中也应用了比值定义来进行相关的计算,例如“甲、乙两同学进行爬杆比赛,爬到杆顶(杆长相同)时,甲用10s,乙用9S,若甲乙两人的体重之比为5:6,则甲乙两人爬到杆顶做功之比是________,甲乙两人平均功率之比是________。”

师:“你们会进行计算吗?试试看。”……

师:“在速度的学习中我们学习了相关的图像,功率中有没有相关的图像?

应该怎样观察图像,这些图像有什么意义?”

师:“有关图像的分析要从三个方面入手:(1)首先看“轴”,即横轴、纵轴所表示的物理量、单位和分度值;(2)其次看“点”,即起点、转折点、终点的含义;(3)最后看“线”,与轴平行的线和斜线(曲线)的区别与联系是解决问题的依据。”

师:“注意我们在作图时要用平滑的曲线把各个点连接起来,不能画成折线,少数的点可以落在曲线的附近。”

师:“关于图像大家有什么发现?”

生6:“在速度的学习中有关图像的问题我们是这样分析的,举个例子:甲、乙两小车同时同地同方向做匀速直线运动,它们的 s-t 图像如图所示.则甲乙两车的速度关系是(　　)。

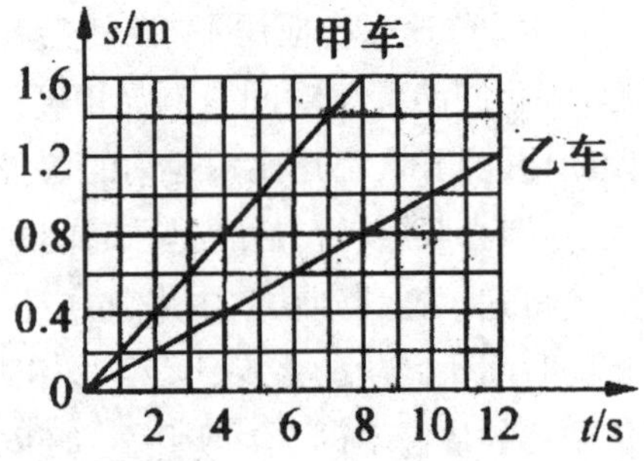

A. $V_{甲}$ 大于 $V_{乙}$　　　B. $V_{甲}$ 小于 $V_{乙}$

C. $V_{甲}$ 等于 $V_{乙}$　　　D. 无法判断

S－t 图像的意义是说明路程与时间成正比，在分析时先看轴，横轴表示时间，单位是秒，分度值是 1 秒，纵轴表示路程，单位是米，分度值是 0.2 米；然后看点，甲车和乙车从同一起点出发；最后看线，甲车的图线表示甲车做匀速直线运动，速度是 0.2m/s，乙车的图线表示乙车也做匀速直线运动，速度是 0.1m/s。从图像中可以看出，甲车的速度大于乙车的速度。”

生 7：“将知识迁移到功率中来，功率中也有类似的图像，比如 a、b 两物体做功随时间变化图像如图所示，观察图像可知 a、b 两物体的功率大小关系是（　）

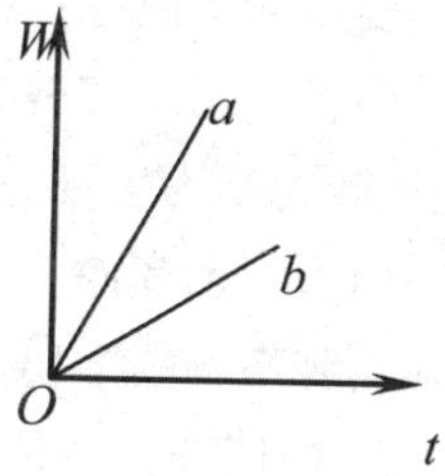

A. P_a 大于 P_b　　　B. P_a 小于 P_b

C. P_a 等于 P_b　　　D. 无法判断

W－t 图像的意义是说明做功与做功的时间成正比，在分析时先看轴，横轴表示时间，单位是秒，纵轴表示做功的多少，单位是焦耳；然后看点，a、b 两物体从同一起点开始做功；最后看线，可以采用画直线法，在横坐标上取一点作垂线，相交于图像中的两点，即控制了时间不变，比较做功多少与时间的关系，可以比较出 a 物体的功率大于 b 物体的功率。”

师：“所以，采用迁移的方法，我们可以理解类似的一系列物理概念，掌握好速度的有关知识，可以起到示范和参照作用，迁移过来，可以解决压强、功率、电阻等一系列问题，大家应该发挥思考问题、探究问题、应用知识的聪明才智，让我们一起拥抱普通知识所包含的深刻规律！”

……

【案例反思】

《功率》是义务教育课程标准实验教科书九年级上册第十一章的内容，是学生继“速度”学习的扩展，由于学生对物理概念的理解通常要经历一个从直观到抽象，从朦胧到清晰，从了解到熟悉的过程，教材要求“了解功率的意义和定义知道功率的比值定义，理解功率的图像意义”。让学生体会物理与生活实际的联系，能解决相应的实际问题，培养学生主动培养的习惯。而这一过程是学生不断感知、体验、交流、反思的过程，正好可以应用迁移的方法让学生产生理性的认识，从而举一反三，触类旁通。

从这节课学生的表现来看，到下课时，学生依然意犹未尽，异常兴奋，学生感觉这类概念可以有效整合，迁移并加以应用。回顾一节课的完成，收获颇丰：

1. 应用迁移,可以变抽象为直观

物理教学中涉及很多抽象的概念、知识,如分子动理论的相关知识、宇宙和微观粒子、电流的形成、固液气的微观模型、电压的形成等。常规的教学缺乏准确的生动的直观效果。而应用迁移的方法可以将这一类抽象的知识整合为直观的知识,让学生的主体探究代替教师的主导教授,学生学习知识的历程更具趣味性。

2. 应用迁移,可以变枯燥、乏味为生动、有趣

爱因斯坦说过:"兴趣是最好的老师"。没有兴趣,学生主体参与的活动将是勉强的。应用迁移的方法将物理知识间有效整合,直观形象,新颖生动,能够变枯燥、乏味课堂为生动、有趣课堂,激发学生的学习兴趣,使表现的内容更充实,更具有吸引力。彻底改变了"教师一支粉笔,一张嘴满堂灌"式的教学方式,使学生更能体会到事物的本质。

3. 应用迁移,可以变简单为神奇

在物理教学中应用迁移的方法的过程中我们要把握好一个"度"的问题,就像走钢丝一样,关键在把握好平衡的度,否则不是掉在左边,就是掉在右边,能走到终点的,都是适度平衡的优胜者,物理知识间的迁移也是如此,在恰当的时候恰当的将迁移方法应用于物理教学,有时可以由"点"到"面",变简单为神奇,为物理教学添砖加瓦。

4. 应用迁移,可以变严厉、束缚为欣赏、放手

中学物理教材中的知识是有衔接性的,有些知识是前期学习的延续。采用迁移的方法,让学生独立学习,对学生放手,对学生的发现采取欣赏的态度,可以很好地将教师主动地"教"转化为学生独立的"学",学生在享受到成功的喜悦时,他们的"学"将会更加主动,教师的"教"也会显得更轻松,真正的实现"教是为了不教"。

(张华)

想说爱你不容易

——谈农村语文课外阅读的有效指导

初三,中考复习,一道名著选择题,全班二分之一的学生选错!从未奢望农村孩子能"读书破万卷",但《课标》规定的名著居然也沦落到如此田地!不禁长叹:课外阅读,想说爱你不容易……

一、案例背景

从前沿的语文教学理论到名家、大师的真知灼见，从《语文新课程标准》到一线教师的实践研究，语文界对课外阅读重要性给予了高度的肯定："让学生在图书世界里生活，这是当今学校一个重要的教育问题"。但是农村初中生学生不爱课外阅读，甚至怕读、厌读、读而无获，已成了不争的事实。

二、案例描述与反思

【片段一】

拿着 2011 年的南京中考语文试卷，我走进了教室。一如既往，学生讲解，我则偶尔追问一下为什么。"第 7 题，选 D。""选 D?"我的心咯噔了一下，拧起了眉头。"选 D 的请举手。"二分之一！压抑着内心的不满，我竭力保持着语气的平静："我好像记得偷罗汉豆，应该是《社戏》里的情节吧？《社戏》选自哪里呀？""《呐喊》。应该选 C。"学生恍然大悟。"读过《朝花夕拾》的请举手。"三分之二！"那怎么不记得呀?"语气有点生硬。"忘了。"被点起来的学生怯怯地说。教室里陷入短暂的沉默中……

【分析与反思】

二分之一的错误，三分之二的阅读，三分之一读完之后一无所获！这就是农村初中生《课标》规定的名著阅读现状！虽然之前反复强调课外阅读的重要性，要"多读书，读好书，读整本的书"，"九年课外阅读总量要达到 400 万字以上，阅读材料包括适合阅读的各类图书和报刊"。现在看来，这些不过是口头的重视，根本没有取得任何的实效！局限于课内 169 篇文章的初中语文学习，学生的语文素养可想而知！课外阅读的现状必须改变，初三总复习阶段，怎么办?

【片段二】

布置教室，搭建舞台，两张桌子，两组学生。同学们窃窃私语，好奇地看着。"我最讨厌读名著，太长，还读不懂。"第一组学生正在谈论着阅读。"米饭初嚼时没什么滋味，但越嚼越香，甜滋滋的。而且它是我们身体成长不可或缺的营养，你要多吃呀!"第二组学生正在谈论着饮食。"有些书籍如哲理小品，经典散文等，拥有不同的风味，酸甜苦辣咸，借此可品尽人生百味。""我喜欢到饭店，那里的菜肴不仅派系不同，而且色香味俱全，好吃!""我最喜欢读笑话故事、漫画、武侠言情、魔幻小说，好玩，我一个晚上就能读一本!""快餐小吃，虽然辛辣刺激，可满足一时的口舌之欲，偶尔尝尝可以，但过于偏好食用过多对身体反而有害……"表演结束时，班级的学生全体起立鼓掌！我走上讲台，在黑板上用力写下"阅读与饮食"，并语重心长地说:“身体要营养,精神也要营养。多读书,读好书,你就能听到生命拔节的声音!现在知道要读什么书了吧?”“知道!”学生异口同声地说!

【分析与反思】

虽然是初三总复习阶段,但我依然挤出了时间,尝试了课外阅读欣赏课,旨在解决读书的意义与书籍的选择。因为我坚信学生终身学习的能力远远大于中考,而且这两者本身也并不矛盾。夸美纽斯认为:“兴趣是创造一个欢乐和光明的教学环境的只要途径之一。”正确认识课外阅读是学生阅读兴趣产生的基石。如果能激发学生内驱力,帮助他们将课外阅读转化为自身生命成长的需要,而不是通过外在手段,将其定格为一种任务或者必须,那么课外阅读将不再是一潭死水,而应该是生机盎然。”

【片段三】

经过一周的筹备,“谁是真英雄?——《水浒传》读书演讲比赛”开始了。

先选择评委,班级的学生积极举手报名,场面火爆。然后公布比赛规则,选手登台演讲。有的结合时代背景谈人物的可贵之处,有的学生结合情节谈人物的性格,有的通过比较突出心目中的英雄,有的撷取人物的某个细节串联提炼,有的结合人物塑造的方法谈偶像,有的结合现实与自身的不足谈崇拜……结束时,连续弹压了三次,才平抑了同学们兴奋的心情和滔滔不绝的话题,笑着说:“回去愿意再看看《水浒》吗?”“愿意”大家咆哮着说。“通过这节课,你了解了多少英雄?”“好多,有武松、林冲、鲁智深,还有李逵等等,其实我认为卢俊义也厉害……”不得了,班级又炸了锅,大家又开始谈论起来,幸运的是下课了,我笑着离开,下课都没宣布。

【分析与反思】

著名教育家赞可夫曾说:“教会学生思考,这对学生来说,是一生中最有价值的本钱。”陶行知先生说过:“活的人才教育不是灌输知识,而是将开发文化宝库的钥匙,尽我们知道的交给学生。”这节课外阅读欣赏课,虽然学生谈的略显肤浅,甚至有的是借鉴别人的观点,但可以看出学生查阅了大量的资料,进行了深入地思考和充足的准备。课堂气氛活跃,学生的参与面与参与度得到明显的提升,而且对《水浒》产生了浓厚的兴趣,认识也得到进一步的加深。虽然没有说教,但在自主合作探究中,评析人物的方法也在不知不觉中扎根于学生的脑海。

三、案例总结

吕叔湘认为自己学习语文,三分得益于课内,七分得益于课外。朱永新认为一个多读书的人,其视野必然开阔,其志向必然高远,其追求必然执着。温儒敏说:"阅读量非常重要,有一定的阅读量,语文素养才能上得去。"《语文新课程标准》明确要求"学生九年课外阅读总量达到400万字以上……"由此可见,课外阅读在初中语文教学中具有举足轻重的地位。但在农村初中语文的实际教学中,其往往停留在口头上的重视,学生怕读、厌读、读而无获。其原因在于教师将其视为学生的个体行为,缺少有效指导。这直接造成学生面对繁多芜杂的阅读材料不知读什么,缺少交流丧失了读的兴趣和读的深度,缺少指导不知如何高效阅读。

通过不同专题多种形式的自主探究合作的主题活动,开展课外阅读欣赏课,能够解决为什么读、读什么的问题,以此提升学生的甄别选择的能力,使他们能根据精神成长的需要选择合适的书籍;能够营造阅读氛围,搭建合作交流研讨的阅读平台,将个体经验与集体智慧相结合,以此获得灵感和更深层次的理解与思考,从而在持久地维护课外阅读激情的同时,提升课外阅读的效益;能够有效指导方法,使学生不仅能够有效地进行课外阅读,达到事半功倍的效果,拥有终身学习的能力,提高语文素养,而且能据此构建自己的精神家园,拥有健康充实向上的生命力。

综上所述,开展课外阅读欣赏课,使之成为农村初中语文教学的有益补充,应该是一个有效的措施。

(谭志刚)

殚精竭虑之后的一声断喝……

2月26日,接受任务心潮起伏。

今天接到区教研员李老师的电话,得知将代表区里参加南京市"好读书·读好书"的综合性学习活动。挂了电话后,即陷入了沉思:活动主题很简单,无外乎激发阅读兴趣、养成良好的阅读习惯、学会选择书籍、掌握正确的读书方法。活动形式也不难,课外阅读的课题研究,我已开展了近两年,随便挑一个就可以完成10分钟的表演任务。但是这次有所不同,毕竟是代表区里去汇报,如果……这活动主题要鲜明、内容要充实、形式要新颖,要能够经得起推敲,总之得有点创意才行,得反应我们农村课外阅读的特色。这农村特色可就愁死我了:10分钟、小舞台、无道具、初一学生,恐怕形式上的创意是很难体现了,那就着眼于内容吧。怎么体现农村特色呢?我利用所有的空闲时间,焦虑地思索着……

经过一个多星期的构思,我终于完成了活动方案,也没多少创意,还是建立在原有的读书活动的基础之上。于是我就在剧本上狠下工夫,换位思考,从学生的角度思考语言、动作、表情,考虑现场效果,追求活动的趣味性。连续3天的夜车,终于炮制成功。想着学生表演时的滑稽模样,心中顿如巨石落地,轻松之情溢于言表,终于可以睡个好觉了!

3月7日,聆听教诲心似狂澜。

也许是在农村吧,我们所有的参赛活动一般都是单打独斗。团队研究不能说没有,但很多流于三言两语无关痛痒的形式,缺少深入打磨的精雕细琢。这次可不能这样,因为任务的性质,我得博采众家之长。随着邮件的发送,我很快收到了回音。

特级教师袁老师:我好奇怪,这事怎么是你设计呢?综合性学习是培养学生语文能力的最好的平台。假如我接到这个任务,我肯定第一时间告诉全班的孩子们,并请他们开动脑筋,设计方案,在班级竞标。我的针线女红能力很差,但我妈妈则比较好,我外婆更好,估计我妈妈的外婆手艺又要再强一些。我妈妈说,这就是能干妈妈笨女儿。当老师以后,我特别怕自己的"能干"会把学生变"笨",所以我啥事情都依赖他们。每一届学生都知道他们的老师是弱者,要保护,要帮助,所以他们要强大。这才是做老师最大的幸福啊。

心中所有的窃喜一扫而空,干干净净,彻彻底底!

我不是一直反对教师的一言堂,反对一味呈现教师才华演绎而忽略学生生命成长的课堂,反对一味重视答案本身而淡化思维过程的教学模式吗?我不是一直告诫组内同事"管好自己的嘴,不要报答案,学会等待,努力引导学生学会探讨、学会倾听,引导他们评价与质疑,让他们知道知识获得过程远比知识本身更重要"吗?

我这是怎么了!为了所谓的虚名,我……有些话说起来简单,但时时、事事践行,不容易!最起码,我没有完全做到!

我追问自己、责备自己、反思自己,脑袋生疼……

下个星期,我要发动学生,并且实录一下此次汇演的全过程,借以警醒自己与其他教师,什么才是真正的"以学生为主体";该怎样利用综合性学习活动全方位培养学生语文能力!

3月11日,坦承失败语重心长。

今天以殚精竭虑的活动设计被否决为悬念,重点谈了学习方式的转变。

首先,由初三学生作文的苍白说起,谈到了学、练结合的重要性,接着以《卖油翁》为例,进一步证明。随后以班级作文为例,旨在说明为什么教师教了那么多,但我们的作文依然欠缺很多,除了练得少之外,还有什么原因?

其次,追问了陶萌几个语文知识,但陶萌无法答出。以此为例说明:虽然教师教了很多,学生记了很多,但并未真正掌握。除了懒散之外,恐怕还有学习方式的问题。因为这些知识,都是老师告知的,缺少自我思考、自我突破的艰难过程,所以印象不深,即使当时记得,也会很容易遗忘,何况有的人当时未必真的明白。随后以爬山为例:如果坐车上去,看似高效快捷,其实简单容易的背后是快速的遗忘,沿途美景,游览的审美感受等获之甚少。如果你先跑后走,乃至最后爬行而上,肌肉酸痛,双腿发抖,脸色苍白,大汗淋漓,那么其所留的印象不敢说刻骨铭心,最少是久久难忘。以此说明知识的掌握的多少有时和获得时的思维过程及付出成正比。

最后,得出结论:真正的学习必伴随着自我建构的"痛苦"的思考过程。

在一番铺垫后,我开启主题:自行设计"好读书　读好书"综合性学习活动。要求先自主再合作,根据九上复印资料,确立活动设计的主题、形式与流程。

巡视过程发现,部分学生虽能设计,但思路不清晰,侧重点有误,形式单一。我准备插嘴,最终忍住了。我怕提出的要求超出了我学生的能力,我怕说的多又会越粗代庖,剥夺了学生犯错的机会。很多学生因视野、学识、思考的惰性等问题迟迟难以动笔,直至下课。我得等待,并期望他们能继续思考。学习方式的转变必有改革的阵痛。越是不会,越要如此,唯有如此,方能学会!

3 月 13 日设计大赛平心定气。

今天组织"好读书　读好书"活动方案设计大赛。活动中因观众与选手的身份处于动态的交替变化之中,学生的表现颇具戏剧性:台上或大方、或羞涩,台下或托腮,或奋笔,相映成趣。只有我心安理得地扮演着观众的角色。

首先由主持人介绍这次大赛的目的、流程及要求. 然后学生们轮流走上讲台,阐述自己的活动方案,并接受观众评委的质询。有的因为思考周全,准备充分,面对质询显得游刃有余;有的因为能力所限,方案存有瑕疵,或王顾左右,或支支吾吾。

我在履行观众评委职责的同时,迅速将学生的方案分了个类:辩论赛 1 个,知识抢答 1 个,朗诵 1 个,读书报告 1 个,相声表演 3 个,说故事 3 个,小品 6 个,访谈 8 个。

活动至此进行很顺利,但在最后确定方案时,场面失控了:班级学生分成了两派,一方认为小品好,一方认为访谈好。双方大声嚷嚷,各不相让,居然对喊起口号来了……主持人向我投来求助的目光,我只得走上讲台。"你们争了半天,我都有点晕了。"我以手扶头,做晕倒状。学生大笑。"我们选方案既要看它能不能很好地表现我们的主题,二要看凭我们的能力能不能很好地把它表现出来。"经过协商,同学们最终选择了访谈。它虽然不够有趣,但耗时短容量大,能很好地展现多层面的主题,而且在我们农村初一学生的表演能力范围之内,易于呈现。

最后大家整合了李世浩、大张颖、周敏、史苑茹的方案,主题定为:真实再现农村孩子虽然艰难但依然诵读不辍的生活,以此激发阅读兴趣;模仿访谈节目,通过热点话题的探讨,初步了解书籍选择,并分享读书心得,最后激励大家一起读书。活动内容分为四个环节:介绍农村孩子的读书情况,学会选择书籍,分享读书故事,名言激励。

经过自主报名,举手表决,班级选出了七名出征"大将":罗蓉、沈雨婷、杨晨、张加琪、禹璐、谭学亮、姚璐。

3月15日完善剧本百感交集。

鉴于原有方案只有环节设计和操作流程,七员"大将"迅速召开研讨会。在我的建议下,他们对原有的主题进行了一定的修改,并依据主题进行了分工:有的负责搜集网络资料,有的负责整理、分类、编写调查问题,有的负责借阅教师原有的活动设计,有的负责照片采集,有的负责剧本的撰写,有的负责请教教师……

开始时,学生缺少搜集资料的能力,面对浩繁的资料,他们犹如没头苍蝇一样。于是我提醒他们先观看中央台"我的一本课外书"的访谈节目,然后学习别人类似的活动方案与相关主题的调查报告,再结合自己的需要进行删减整合创新。同时要注意发挥全班学生的能动性,看看他们对访谈问题的编制有何建议,搜集他们的答案,从而使剧本更真实更全面。

3月15日,小组成员拿着调查问题走上了讲台,并要求所有同学不留姓名真实作答。调查问题分为四大类共31个问题。在调查过程中,部分学生提出了质疑:10分钟的活动时间,这些问题不可能一一完成。小组成员根据同学们的建议对问题进行了合并,保留了22个问题。在收集查阅所有学生答案后,小组成员结合自己的理解,完成了剧本的创作,并进行了排练。

他们的剧本总体来说能够围绕主题,虽然某些环节在转换时还有一点瑕疵。为了尽可能多地保留他们的劳动成果,我只引导他们对框架进行了修改。给四个环节弄了一个相对匀称的题目:一群农村的孩子,一堆喧闹的书籍,一段难忘的回忆,一个未完的故事。尤其是"喧闹"一词,颇花了一些功夫,有点古人的练字之风。

也许是农村孩子吧,他们的表演很是生涩,对话就像背台词一样,不太会朗诵和说故事。这种能力的训练,恐非一日之功,以后得慢慢练了。

案例反思:

1. 综合性学习活动首先是"学"其次才是"教"

《课标》指出"学生是语文学习的主体,教师是学习活动的组织者和引导者。"

“语文教学应激发学生的学习兴趣，……引导学生掌握语文学习的方法，为学生创设有利于自主、合作、探究学习的环境。”

此次活动中，教师起先混淆了教与学的主次地位，以教代学，自行限定了活动目标，活动流程。学生在其中只是充当了演员的角色，而且是没有任何创意解读的演员。他们形似木偶，只是负责将教师准备的台词原封不动地背出，并嫁接教师一厢情愿的预设动作表情。可以想象，这看似活泼的形式与场景的背后，收获的必将是苍白的说教和僵硬的表演。于是整场活动就演化成教师的自娱自乐！

在袁老师的批评下，教师随后更改了教学思路，经过前期的铺垫，将活动目标的制定，活动方案的设计，表演剧本的编撰完全交给了学生。这份放手不仅将带来学生对学习的重新审视，带来学习方式的转变，而且立竿见影，产生了不一样的学习效果：学生在自主合作的基础上，了解了学什么，怎么学，而且全员参与，每个学生都在积极思考、出谋划策，感受到创造的乐趣。他们获得的也许就不仅是“好读书　读好书”，还有更多……教师在其中适当点拨，例如结合资料我们需要解决哪些问题，10 分钟我们能解决哪些问题，如何选择方案，如何查找资料，甚至提供参考样本等等，更是让学生少了一份盲动，多了一份有的放矢。教师的主导性也得到了很好的体现，教师并不寂寞！

这样的学习才是学生的学习，关注的是学了多少，而不是教了多少……

2. 综合性学习活动是全过程培养语文能力的平台

《课标》指出综合性学习“主要由学生自行设计和组织活动，特别注重探索和研究的过程”。

仅仅着眼于综合性学习活动的展示过程是对综合性学习的误解。综合性学习从开始的内容选定、主题的确立开始，就已经进入了实质的学习阶段，其间穿插的还有问题的发现、分析、解决，活动形式的确立，人员的分工，资料的搜集、分析归类、整理等等，乃至最后的总结反思，无一不是语文能力的培养。

有效的实施综合性学习活动，必须关注其全过程：计划过程，如资源搜集和筛选、师生协商选方向定目标、制定体现合作研究原则和可操作原则的计划等；搜集、研讨、整理过程，如个人搜集和集体搜集相结合，资料的归类整理等；展示过程，如小组的分类展示与集中展示等；评价过程，如内容上的活动计划的评价、搜集探讨整理的评价、展示活动的评价，评价的对象上的教师、学习小组、学生个人的评价等；反思过程，如关于活动中有关知识、能力、情感等方面的得失以及今后努力的方向等。

只有教师的合理引导，学生的倾情参与，关注活动的每个环节的所知所得，综合性学习活动的教学价值才能得到最集中、最完美的体现。

3. 综合性学习活动是多层次培养语文能力的载体

《课标》指出综合性学习“主要着眼于学生在综合性学习过程中的表现，如是否能积极参与活动，是否能主动提出问题，还有搜集整理材料、综合运用语文知识探究问题、展示与交流学习成果等方面的情况。”

PISA 测评中，中国上海学生在认知方式各方面分量表上的平均成绩均位居第一，但是在访问和检索上比较薄弱。PISA 中国上海项目组组长、上海市教委副主任张民选认为，这可能是因为学生“汲取大量信息资源的能力还不够强，习惯了由老师提供现成的材料”。

因此作为新世纪的教师更应着眼于学生“应用阅读能力解决实际问题或学习新知识的能力”，关注学生语文综合能力的提高。只有这样才能让学生拥有 21 世纪人才必备的素质：学会认知、学会做事、学会共同生活、学会生存。这就要求我们更应该关注综合性学习活动，发挥它的优势，为每个学生提供发展空间，从而多角度多层次地培养他们的语文能力。

此次综合性学习让学生成为学习的决策者、规划者、实施者、评价者，不仅让学生拥有读书兴趣、养成读书习惯、掌握读书方法等，还培养了学生选择内容确定主题的能力，搜集整理分析甄别选择整合资料的能力，提炼概括比较的能力，倾听合作探究的能力，活动的设计实施调整展示的能力，连贯得体合理的口语交际能力，鉴赏评价能力等等。

4. 综合性学习活动是课程资源开发的实践基地

《课标》指出“语文课程资源包括课堂教学资源和课外学习资源……语文教师应高度重视课程资源的开发与利用，创造性地开展各类活动，增强学生在各种场合学语文、用语文的意识，通过多种途径提高学生的语文素养。”课程资源的开发绝不是教师单方面的行为，而应来自作为主导的教师和作为主体的学生的共同创造。

此次综合性学习活动，学生学习资源并未局限于教材所提供的有限资料，他们有了更广泛的涉猎，如电视观看“我的一本课外书”的访谈节目，上网搜集学习相关活动方案、过程及效果，借鉴有关农村课外阅读的调查报告，阅读教师的活动设计与课题研究，调查身边生活中课外阅读现状以及学生之间的思想碰撞、只言片语的提醒等，这些都成为了学生的学习资源，提供了语文知识学习与实践的平台。

真正激发学生的学习兴趣在于让他们能够“学以致用”，获得使用知识征服生活的成就感；真正培养学生的语文学习能力在于调动一切可用资源，让学生获得更多的学习和实践机会，并且这种学习应该是学生自由选择自主创造的结果！综合性学习可以完成这样的任务,也必须完成这样的任务。

（谭志刚）

浅谈英语的衔接教育

小学英语与初中英语,在教学方法上和教学内容上有着较大的差别,存在一定的梯度和落差。这种差别对于一个刚刚迈进初中校园的孩子来说,从心理上和学习能力上不可能做到轻松接受。七年级的英语教学,应该是小学英语教育的延续与发展,在整个英语学习阶段起着承上启下的作用。因此,做好这个阶段的衔接教育,对于巩固提升孩子们的学习兴趣,发挥非智力因素在教学中的促进作用,从而提高教学质量,具有突出意义。

七年级的孩子,在心理、生理发育方面与六年级孩子存在着共同点。他们保持了小学生天真活泼、求知欲旺盛、渴望表现等特点,也乐于和老师交流。因此,我们七年级的英语教师在教学过程中应该遵循学生的心理特点,采取丰富多样的教法形式,调动孩子们的积极性,切实做好英语教学的衔接工作。我认为,七年级英语的衔接教育,可以从以下几个方面入手。

一、教学内容无缝衔接

1. 熟悉教材,把握衔接点。

古人有云:知己知彼,百战不殆。作为一名七年级的英语老师,在面对有着延续性的英语教学工作时,整合课本、熟悉教材,包括小学与初中两个阶段的英语教材,是做好英语衔接教育的前提。教师只有熟悉了小学的英语教材,才能明确哪些已经为学生所学,和中学英语存在哪些异同之处,这样才能在开始教学的时候,对学生的已有英语认知水平做到心中有数,在一开始就找准衔接点,由浅入深地开展初中英语教学。

《预备教材》应运而生,作为衔接教材,难度不大。这对于教师的教学既是挑战又是机遇。是挑战,因为英语学习的两极分化在小学阶段已经出现,部分优秀学生对于《预备教材》的内容已经完全掌握,但还有一部分“学困生”需要从“Good morning”开始学起,教师在教的时候要兼顾全体学生,恰当地把握教学的广度和难易度,既要上出新授课的效果,还要保证有一定的概括和提升,这不能不说是一项挑战;是机遇,因为对于部分中等生及“学困生”来说,这是一次很好的查漏补缺和提高的机会,也是教师减轻两极分化现象的最佳契机。

2. 语音和语法知识等全方位衔接。

语音是语言的基础,学好语音不但有利于正确地发音,而且对词汇的学习和记忆大有帮助。在初一的起始阶段,教师就要补上这一重要环节,加强音标教学,让学生掌握用音标拼读单词的方法,为后面的英语学习打好坚实的语音基础,因为初中的词汇量在小学学习的基础上有一个飞跃,科学的记忆方法,无疑会对孩子的学习产生深远的影响。

小学阶段并不强调语法知识的学习。多数小学生对于英语第三人称单数和名词复数的概念混淆不清,对可数名词与不可数名词是否要复数加"s/es"也是一知半解,人称代词和词性的使用极易混淆。因此,在学习预备教材的时候,教师应该加强基础语法知识的讲解、归纳和训练,为7A的学习打下基础。

二、教学方法自然衔接

小学英语与中学英语在教学的模式和方法上存在着很多不同。小学英语内容简单易学,课堂上经常有大量的游戏、表演等活动,各种直观教具使用较多,课堂趣味性和娱乐性较浓。而中学英语由于有了升学的压力,课堂的教学容量和训练量大大增加,这就造成了教学方式的不同。加强中小学业务交流,组织中小学教师开展对口教研活动,增强课题组成员对所研究学科的教学内容、教学方法有良好的感性认识,要求教师努力做到"衔接"。

在初一英语的衔接阶段,教师还可以从四个方面进行教法的过渡。

1. 运用多种教学方式和手段,保持学生学习英语的兴趣。

刚上初一的新生,形象思维比较活跃,还保持着小学生那种活泼的性格,喜欢活动教学。因此在教学过程中,教师应当把握好教材内容的趣味性,利用各种直观教具(如实物、图片和多媒体教学)营造生动的语言交流情境,使学生在真实的情境中学习英语,体验英语学习的趣味性。同时开展一些英语活动,如游戏、对话表演、竞赛等,满足学生好玩乐、趣味性强的心理,让学生在活动中巩固和运用所学的知识,享受英语学习的乐趣,建立英语学习的信心。

2. 扎实把好单词关,重视拼读、朗读和背诵能力的培养。

单词是构成英语的基础,牢固掌握英语单词是学好英语的必要条件。因此引导学生过好单词关是英语教学工作的一项重要任务。过单词关首先要帮助学生过语音关。在开学初,教师每天在教学单词的时候,有意识地教授音标,带领学生拼读单词,久而久之,学生便习惯通过音标来拼读单词。学生掌握了音标后,能很快地找出单词的读音和拼写之间的联系,单词的记忆也变得简单和轻松。

俗话说:书读百遍,其义自现。朗读和背诵能力的培养对于学好英语起着重大作用。在教学时,教师合理安排时间指导学生进行朗读与背诵课文,既能增强学生语感,训练口语,又能训练学生记忆力,有效地促进语言知识的习得。

3. 采用层次教学法,兼顾各个层次的学生。

学生在小学学了6年英语,升入初中后,由于生源复杂等各种原因,学生个体差异较大。这时若以整体化教学方式进行教学,两极分化则必将更加明显。随着教学的深入,学困生必将放弃英语,这对学生的整体发展影响很大。因此在初一的衔接阶段,实行分层次教学很有必要。

采用层次教学,教师首先应了解学生,做到心中有层次。然后根据学生自身的特点及知识层次,为其制定不同的目标体系:基础目标、提高目标、发展目标。教学过程中,采用"托底推中"教学策略,狠抓基础目标的实现。由于学生的能力差异,学习速度有快有慢,效果有好有坏,这时就需要教师的针对性指导。课后作业的布置,更要做到分类分层次。不同层次的学生,作业的量和难易度应当有所差别,在批改作业时,其评价的尺度也应不同。

4. 用细致的爱去了解"学困生",用真诚的行动帮助"学困生"。

初一英语的衔接阶段,工作的重点之一就是"学困生"的辅导。这项工作做不好,衔接工作也无法取得成功。辅导"学困生"是项长期而艰巨的工作,关键要教师付出"爱心"与"耐心"。教育专家指出,许多"学困生"的问题不在于智力,而在于没有得到各自所需的关心与帮助。每一个"问题孩子"的背后往往都有一个问题家庭:有些是单亲家庭、离异家庭、重组家庭、留守儿童。这些孩子的心灵往往更脆弱、更容易受到伤害,这些孩子本身没有本质上的问题,问题在于从家庭得不到关心、感受不到家庭的温馨,因此教师在教学及日常生活中,对"学困生"应给予格外的关心及爱护,如多找他们谈谈心,上课多提一些简单的问题,当面批改他们的作业,多鼓励少批评,采取"一帮一"的活动,以此激励他们"想学"的愿望。在工作中,我尽量通过短信、家访等形式来了解学生的学习、生活情况;掌握了这些"盲区",更有利于教育学生,与学生沟通。

有爱,会让我更用心去教育学生;有爱,会让学生更爱学习;有爱,会让师生共同进步。

三、注重学生学习方法的稳定过度

学生学习方法的衔接,关键在于学生学习习惯的培养。而良好习惯的形成非一日之功,必须从一点一滴做起,因为习惯的东西最具长期性、稳定性,形成不易,改之亦难。因此从开学的第一节课起,教师就应重点培养学生学习英语的习惯,向学生明示一些要求:课前的预习要求(课前预习单词和课文)、课堂的听课要求

(积极举手发言、认真做笔记、大胆做游戏、仔细听录音、大声跟读模仿等)、课后的作业要求(字迹工整、格式规范、上交及时、有错要订正、口头作业要家长签字等)。当然,仅仅对学生做出要求而事后不进行检查,学生在完成的时候就会大打折扣。因此,教师要及时检查学生对各项要求的执行情况,并且要有相应解决措施。所谓习惯成自然,学生在执行老师的要求一段时间后,也就理所当然地适应了。

此外,教师对学生学习方法的指导也必不可少。例如向学生介绍一些如何更有效率地学习英语单词和背诵课文的方法,或者如何合理安排学习时间的方法。也可以让学生在学习过程中不断体会、总结和创新,谁有什么好的学习方法,大家共同分享,创造出一种竞争有序、快乐和谐的学习氛围。

四、内外兼修,以独特的人格魅力吸引学生,以扎实的教学功底震慑学生

在课堂教学中,我始终带着微笑,我要用真诚的微笑,幽默的语言给学生创造一个轻松、愉快的学习氛围,让学生享受快乐学习。

幽默是吸引学生的良药,而扎实的教学功底才是震慑学生的法宝。在每一单元的复习课上,我会根据认知规律,由感性到理性,把每一单元知识按照内在的逻辑,归纳整理成讲义印发给学生,让学生学会把知识进行有序梳理,做到一拎一条线,一抓一大片。

五、做好师生情感的沟通

所谓"亲其师而信其道",师生情感在教育中起着巨大的作用,它是一种催化剂,能调动学生的学习积极性,激励学生的自信心和上进心,有利于教学活动的开展和教学效果的提高。实践证明,和谐的师生情感是保证教学质量的前提。

情是心灵的钥匙,爱是教育的基础。我们在教学过程中要充分发挥得非智力因素的作用,激发情感,在浓厚、融洽、愉快的情感氛围中教与学,让学生进步,让教师升华。带着微笑走进课堂,带着爱心走进学生,用我们的真情感化学生,用我们的人格吸引学生,让学生"亲其师而信其道",教学和谐相长,是我始终追求的境界与目标。

"知己知彼百战百胜"。彼此尊重与交流能够有效促进教学进步,提高学生成绩。在初一的教学中,教师一定要了解学生,根据学生的身心特点,采取相应的教学方法,调动一切可以利用的非智力因素,调动学生积极性,努力做好小学到初中的自然衔接。

(李维玉)

流体的“怪脾气”

1912年秋天,在当时算是数一数二的远洋巨轮“奥林匹克”号,正在波浪滔滔的大海中航行着。很凑巧,离开这“漂浮的城市”100米左右的海面上,有一艘比它小得多的铁甲巡洋舰“豪克”号,同它几乎是平行地高速行驶着,像是要跟这个庞然大物赛个高低似的。忽然间,那“豪克”号似乎是中了“魔”一样,突然调转了船头,猛然朝“奥林匹克”号直冲而去。在这千钧一发之际,舵手无论怎样操纵都没有用,“豪克”号上的水手们一个个急得束手无策,只好眼睁睁地看着它将“奥林匹克”号的船舷撞了一个大洞。

究竟是什么原因造成了这次意外的船祸?在当时,谁也说不上来,据说海事法庭在处理这件奇案时,也只得糊里糊涂地判处船长制度不当呢!后来,人们才算明白了,这次海面上的飞来横祸,是伯努利原理的现象。就是气体和液体都有这么一个“怪脾气”,当它们流动得快时,对旁侧的压力就小;流动得慢时,对旁侧的压力就大。这是力学家丹尼尔·伯努利在1726年首先提出来的,因此就叫做伯努利原理。当两条船并排航行时,由于它们的船舷中间流道比较狭窄,水流得要比两船的外侧快一些,因此两船内侧受到水的压力比两船的外侧小。这样,船外侧的较大压力就像一双无形的大手,将两船推向一侧,造成了船的互相吸引现象。“豪克”号船只小重量轻,突然就跑得更快些,所以看上去好像是它改变了航向,直向巨轮撞去。

生活中,流体的这种怪脾气也经常看到,我们要把握好自然界中气体和液体的特性,很好的为我们服务。其实,人们和动物们很多地方都已经知道了这种特性,而且将这一“怪脾气”发挥得淋漓尽致。以下就几个方面来谈一谈:

一、草原犬鼠的自然空调系统

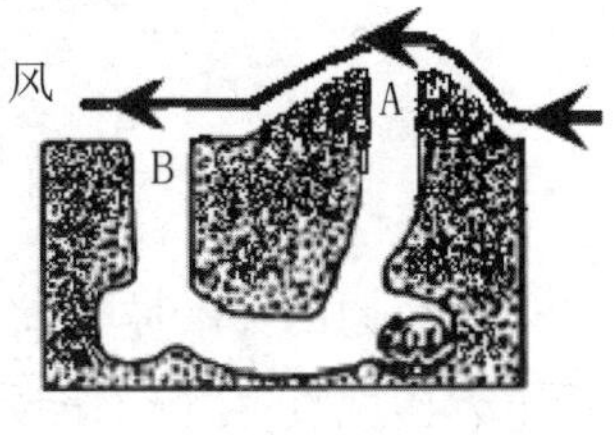

如图是是非洲草原犬鼠洞穴的横截面示意图,犬鼠的洞穴有两个出口,一个是平的,而另一个则是隆起的土堆,生物学家不是很清楚其中的原因,他们猜想:草原犬鼠把其中的一个的洞口堆成土包状,是为了建一处视野开阔的了望台,但是如果这一假设成立的话,它又为什么不在两个洞口都堆上土包呢?那样不是有两个了望台了吗?实际上两个洞口形状不同,决定了洞穴中空气中流动方向。吹过平坦表面B的风运动速度小,压强大;吹过隆起表面A的风流

速大,压强小。因此,地面上的风吹进了犬鼠的洞穴,给犬鼠带去了习习凉风,形成了犬鼠的自然空调系统。

二、贝克汉姆的“香蕉球”

如果你经常观看足球比赛的话,一定见过贝克汉姆罚前场直接任意球.这时候,通常是防守方五六个球员在球门前组成一道“人墙”,挡住进球路线.贝克汉姆起脚一记劲射,球绕过了“人墙”,眼看要偏离球门飞出,却又沿弧线拐过弯来直入球门,让守门员措手不及,眼睁睁地看着球进了大门.这就是颇为神奇的“香蕉球”。

为什么贝克汉姆如此神奇呢?原来,贝克汉姆罚“香蕉球”的时候,并不是拔脚踢中足球的中心,而是稍稍偏向一侧,同时用脚背摩擦足球,使球在空气中前进的同时还不断地旋转。这时,一方面空气迎着球向后流动,另一方面,由于空气与球之间的摩擦,球周围的空气又会被带着一起旋转.这样,球一侧空气的流动速度加快,而另一侧空气的流动速度减慢,于是,足球在空气压力的作用下,被迫向空气流速大的一侧转弯了,这就是贝克汉姆的“香蕉球”。

三、会“跨栏”的硬币

将硬币放在桌面上,硬币前面放一根铅笔,在硬币上方沿着与桌面平行方向用力吹一口气,硬币就可以跨过了“栏杆”。

图7

什么原因呢?原来硬币上方气流速度大于下方的气流速度,硬币上方压强小于下方压强,产生向上的升力,因此硬币就“跨”过了栏杆。

四、“不安分”的窗帘

小明在教室靠窗的座位上写作业,他旁边的窗户是开着的。当窗外有风吹过时,他看到身边的窗帘总是飘向窗外。

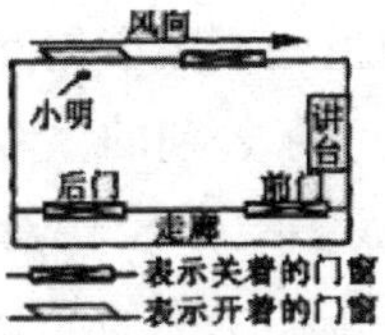

窗帘为什么会这么“不安分”呢？原来当窗外有风吹过时，空气流速大，压强小，室内空气流速小，压强大，形成了一个压力差，所以窗帘会这么“不安分”，总是飘向窗外。

五、跑车的“翅膀”

有的跑车在车的尾部设计安装了一种“气流偏导器”，它的上表面平直，底部弧形凸起，相当于一个倒置的翅膀，这主要是为了让跑车高速行驶时，车轮能更好地抓紧地面。

由于气流偏导器上表面平直，下表面凸起，所以当跑车高速行驶时，流过气流偏导器上方的空气流速较慢，压强较大；而流过下方的空气速度较快，压强较小。这样，偏导器上下方所受的压力差形成了一个向下的力，从而使车对地面的压力增大，摩擦力随之增大，提高了车轮的着地性能。

可见，流体的“怪脾气”还真不小！正如我国唐朝著名诗人杜甫《茅屋为秋风所破歌》所说的那样：“八月秋高风怒号，卷我屋上三重茅。”所以，在火车飞速而来时，你决不可站在离路轨很近的地方，因为疾驶而过的火车对站在它旁边的人有一股很大的吸引力。有人测定过，在火车以每小时 50 公里的速度前进时，竟有 8 公斤左右的力从身后把人推向火车。

流体就是这样，有着自己的“怪脾气”。

英国一家船舶博物馆收藏了一条船，这条船自下水以来，138 次遭遇冰山，116 次触礁，27 次被风暴折断桅杆，13 次起火，但是它一直没有沉没。伤痕累累依然勇往直前、百折不回、拒绝沉没，这是一条船的启示，也是生活的启示，把握流体的“怪脾气”，做一条拒绝沉没的船！

（张华）

积极推进城郊结合部地区的初中历史教学

历史是一门重要的人文科学，应该要体现最广泛的人文关怀。其中历史学习对一个人的全面发展是必不可少的，对一个民族的自豪感、归属感、凝聚力、创造力的积淀和发展至关重要。我国正处于城市化发展的重要时期,城市规模在不断拓展,城乡边沿在迅速扩大,但是由于长期的主客观原因,在城乡结合部地区的中学历史教学表现出严重滞后,绝大多数学校软硬件都很落后,与城区相比发展很不均衡。从现在积极推进全国范围内的教育资源均衡化和全面推进素质教育等方针实施来看,这种状况亟待解决。作为一名初中历史教师,在这样的大形势下积极推进城乡结合部地区的初中历史教学,这不仅是一种义务,更是时代交给我们的历史责任。以下是我在城乡结合部地区教学实践中的一些思考,以此抛砖引玉,希望得到广大同仁的指正帮助。

一、研究教学对象,做好学情调查

城乡结合部地处城市边沿,经济、人口、环境、文化都相对复杂,学生来源更是大江南北,各种地域带来的历史积淀在学生身上的显现各不相同。同时城市化的层次水平,家长的受教育水平,学生的历史认知水平也呈现出参差不齐。更为复杂的是学生已经进入青春期,各方面的发展处于高峰,心理变化非常快,与此同时在网络的普及、娱乐的多元化的形势下,学生能否重视历史学习当是一位历史教师应该思考的。面对以上现实,我们应当对学生采取多种形式的调查,如通过"我爱家乡历史"的历史活动课,让学生展示多元的历史文化,增强历史认同感,培养历史学习的兴趣,同时还可以全方位了解了学生的历史学习素养。也可以通过历史学习的问卷调查,历史知识竞赛等方式做好学情的调查。甚至可以通过与学生的聊天,达到对学生历史学习现状的摸底。经过我的一段时间的调查,城乡结合部地区的学生普遍对历史是感兴趣的,但是学生基础较差,历史思维能力欠缺,继续学习历史的内驱力不强,针对历史考查的重视程度不够高,课堂纪律不够理想等等,这些都使得城乡结合部地区中学历史教学长期处于滞后状态。

二、师生提高思想认识,扫清历史教学障碍

为适应高考的要求,在我省各大市历史进入中考统考科目已经有几年了,从学校、教师、学生等方面来看,对历史科目教学重视的程度都有了一定的提高。但是城乡结合部的中学,不论是学校、教师还是学生,都还有一些思想认识问题,如多数中学比较重视初三历史教学却不怎么重视初一初二的规范教学、使用兼职教师代课的比较多、历史课时安排比较少、没有与其它学科同样的考评奖励制度等等;教师方面,有些教师比较重视中考总复习却不太重视前期新课讲授,个别担任初一二年级历史教学的教师由于自认为没有像初三的中考升学压力从而在教学中缺乏动力等;在学生方面,因中考历史科目分值较少,又是实行开卷考试的考查方式,一开始就不重视历史学习,或只重视考试前的强化学习,不重视平时每堂课的知识积累。有的学生只重视单个死知识的记忆,不重视历史思维和知识迁移习惯的养成等。总之,长期的所谓副科思想和开卷考试,给许多人的思想套上了桎梏,制约了师生教学的动力、兴趣、钻研精神。

为改变上述情况,作为历史教师责无旁贷,我们在自己力所能及的情况下,要去提早打预防针。如针对城乡结合部地区学校的问题,我们可以结合中考的实际困境说服学校领导在具体工作中给予提供帮助,如恰当的课时安排、教学资料和教具的添置。对于学生,在开学初,教师要给学生多做一些思想工作,指出学习历史的重要性。结合眼前中考,晓以利害,指出中考是靠齐头并进,缺少哪一门都不行,历史学习不能马虎。告诉他们虽然是开卷考试,但开卷并不容易。只有认真钻研才可能考得更好,否则中考历史的失分绝不会比语文、英语少。帮助学生把好关、开好头,特别是新的班级,要抓好课堂纪律,保持良好的教学秩序,在规范中教学,如提出历史课堂必须带好必备书籍资料,课堂坐姿,上课做好笔记,考查测试正常正规,一开始就要形成良好的氛围。好的开头是成功的一半,重视课堂教学是提高城乡结合部地区中学历史教学的关键,真的大有文章可做。

三、重视历史学习的兴趣培养,全面提高教学效率

城乡结合部地区的学生对历史感兴趣还是比较多的,他们的兴趣可能来自于喜爱的小画册,或者电视历史剧,或者来自长辈们茶余饭后的历史启蒙。但是他们的兴趣只停留在感性上,若要使兴趣得以保持、提高,历史教师还有很多工作要做,不然就可能被书山题海从脑神经中“挤走”了。

历史老师在给新班级上新课前,应该给学生讲讲历史的重要性。学习历史无论对国家还是对个人都是很重要的。于国而言,“以史为鉴可以知兴替”。对个人来说,可以积攒勇气,培养正气,树立理想,健全人格,开阔心胸,丰富情感,提高自己的人文素养。历史知识的多少也直接影响一个人将来在社会上交往和生活的水平。而知识渊博的人能在一起“谈古论今”“指点江山,激昂文字”,那是多么快乐的事情。不妨再看一看百家讲坛,讲诸子,论史记,评三国,说两宋,什么于丹、易中天、袁腾飞不是他们让历史红了,而是历史让他们火了。即使在现在网络纵横的世界里,很多的交往、学习也和历史知识有着千丝万缕的联系。尤其在当今我国和平崛起的大好时代,继承和弘扬中华民族的优秀文化,要为人类的文明进步做出更大贡献,如果没有一定的历史知识作为积淀看来是肯定不行的。

为培养学生的兴趣,教师还可以举办多种形式的知识游戏,在游戏竞争中增加学生学习历史的兴趣。在条件许可的情况下,充分利用多媒体现代化教学手

段,多使用影像资料,调动学生的学习历史的兴趣,这也是一个非常有效的手段。

对历史,要想学生有兴趣,教师则要有更高兴趣、情趣、志趣。不懂历史,或对历史没有兴趣的教师也不可能给学生带来学习历史的兴趣,当然也“教”不好历史。对于城乡结合部地区的老师,更应该做历史教学的有心人,可以整合多种教育资源,让历史走进学生的家乡,走进学生的生活,这不正是一种人文关照吗!其实很多外地孩子的家乡历史资源很丰富,如我们班有两个来自江苏徐州的孩子,他们对汉朝历史很感兴趣,上课时我就让他们上讲台讲了汉朝的历史,他们讲起来真是绘声绘色的,很多细节也是我第一次听说,其他孩子则听得入神,除了羡慕还有跃跃欲试的热情,纷纷主动去讲了自己老家历史。也许我们给了孩子们一个话语的机会,他们就给我们带来了一个历史的真时空,那将是一种文化,一种境界,一种关怀,那不正是我们历史人的追求吗!

当然,历史教师要增强学生的兴趣,还要在课堂教学中把握好上课的语言。做到既要通俗易懂,又要体现历史学科的语言,既要诙谐幽默,又要把握历史本相,既要创新教学方法,又要回归课本内容,既要激发学生的兴趣,又要为学生的可持续发展服务。而真正把握好了课堂,学生的兴趣,教学的质量也就都有了。

四、提高教师素养,重视组内教研

城乡结合部地区的历史教育教学一直上不去,除了硬件的缺乏外,还有就是教师的素养不够,继续教育流于形式,教研组、备课组活动效率低下。造成这种情况主要由于前面历史不参加考试学校不重视,现在开卷考试重视程度不够,长期没有专职专业历史教师,历史集体备课、校本学习落实不到位等长期影响的结果。随着教育资源均衡化的发展,应该尽快加快这一地区的教师储备,可以通过长期的教师培养计划,如南京市正在进行的“历史骨干班”的培训,千名农村教师进城的学习培训,这样大大提高了教师的专业水平,壮大了历史教师队伍,培养了一批年轻有为的历史教师。而各个地区各个学校也应该根据实际情况组织相应的参观学习的活动,把教学的理论运用到实际教学中去,从教师的培养到学生的成长形成一体化,在师与师、师与生的相互学习中共同推进城乡结合部地区的历史教学水平。

当然,教师自身要愿学、爱学、好学,在教育理论方面要试图创新,毕竟我们所处的时代在发展,面临的学生在变化,与时俱进当是历史的必然。各地课程改革方兴未艾,为此我们应主动搜集多种版本的历史教材,认真研读,细心探究,找到适合我们地区的历史教学资源,这不失为走上新课程改革道路一种捷径。同时还应该大胆的尝试新的教学理念,探索新的教学方法,不能缩手缩脚,不要怕别人说什么,只要什么教学理论或者课堂教学模式对你的教学有用,就应该主动去研究、揣摩,并加以运用。

城乡结合部地区的历史教学与城区差距拉大的重要原因,是没有形成坚强有力的团队合力,各自为阵、散兵游勇、群龙无首是这里的真实写照。为此,学校要推进先进教研组的培养,让一些有一定素养的教师先活跃起来,再引导师徒结对,继续深入组织公开课、示范课等实践活动,经过学习研讨,形成组内常态的教研氛围。同时还要依照"引进来""走出去"的思想,加强校际教研组交流,开拓教师视野,跟上时代步伐,瞄准教研的前沿。

五、关于在备课和上课的建议

(1)从学生实际确定重难点

教师要利用自己掌握的历史知识、教学实践以及本市几年的中考要求,认真研究教材,吃透教材,懂得教材的重难点所在。我们在给自己教学的知识确定重难点,不仅要看参考书,还要放下姿态,设身处地地从我们面对的学生角度去思考确定重难点,如从学生的年龄、学生实际的历史基础、学生的社会阅历等,我们不能只停留在参考书上,参考书本来就是给你参考的。因为能去编书的人自身的水平不会低的,而且大多数在大城市从事教学或教学研究,他们面对的学生应该说跟我们的学生有很大的不同。他们在无意之中就往往会拔高我们面对的学生的历史知识水准(如识图,材料分析),大城市的学生有的是课外读物、自主学习时间、纪念馆、博物馆、各种历史遗址等,从小就潜移默化的接受熏陶,我们的学生没有这样的条件,包括社会氛围,家庭氛围。因此,盲目照搬参考书的重难点肯定是不行的。

要在教学推进中,变换重难点。全书有重难点,每个单元有重难点,每一课也有重难点,随着教学进度的推进,我们要注意教学重难点要求的变化。有的课重难点可能身兼多职,如日本的大化改新,英法美资产阶级革命等。还有在不同阶段对学生的要求也要有所不同,如记忆要求、题型要求、思维能力要求等方面。我们在教学实践中应及时加以调整,让学生跳一跳就能拿到,这既能减轻学生负担,使学生保持学习历史的兴趣,也能做到主次清晰,重点突出,提高学习效率。

(2)给学生理清历史知识结构框架

看到我们手中的历史教材,我们很多人不太适应,像中国历史我们感到无话可说,太简要,而世界历史感到很乱。这些,学生也会有同感。所以,帮助学生搞清知识联系和知识展开很重要。抓住以时间为经纵向伸展,以地域为纬横向联系。也可以教会学生建立知识结构,书写历史卡片,培养综合能力,提高历史素养。

(3)在课堂教学中,做到知识问题化,问题具体化,提问多样化,重点问题反复化。

知识问题化就是把教学目标、教学重难点的知识变成问句,加上为什么、是什么、怎么样,也可以变成列举题、填空题、选择题。(便于掌握)

问题具体化,就是要明确,并且要学生在书上的相应位置及时记下来,标上序号,对一些综合类的可以在笔记上进行一定的整理、归纳等。(便于复习)

提问多样化,人员多样化男女、好差、前后学生,形式多样性如口述、笔答、板书。(便于调动积极性)

重点问题反复化,重要知识点要反复强调,教学重难点、中考易考点,要反反复复去让学生增加印象。(便于巩固效果)

(4)还要重视抓好课堂纪律和正常的教学秩序。

六、怎样提高历史的复习效果?

复习是教学质量提高的重要环节,因此,提高复习效果尤其重要。

熟练掌握好历史基础知识,是考好历史成绩的前提。基础知识包括:人物、事件(事态)、群体和组织、制度(纲领、路线、计划、条约)、科技文化成就等。

人物,对于杰出历史人物应掌握两点:一点是要知道他们的社会身份和属于哪一历史时代;另一点是要掌握他们的主要活动和业绩,如华盛顿、拿破仑等。

事件(事态)要掌握:①时间或背景②简单经过③结果或影响,如“三角贸易”。

群体和组织要知道:①存在或创立的时间、背景②性质或功能、职能③在历史上的影响。如国际反法西斯联盟。

制度、纲领、路线、计划、条约要明确:①产生的时间或背景②主要内容和沿革变化③在历史上的影响。如:种姓制度,新经济政策。

科技文化成就要搞清:①成就产生的时间、背景、国家、民族②成就类别、表现③对以后历史发展的影响。如古老的文字,工业革命的发明创造等。

以上内容可以用专题的形式出现,以表格的形式展示,便于学生复习。

知识水平、能力提高以及考试适应都离不开训练。俗话说熟能生巧,对学生进行多训练,让学生在练习中打好扎实的知识基础、掌握方法和提高能力是重要的。教师要精心编制练习,练习的题型以中考形式为主,内容能突出教学重点和中考考点,选题要精,对本校、本班学生有针对性。篇幅不宜太大,让学生在轻松中训练,在轻松有趣的氛围中提高效果。总之,要体现练习“少(内容)、小(篇幅)、精(知识)、轻(负担)”的特点。对每次做过的练习,教师要精心总结,从错误最多、知识最重要的题目讲起,加强答题方法指导,效果会更好。

总之,作为历史教学的执行者——历史教师,我们要勇于挑起历史教学的担子。在教育资源均衡化的呼声下,我们更应该立足于城乡结合部地区的历史教学实际,踏实工作,锐意进取,为祖国的未来添砖加瓦,贡献出自己的所有力量。以此共勉!

(李全海)

第十一章

创造之人

马克·吐温说："想出新办法的人在他的办法没有成功以前，人家总说他是异想天开。"不惧人言，不畏失败，不因循守旧，行知中学的课堂教学因师生的倾情参与、锐意进取、积极开拓，呈现出异彩纷呈的新局面。我们的教学实现了让学生由旁观型向参与型转变，给学生更多参与的机会，为每一个学生动脑、动口、动手提供了更为广阔的空间。自主质疑，智慧问课；敢于放手，立足生成，小班课堂因而更精彩；课堂的奇思妙想，让略显枯燥的学习变得生动……虽然实施小班化教学三年的摸索前进，崎岖坎坷，但一系列的创新，让我校的小班实验收获颇丰，信心满怀。

让枯燥的英语词汇学习生动起来

一、案例背景

词汇学习的枯燥性使得英语学习的学困生随着年级的上升而增多。在英语学习上一部分领头学生的主体地位已经显现出来，相反一些学困生对同伴的依赖性特别强，甚至无法完成一些简单的英语词汇学习。在八年级牛津教材合成词的教学中，我尝试在英语课堂上采用小组合作学习，以学生自主探索与合作交流作为语言习得的主要方式，将各种不同形式的合作贯穿于任务型教学中，并以此为支点，把课堂舞台交给学生。用游戏的形式增添任务的趣味性，激发学生的参与性并且借助"多媒体课件"，促使学生在交流时更关注意义，而不是语言形式，提高他们用语言做事和解决实际问题的能力。在学生的合作学习过程中，我大胆放手，让学生通过组内合作和组间竞争，培养合作意识和竞争精神，让枯燥的英语词汇学习生动起来。

二、案例展示

今天的英语课我们要学习合成词的构成方法，和以往一样，我精心的准备着我要上课的课件和教案，然而看着那一张张幻灯片上又多又长的合成词和那各种各样的中文含义，想到班上以李凡为代表的学困生在课堂上那半睁半闭的眼睛，我犹豫了，我还要这样强行把合成词的学习灌输给学生吗？我可以换种方式让枯燥的英语词汇学习生动起来吗？我可以让李凡的眼睛睁大起来吗？

镜头之一：

我设计了一个得分比赛的游戏，复习已学知识的同时引出合成词，引入合成词是由两个独立单词构成一个新单词的概念，为避免基本句型操练的单调低效，我设计了回答问题正确就得分来鼓励同学们认真听讲，仔细答题，形式新颖效果非常好，台上台下，不分回答问题的还是听别人回答问题的，全体同学都不自觉地积极参与进来。就连一向上课眼睛都是半闭着的李凡也睁大眼睛，看着同学们的得分，不时的还咧开嘴笑了，还在找合成词的环节，举手回答了一个词 classroom，虽然是非常简单的一个合成词，但是对于他来说已经是一个很大的飞跃了。最后我让学生自己归纳出刚才问题的答案中的合成词，板书在黑板上，也为下个环节为老师造单词做一定的铺垫。初二阶段学生其实压力很大，两极分化往往也在初二的下学期形成。他们即将进入毕业班的学习，又想时不时的偷懒。有机会让他们在课堂抢答得分，给予他们一定的肯定，学习效果很好。游戏不但调动了学生们参与的积极性，也激发了他们互相学习的欲望。

we need you support Oxfam Trailwalker

电脑屏幕上显示基本句型，what do you think of Oxfam Trailwalker ?

"Boys and girls. Show me your answers"

Ss1：It has been one of HK's biggest fund – raising events since 1981.（学生回答很好，给予表扬并且小组内得到小手图标，作为得分证明）

T：Anything else?

Ss2：It is a tough hike because you have to finish walking a 100 – kilometre trail within 48hours. 并且尝试在教室中寻找所学过的合成词，同学们非常积极，classroom，blackboard，headteacher，after – school 等。

镜头之二：

全班分为四人一组共七小组，每组教师发了 A、B 两组单词，每组大约有 30 个单词，限定时间在 5 分钟内，哪个小组为老师创造出更多的新的合成词，就是获胜小组，以单词数量和正确率为衡量标准。一拿到两组单词，小组成员迫不及待地开始共同商讨,小组活动过程中,各组自发选出一位同学担任记录员的工作,而我细心的发现班上以李凡为代表的几个学困生,自觉的充当了记录员的工作,认真听着同组成员的新合成词,并记录下来,遇到不会写的和没有听清楚的还能主动的问同伴,完全加入了这个造单词活动。课堂的合作学习氛围形成了一个小高潮。讨论结束,各组上交讨论成果,老师根据正确单词的个数和完成任务的速度,评选出了第一名到第七名,并且给每组发了相应的星星图案去加入小组成员的考核分数,和本班的五星班级所互应。学生初次体会到合作的喜悦和成就感,合作任务抓住了学生的兴奋点,激起了学生的共鸣,有效合作在愉悦的状态下自然形成。使用组间游戏竞赛和组内讨论汇报的合作学习形式,给学生创造了将本课所学的语言知识在真实情景中加以运用的机会,合作过程秩序分明,井井有条,使每位学生体会到学习的乐趣和成就感。

T: let's start

Ss: fund - raising, sunrise, sunset, handwriting, handbag, grandchildren, grandchild, grandfather, grandmother, postman, pancake, toothbrush, countryside, within, without, gentleman, policeman, first - aid, after - school, hard - working, good - looking, double - click, classroom, blackboard, shoulder - length, wildlife, worldwide, birthday, weekday, weekend .

该项任务完成后,我又趁机布置课外的小组合作学习,要求学生下课后利用身边的一切例如字典,电脑网络,书本等去找更多的合成词,同样评选出优胜小组,给予一定的分数奖励。

三、案例反思

英语学习的难度加深,词汇教学的枯燥乏味,使得我在思考,如何让英语词汇学习生动起来,《英语课程标准》中语言知识词汇目标中明确指出,初中九年级学生毕业时,要学会使用 1500 - 1600 个单词和 200 - 300 个习惯用语或固定搭配,其中合成词的掌握也在南京市中考指导书中考试内容细目表中列出。构词法中的第一点合成法要求学生能运用,而小组合作的引入在词汇教学中不失为一个好办法。标准中也明确提出要加强学习策略指导,培养学生自主学习的能力。小组合作学习是指在班级授课制背景上的一种教学方式,即在承认课堂教学为基本教学组织形式的前提下,教师以学生学习小组为重要的教学组织手段,通过指导小组成员展开合作,发挥群体的积极功能,提高个体的学习动力和能力,达到完成特定的教学任务的目的。所以,牛津教材 8B unit 6 vocabulary 的合成词教学,我选择了课堂合作教学的模式。通过对实例操作的反思,我认为以下几点在保证有效合作，让枯燥的英语词汇学习生动起来，促进课堂教学方面非常重要：

1. 小组合作学习的理论基础

合作教学理论认为每个学生由于发展水平、兴趣爱好不同，对同一事物有不同的理解和认识深刻上的差异，而这种差异正是学生间可以进行交往与合作学习的前题。“只有在有交往、有知识和经验存在差异的人的场合，才会有教学的出现”（季亚琴科语）。在合作学习中，小组交流与合作学习为学生学习提供了宽松和充分的学习环境，使学生惧怕说错的心理压力大大减轻，发言机会肯定多于全班交流。

2. 小组合作学习的可选择性

小组合作学习不仅将学生个体间的学习竞争关系改变为“组内合作”、“组间竞争”的关系，还将传统教学中的师生之间单向或双向交流改变为师生、生生之间的多向交流，学生有更多的机会发表自己的看法，为他们提供一个较为轻松、自主的学习环境，提高了学生创造思维的能力，而且还将学生课内学习延伸到课外，使他们在参与学习的活动中得到愉悦的情感体验，但并不是每节课都适用的，教师应该根据具体的课型和学习内容来判断；如词汇的教学教师选用了合作教学，而听力课和写作课的教学，教师应该更多的采用传统的知识新授和运用的方法。即使运用合作学习的模式，教师也可以将合作学习与其他形式的活动相结合。例如：本课开始部分的生词，句型教学，属于较简单的认知学习任务，只需个人独立自学或开展全班教学即可；而后为老师造新单词就比较复杂了，属综合性的学习任务，可以采用合作学习和探究学习相结合的方式。

3. 小组合作学习的内容要有合作的价值

为了让学生在小组合作学习中积极主动，使学习富有成效，教师必须设计适合多人合作学习的活动和作业。首先，必须有合作价值，能引起学生的兴趣；这些活动和作业或是引人入胜的场景，或是令人兴奋的刺激，或是让人困惑的问题，或是可以预见的成就。其次，我们在设计合作学习的内容时，应该注意内容含量不宜过小，如果单个人力量就能解决的问题，就没有大家合作的必要；比如课堂刚开始的回答问题复习已学知识，比较简单，个人作答即可了。同时也要注意内容难度要大众化，过难容易冷场，或者导致只有少数人的真正参与，而且，创作活动不宜出效果，过于简单会使学生无须作深入的思考，缺少思维价值的合作，没有什么意义。

4. 小组合作学习有利于自学能力的培养

合作学习把学生由旁观者变为参与者，《英语课程标准》指出，在教学中，教师要结合课堂教学具体内容，采用直接讲解、间接渗透、学生相互交流等方式，向学生介绍和示范不同的英语学习策略,创设有利于学生使用各种学习策略的语言实践活动,使学生充分认识到有效运用学习策略对提高学习效率有积极作用。在合成词的教学中,小组合作学习从互相帮助到最后的自主能力学习为学生提供了一种有效途径。

（傅圆）

智慧的"问课",精彩的分享

——以初中物理"光学作图"复习为例

【案例背景】

"善问者,如攻坚木,先其易者,后其节目。","问"是一种思考,一种探索,一种回顾。

"问课",是一种追求真理、摒弃浮躁、勇于探索的精神,是一种敢于否定自己、不断超越自我的精神,所以,每一位教师都应做到:吾日三省吾"课"。

同样,"分享是一种博爱的心境,学会分享,就学会了生活。",在"问课"中,学生的智慧得以分享,教师的思考得以分享,在"赠人玫瑰,手留余香"中,你我共同成长。

【案例描述】

一、"谁再来说一遍"

师:同学们,今天我们学习物理中的光学作图。

(教师揭题"光学作图"后,呈现一幅"残缺"的光路图。)

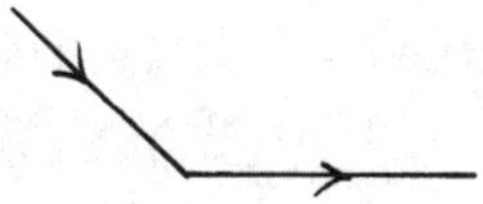

师:请同学们画出一种光学元件,使光路变得"完整"。

(根据学生的回答,教师在黑板上师范做出"平面镜""凸透镜"和"凹透镜"几种光学元件的方法。)

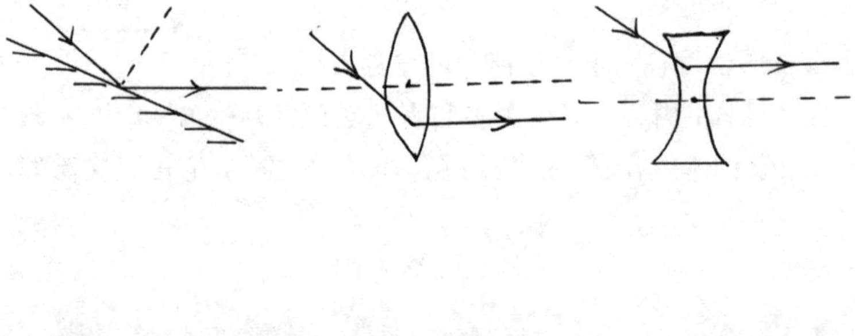

师：根据这些同学的作图方法，能不能改变“凸透镜”或“凹透镜”的位置，得出其它的作图方法。

（根据几位平时爱思考的同学的大胆猜想，又得出了另外两种作图方法。）

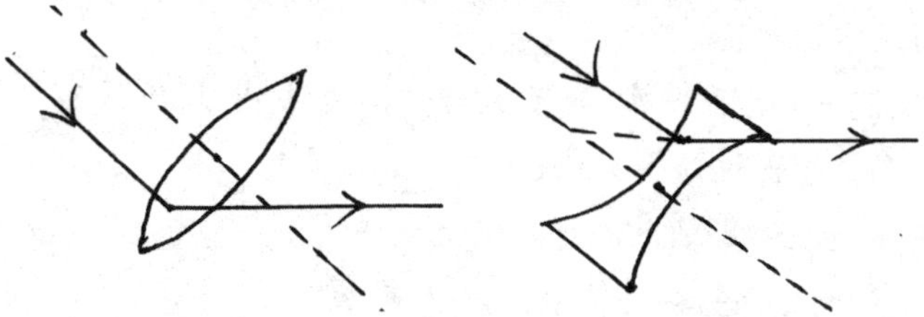

师：用三棱镜能不能完成这个光路？谁来试一试？

生：可以的，不过要经过2次折射。

（生上台板演作图方法。）

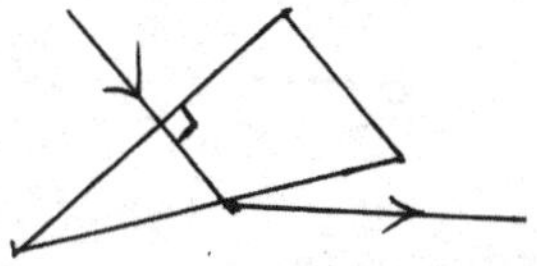

教师露出赞许的目光，要求大家一齐拍手表扬他，然后接着问：“听懂了他的意思了吗？谁再来说一遍、画一遍？”

三位同学模仿并且“变式”地画了一遍，而后教师进行了归纳小结并进行巩固练习。

自问：整节课看来，学生学得被动，课堂交流并不活跃。总体感觉是在培养学生的思维能力方面明显不够，在教学中没有关注学生主动探索作图方法的过程，没有教给学生作图的方法，以引导学生用新的方式再进行学习。

备课组在集体评价时认为在课堂中只是几个学生将自己的见解和想法说出来，其他学生只是将自己的思维交给老师和这几个学生，跟着后面“转”，每一个学生的思考并没有得以展现，而对于比较优秀的见解并没有得到大家的分享，这样的教学不利于学生的成长。

教师的教学方式也比较单一，只关注到几位平时爱思考、积极发言的同学，忽略了集体的智慧，同时，这样的教学方式也没有借签性，备课组的其他教师的设计妙处没有应用到实践中，不利于备课组的集体成长。

后面的设计还需要发挥学生集体和备课组集体的智慧和功能，让学生在相互学习、合作分享中学会物理的知识，备课组教师在集体磨课、智慧闪光中总结教学方法，以达到“百花争艳春满园”的效果。

二、"还有不同的方法吗?"

在"残缺"的光路图情境下产生了"常规"的"平面镜"的作图方法,我揭题并展开了以下的教学过程:

师:同学们想一想、画一画,除了这种作图方法外,还有没有其它的方法?怎么画的?然后在小组内说给大家听,看谁的方法多!

在学生充分交流的基础上进行全班交流。

师:谁能把你的方法说一下?并画给大家看。

生1:我用"凸透镜"可以有两种方法。

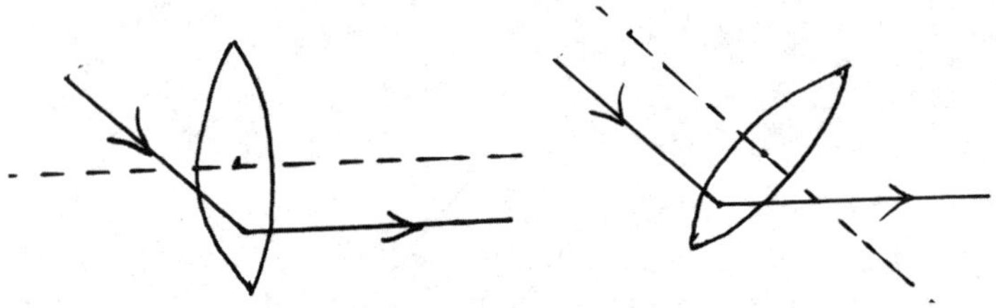

生2:我用"凹透镜"也可以有两种方法。

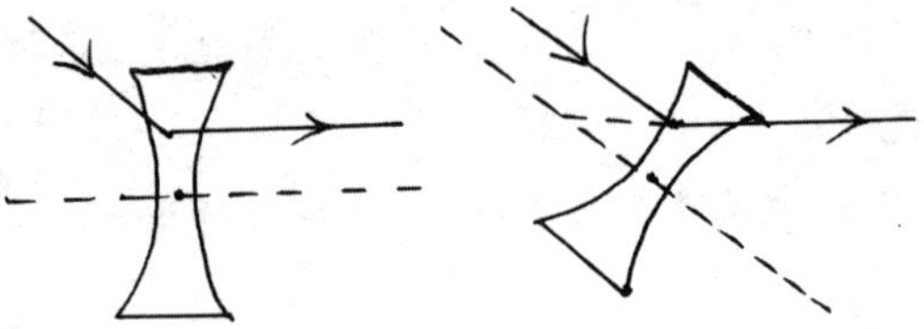

生3:我用"三棱镜"也能完成光路。

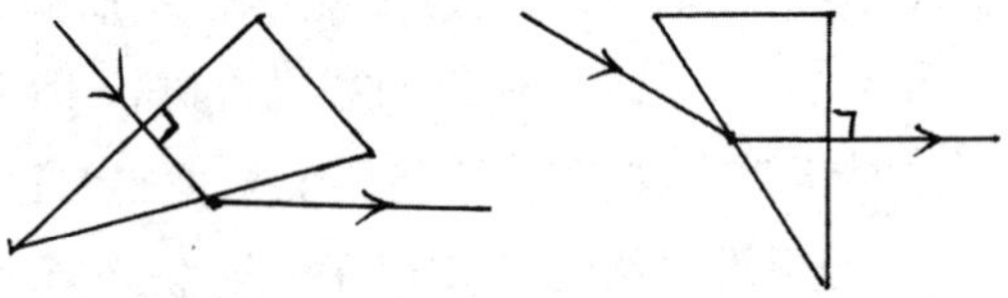

生4:我还想到了"凸透镜"的第3种方法。

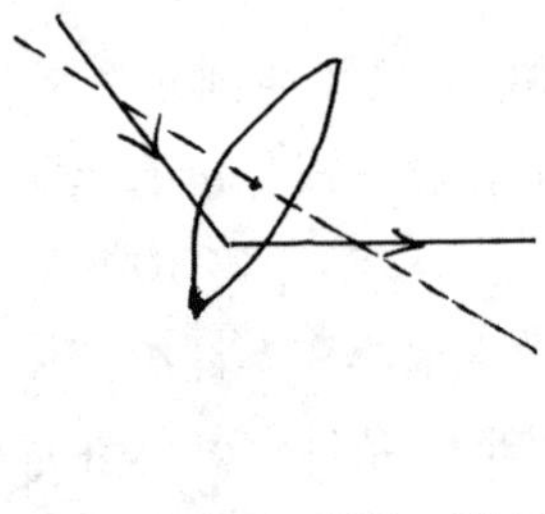

入射光线经过2f处

在学生交流的过程中,教师边引导边反复用"还有不同的方法吗?""真行!"

等课堂语言组织交流;用“你是怎么想的?”“为什么?”引导发言者表述自己的思维过程。

整个教学过程令人满意,最后老师说:“同学们,你们的方法真多!以后大家要用自己的方法进行作图!”

自问:学生交流的似乎很热闹,我理解了每个学生的发言,问题是学生之间是否想到、也都听懂了呢?通过反馈,我发现85%的学生只知道自己的作图方法,而不明白其他同学的方法,看来还需要引导学生通过作图沟通理解,找到合理、简便的作图方法,同时培养学生的优化意识。

学生的课堂参与度得到了提高,但仍然是“智者智道,仁者仁路”,大家没有在共同认知的基础上进行交流与分享,这样的“分享”是失去基础的空中楼阁式的交流,不利于整体的发展。

教师鼓励学生大胆地将自己的想法说出来,备课组教师明晰了授课教师的课堂设计意图,并尝试“关注每一个学生的发展”,培养学生的物理素养,在以后的课堂中每位教师都可以借签和进一步研磨这种课型的教学模式。

后面的设计还需要真正做到关注每一个,发展每一个,成长每一个,让学生在弄清其他学生的意思后,再表达自己的方法和见解,使这种作图的方法得到全纳性的应用,以达到“牵一发而制百动”的效果。

三、“听懂了他的意思了吗?你的方法与他不同在哪里?”

在“残缺”的光路图情境下产生了“常规作图方法”还是从“平面镜”开始。

生1:我是这样这样作图的,做出法线,过入射点做法线的垂线段,然后在镜子的背面画上一些短斜线。

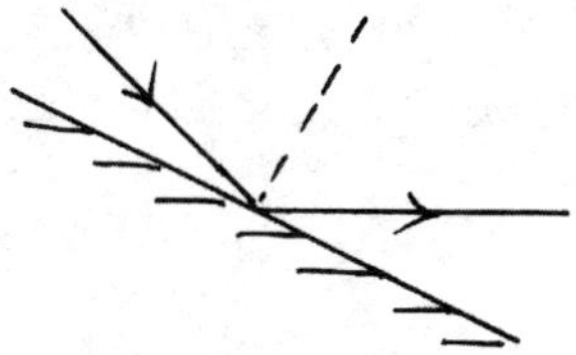

师:谁听懂了他的意思了?谁能解释一下。

生2:他的意思是根据图中2条光线,看成是入射光线与反射光线,做出他们的角平分线就是法线,然后再根据法线与镜面互相垂直的关系再做出平面镜的位置。

师:与他的方法一样的还有吗?(有同学举手示意相同)与他的方法相近的有吗?

生3:我的方法是把图中的2条光线看成是入射光线和折射光线,然后再找“凸透镜”进行作图。

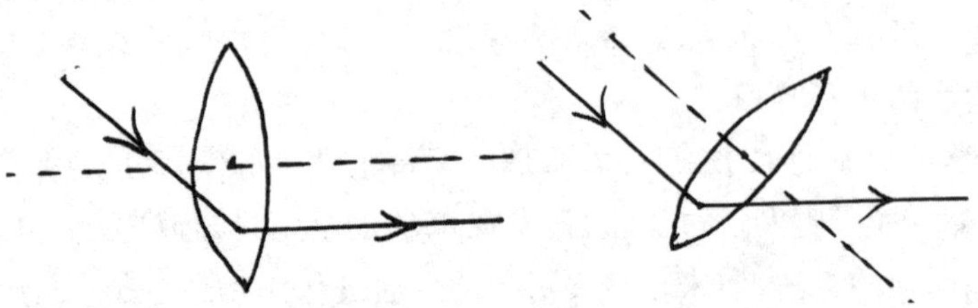

师:你们的方法差不多,只是第2条光线扮演的“角色”不同,还有与他的方法相近的吗?

生4:我是找“凹透镜”来进行作图的。

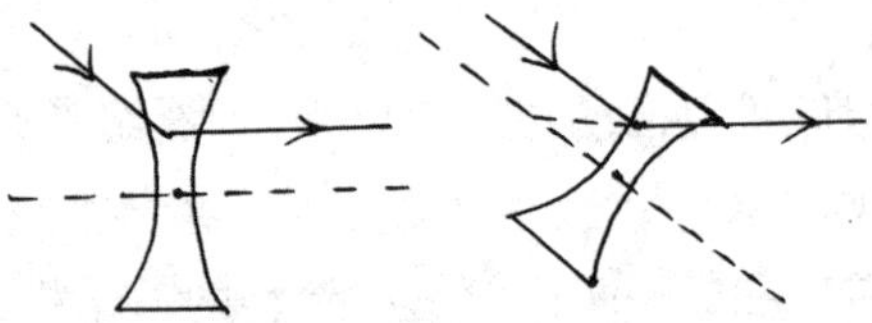

师:谁听懂了?能不能给大家解释一下?

生5:把第1条光线看成斜射于凹透镜虚焦点的入射光线,经过凹透镜后,那么第2条光线就变成了与主光轴平行的折射光线。

师:没听懂的同学还有吗?能不能提出自己的疑问?

生6:都是利用光的折射,怎么透镜的位置不同,而且第2条光线一会儿向“里面”,一会儿又向“外面”?

师:谁再来解释一下?

生7:他们都是利用光的折射来作图的,只不过一个是应用凸透镜对光线的会聚作用,另一个是应用凹透镜对光线的发散作用。

师:听懂了他的意思了吗?你的方法与他不同在哪里?请大家在小组里互相说一说,听一听。

……

自问:在学生的交流中引导他们彼此之间的沟通和相互的理解,培养学生的发散思维和优化思想。

每一位学生都参与到课堂学习中来,首先听明白其他同学的方法,然后再尝试思考,提出自己不同的方法,在相互理解的基础上再进行分享,这样的沟通是发自肺腑的,也利于同伴的采纳与吸收。

教师“由点到面”,再“由面到点”,由一个学生的作图示范到大家的共同掌握,再由大家的共同认识到个别的“独到”见解,最后在理解与分享中共同成长的教学设计思想得到了备课组同仁的借签,达到了“精彩不断,智慧分享”的效果。

【设计反思】

德国著名哲学家雅斯贝尔斯提出,教育是灵魂的回头,是顿悟的结果,因此,智慧的“问课”应成为教师每天的一种回顾。同样,“如果你把快乐告诉朋友,你将得到多个快乐”,再精彩的分享中你我得到了共同的成长。

这样的“问课”,在“问”中成长,这样的“分享”,在“分享”中快乐,收获颇多:

1. 智“问”成功之处,精“享”成功之法

相对而言,第3次的教学设计关注学生多一些,学生首先把自己的想法说出来,看一看其他同学能不能听懂,在听懂的基础上进行解释和表述,然后再说出自己的方法,找到自己的方法与其他同学的方法的不同点,在比较中进行学习与优化,学生在相互的讨论与交流中“幸福的成长”!

一堂课上完,我们应该让自己的思绪回到自己的课堂上去回顾一下,因为一堂课上完了,不是一个结束,而是一种思考、探索,暂时的“休整”,是为了下一堂课能“更好”做好一个铺垫。

“问”,今日之课堂,今日之教学的每一个细节,找到其中的成功之处和值得以后继续保持的地方。为什么会取得这样的成功?这样的成功之处以后该如何持续有效的应用?

“问”成功,是阶段的小结,是心灵的触动,是为了“下一站”做好充足的准备,是“工欲善其事,必先利其器”的“智者千虑”!

“享”成功,是收获的喜悦,是合作的交流,是为了“下一次”更大的成功,是“成功在久不在速”的“厚积薄发”!

2. 智“问”失败之因,精“享”失败之训

相对而言,第1次的教学设计教师是为了完成教学任务而进行教学的,刻意地追求作图方法的全面性,为了教而教,学生在被动的环境下进行学习,课堂的气氛紧张,自己的想法根本没有展现出来,只是跟着老师的思路进行学习,学习效果低下,至于掌握作图方法更是无从谈起!

失败并不可怕,可怕的是面对失败而失去勇气。“问课”,当你成功之时,不要忘了自己隐藏的失败之处;“分享”,从失败中吸取教训,为了下一次更好的“成功”。“问”“享”,当你失败之时,也不要忘了自己内在的成功之点,从点滴中“星火燎原”,为了下一次不再同样的“失败”。

教学是这样,“问课”“分享”,同样也是这样,不在成功中提升,就在失败中消亡。

3. 智“问”可“问”之人,精“享”他山之石

这样的3节课，是在"问"中进步的，教师自己首先自问，这样的课我该怎么上，才能符合学生的认知特点，在讨论与交流中掌握正确的作图方法，然后问学生，这样的课教师关注了学生多少，有没有从学生的最近发展区组织设计教学，让每一个学生都从课中得以成长，还要问一问同事，请同事听课，提出一些改进的意见，为了下一次更好的教学做好准备！

一堂课下来，可"问"之人何在？走出"自我"，可"问"之人在身边。

问自己，用一双睿智的眼睛重新审视自我，因为"要想了解世界，首先得了解自己"；问学生，用一双友善的目光重新教导学生，"千教万教教人求真"，你会发现，学生还是同样的学生，但是现在看来，却截然不同；问同行，用一双求知上完眼睛去寻找真知，因为"当局者迷，旁观者清"，或许，你会蓦然发觉"不识庐山真面目，只缘身在此山中"的真谛，你会理"享""他山之石，可以攻玉"的真意。

4. 智"问"，一种习惯，精"享"，一种境界

这样的3节课，是在"问"中成长的，在"问"中回顾的，对待初中物理"光学作图"需要"问"，而在初中物理的教学中，还有许多的课需要"问"，需要在"问"中改进的，只有这样，我们的物理课堂才能进步，才能高效，才能在"关注每一个，成长每一个，幸福每一个"的背景下学生的"科学素质"得以提高，学生才能"全面发展"！

"问"，是我们教学实践的源头活水，"问"之不存，教之根基也就不在。"问"，是回头的一刹那，顿悟的闪光，是"柳暗花明又一村"的释然。

"享"，是我们螺旋上升的神斧利器，缺乏分享，共同进步也就荡然无存。"享"，是交流的一瞬间，智慧的互动，是"青梅煮酒论英雄"的悠然。

智"问"，应该成为一种习惯，精"享"，应该成为一种境界，这样，你我的"教育之梦"，应该还能更精彩……

（张华）

我必须问，你可以选

十几年的语文教学，问了无数个问题。不胜枚举的公开课，听了无数个问题。也许后面还有更多……为什么有的问题石沉大海未能激起半点漪沦，而有的问题却能启迪思维、碰撞智慧，令课堂生机盎然呢？

【案例一】

2013年12月18日，崔颢的《黄鹤楼》。

课堂教学在完成了“一读格律美”，“二读画面美”之后，进入“三读情境美”。“面对如此画面，作者的心情怎么样呢?”我故作疑惑地问。孩子们的头低垂着，教室里雅雀无声，陷入一种难言的尴尬。听课老师诧异地四处张望着，而我则竭力掩饰着自己的慌张。汗涔涔而下，胸膛起伏不定，我得打破沉寂：“仙人停伫黄鹤楼，是怎样场景?”没人举手，随便点一个，“热闹吧?”“如果能与仙人相聚，畅谈一番或结伴而行，你期待吗吗?”“嘻嘻……”“高兴”有几个学生参与了。我趁势追问，“可惜他已乘鹤而去，扶摇直上九万里，弹指一挥间已是万里之外，千年之遥了。大老远跑来，没碰到，你现在是什么心情?”“失望。”孩子以词代句，低声嘟囔着。“很好，还有其它观点吗?”“寂寞”、“惆怅”、“期盼”……被挤出来的答案，没有一句是完整的回答。叽叽喳喳、百家争鸣、兴致盎然，无影无踪；条理清楚、语意连贯、有理有据，更是一种奢望。

下课铃声响起的时候，我唇焦口燥。由此可见，我做了多少次“引导”！如此“引导”，又体现了怎样的“主体性”，提升了什么样的语文素养？我该找一个借班上课的理由，还是该责备学情的不理想呢？如果学情确实如此，责备又能解决什么问题？我该怎么做呢？

【案例二】

2014 年 3 月 4 日，苏轼的《西江月》(照野弥弥浅浪)。

“品读”环节，三言两语就解决了“词中之事”，我心里一阵窃喜：学生素质不错哟，“词中之景”“词中之情”应该也会很流畅的。“你们能结合具体词句说说这首词描绘了哪些寻常景物，它们各有什么特点吗？大家可以自己完成，也可以前后左右合作完成。”学生选择了合作学习，很自然地凑在了一起，嗡嗡地讨论着。看来这个班平时学习方法的指导，学习习惯的养成很是到位。有人举手了！“第一句‘弥弥’描写了江水初涨的样子，‘浅浪’写出了风轻浪小，‘照野’让我想到了一轮明月挂在天空，旁边还飘着几朵白云，天地之间都是明亮的月光。”“很好，能抓住文中富有表现力的词语，还能驰骋自己的想象，分析相当到位。”我很是满意，这孩子比我自己的学生强多了。“那第二句呢？谁来品读一下?”

为了让我的教学设计能得到完美地呈现，我有意识引导学生按照一定的顺序去说。然而最不愿意看到的事情发生了，班级突然安静下来，没有举起的手，没有暗示的眼神。我被晾在了那里！这首词有太多的景物：地阔，天高，月明，马骄，花美，风轻，水平，树绿，山幽……

又是一番破费周折地引导，虽然孩子们能条理清楚、语意连贯、有理有据地完整回答，但我却很是不满。我不满自己忘了课前一位特级教师给我的忠告：给学生充分的自由度！

【案例三】

2014 年 3 月 19 日,端木蕻良的《土地的誓言》。

借班上课,四个环节:一读,读通;二读,读懂;三读,读情;四读,读味。"解决了字词之后,我们再来读一遍。这一遍,你可以选择大声朗读,也可以选择默读。有个要求,在你读完之后,请你勾画描写家乡景物、生活的语句,并完成一句说话:

读了……这一句,我看到了……

读了……这一句,我听到了……

读了……这一句,我闻到了……

读了……这一句,我想到了……

读了……这一句,我知道了……

这几句,你可以根据自己的喜好,自己的能力,任选一句完成。"结合 PPT,我提出了要求。读完,思完,小手林立。"读了'我想起那参天碧绿的白桦林,标直漂亮的白桦树在原野上呻吟'这一句,我看到了铺天盖地的白桦林,看到了白桦树在风中摇晃,听到了风吹树叶哗啦哗啦的声音。""读了'在春天,东风吹起的时候,土壤的香气便在田野里飘扬'这一句,我似乎闻到了泥土的芬芳。""读了'稻禾的香气是强烈的,碾着新谷的场院辘辘地响着'这一句,我知道了作者的家乡是多么地丰饶。"……6 分钟,学生一个接一个,而我只是笑盈盈地听着,时不时赞许地点点头。一张张自信的脸庞,一句句完整地回答,换来听课教师欣喜的目光。

这节课,我没有太多的引导,我把时间花在了课前:设计一组能满足不同层次,不同兴趣爱好地学生可以自由选择的教学问题,在轻松愉悦、兴致盎然中培养"听说读写"能力,提升语文素养。

案例分析:

基于《义务教育语文课程标准》的最新理念,语文教学已经发生了重大的变革,这在学习空间,学习资源,学习方式等均有所体现。但据我的观察和调研,在初中语文阅读教学中,提问依然是一个重要手段,也就是说"必须要问",虽然问的主体未必仅仅是教师。

"学起于思,思起于疑。"学生的学习往往从问题开始,由"听问"到"会问"。课堂教学中,一个好的教学问题不仅能牵一发而动全身,引领学生走进文本、认识世界,而且能启迪思维、激发智慧,获得审美体验,进而"激发他们的问题意识和进取精神",拥有"终身学习"的能力。

那么,怎样才能凸显学生的"主体性",设计一个有价值、可操作的教学问题呢?结合小班化"全纳性、活动化、个性化"教学理念,我认为要想"成就每一个",就必须重视教学问题发展性、层次性、个性化的设计原则。

1. 发展性原则

案例一,我在设计时关注教学内容的发展性,但没有结合具体学情的发展性。立足于画面想象与描述之后的情感体悟,体现了问题的内在逻辑性,看似合理,实则脱离了学生的“最近发展区”。农村初二学生,学习基础比较薄弱,词语储备匮乏,尚未脱离以词代句的回答方式,而我却抛出了没有任何示范引领的问题,学生自然难以应对。这不仅挫伤了学生的积极性,还影响了教学氛围,制造了紧张气氛,阻滞了教学进程。

案例三,我调整了设计思路,我依据农村学生的“最近发展区”,设计了一个跳一跳能够得着的问题“读了……这一句,我看到了……”,引导学生走进文本,能够结合文中语句谈自己的阅读体验。对学生进行句式训练,既明确了问题的指向,“授之以渔”,又训练了学生的思维,培养了阅读文本、解析问题以及“说”的能力。从课堂效果上看,应该说达到了预期的效果。

2. 层次性原则

语文课堂教学要根据课堂教学对象——学生,因材设问,做到合理适度。提问要根据不同能力层次的学生有针对性的分层设问,做到有的放矢。对于那些学习基础薄弱,学习能力不强的学生,我们应该依据教学目的,围绕教学内容,设置一些较容易的问题,以此来激发他们的学习兴趣,调动他们的思维,让他们有话可说,说得正确。而且我们在设计问题时还不能表现的得太明显,否则也会在不知不觉中伤害到他们敏感的心灵。对于那些能力较强的学生,我们需要设计一些比较有难度的问题,提问时将要解决的问题寓于已掌握的知识中,激发他们的求知欲,从而能够享受到学习的乐趣。

案例三,我在“二读,读懂”教学环节中设计了一组问题。这一组问题都是围绕文本内容的解读,但分为不同层次,前面四个侧重于不同角度的描写,是文本内容的描述与提炼,相对较易,最后一个侧重于文本内容的理解,不仅知道写了什么,还要知道为什么写。这一组问题从字面上不带任何歧视性的色彩,既可以保护不同层次学生的自尊心,也可促进不同层次学生的发展。

3. 个性化原则

《课标》要求我们尊重学生党额“主体性”,在“激发学生的问题意识和进取精神”的同时,要“关注个体差异和不同的学习需求”。这就要求我们在教学过程中,要引导学生拜托思维定式的约束,准予学生拥有自己的看法,鼓励学生个性追求。引导学生的同时,我们也要反思自己的行为:我们是否给学生自由选择的权利了?

案例二,应该说这个班的学生素质是相当不错的,但是由于我在授课时过多地关注自己的教学设计,而忽略了学生的感受,剥夺了学生“个性化”的学习需求,从而导致了课堂气氛的沉闷。学生原有的思路被我无情地剥夺,已经组织好的语言不得不放弃,所有的都要推倒重来。据此推断,不是学生不能回答,只是需要时间重新思考。

案例三,我汲取了教训,设计了一组题目,供不同学生选择。他们可以根据自己的能力,自己的兴趣选择自己的切入点,这就保证了人人可准备,准备的可以说。加上教师轻松地等待,不时时机的点评首肯,自然换来了课堂的行云流水、妙趣横生。

(谭志刚)

灯泡奇遇记

——初中物理电学复习教学案例及反思

【案例背景】

夸美纽斯说:“应该用一切可能的方式把孩子们的求知欲和求学欲望激发起来”。

《物理课程标准》(2011 年版)中物理课程的基本理念之一就是“提倡教学方式多样化,注重科学探究”,在教学中,应该根据教学目标、教学内容及教学对象灵活采用教学方式,提倡教学方式的多样化。

听着夸美纽斯的教诲,学习着新的物理课程标准,在平时的教学过程中为什么不采用多样化的教学方式?不妨一试。

【案例描述】

(一)创设情境

师:同学们,今天老师给大家讲一个故事,故事的名字叫“灯泡奇遇记”,(学生顿时热情高涨,表现出浓厚的兴趣。)

(二)课程设计

【故事一】

教师拿出灯泡,并实物投影其铭牌“PZ220—100”。

师:灯泡向我们表达了什么信息?

生 1:PZ 是普通照明的意思。

生 2:它指的是该灯的额定电压为 220V,该灯的额定功率为 100w。

师:还有其他信息吗?

PZ220-100

生3：它还有言外之意，额定电流 $I_{额} = P_{额}/U_{额} = 220V/100w = 0.45A$。

灯正常工作时，电阻 $R = U_{额}{}^2/P_{额} = (220V)_2/100w = 484\Omega$。

生4：没有通电时 $R < 484\Omega$，因为灯丝电阻的阻值随着温度的升高而升高。

【故事二】

师：接下来灯泡进入了中国家庭工作，请问它的电阻、额定功率、实际功率、实际电压、实际电流各是多少？

生：灯泡此时正常工作 $R = 484\Omega$，$P_{实} = P_{额} = 100w$，$U_{实} = U_{额} = 220V$，

$I_{实} = I_{额} = 0.45A$。

【故事三】

师：干了没多久，灯泡出国来到了日本，它的额定电压是 110V，在日本的电压下工作，若灯泡的电阻不变，此时灯泡的实际电压、实际功率是多少？

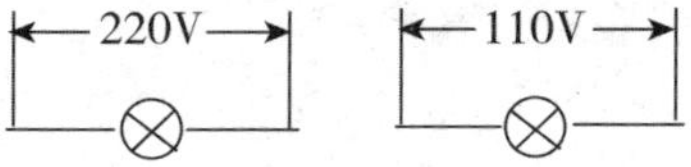

生：$U_{实} = 110V$，$P_{实} = U_{实}{}^2/R = (110V)^2/484\Omega = 25W$。

师：你能否看出功率之比与电压之比的关系是什么了？

生：由 $P = U^2/R$ 可知当电阻不变时，功率之比等于电压之比的平方，即 $P_1/P_2 = (U_1/U_2)^2$。

【故事四】

师：接着，灯泡遇到了它的兄弟，“PZ220V，25W”，它们俩串联接在 220V 电压下，若两灯电阻不变，请问此时两灯实际功率各是多少？

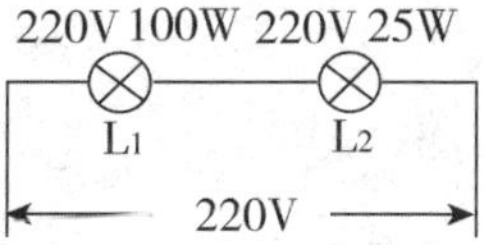

学生画图。

学生分析、解答。

因为 $R_1 = U_1^2/P_1 = (220V)^2/100w = 484\Omega$

$R_2 = U_2^2/P2_1 = (220V)^2/25w = 1936\Omega$

所以 $U_1 = U_{总} R_1/(R_1 + R_2) = 220V \times 484\Omega/(484\Omega + 1936\Omega) = 44V$

所以 $P_{1实}=U_1^2/R1=(44V)^2/484\Omega=4W$

因为两灯串联,电流相等,

$P_{1实}/P_{2实}=I_1^2R_1/I_2^2R_2=R_1/R_2=1/4$

所以 $P_{2实}=4P_{1实}=4\times4W=16W$。

师:哪个灯相对亮一些?

生:灯泡的亮暗由实际功率决定的,所以 L2 更亮一些。

【故事五】

师:若灯泡和它的兄弟"PZ220V25W"并联接在 220V 的电源上,求此时两灯的实际功率,哪个灯更亮?

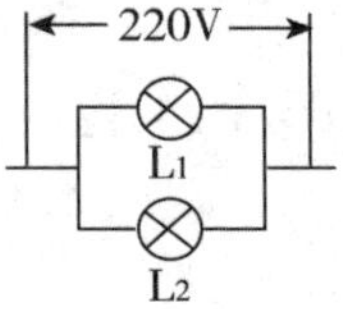

学生画图、分析、解答。

生:由于 $U_{1实}=U_{1额}$,$U_{2实}=U_{2额}$,

所以 $P_{1实}=P_{1额}=100W$,$P_{2实}=P_{2额}=25W$,

所以灯 L_1 更亮。

【故事六】

师:后来,灯泡又遇到了来自外国的一位兄弟"110 V25 W",并且两个灯泡并联在电路中,为保证两灯都安全,允许加在它们两端的最大电压是多少?干路中的最大电流是多少?若两灯电阻不变,两灯实际功率大小各是多少?

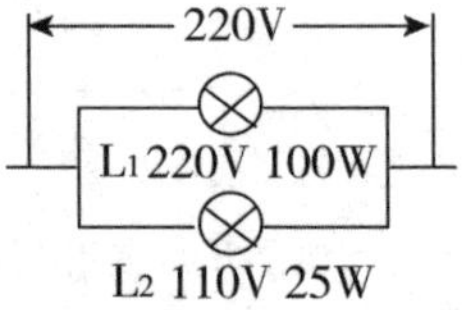

学生画图、分析、解答。

生:要保证两灯都安全,$U_{最大}=110V$,

$R_1=U_1^2/P_1=(220V)^2/100w=484\Omega$

$I_1=U_{最大}/R_1=110V/484\Omega=0.227A$

$I_3=P_3/U_{最大}=25W/110V=0.227A$

所以 $I_{最大}=I_{1+1}3=0.227A+0.227A=0.45A$

因为 $U_{1实}=1/2U_{1额}$

所以 $P_{1实}=1/4P_{1额}=25W$

$P_{3实} = P_{3额} = 25W$

【故事七】

师：以上对灯泡的研究都是假定灯泡电阻不变的，那是一种理想情况，而实际上灯丝的电阻是如何改变的？

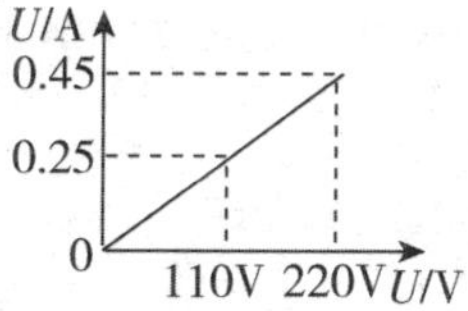

生1：灯丝电阻随着温度的升高而增大。

师：如图是流过灯泡的电流与其两端电压的关系，(1)当实际电压等于灯泡额定电压时，通过灯泡的电流是多少？灯泡的实际电功率是多少？(2)当实际电压为110V时，灯泡电阻是多少？灯泡实际电功率又是多少？

生2：从图像中我们知道，当实际电压等于灯泡额定电压时，通过灯泡的电流为0.45A，灯泡的实际功率为额定功率100W。

生3：当灯泡两端电压为110V时，由于电压变为原来的二分之一，所以R = U/I = 110V/0.25A = 440Ω，实际电功率为原来功率的四分之一，是25W。

师：有没有同学有不同的意见？

生4：我认为只有当电阻不变时，功率之比等于电压之比的平方，而这里灯丝电阻是改变的，应该从图像中看出，它的电压和电流利用P = UI求出它的电功率，最后得到的功率是27.5W。

师：很好！这位同学展现出了他严谨细致的科学态度。

【故事八】

师：经过这么多次的折腾，灯泡的灯丝终于断掉了，灯泡的主人重新将灯丝搭上，同学们，这样的灯泡能发光吗？

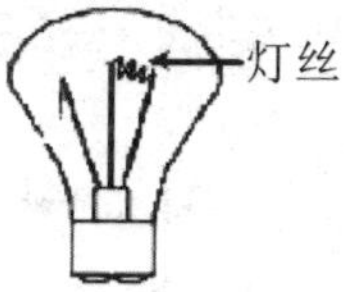

生1：能发光。

师：灯泡的亮度跟前面相比如何？为什么？

生2：由于重新把灯丝搭上后，灯丝变短了，所以电阻变小了，根据P = U2/R，实际功率变大，所以灯泡变亮了。

师：过了没多久灯丝又烧断了，估计灯丝烧断在何处？为什么？

生3:估计烧断在接头处,因为接头处接触不良,接触电阻较大,根据 Q = I2Rt,整根灯丝接头处相对于相同长度的其他部分发热最多,所以再次烧断了。

(三)小结与评估

师:今天你有哪此收获?

一名学生发言,其他同学根据小结,自我评估学习效果。

(四)布置作业

师:同学们,老师这堂课以灯泡为线索"奇遇"了几种电路,我们在轻松愉快的氛围中度过了一堂复习课,请大家回去后也自选其中一个或几个电路改编两道题,我们来比比谁出的题目好!

【设计反思】

试想,今天如果就是按部就班地复习初中物理电学"电压、电流、电阻、电功率、电热"这几个要素,我相信学生会感觉枯燥乏味、昏昏欲睡,教学的过程一定是一潭死水,泛不起一点涟漪。同样的内容,因为一个恰当的线索,几个合适的问题,再加以拟人的色彩,成为了一堂钻研气氛十足、生动有趣、热情洋溢的高效课堂。

初中物理复习课需要关注什么?怎样才能唤起学生对复习的热情?

1. 趣味横生,创设情境

课堂教学中的情境创设,是教师通过生动有趣的教学活动,激起学生的学习兴趣和热情,使学生愿学、乐学,进而促进学生的全面发展,教学情境一般有生活情境、故事情境、游戏清境、魔术情境、实践情境等多种方式。

兴趣是最好的老师,也是学习的直接动力。在教学过程中,教师创设有趣的教学情境,可以使冷冰冰的物理知识变得趣味化、形象化、具体化,吸引学生视觉、听觉、情感的注意力。物理属于理科,老师很少用拟人的方法,开头讲述一个灯泡的故事,出乎意料,学生以期待的眼光对待知识的传授,接着,灯泡进人中国家庭、出国工作、遇到灯泡兄弟等场景,其实也是一系列的教学情境,整堂课调动了学生极大的学习热情。

教育界曾经有句名言"要给孩子一杯水,那么你就要储备一桶水",教师具有了丰富知识、充实的头脑,才能在创设问题情境时,厚积薄发、游刃有余。在这个基础上,只要我们的教师在教学中,积极、努力地去创设有利于学生好奇、兴趣、感悟、反思、理性思维的教学情境,学生一定会在心情愉悦的状态下进行学习,会感到物理课是那样生动、有趣,有效的课堂随之生成。

2. 层次分明,由浅人深。

学生通过前面的学习,已经对"电压、电流、电阻、电功率、电热"这几个电学要素有所认识,但大多数同学认识的很浅显,无法应对初中物理电学中变化多端的习题,本课即是对前面的知识做一个梳理,安排了灯泡的八个故事,每个故事都涉及到了一些电学知识点,将知识点罗列整理,易在前难在后,让课堂呈现低起点、高要求、牢掌握这份大特点来增强学生的应题能力。

故事一要求学生认识用电器的铭牌,理解电功率与电压、电流之间的关系,知道电阻及决定电阻大小的因素,故事二、故事三则要求能区分用电器的额定功率和实际功率、额定电压和实际电压、额定电流和实际电流,故事四考查他们是否能灵活地运用公式进行计算,故事五、故事六是对学生能否应用串、并联电路电流、电压和电阻的特点、欧姆定律、电功、电功率等知识解答一些简单的电学综合题,是对解题能力的考察与培养,故事七则需要他们能应用函数图像这种数学工具进行简单的电学计算,故事八锻炼学生的语言表达能力,要求他们能用焦耳定律解释日常生活中的一些现象,这八个故事的安排由易到难、由表及里、由一般到特殊、由单一到综合,让学生在复习的过程中感觉能力在循序渐进地提高。

3. 学科整合,窜珠成链。

在初中物理中,并没有系统地研究过灯泡,但在"电压、电流、电阻、电功率、电热"这几个要素中都涉及到灯泡,同时,在初中阶段的学习中,灯泡作为一个典型的用电器,帮助学生了解电学,因此,在复习中以灯泡为线索把相关知识进行系统化,这样对知识的巩固和脉络的衔接将起到很好的效果。

与此类似,例如在力与运动的复习中,我们可以以一个苹果(该苹果从树上掉下,滚到滑坡,最后静止一系列状况)为线索,系统复习"力、重力、摩擦力、平衡力、非平衡力、静止、加速直线运动、减速直线运动、力与运动的关系"等物理量;再比如以一个柱形体为线索,我们可以链接"力、质量、密度、压强、液体压强、气体压强、浮力、浮与沉、力与运动、杠杆"等一系列的物理知识;还有我们以水为线索,可以复习力、热、声、光、电各部分物理知识。

学生一般都不喜欢复习课中的知识梳理,因为传统教学中这部分内容大多,都是学生已经了解的,即使教师在复习时掺插提高题、经典题,学生大多还是不领情,这就好比一碗冷饭,就这样放锅里炒炒吃的人当然感觉很没意思,但如果加入油、盐、味精、鸡蛋等"佐料"那就不一样了,所以,我们教师有时也要变着方式调动学生的学习积极性。

4. 幸福发展,拓展迁移

本堂课老师凭借灯泡、电阻、电源编造出那么多的问题给学生解答,取材非常简单,我们的学生完全也可以自己选择此材料来设置习题。

所以,在这里,我没有用传统的方式给学生布置作业,而是充分放权给学生,让学生站在专家的角度去思考如何出物理题目,这样做的好处有很多:①有利于"不同的学生在物理上得到不同的发展",让学生自己出题,实际上是一次分层次的作业,一方面可以让那些学有余力的学生能够安下心来思考问题,感到即使是复习前面的知识点,但也同样具有挑战性;基础一般的学生目前所处的阶段还不能面对所有的难题,他自己出的题目肯定也是目前属于他那种层次的习题,他可以借此巩固自己的基础,不再使自己有挫败感,保持对学习物理的兴趣和信心。②可以安排他们与其他同学进行交流,身边同学出的题与做老师出的题感觉不一样,而且学生的错误也是共性的重点指出,学生出错的和出得好的题也非常具有针对性,这样才会让大家都对学习物理感兴趣。③教师的"权力"放了,学生的积极性高了,传统教学中教师出完试题,学生才闪亮登场,而让学生出试题我们不难看到,每个学生都有着强烈的自尊心和责任感,只要教师敢放权给学生,表现的机会他们怎会放过。④让学生张扬个性、幸福的发展,在宽松和谐的氛围中,尽情地展现着个人的风采,激发学生学习积极性,向学生提供充分的参与活动的机会,帮助他们在学习的过程中真正理解和掌握基本知识与技能,在拓展迁移中得以成长。

通过这样"多样化"的教学活动,学生的"科学素养"得以提高,真是"灯泡奇遇为线索,幸福物理人人享。"

(张华)

敢于"放手",成就高效课堂

最近,去外面的学校听了两节《图上距离与实际距离》的同课异构的课,感受很多。

理解并掌握比例的性质是本节课的重点,也是难点。《数学课程标准》中提到:数学教学活动,特别是课堂教学应激发学生兴趣,调动学生积极性,引发学生的数学思考,鼓励学生的创造性思维。于是,为了突出这个重点,进而能突破这个难点,两位老师在这一环节的处理上,都动了不少心思。

案例1:刘老师:刚才从地图问题中,我们得到了$\frac{a}{b}=\frac{c}{d}$或 $a:b=c:d$ 这个比例式,由这个结论,你还能得出哪些比例式?看看谁写的比例式更有创意!(给学生足够的时间去探索)

生1:$\frac{a+b}{b}=\frac{c+d}{d}$,因为$\frac{a}{b}=\frac{c}{d}$,根据等式的性质,在等式两边同时加上1,

则$\frac{a}{b}+1=\frac{c}{d}+1$

所以$\frac{a+b}{b}=\frac{c+d}{d}$

生2:老师,类似的,我可以得到:$\frac{a-b}{b}=\frac{c-d}{d}$

生3:在等式$\frac{a}{b}=\frac{c}{d}$的两边同时乘$\frac{b}{c}$,则$\frac{a}{b}\cdot\frac{b}{c}=\frac{c}{d}\cdot\frac{b}{c}$

可得到:$\frac{a}{c}=\frac{b}{d}$

……

师:大家探索得非常棒!在你们探索出的这么多的性质中,有这几个性质我们比较常用。(教师边讲边用红笔把这几个圈了出来)

在有限的时间内,我发现这个班的学生一共探究出了8种比例式,并且每一道比例式都能把推出的理由叙述完整,老师同时也在黑板上记录了每次的推导过程,课堂上学生的发言特别活跃。

案例2:朱老师,比例式是特殊的等式,所以在讨论比例的性质时,可以运用等式的性质。那么由$\frac{a}{b}=\frac{c}{d}$,根据等式的性质你还能推出哪些结论?

师:如果$\frac{a}{b}=\frac{c}{d}$,那么ad=bc,你知道怎么来的吗?

生1:比例的基本性质,小学学过的。

生2:等式两边同时乘以bd得到的。

师:非常好,运用等式的性质得来的。

师:你们看,由$\frac{a}{b}=\frac{c}{d}$能得到$\frac{a+b}{b}=\frac{c+d}{d}$吗?

生3:能,在$\frac{a}{b}=\frac{c}{d}$的两边同时加上1,

$\frac{a}{b}+1=\frac{c}{d}+1$,通分后可得到:$\frac{a+b}{b}=\frac{c+d}{d}$

师:你太聪明了!同学们,谁能写出一个类似生3说出的比例式呢?

生4:因为$\frac{a}{b}-1=\frac{c}{d}-1$,所以$\frac{a-b}{b}=\frac{c-d}{d}$

师:你们回答得非常好!这几条性质就是我们这节课必须要掌握的。

朱老师给学生思考的时间有限,主要采取老师问学生答的方式来完成这一环节的教学,师生一共得到了3个比例式。我认为这个班的学生有能力探究出更多的比例式,遗憾的是,老师没有给他们机会。

对于同一个知识点,两位老师的设计和处理方式上区别较大。

刘老师:注重课堂教学的创意策略和自主教学策略

初中《数学课堂标准》中提到:学生学习应当是一个生动活泼的、主动的和富有个性的过程。学生应当有足够的时间经历观察、猜测、推理、验证等活动过程。在比例的性质的探究过程中,刘老师让学生自由发挥,给足时间,每个学生都想发挥自身的聪明才智写出比别人更有创意的比例式,课堂上一度气氛非常活跃,举手发言的同学络绎不绝,显然,刘老师在这个环节的处理比较成功,他让学生自己探索发现,这样既能发展他们的自主学习能力,又能激发他们的学习热情,很好的让学生理解并掌握了这个重难点。因为学生的思维和热情被打开了,因此,在接下来的教学环节中,刘老师继续运用“放手”的方式,一一都轻轻松松地就完成了,课堂效果实在是太好了!我将把这种课堂境界当成我我努力的目标。

朱老师:仍然采用传统的课堂教学模式,束缚了学生思维。

朱老师作为女教师,也许母性使然,她舍不得“放手”,现在的数学课堂理念中总提到,要激发学生主动参与教学的意识,这种参与应该是积极的,而不是被动的接受。在这一环节中,她主要运用我问你答,限制了学生的思维空间,又没有给学生充分的时间。其实,通过我的观察,这个班的学生的素养还是比较高的,但是头脑被束缚,聪明才智未能得到最大的发挥。因此,在后来的环节中,学生越来越沉闷,发言的学生越来越少,主要集中于几个男生,于是朱老师不停地说,“怎么没有女生举手,我就想找一个女生。”就这样一直到最后,她似乎就是为了完成一个个她事先设计好的教学环节在上课,学生完全被动地让老师牵着走。

这两节课教授的是同样的内容,由于教者处理方式的不同,课堂上呈现出了两种状态,也给听者带来了不一样的感受。那些靠念教科书或照本宣科的教师,是越来越不被学生喜欢和接受了。反之,那些重视自主教学,能合理引导学生独立思考、主动探索的教师,正是符合现代课堂教学理念的教师。因此,对于数学老师而言,一定要敢于创新、勇于探索,努力打造高效的课堂。我认为以下两点很重要。

1. 以“动”体验,增进学习数学的兴趣

《数学课程标准》指出:数学学习是数学活动的教学,教师要向学生提供充分的从事教学活动的机会,帮助他们在自主探索的过程中真正理解和掌握基本的数学知识和技能、数学思想和方法,获得广泛的数学活动经验。长期不“动”,学生势必缺乏主动探究意识,也就难以培养自主学习的能力。学生要想真正获取知识,其中一个有效的方法就是学生行“动”起来。在“动”的过程中,参与知识的形成,从而达到学好新知识的目的,通过亲身体验,能使学生获得积极的数学情感,培养学习数学的兴趣。因此,教师要创造合理的机会让学生“动”。

2. 以“思”助学,提高数学学习能力

如果教师只顾按程序像流水账一样地进行,而不顾学生,不能合理引导学生参与思维训练,教学效果肯定是不理想的。就应该做到像刘老师那样,要敢于“放手”,大胆创新,有意引导学生进行思维磨炼,鼓励学生大胆尝试,这样既有利于激发学生的学习兴趣,又能引发学生的数学思考。在不断的摸索和尝试中,教师即能形成自身有特色的教学风格,又能充分发挥学生的主体作用,长期坚持这样的思维训练,不仅能大大增强学生的数学学习的能力和幸福感,也能取得满意的课堂教学效果。

我用心去感受了这两节课,受到了很大的启发,也收获了很多。

(滕宏莲)

把握课堂,促进生成

——七年级(上)《感悟青春》教学片断反思

案例背景:

新课程理念提倡“以生为本”,思品课程标准中课程性质的思想性中提到“紧密联系社会生活和学生思想实际”,实践性中提到“注重与学生生活经验和社会实践的联系”,人文性中提到“关注学生的成长需要与生活体验”,综合性中提到“从学生适应社会公共生活和思想品德形成与发展的实际出发”,因此,教学资源就需要立足于学生的生活实际和思想实际,每个学生都是独特的个体,他们有自己独特的生活体验和感受,学生本身就是取之不尽的教学资源。学生的生命充满活力,他们的想法灵活多变,学生资源是动态的生成性的。作为教师,在进行教学设计时,首先就应该考虑到充分利用学生资源,学生的生活资源;其次,需要创设宽松、自由、民主的课堂氛围,引导学生大胆地发表自己成熟或不成熟的看法,关注他们的学习需求,引导其自主质疑、自主探究及自我生成。

七年级(上)第二单元第四课第二框《感悟青春》的教学情感、态度、价值观的目标是学生深刻体会青春的内涵,体验青春的幸福,珍惜美好的青春。我在教学设计过程中发现要想学生能深刻体会青春的内涵,就要充分利用学生的生活资源,七年级学生已进入或即将进入青春期,他们生活中的种种行为表现正是青春期的表现。

案例描述:

本节课教学内容情感、态度、价值观的目标是深刻体会青春的内涵,体验青春的幸福,珍惜美好的青春。教材中的表述为“青春更多地体现在一个人的心态、气质、想象力和情感中,是从生命潜流中涌动的一种全新的感觉”,“青春是活力的象征,它蕴涵着智慧、勇敢和意志”。“追求个性不一定要在装扮上标新立异,人格独立也不是故作姿态。真正的个性在于从内心深处散发的魅力,真正的独立是逐渐摆脱依赖,勇于为自己的行为负责的精神。”这些表述对于七年级学生来说,比较抽象,如何把这些抽象的语句内化为学生深刻的体验是本节课的关键。平时我注意到班上有些男生会有染发行为,女生有的会穿耳洞,脖子上挂各种饰品,有些学生在文具盒里放小镜子,上课时偷偷照,等等,这些不正是很好的教资源吗?

于是,我设计了一个探究活动,活动的名称叫比酷,首先,学生列举同学们的酷的行为表现(畅所欲言),同时请一位字迹工整的同学上黑板作记录;其次,比一比什么行为最酷,并说出理由。我以为学生们会争先恐后地说出染发穿耳洞等等的行为,然后我就可以因势利导。可是出乎我的意料,学生的反应却是有的低着头,有的偷眼看那些染发穿耳洞的同学,欲言又止的样子。我才意识到我忽略了一个现实:这些染发穿耳洞的同学都被班主任叫去谈过话了,学生对这些行为不愿提及。为了防止出现冷场,我对探究活动稍作调整,我在黑板上列举了一些行为(这些行为都来自学生平时的行为表现):1. 穿着膝盖磨有破洞的裤子以示酷,2. 头发染成各种颜色以示酷,3. 上课偷偷照镜子以确定是否酷,4. 上课注意力高度集中的“书呆子”,5. 体育课上故意不认真学操以示酷,6. 运动会上奋力拼搏的身影,7. 文具盒里贴满了明星照以示酷,8. 戴着漂亮的耳环以示酷,9. 认真完成劳动任务,10. 遇到难题不轻言放弃。小组讨论:判断哪些行为是酷的,并说出理由;哪些行为是不酷的,并说出理由。再看学生的表情,已不再纠结,有的还露出会心的笑,纷纷讨论起来。

同学1:我觉得运动会上拼搏的身影是酷的,是活力的象征,蕴涵着勇敢和意志,发扬了不怕困难与持之以恒的精神,是青春力的体现,比如我们班的王余娟、赵文杰等同学。

同学们不由自主地鼓起掌来,我也微笑着和学生们一起鼓掌。

同学2:我觉得上课时注意力高度集中的“书呆子”也是酷的,我们作为学生,一个主要的任务就是学好文化知识,课堂上专心听讲有利于提高学习效率,是自己对自己负责的表现。我们应该珍惜青春的时光,这样才是酷的。

同学3:我觉得认真完成劳动任务也是酷的,我们从现在开始就应该培养自立能力,锻炼劳动能力,这样才能逐渐摆脱对父母的依赖。

同学4(这是位胖胖的,作业常常出现空白的学生,其实他不笨,就是懒,但上课回答问题积极):我觉得遇到难题不轻言放弃是很酷很酷的,我佩服遇到难题不轻言放弃的同学,因为我一遇到难题就害怕,也懒得花时间思考,不轻言放弃说明有一种不服输的精神,同时也是一种自信的心态,我想这也是青春力的表现吧。我以后要青春点。

学生们笑。

同学5:我觉得染发也挺酷的,说实话我就想染发,都是黑头发多没趣呀,不同颜色的头发漂亮又潇洒,有个性,就像明星,多酷呀。这也是青春力的表现。

此同学的发言令我感到意外,再看学生,他们窃窃私语,有的一副大为赞赏的表情,有的不屑一顾地摇头。有个同学迫不及待地站起来,用反驳的语气说。

同学6:你知道染发有害健康吗?染发剂里含有致癌物质,我们家邻居的大姐姐染发,脸肿了好几天。这也叫酷?

有辩论的趋势,这是新的教学生成,若打断了,必会影响学生参与的积极性,我还是静观其变吧。

同学7:就是,更何况象明星就是青春力的表现?我们学明星应该学他们内在的品质,真正的个性在于从内心深处散发的魅力,而不在于装扮上标新立异。

同学8:有的同学就喜欢在穿着上搞怪,穿有破洞的裤子,还有许多口袋的裤子,有一个初三男生还会穿大红裤子,让人感觉怪怪的,他们自己可能觉得酷,有个性。依我看,这是故作姿态。

同学9:还有上课偷照镜子以及体育课上三心二意是不遵守课堂纪律的表现,恰恰也是虚度青春的表现,我们在青春的岁月应该树立崇高的理想,珍惜时间,锐意进取,这才是酷的。

我心头一动,这话从学生口里说出来比从教师口里说出来有力量多了。

同学10:爱美之心人皆有之,可是在校园里戴耳环首先就违反了《中学生行为规范》,没有规矩不成方圆,在学校就该遵守学校的规矩,“青春”也不例外,可见“青春”并不意味着放任自流。若放任自流,酷就在千里之外。

学生们哈哈大笑。

案例反思:

教学资源要“以生为本”,教学资源要立足于学生的生活实际和思想实际。苏霍姆林斯基说过:“如果教师不想办法使学生产生情绪高昂和智力振奋的内心状态,就急于传授知识,那么这种知识只能给人产生冷漠的态度,而给不动感情的脑力劳动带来疲劳。”教师要把教学内容与学生的实际生活联系起来,才能令其“情绪高昂和智力振奋”;意大利教育家蒙台梭利告诉我们,一件事,对孩子来说,听到的容易忘记,看到的记忆不深,只有亲身实践和体验到了,才会刻骨铭心,终身难忘。因此,教师要把教学内容与学生的生活经验相链接,引发学生的内心体验,引导学生在体验中感悟,在感悟中认同并生成正确的价值取向。本案例中,我列举的几个行为正是来自学生平时的行为表现,这样才能引起他们的共鸣,使他们有兴趣参与活动。

课堂氛围要"以生为本",教师要善于营造平等民主的课堂氛围。德国教育家第斯多惠曾说过:"教师的艺术不在于传授知识,而在于唤醒、鼓励和鼓舞",对一个教师来说,善于为学生营造宽松愉悦的课堂环境,有时比渊博的学识更为重要。本案例中,如果一开始学生不愿参与时,我置之不理,强硬点名,要求作答,可能就会使学生处于被动地位,课堂氛围会显得紧张而不和谐,在这种情况下,学生很难畅所欲言,很难展现真实的自我,又怎能谈得上发挥主动性、创造性?

教学生成要"以生为本",教师要智慧地处理课堂"意外",因势利导,呵护生长。在实际教学中,教师如果按照预设的进程进行按部就班的公式化教学,或者按自己设计的"圈套"让学生就范,就难免会束缚学生的思维,使课堂教学变得沉闷、机械,在这样的课堂中,学生缺乏体验,缺乏活力与创造力。因此,教师要能随机应变,智慧地处理各种"意外"。对于课堂上出现的所谓的意外事件或不和谐的声音,我们可以因势利导,及时调整教学行为,把它作为教学资源加以开发和利用,往往会收到意想不到的效果。乌申斯基曾指出:"不论教育者怎样研究教学理论,如果他没有教育机智,就不可能成为一个优良的教育实践者。"本案例中,当学生针锋相对的时候,我若为了执行自己的预设强行打断学生,必然影响学生自主性的发挥,这时沉默与等待也许是最明智的。

在立足生活,呵护生长的课堂中,教师的引导很关键。著名教育家叶澜指出:"在教学过程中强调课堂动态生成,但并不主张教师和学生在课堂上信马由缰地展开学习。而是要求教师有效设计,并预先为学生的主动参与留出时间和空间。"本案例中,我对活动的调整体现了教师的主导作用。

(何圣玲)

每日造句,给力写作

造句是语言文字训练的一项重要形式,是作文训练的一个重要内容,造句对于发展学生的观察能力、想像能力、思维能力和表达能力有很大的促进作用。写作能力是语文素养的综合体现。写作教学应贴近学生实际,让学生易于动笔,乐于表达,应引导学生关注现实,热爱生活,表达真情实感。

造句、写作是学生运用语言文字进行表达的不同阶段,前者为后者打基础。课前的造句训练就应该引导学生根据自己的生活实际和体验来造句。

在实际的教学中,我们发现,很多学生的造句往往叫人哭笑不得,困惑不已,不是因为错误率,而是学生的造句人云亦云,枯燥乏味。他们不是照抄范句、例句,就是"以不变应万变"。比如用"因为"一词造句,很多学生会写"今天某某没来上学,因为他(她)生病了。"像这样几乎丧失训练作用的句子,因语法上没有毛病,教师们还是给予正确评价。因而学生也就不把造句当回事,敷衍了事,十个字能造成的句子,绝不写二十个字,有自己熟悉的句子,绝不创作一个新的,甚至是小学时这样造句,到了初中时这个词还是这样造句,反正老师也不说错,也没要求扩展,谁还有心思去思考怎样造出一个与众不同、颇有新意的句子来?造句就这样在语文教学中半死不活地存在着。同样的道理,一旦作文写作训练,学生如法炮制,小学时写过的作文,到了初中也照写不误,丝毫没有创新。也就很难发展写作能力了。

因此,我们很有必要重新认识造句、训练造句、评价造句,让造句这棵老树展露新芽。并能够结合平时的训练让学生运用于片段的写作,进而做到作文篇的创意与发展。

造句教学不是任务式教学。教师不能"保守主义",不能只求对,不求具体,只要意思完整,是一句话就行了。因为,写得越长,句子越容易出错,会失分;反而句子写得短,错的机会也少。

首先,教师要端正态度,要走出任务式教学的阴影,绝不能让造句成为任务就教学的奴仆,而丢弃了造句的使命、功能及美感。造句是为了训练学生的语言表达能力,而非应付作业和考试。发展学生的思维能力,贵在创造。我们应注重开拓学生的思路,启发他们独立思考,把句子写完整、写具体,让学生真正学会运用,让造句焕发美丽与活力,使造句的价值得以体现。

我们还应让学生明白造句的重要性,这项工作应该从课前 5 分钟就开始抓起。教师要鼓励学生在造句上有创新,有个性,使学生初学说话、写话时就明确:不满足写对一个句子,而是力争写生动、具体、独到的句子。这样长期训练,才能真正使学生的语言表达能力得到锻炼,创造性思维得到拓展,真正提高学生的能力。

其次,采用有效的方法指导造句。句子是语言运用的基本单位,它由词或词组构成,能表达一个完整的意思,如告诉别人一件事,提出一个问题,表示要求或者制止,表示某种感慨。它的句尾应该用上句号、问号、感叹号等。如何引导学生实践有意义的造句呢?

理解是运用的基础。因此,在指导学生造句时,应正确地理解这个词语的含义,以及该词在特定的语言环境中所表现的形象或感情,这是造出正确、通顺、连贯、优美的句子的前提。

理解词语可采用联系上下文、借助情景、查工具书等方法。学生形象思维占主体地位,故更应设法将抽象的概念形象化,帮助学生理解词义,如:换词、动作演示、观看实物、挂图和电教媒体,口头描述词语所表达的客观事物、现象等。有的词语不容易下确切的定义,只可意会不可言传;有的词语的使用、搭配,带有固定性,对学生而言,只能多听多看,寻求规律,逐步形成良好的语感。

教师在讲话时可有意识地反复变换句式和内容,并且使用学生刚刚学过的课文生词、特别是要求用来造句的词语,让学生在听的过程中进一步体会词语的意思,体会它的感情色彩和使用范围。心理学研究结果表明:耳朵听来的信息,不需经过左脑的加工处理,就可以进入右脑贮存起来,因而比单纯用视觉获得的信息记得快,记得长久。

教师还要鼓励学生多读书报。阅读不但能加深学生对词语的理解,而且能获取表达的素材,阅读面广的学生造句一般都不觉得困难。

造句的难点在于它不是先有了内容,不是从内容入手,而是先有了词语,再根据词语去“搜寻”或者说去“编造”一个能用上这个词语的内容。因此,为学生创设能够表达的情景,提供词语能够表达的素材,有助于延伸造句的深度和广度。比如课前可以由老师口授几个词语,让学生来造句,并要求学生这些句子可以连成一段完整的段落。

造句训练要获得成功,教师要巧妙地借助于学生真实的生活材料,引导学生在自己熟悉的语言环境中运用词语,学生感觉轻而易举。有些教学内容就是极好的造句素材,如用“筛糠”造句,首先要学生明确这一词文中的意思:比喻因惊吓或受冻而身体发抖。这个意思来源于七年级下册语文《在沙漠中心》一文。但教师也应该补充一下:在东北,“筛糠”作为东北方言又有这样一种含义指一个人在面对困难时不知所措,或者是指事情没有做好。学生真正理解了词语之后,再结合生活实际造句就显得简单的多。如此,既加深对课文内容的理解、感悟,又得到语言的训练,两全其美,何乐不为?

学生在实践造句时,往往会产生“定势”思维,即只考虑词语通常的用法,造成句子的“单一”化,极易出现“人云亦云”的现象。此时,教师就要帮助学生拓宽思路,引导他们走出“死胡同”,写出丰富多样的句子。

例如,“帅气”这个词,许多学生往往会停留在看到的一面。如:他很帅气。因此在引导学生造句时,笔者提醒:除了看到的,你能从听到的,闻到的,内心体会等方面用“帅气”来说说吗?提供了生动的感知形象,学生造的句子变得丰富多彩了。如下:他在运动会生龙活虎,赢得了三千米长跑的第一名,真的很帅气!

变换角度可以开拓学生的思维,造出形式多样的句子,因此,教师指导学生造句时一定要动一番脑筋,或引导、或点拨、或举例,使学生善于选择角度来表达自己的意思,语言是丰富多彩的,教师也要善于指导学生造出多姿多彩的句子来。

孩子们造的句子有时会很笼统。教师应一步一步地引导学生从简到繁,由易到难,一步一步地引导学生造出内容不同而又具体的句子。笔者曾是这样教学生用“叱咤风云”造句的。

师:能用“叱咤风云说话吗?

生:他是个叱咤风云的人物!

师:他在什么活动中叱咤风云?

生:他在篮球比赛中叱咤风云。

生:他在本次竞赛中叱咤风云。

师:你对“叱咤风云”的用法与别人不一样,不错!

师:他是怎样叱咤风云的,成功后的心情怎样,你们领悟到了什么?

生:他经过一次次的刻苦训练后,才在比赛中叱咤风云,横扫对手,真是梅花香自苦寒来。

师:能用不同的句式,不错!

笔者感到造句只要训练得当,一定也能充满智慧的火花。

与创造性思维关系最密切就是发散思维和转换。在造句训练时,教师也要打开学生思路,引导学生发散求异,从多角度进行思维,让语言文字为自己的表达需要服务,造出内容不同而具体的句子。如用“观赏”造句,可以从人物、环境、方式、对象等各方面进行考虑,而每一个方面又可以衍生出许多思考的角度。即:人物(我、你们、他们……)用什么方式(动作、神态、状态)在什么环境下(时间、地点、情况)观赏对象(人、景、物)。转换语法认为,一个深层结构可有不同的表层结构。同一个深层结构,可生成彼此有联系的各种不同的句子,即表达同一意思,可有不同的句子形式。在不同的语言环境应使用不同的句型,如:陈述句、反问句、双重否定句等。

相同的造句材料,按不同的顺序组合,也会产生许多不同的句子。

造句训练也可教给学生一些常识,如句式、技巧等。对人物的动作、神态或事物的形状进行具体描写,常用到形容词,教师可以明确学生用形容词造句的方向。强烈的对比能起到较好的表达作用。有些形容词造句可以给它找个对立的词语组合起来进行。用关联词造句时,学生所写文字的前后关系往往不大符合关联词的固有关系。这就需要在平时学习中积累经验,注意合理搭配内容、词语。

语文课本课后生字词表中没有的,我们可以把几个词或词组合起来造一个长而有内容的句子,这样,一经增加难度,学生才会用心,写出的句子也才能各不相同,真正意义地达到通过造句提高学生对词语的应用水平的目的,也对作文有潜移默化的影响。

此外一定要注意造句训练的积累,为此笔者要求学生专门准备一个记录本,学生积累造句,每周把优秀句子摘抄在笔记本上并背诵。每周利用所积累的词句进行片段作文训练。并把优秀的作品用幻灯的形式出示给全班同学欣赏,以期共同提高。只有坚持长期性,学生方能够造出好的句子,也唯有长期的积累,学生的作文才会慢慢的提高,因此,每日的造句训练,写作的语言表达能力也有了一定的提高,这对于写作是给力的。

(雷之顺)

小班课堂,还能更精彩

——初中物理《质量的物理属性》教学案例

【案例背景】

“幽默和风趣是智慧的闪光。”莎士比亚如此说。物理的有效课堂应是师生互动产生出智慧火花的精彩历程。

特别的,在小班化的背景下,课堂教学中师生的“智慧”互动也会留下精彩的过程。

【案例过程】

“质量的物理属性”课堂中,展现一支点燃的蜡烛,让学生进行观察。

师:蜡烛有一定的质量,在蜡烛燃烧的过程中,它的质量是如何变化的?

生1:蜡烛在燃烧时变短了,所以它的质量变小了。

师:有没有其它意见?

生2:蜡烛在燃烧时体积变小了,所以它的质量变小了。

学生的回答未能一语中的,教师引导。

师:长度变短,体积变小,都说明物体含有物质的多少发生了怎样的变化?

生:变少。

师:这就提醒我们,在分析质量如何变化时,应从质量的定义进行分析。

教师熄灭蜡烛，用手捏变软的蜡烛，然后松手，学生观察实验现象。（有细小的蜡烛粉末掉落下来，迅速用手接住。）

师：大家观察，蜡烛发生了怎样的变化？

生：形状变了（齐答）。

师：变成了畸形蜡烛。（合理“比喻”，学生笑了。）

师：因此，形状的变化，是否使蜡烛的质量也发生了变化？

教师展现一颗 QQ 糖。（学生笑，对之好奇。）

师：如果这颗 QQ 糖是从印度空运来的，印度 QQ 糖。（合理“比喻”，学生大笑，兴趣盎然。）

师：这颗印度 QQ 糖我舍不得吃，乘坐神州八号飞船到太空与天宫一号对接在一起，什么发生了变化？（学生面带微笑，兴趣大增，积极思考）

生：地点变了。

师：也就是地理位置变了，而质量呢？

生 3：质量变小。

师：你是怎样思考的？

生 3：我就是认为质量变小了。（学生大笑）

师：是你的小宇宙爆发第六感告诉你的？（学生笑，好奇心大增。）

师：生 3 同学的回答对不对？应从哪个角度来思考问题？谁来说说？

生 4：不变。因为印度 QQ 糖从印度到中国，再乘坐神州八号船到太空与天宫一号对接在一起，地理位置变了，但含有物质的多少没有改变，所以质量不变。（同学们信服地点头）

师：你理解了吗？（生 3 同学点头示意）

师：大家发挥想象，如果我们班生 5 会“72 变”，上课时突然变“没有”了，一会儿又回来了！大家羡慕吧！（投来羡慕的眼光）

师：生 5 在变化前处于什么状态，变化后处于什么状态？

生 6：固态，气态。

师：这是什么发生了改变？

生：状态。

师：那生 5 的质量如何变化呢？

生 6：因为含有物质的多少没有改变，所以质量不变。

师：他说得对不对？

生：对！（异口同声）

师：现在，请同学们回顾一下我们刚才共同讨论的问题，物体的质量与哪些因素无关?

学生回答,相互补充。

师:所以质量不随物体的形状、地理位置、状态的变化而变化,它是物体的一种物理属性。

……

【案例反思】

“学然后知不足,教然后知困”,“课堂是一种生活,怎样在这段时间里积极地、主动地展示生命活力,是我们的研究重点”,回顾教学过程,我如此慎思:

1. “从生活走向物理,从物理走向社会”

“关注科技发展,树立科学的世界观”,将质量这一物体的物理属性与神州八号、天宫一号相联系,将物理、生活、社会紧密联系为一个整体,有助于学生的全面发展。

2. “预设反映驾驭,生成彰现智慧”

讲解质量与形状关系时,常规做法是选用橡皮泥做为实验器材,但它不卫生,偶然间看见同学吃的QQ糖,“得来全不费功夫”,易买,价格便宜。人人参与,更加安全放心。由于新奇,能极大的吸引学生的注意力,驱动好奇心,激发学习兴趣。应用QQ糖,从印度QQ糖到神州八号、天宫一号,在智慧女神的引领下,将地理位置对质量的影响与之相联系,学生“军心大增”,兴趣盎然,取得良好的效果。

3. “偶然生成必然,积累生成飞跃”

在讨论质量与形状关系时,有蜡烛粉末掉落下来,出于下意识,我用手接住了下落的粉末,“顿悟”要加深对“质量定义”的理解,引导学生从“物体所含物质的多少”这一定义角度来,分析质量的变化。

4. “合理‘比喻’,智慧闪光”

“畸形蜡烛”“QQ糖”“印度QQ糖”“印度QQ糖”“神州八号”“天宫一号”“小宇宙爆发”“第六感”“72变”,活跃了课堂气氛,笑声充满了课堂,学生投入学习,参与思考的积极性高,时隔3个月的调查问卷中,学生对质量与地理位置关系的印象非常深刻,对课堂的一些“比喻”仍然记忆犹新。

5. “关注课堂生成,促进精彩呈现”

叶澜教授说:“课堂上,教师要封住自己的嘴,让自己少说一些,留出时间和空间给学生”。在讨论质量与地理位置关系时,生3错误且固执的认为质量会变小,通过师生互动,生生互动帮助学生分析,纠错,理清“纠结点”,让学生在经历中成长领悟,特别是思维碰撞所产生的智慧火花,让我深感欣慰,在关注“生成”问题时,教师妙手回春的高明之处是治愈学生思维的顽疾,促进精彩课堂的呈现。

在小班化的背景下,让每一位学生得以幸福成长,让小班的课堂教学更加有效,是我们共同的追求,而在课堂教学中凸显出的“生成”问题,值得我们深思:“孩子表现出来的并不完善,但他有他的美,美就美在他的幼拙。”让我们共同关注学生的发展,追求物理课堂的有效!

小班课堂,还能更精彩……

（张华）

后　记

四年来,行知中学的教师们乘着小班化教育实验的东风,高高扬起教育科研之帆,从懵懵懂懂到敢为人先,从寥寥无几到花开满地,不断用文字记录着我们艰辛并快乐地求索历程。文字或许有优拙之分,但探求的精气神却是日益勃发、不分伯仲,我们为此欢欣鼓舞。

当然,在编辑整理的过程中,我们也不可避免地留下了诸多遗憾,有些章节还不够充盈丰厚,有些篇目还没能精雕细琢。恳请关心我们发展的读者能提出衷恳的意见,我们有面对的勇气,更有不断完善的自信。

此次能将我校二十余位教师的近90篇文章结集出版,离不开市、区教育局领导的鼎力支持,也得到了南京晓庄学院洪涛教授的悉心指导和行知小学杨瑞清校长的持续关注,在此一并表示感谢。

编者

2015年9月